英語コーパス言語学 改訂新版
基礎と実践

齊藤 俊雄
中村 純作
赤野 一郎 編

KENKYUSHA

商標・著作権について
本書に掲載されている製品名，システム名等は，一般にその開発元または発売元の(登録)商標です．また，各サイト画面の著作権は，その作成者に属します．

URL について
本書に掲載されている各種 URL は，すべて 2007 年 12 月現在のものです．

はしがき

　本書は英語コーパス言語学の日本最初の総合的概説書として 1998 年に刊行された『英語コーパス言語学――基礎と実践』の改訂新版である．この言語学の日進月歩の発展にあわせて，2000 年発行の第 2 刷でもある程度の改訂を施している．今回の改訂新版では，章立てなどの枠組みは初版のものを維持しながらも，その後の進歩・発展の情報を盛り込むために大幅な改訂を施し，章によってはほぼ完全な書き換えを行った．そのために，従来の執筆者に加えて新たに 4 人のコーパス言語学者に参加を求め，改訂に万全を期した．したがって，この改訂新版は現時点での英語コーパス言語学の最前線を紹介する概説書となっていると自負するものである．

　本書は，初版の「はしがき」で述べている通り，主として英語専攻の学部学生，大学院生を対象として，電子コーパスに基づく言語研究法であるコーパス言語学について基本的な情報を提供するとともに，各研究分野における研究法を例示して，コーパス言語学の導入をはかるものである．

　世界最初の電子コーパス Brown Corpus の誕生で興ったコーパス言語学は，コンピュータテクノロジーの発展と共に歩んだわずか 40 年ほどの歴史を持つに過ぎない．しかしながら，このコーパスに基づく経験主義的・実証的言語研究法は，すでにその研究成果の蓄積が大きく，いまや経験主義的言語研究の不可欠な手法の 1 つとして言語学の中に確固たる地歩を占めている．ことに，過去の言語資料に依存する通時的英語研究では，当然のことながら，コーパス言語学的研究が大きな潮流となっている．したがって，共時的・通時的研究の両分野において，コーパス言語学は従来の手作業による実証的研究を超えて，英語の体系のより精密な解明に貢献している．語数が 100 万単位のコーパスの時代から，現在は億単位の大規模コーパスと多様な種類のコーパスを擁する時代に移っているが，コーパス言語学は Biber *et al.*, *Longman Grammar of Spoken and Written English* (1999) のような画期的な英文法書を生み出している．世界的に見て，英語研究は，辞書編纂，英語教育のような応用分野も含めて，もはやコーパス言語学抜きでは語れない状況になっているのである．

はしがき

　コーパス言語学は 1960 年代に米国で生まれ，1970 年代，1980 年代にヨーロッパで大きく育ったが，日本ではようやく 1993 年に英語コーパス学会が設立された．当時の日本では，英語学界は理論言語学中心の時代であって，コーパス言語学は大きく立ち後れていた．Jan Svartvik が *Directions in Corpus Linguistics* (1992) の序章 "Corpus linguistics comes of age" において〈コーパス言語学は，Rhode Island 州の Providence の市境を遥かに越えて，世界各地に広がった〉と述べ，コーパス名や地名をあげてその盛況振りを伝えたが，上海や広州はあっても日本の地名はなかった．このような状況下で世界に追いつく目的で設立された英語コーパス学会は，日本におけるコーパス言語学の推進役を果たしてきた．その結果，日本の研究成果は最近 Saito *et al.* (eds.), *English Corpus Linguistics in Japan* (2002), Nakamura *et al.* (eds.), *English Corpora under Japanese Eyes* (2004) などによって次々と海外に発信され，また ICAME などのコーパス言語学の国際学会で発表する研究者も増えてきた．2003 年には英語コーパス学会が ICAME の名誉団体会員第 1 号の指定を受け，日本のコーパス言語学もようやく世界とのギャップを埋めるまでに発展を遂げるに至ったと言えよう．

　初版のはしがきは，本書の刊行理由を〈日本にはまだ英語コーパス言語学の概説書や入門書がなく，コーパス利用などの指針になる日本語で書かれた包括的な概説書が強く求められている〉としている．その後，日本でも翻訳書も含めていくつかのコーパス言語学の入門書の類が出ている．それにもかかわらず，このたび改訂新版を刊行する理由は，いまだにコーパス言語学を本書ほど包括的に扱った日本語で書かれた概説書が現れていないからである．

　このような現状を認識して『英語コーパス言語学』の改訂を編者たちに勧め，改訂企画を立ち上げられたのは，『英語青年』編集長の津田正氏であり，同氏の慧眼に敬服すると共に改訂の機会を与えて頂いたことを感謝する次第である．また，企画が決まってから編集の任に当たられた編集部の逸見一好氏には，小倉宏子氏と共に，多様な情報・図表で錯綜した改訂原稿の編集作業を迅速かつ的確に進めて頂いた．予定通りに改訂新版が世に出ることになったことを，両氏に心から感謝したい．

2004 年師走

編　者

目　次

はしがき iii
執筆者一覧 viii

第 1 部　基　礎　編

第 1 章　英語コーパス言語学とは何か
1.1. コーパス言語学とは何か 3
1.2. コーパス言語学はいつ始まったか 5
1.3. コーパス言語学の確立と英語コーパス編纂の動向 9
1.4. 通時コーパス言語学と通時コーパス編纂の動向 13
1.5. テキスト電子化の規格化 ― TEI 17
1.6. コーパス関連のソフトウェア開発 18

第 2 章　コーパスとは何か
2.1. 広義と狭義のコーパス 21
2.2. コーパスの特性と種類 22
2.3. コーパスデザイン 25
2.4. 付帯情報の付与 34

第 3 章　コーパスを編纂する
3.1. コーパス編纂の手順 49
3.2. コーパス編纂のためのハードウェアとソフトウェア ... 55
3.3. テキスト整形の実際 58

第 4 章　コーパスを検索する
4.1. コーパスを検索し，数値で文体を知る 70
4.2. コーパスを検索し，文脈を見る 74
4.3. 正規表現によるコーパスの検索 82

第 5 章　検索したデータを分析する
- 5.1.　「数える」作業と統計処理 92
- 5.2.　現れた差異の有意性 — 独立性の検定 93
- 5.3.　数値データから推測される傾向 — 多変量解析 107

第 2 部　実　践　編

第 6 章　コーパスに基づく語彙研究
- 6.1.　はじめに 121
- 6.2.　語彙頻度表 121
- 6.3.　語彙研究の実践 — 類義語の比較 130

第 7 章　コーパスに基づく文法研究
- 7.1.　はじめに 144
- 7.2.　頻度と分布調査 145
- 7.3.　仮説の検証 — 項構造 149
- 7.4.　語彙, 文法, 談話の相互作用 154
- 7.5.　研究実例 157

第 8 章　コーパスに基づく英語史研究
- 8.1.　はじめに 162
- 8.2.　Helsinki Corpus 概観 163
- 8.3.　ケーススタディ — 初期近代英語における shall と will 170

第 9 章　コーパスに基づく文体論研究
- 9.1.　はじめに 183
- 9.2.　文体研究のための情報付与（annotation）.............................. 183
- 9.3.　文体研究の視点 188
- 9.4.　事例研究 — Dickens における個人語の描き分け 194

第10章 コーパスに基づく辞書編集
- 10.1. はじめに 207
- 10.2. 辞書編集におけるコーパスの条件 208
- 10.3. 辞書編集のためのコーパス分析 209
- 10.4. コーパス活用による成果 217

第3部 関連分野

第11章 電子辞書の英語学研究への応用
- 11.1. 電子辞書 231
- 11.2. 用例の取り扱いの歴史と主要な電子辞書の諸特徴 232
- 11.3. *OED* の電子版による英語学研究への応用 237
- 11.4. *OED* のコーパスとしての言語学的意義 244

第12章 コーパスと英語教育
- 12.1. 英語教育へのコーパスの利用 250
- 12.2. 学習者コーパス 255

第13章 英語コーパス研究とインターネット
- 13.1. インターネット上の情報資産 266
- 13.2. コーパス関連サイト概観 267
- 13.3. インターネットの目的別利用法 270
- 13.4. 電子メールと電子会議室 280

主要英語コーパス一覧 283
コーパス利用のためのソフトウェア一覧 290
コーパス研究に有用な Web サイト一覧 294
参考文献 299
索　引 314

執筆者一覧

（肩書きは 2007 年 12 月現在）

第 1 部　基 礎 編
　第 1 章　齊藤俊雄（大阪大学名誉教授）
　第 2 章　梅咲敦子（立命館大学教授）
　第 3 章　赤野一郎（京都外国語大学教授）/
　　　　　井村　誠（大阪工業大学教授）
　第 4 章　吉村由佳（ウィズダム英和辞典編集委員）/
　　　　　大名　力（名古屋大学准教授）
　第 5 章　中村純作（立命館大学教授）

第 2 部　実 践 編
　第 6 章　園田勝英（北海道大学教授）/
　　　　　高見敏子（北海道大学准教授）
　第 7 章　深谷輝彦（椙山女学園大学教授）
　第 8 章　西村秀夫（姫路獨協大学教授）/
　　　　　永尾　智（香川大学准教授）
　第 9 章　田畑智司（大阪大学准教授）
　第 10 章　井上永幸（徳島大学教授）

第 3 部　関 連 分 野
　第 11 章　新井洋一（中央大学教授）
　第 12 章　朝尾幸次郎（立命館大学教授）/
　　　　　投野由紀夫（東京外国語大学准教授）
　第 13 章　西納春雄（同志社大学准教授）

第 1 部
基 礎 編

第1章　英語コーパス言語学とは何か

　本章では，本書の序章としてコーパス言語学ないし英語コーパス言語学の導入をはかる．まずコーパス言語学とは何かの説明に始まり，コーパス言語学の誕生とその発展をたどり，さらに最近のコーパス言語学研究，コーパス編纂の動向を探り，今後の展望を述べる．

1.1.　コーパス言語学とは何か

　最初に，コーパス言語学（corpus linguistics）あるいは英語コーパス言語学（English corpus linguistics）と呼ばれる学問は何かを考えたい．
　コーパス言語学という術語は，一般にはまだ比較的目新しいものであろう．言語学（linguistics）とは，言うまでもなく，言語の科学的研究を行う学問のことである．英語という特定の言語を研究対象とする場合には，英語学（English linguistics）と呼ばれる．コーパス言語学は言語学の，英語コーパス言語学は英語学の，下位分野を構成するものである．
　英語の 'corpus' という語は，元来「身体」を意味するラテン語であるが，*The Oxford English Dictionary* によれば，'The body of written or spoken material upon which a linguistic analysis is based' という定義の初例は 1956 年のものであり，「言語分析のための言語資料の集積」を意味する言語学的用法は，比較的新しいことがわかる．さらに最近は，この語はもっぱら機械可読（machine-readable）化されたコーパス，つまりコンピュータコーパス（computer corpus）もしくは電子コーパス（electronic corpus）と呼ばれるものと同義に使われている．
　また 'corpus linguistics' という術語は，Aarts & Meijs (eds.), *Corpus Linguistics* (1984) の出版以後広く一般に使われ始め，1990 年前後に定着した歴史の浅い術語である (Leech 1992)．
　したがって，コーパス言語学とはコンピュータで処理可能な電子コーパスを検索して言語分析・記述を行う言語学一般を指し，英語の電子コーパスを検索して英語の分析・記述を行うものが英語コーパス言語学である．コンピュータ，特にパソコンの発達・普及とともに，近年急速に台頭した言語学

である．

1.1.1. コーパス言語学の特徴
コーパス言語学は，Leech (1992) によれば，次の4大特徴を持っている．

1) 言語能力 (linguistic competence) よりも，言語運用 (linguistic performance) に中心をおく．
2) 言語の普遍的特性 (linguistic universals) の解明よりも，個別言語の言語記述 (linguistic description) に中心をおく．
3) 質的な (qualitative) 言語モデルのみならず，数量的な (quantitative) 言語モデルにも中心をおく．
4) 言語研究における合理主義的 (rationalistic) な立場よりも，より一層経験主義的 (empirical) な立場に中心をおく．

つまり，コーパス言語学は，20世紀後半の言語学界の主流であった生成文法の合理主義的な言語研究とは対照的なものである．言語研究の歴史には，経験主義 (empiricism) と合理主義 (rationalism) の2つの対照的な流れがあるが，コーパス言語学は経験主義(実証主義)的な立場に立つものである．したがって，生成文法のように母語話者の言語直観 (linguistic intuition) に依存するより，言語資料(言語運用)であるコーパスを検索して得られる言語的証拠に基づき言語記述を行う言語学である．北欧など非英語国で盛んであることからもわかるように，英語の非母語話者にもハンディキャップなしに英語研究のできる言語学である点を強調しておく．

また，Leech (1992)，Meyer (2002) などの言うように，コーパス言語学は言語理論 (linguistic theory) というより経験主義的な言語記述の方法論 (methodology) であると考えられる．社会言語学や心理言語学のような意味では，言語の固有の研究領域はなく，コーパスを検索することで言語学のどの分野の検証・実証にも使える手法である．しかし，コーパス言語学が単なる方法論的役割をゆうに超えている分野があることは，最近の研究成果が示している (Tognini-Bonelli 2001)．言語記述の手法か，言語理論かの問題はさておき，コーパス言語学は，コンピュータテクノロジーの発展に支えられ，すでに言語のさまざまな領域や関連分野で豊かな成果を生み出し，今後もますます言語研究に貢献する可能性を持ったものであることは間違いない．

1.2. コーパス言語学はいつ始まったか

それでは，コーパス言語学はいつ始まったのか．Leech (1991) によれば，ほぼ時を同じくする The Survey of English Usage 計画(1959年開始)と Brown Corpus 編纂計画(1961年開始)に始まる．確かに，明確なコーパスデザインを持ったコーパスという観点から見れば，その通りである．しかし，上述のように，言語研究には経験主義と合理主義の流れがある．前者は言語資料に依存する実証主義の伝統であり，言語研究史的にはコーパス言語学の淵源をそこに求めることができる．

英語研究の歴史を顧みると，20世紀前半では Jespersen (1909–49), Poutsma (1904–26), Kruisinga (1925–36) の3大英文法書が念頭に浮かぶ．そのアプローチは言語資料中心の経験主義・実証主義であり，その言語資料は今日で言う「コーパス」に相当する．手作業による膨大な 'authentic' な用例の集積であるこれらの伝統文法書は，今日でも価値を失っていない．とはいえ，現代のコーパス言語学の観点から見ると，言語資料の扱い方はテキストジャンルに対する配慮に欠け，統計処理もほとんどない．時代の限界と言うべきであろう．

20世紀中葉の米国の構造言語学 (structural linguistics) は，伝統文法に対する批判から出発した言語資料中心の記述言語学であるが，レベルの分離にこだわり，ほとんど音韻論，形態論のレベルにとどまって行き詰まり，生成文法に取って代わられた．しかし，構造言語学は現代のコーパス言語学的な研究成果を生み出している．たとえば，C. C. Fries の *American English Grammar* (1940) は手紙 3,000 通を書き手の教育程度により 3 種の英語に分け，アメリカ英語の統計的調査をしたものである．1 ジャンルコーパスに基づく社会言語学的観点を導入した研究と言えるもので，コーパス言語学史の立場から今日でも注目に値する．

現代のコンピュータを駆使するコーパス言語学の誕生は，このような言語資料による言語記述の伝統を背景に持っている．

1.2.1. The Survey of English Usage

Randolph Quirk が1959年に University College London で始めた The Survey of English Usage (SEU) 計画は，Leech (1991) によれば，Brown Corpus とともにコーパス言語学の始まりである．しかし，コンピュータを使わないカード方式のコーパス編纂であり，コーパス言語学の始

まりというより，むしろ前駆的なものと見るべきであろう．いずれにしても，この計画は *OED* 編纂に代表される英国の実証主義的英語研究の当然の帰結であったと言えよう．

　SEU はイギリス英語の書き言葉と話し言葉の資料の集積・調査計画であり，多様なジャンルの 100 万語(5,000 語のテキスト 200)の Survey Corpus[1] を生み出した．明確なコーパスデザインを持つ最初の「非電子」コーパスである．

　話し言葉の部分は，Jan Svartvik (Lund 大学) によって 1975 年に電子化され，50 万語の London-Lund Corpus of Spoken English (LLC) となった．さらに Survey Corpus はすべて，Sidney Greenbaum の時代に電子化された．

　SEU は幾多の研究を生み出したが，なかでも Quirk *et al.* (1972) と Quirk *et al.* (1985) という画期的な英文法書を生み出した功績はまことに大きい．

1.2.2. 世界最初の電子コーパス Brown Corpus の誕生

　SEU とほぼ時を同じくして，大西洋の反対側でコンピュータを駆使した世界最初の電子コーパスが誕生した．Brown 大学の構造言語学者 W. N. Francis と Henry Kučera が 1961 年に編纂を始め，SEU の Quirk の助言も受けて 1964 年に完成した The Standard Corpus of Present-Day Edited American English である．この通称 Brown Corpus は，アメリカ英語の 1961 年刊行資料 100 万語(15 のジャンル，各 2,000 語のテキスト 500)の書き言葉コーパスである．そのコーパスデザイン(2.3.1. 参照)は，その後のコーパスのモデルとなった．

　構造言語学を背景にした Brown Corpus の出現は，コンピュータによるアメリカ英語の数量的研究を可能にし，ここにコーパス言語学が誕生することになった．その研究成果 Kučera & Francis (1967) は，コーパス言語学史における記念碑的な業績である．

1.2.3. 生成文法の台頭とコーパス言語学の閉塞

　英語研究にコンピュータを導入する画期的な試みは，生成文法の台頭の時期と重なり，1960 年代以降米国における停滞を余儀なくされた．

　Chomsky (1957) に始まる生成文法では，言語研究は言語直観に依存する

内省による言語能力の解明であり，構造言語学などの言語資料(生成文法によれば言語運用)依存の言語研究は疎外された．特に Noam Chomsky によるコーパス批判の影響は大きく，米国ではコーパス編纂とそれに基づく言語研究はほとんど閉塞し，その復活は 1980 年代後半を待たなければならなかった．

1.2.4. ヨーロッパにおけるコーパス言語学の興隆 — LOB Corpus

米国における閉塞状況のために，コーパス言語学は誕生の地米国を離れ，SEU で育った Geoffrey Leech, Jan Svartvik, Jan Aarts などに迎え入れられ，経験主義的伝統の強いヨーロッパ，特にイギリス，オランダ，北欧を中心に根付くこととなった．

活動の中心をヨーロッパに移したコーパス言語学は，やがて Brown Corpus のイギリス英語版 Lancaster-Oslo/Bergen Corpus of British English (LOB) を生み出すことになる．この通称 LOB Corpus は，1970 年に Leech (Lancaster) が編纂を始め，1978 年に Stig Johansson (Oslo) が Knut Hofland (Bergen) の協力を得て完成した．Brown Corpus と同じコーパスデザインを持ち，1961 年刊行のイギリス英語の資料 100 万語を集めた書き言葉コーパスである．

Brown Corpus の完成より 14 年もの歳月が経過していることは，著作権問題も絡んでいるが，当時の生成文法の逆風を感じざるを得ない．LOB の完成により，イギリス英語の研究のみならず，Brown と併用して英米両変種の対照的研究も促進された意義は大きい．

1.2.5. コーパス言語学の急速な発展・成熟

コーパス言語学は，幸い，1960 年代，1970 年代の生成文法万能の時代をくぐり抜け，コンピュータテクノロジーの進歩に支えられて，1980 年代に「爆発的な発展」を遂げ，言語学の中に明確な地位を確立した．コーパス言語学による英語研究論文の増加ぶりを示す統計 (Johansson 1991) をあげておく．

−1965	10 件	1976–1980	80 件
1966–1970	20 件	1981–1985	160 件
1971–1975	30 件	1986–1990	320 件

Svartvik が 1991 年の Nobel Symposium で 'Corpus linguistics comes of age' と宣言したように (Svartvik ed. 1992), コーパス言語学は Brown Corpus 誕生 30 年後の 1990 年代初頭に成年に達し, いわば「第 2 期」を迎えることになった.

1.2.6. 電子テキストアーカイヴと学会

コーパス言語学の発展のかげに, 2 つの機関の存在があったことを忘れてはならない.

1 つは 1977 年に Leech, Johansson, Svartvik らが Norwegian Computing Centre for the Humanities, Bergen に設立した International Computer Archive of Modern English (ICAME) であり,[2] 英語コーパスの情報センターの役割を果たしてきた. 年次大会開催, *ICAME Journal* 刊行, メーリングリスト CORPORA の運営を行い, さらに ICAME Corpus Collection on CD-ROM (1991, 1999) を配布してきた. このように Jespersen に代表される実証的研究の伝統を持つ北欧が, ICAME を中心にしてコーパス言語学の推進力になってきたことは注目に値する.

もう 1 つは Oxford University Computing Services (OUCS) が 1976 年以来運営している Oxford Text Archive (OTA) であり, 英語のみならず多くの言語の電子テキストを収集し配布してきた. OUCS が 1980 年代に Oxford Concordance Program (OCP), さらにパソコン用 Micro-OCP を開発した功績は高く評価される.

なお, 1991 年に OUCS の Susan Hockey を所長に迎えて, Rutgers と Princeton 両大学の共同施設 The Center for Electronic Texts in the Humanities (CETH) が設立されたが, コーパス誕生の地, 米国でもコーパス言語学の本格的な復活を示す出来事であった. 現在では電子テキストアーカイヴの類は, Pennsylvania 大学の Linguistic Data Consortium (LDC), Michigan 大学の Humanities Text Initiative (HTI), Virginia 大学の Electronic Text Center (ETC) など, 各地に出現している.

また, この分野で貢献してきた学会には, The Association for Computers and the Humanities (ACH, 1966–) と The Association for Literary and Linguistic Computing (ALLC, 1973–) がある. 両者は年次大会開催, 機関誌 *Computers and the Humanities* (1966–), *Literary and Linguistic Computing* (1986–) 刊行, メーリングリスト Humanist 運営などにより, 早くからこの分野で重要な役割を果たしてきた.

最近ではコーパス言語学関係の学会，特に分野の特化された学会が各地に設立されているが，日本では英語コーパス学会（1993–）が年 2 回の大会開催と機関誌『英語コーパス研究』の発行などを行っている．

1.3. コーパス言語学の確立と英語コーパス編纂の動向

コーパス言語学の発展は，新しいコーパスの必要性を生み出し，さまざまなコーパス編纂（構築）計画が遂行され，現在も進行している．その結果，初代コーパス Brown, LOB, LLC は「古典」と言われるようになった．しかしながら，その有用性はいまだに失われていない．

最近の英語コーパス編纂の傾向は，概括的に言えば，1) コーパスへの情報付与，2) 大規模化，3) 種類の多様化である．

その結果，1) はタグ付きコーパスを，2) は語数が億単位のコーパスを，3) は a) 英語変種コーパス，b) 方言コーパス，c) 話し言葉コーパス，d) 特殊目的コーパス，e) 通時・史的コーパス，f) オンラインコーパスなどを生み出している．

1.3.1. タグ付きコーパスの誕生

コーパスは当初，平テキスト（plain text）の 'raw' corpus であった．同綴異義語（homograph）の多い英語では，語形に依存する検索プログラムは love（名詞）と love（動詞）の区別もできず，コーパスの利点が十分に発揮できなかった．したがって，コーパス情報付与（corpus annotation）[3] は早くも 1970 年代から始まり，テキストに言語的タグ（標識）付け（linguistic tagging）が試みられ，タグ付きコーパス（tagged corpus）が登場した（詳細は 2.4. 参照）．

最初に Brown 大学において，1970–78 年間に Brown Corpus の品詞タグ付け（part-of-speech (POS) tagging）が文法規則に基づく自動品詞タグ付けプログラム TAGGIT によって行われた．続いて Lancaster 大学において，1978–83 年間に LOB Corpus のタグ付けが確率論に基づく自動タグ付けプログラム CLAWS によって行われた．現在 CLAWS は自動タグ付けに 96–97% の成功率を持ち，British National Corpus（1.3.2. 参照）のタグ付けにも利用された．[4]

このタグ付けの成果に，Brown Corpus では Francis & Kučera (1982)，そして LOB Corpus では Johansson & Hofland (1989) の品詞の頻度統計

調査がある．最近では，同様な成果に BNC を調査した Leech, Rayson & Wilson（2001）がある．

　品詞タグ付けの成功後，英語コーパス，特に現代英語コーパスは，タグ付けが一般的になった．タグ付けプログラム（tagger）も，CLAWS, TOSCA/LOB Tagger, Brill's Tagger などいろいろと開発されている．

　タグ付けはさらに進んで，Lancaster 大学を中心に LOB Corpus を使って文法構文解析（grammatical/syntactic parsing）が試みられ，Lancaster Parsed Corpus が生み出された．[5] その後，Pennsylvania 大学の Penn Treebank, SEU の ICE-GB（1.3.3. 参照）などが作られている．通時コーパスでも，同様の動きがある（1.4.6. 参照）．

　Nijmegen 大学の TOSCA parser，ICE-GB 用 ICECUP など構文解析プログラム（parser）が開発されているが，まだ品詞タグ付けほどに自動化が進んでいない．

　その他に，韻律タグ付け（prosodic tagging）はつとに London-Lund Corpus で行われたが，談話分析（discourse analysis）タグ付け，前方照応タグ付け（anaphoric tagging），意味タグ付け（semantic tagging）なども試みられている．このようなコーパス開発は，当初の単純な語形検索から，文構造の検索，文を超えた分析など，より広いコーパス言語学的研究に道を開いている．

1.3.2. 大規模コーパスの出現 ── BNC と BoE

　コーパス言語学の第 2 期の最初の大きな成果は，British National Corpus（BNC）と Bank of English（BoE）という大規模コーパスの完成であろう．

　BNC は Oxford University Press を主幹とする 6 機関の共同計画として 1991 年に始まり，1994 年に完成した．この計画には，SEU 計画を遂行した Quirk が顧問として，またその弟子で LOB を編纂した Leech が中心的な計画実施者として参加したが，そのことは BNC 編纂がイギリスにおけるコーパス言語学発展の当然の帰結であったことを示している．BNC は 1975 年以降のイギリス英語の書き言葉 9,000 万語と話し言葉 1,000 万語，総語数 1 億語の品詞タグ付きコーパスである（詳細は 2.3.4.1. 参照）．1995 年に EU 内で公開され，2000 年に BNC World Edition がリリースされた．

　BoE は HarperCollins と Birmingham 大学の提携で John Sinclair が主

幹として編纂した，COBUILD 辞書編集と英語研究のためのコーパスである．[6] 2億語の英語資料の収集計画は1991年に始まり，1995年に目標を達成した．辞書編集のために常に新しい言語資料を追加する 'monitor corpus' で，現在5億語を超える(詳細は 2.3.4.3. 参照)．

　両コーパスは学習辞書編集に利用され，1995年に *Collins COBUILD English Language Dictionary* 第2版(BoE 利用)，*Longman Dictionary of Contemporary English* 第3版(BNC と自社コーパス併用)などが相次いで出た．これで1980年に COBUILD で始まったコーパスに基づく辞書編集法(lexicography)が確立し，出版社独自の辞書編集用コーパスの開発も促進された(10.1. 参照)．

　最近の動きでは，1999年に BNC のアメリカ英語版 American National Corpus (ANC) 開発計画が立てられ，現在2,200万語がリリースされている．日本の出版社を含む17出版社と7大学が参加する ANC Consortium のプロジェクトで，2005年の完成を目指している．BNC と ANC が並立すれば，英語の両変種の研究は，より一層の進展が期待される．

1.3.3. 英語変種コーパス ── ICE と Frown, FLOB

　国際語としての英語の確立とともに英語の変種(variety)に対する関心が高まっているが，SEU の Sidney Greenbaum が始めた国際的共同編纂計画 International Corpus of English (ICE) が1990年より続いている．英語母語国と第2言語国・地域の1989年以降の書き言葉と話し言葉の資料(各変種100万語)を収集し，変種の対照研究を行う計画である．現在18の地域変種が取り上げられ，すでにイギリス英語版 ICE-GB など7地域のコーパスが完成している(詳細は 2.3.4.4. 参照)．[7]

　ICE は英語の多変種コーパスであるが，一方 Brown, LOB はそれぞれアメリカ英語とイギリス英語の1変種コーパスである．そのコーパスデザインを踏襲したコーパスが出ている．Australian Corpus of English (ACE) (1986年刊行の資料100万語)，Wellington Corpus of Written New Zealand English (WWC) (1986–90年間刊行の資料100万語)などである．

　さらに最近，Brown, LOB の興味あるレプリカが誕生した．Freiburg 大学の Freiburg-LOB Corpus of British English (FLOB) と Freiburg-Brown Corpus of American English (Frown) で，前者は1991年刊行のイギリス英語資料，後者は1992年刊行のアメリカ英語資料100万語のコー

パスである．両変種間の共時的対照研究と，Brown, LOB と併用して現代英語の変化を探る通時的研究の 2 つの目的を持ち，すでに興味深い研究成果が出ている (8.2.5. 参照)．

1.3.4. 話し言葉のコーパス

話し言葉コーパスの大きなものは，London-Lund Corpus of Spoken English (LLC) くらいであったが，現在はイギリス英語では BNC の Spoken Corpus (1,000 万語) が利用できる．また ICE-GB は話し言葉が 60% を占めるコーパスである．

アメリカ英語の話し言葉のコーパス編纂は遅れていたが，University of California, Santa Barbara の J. W. Du Bois を編纂主幹とする Santa Barbara Corpus of Spoken American English (CSAE) の Part I, II, III がそれぞれ 2000 年，2003 年，2004 年に完成した．また ANC は，その First Release が約 320 万語の話し言葉を含むが，最終的には BNC と同じ 1,000 万語になる．

特殊なジャンルの話し言葉コーパスに Michigan 大学の R. Simpson 主幹編纂 (1997–2002) の 170 万語の Michigan Corpus of Academic Spoken English (MICASE) や M. Barlow (Auckland 大学) 編纂 (1994–98) の 200 万語の The Corpus of Spoken Professional American-English (CSPAE) がある．

1.3.5. 特殊目的コーパス ― 言語獲得・学習者コーパス，パラレルコーパス

特殊な研究目的に特化したコーパスがある．B. MacWhinney, C. Snow 他 (Carnegie Mellon 大学) が収集した，主として子供の話し言葉を集めた CHILDES (Child Language Data Exchange System) や，A. Stenström, L. E. Breivik (Bergen 大学) 編纂の，50 万語の自然な会話のコーパス Bergen Corpus of London Teenage Language (COLT) などは，言語獲得・言語発達研究を目的とするコーパスである．

最近注目されているものに，学習者コーパスがある．学習辞書編集に使われている Longman Learners' Corpus (1,000 万語) がその種のはしりであろう．国際的な共同計画に，日本も参加している S. Granger (Louvain 大学) 主宰の International Corpus of Learner English (ICLE) がある (詳細は 12.2. 参照)．

第1章 英語コーパス言語学とは何か

2言語ないし多言語の同一内容の資料を集めたパラレルコーパス（parallel corpus）作成も進んでいる．さまざまな言語の組み合わせがあるが，日英パラレルコーパスには「関西外大コーパスB — 日英パラレルコーパス」[8] などがある．多言語パラレルコーパスには，1例をあげると，EUの11の言語（1言語2,800万語ずつ）を集めたEuropean Parliament Proceedings Parallel Corpus 1996–2003（Europarl）が公開されている．

1.4. 通時コーパス言語学と通時コーパス編纂の動向

通時言語学（diachronic linguistics）は，現代英語研究のように言語直観に依存できない過去の言語資料に基づく研究であり，元来，コーパス言語学の対象にふさわしい分野である．したがって，コーパス言語学の発展は必然的に通時的研究にも影響を与え，1980年代から通時/史的コーパス（diachronic/historical corpus）編纂計画が次々と立てられた．すでにThe Dictionary of Old English CorpusやOTAの電子テキストなど，通時的研究に使える電子テキストはあったが，1990年代初頭にThe Century of Prose Corpus（COPC）とHelsinki Corpus of English Textsがほぼ同時に公開されて，初めてコーパスデザインを持った通時コーパスが登場した．通時コーパス言語学（diachronic corpus linguistics）の誕生である．

1993年にThe First International Colloquium on English Diachronic CorporaがCambridge大学で開催されたが，[9] これは通時的研究にも本格的なコンピュータ利用の時代の到来を告げるものであった．

1.4.1. 英語史コーパス — Helsinki Corpus と ARCHER

単独で古英語から現代英語まで扱った通時コーパスはまだない．ここでは長期的な通時コーパスを英語史コーパスと呼んでおく．

世界最初の英語史コーパスHelsinki Corpus of English Texts（Diachronic Part）は，コーパス言語学発展の潮流の中で北欧の実証的英語史研究の伝統が必然的に生み出した成果である．これはHelsinki大学英語学科がMatti Rissanen教授を主幹として1984–91年間に編纂した，8世紀から18世紀初頭までの資料約160万語のマルチジャンル汎用コーパスである．そのコーパスデザインは，「史的社会言語学的なアプローチ」を可能にしている．この史的社会言語学（historical sociolinguistics）という視点は，その後のHelsinki大学系の通時コーパスの特徴の1つとなっている（詳細は8.1.参照）．

Helsinki Corpus の誕生は，英語史研究にとってまさに画期的な出来事であり，その後の英語史研究の潮流を変えた功績は大きい．もっとも，1,000年にわたる英語史コーパスとしては小規模すぎるという批判があるが，Pennsylvania, York 両大学による構文解析と拡張計画が進み，最近改善されている(1.4.6. 参照)．

　Helsinki Corpus は後期近代英語が欠けている．その穴を埋めるコーパスが Douglas Biber (Northern Arizona 大学) と Edward Finegan (Southern California 大学) 編纂の A Representative Corpus of Historical English Registers (ARCHER) である．1650–1990 年間の英米のテキスト総語数 170 万語の品詞タグ付きコーパスである．[10] Helsinki Corpus と併用すれば，古英語期から現代までの通史的研究が可能になったが，版権問題で学外非公開となり，まことに残念なことである．

　長期的な英語史コーパスは以上の2つであり，ARCHER が非公開のため，まだ市販のコーパスで英語史全体をカバーすることはできない．幸い，史的原理に基づく OED2 が，その膨大な用例によって英語史研究にとって極めて有効なデータベースになっている(詳細は 11.3. 参照)．

1.4.2. 古英語・中英語コーパス

　古英語 (OE) の現存の文献は，ほとんどすべてが古英語辞書編集のために早くから電子化されていたが，2000 年に The Dictionary of Old English Corpus in Electronic Form (DOE) (約 350 万語の CD-ROM 版)がリリースされた．しかし，コーパスデザインを持つコーパスではない．コーパスデザインのある OE コーパスは，Helsinki Corpus の OE 部分(約 40 万語)とその構文解析コーパス(1.4.6. 参照)である．

　中英語 (ME) には，Helsinki Corpus の ME 部分(約 60 万語)とその構文解析コーパス PPCME (1.4.6. 参照)以外に，1992 年より M. Markus (Innsbruck 大学)編纂の Innsbruck Computer Archive of Machine-Readable English Texts (ICAMET) がある．ME 散文 129 のフルテキストと 1386–1688 年間の 254 通の書簡のデータベースである．

　ME コーパスは少ないが，OTA, Michigan 大学の Middle English Compendium (MEC), Virginia 大学の Middle English Collection, Georgetown 大学の Labyrinth Library: Middle English Bookcase などの収蔵する電子テキストが利用できる．

第 1 章　英語コーパス言語学とは何か　　15

　また ME から初期 ModE にわたるコーパスに，Helsinki 大学編纂の The Corpus of Early English Correspondence (CEEC) がある．T. Nevalainen と H. Raumolin-Brunberg が 1993–98 年間に史的社会言語学的研究のために作成した，約 6,000 の私信 (1417–1681) 約 270 万語の 1 ジャンルコーパスで，現在 1800 年まで拡張する計画が進行中である．この研究グループが史的社会言語学の進展に果たした役割は大きい (Nevalainen & Raumolin-Brunberg 2003 参照)．

1.4.3.　近代英語コーパス

　近代英語 (ModE) の通時コーパスは，ARCHER 以外は，Helsinki Corpus の初期近代英語の部分 (約 55 万語) と最近完成したその構文解析コーパス (1.4.6. 参照) を含めて，1, 2 世紀の短期間のコーパスである．

　マルチジャンルコーパスに The Century of Prose Corpus (COPC) がある．Swift の文体のコンピュータによる先駆的な研究で知られる L. T. Milic (Cleveland 州立大学) 編纂の「散文の世紀」(1680–1780) の散文 50 万語のコーパスで，文体研究のためのコーパスデザインに特色がある．Helsinki Corpus より早く，1990 年より希望者に配布された通時コーパスのパイオニア的存在である．[11]

　初期近代英語コーパスでは，J. Culpeper (Lancaster 大学) と M. Kytö (Uppsala 大学) が A Corpus of English Dialogues (1560–1760) を編纂中で，6 つのジャンルから集めた対話資料 (100 万語) のコーパスで注目される．

　17, 18 世紀英語コーパスに J. Schmied (Chemnitz-Zwickau 工業大学) 編纂の Lampeter Corpus of Early Modern English Tracts があり，University of Wales, Lampeter 所蔵のパンフレット類 (1640–1740) の 110 万語コーパスである．また Udo Fries (Zurich 大学) 編纂の Zurich English Newspaper Corpus (ZEN) は，最古の英語新聞資料 (1661) から 1791 年までの新聞記事コーパス (160 万語) である．

　後期近代英語コーパスは乏しいが，D. Denison (Manchester 大学) 編纂の A Corpus of Late Modern English Prose と A Corpus of Late Eighteenth-Century Prose がある．前者は 1860–1920 年間の英国人の私信 10 万語，後者は 1761–90 年間の英国北西部人の私信 30 万語の 1 ジャンルコーパスである．また，M. Kytö (Uppsala 大学) と J. Rudanko (Tampere 大学) の編纂中の The Corpus of Nineteenth-Century English (CONCE)

は，100万語のマルチジャンルコーパスで，期待される．

なお，OTA や Michigan 大学の Modern English Collection は，近代英語の多数の電子テキストを収蔵している．

1.4.4. 英語変種の通時コーパス

地域変種の通時コーパスがある．A. Meurman-Solin（Helsinki 大学）編纂の Helsinki Corpus of Older Scots は，Middle Scots（1450–1700）の約83万語のコーパスである（1995年完成）．M. Kytö（Uppsala 大学）が編纂中の The Corpus of Early American English は 1620–1720 年間のアメリカ英語コーパスである．この2つは Helsinki Corpus を補強する計画である．また，Corpus Presenter の開発者 R. Hickey（Essen 大学）の編纂した A Corpus of Irish English は，最古の資料（14世紀）から現代までのアイルランド英語コーパスである．

1.4.5. 現代英語の言語変化研究のためのコーパス

通時的英語研究の最近の傾向に，現代英語の変化に対する関心がある．1.3.3. で述べたように，2対のコーパスで最近の30年間の書き言葉の変化を探る通時的研究が可能になったが，Lancaster 大学で Leverhulme Corpus Project（イギリス英語の1931年刊行資料を集めた LOB のレプリカ）が2003年に始まった．完成すれば，'Pre-LOB', LOB, FLOB で20世紀イギリス英語の書き言葉の変化が調査できることになる．

同様の目的で，LLC と ICE-GB から40万語ずつ集める Diachronic Corpus of Present-day Spoken English（DCPSE）計画が2002年に SEU で始まり，最近完成配布された．両者を併用して，書き言葉と話し言葉の言語変化の比較調査ができることになる．

1.4.6. 英語史全時代の構文解析コーパス開発計画

Pennsylvania と York の両大学を中心にして英語史全時代をカバーする構文解析コーパス開発計画が進捗している．

主なものをあげると，York 大学の S. Pintzuk, A. Taylor 他開発の York-Helsinki Parsed Corpus of Old English Poetry（Helsinki Corpus の韻文部分，約7万語）と York-Toronto-Helsinki Parsed Corpus of Old English Prose（YCOE, 150万語），および Pennsylvania 大学の A. Kroch 他

開発の Penn-Helsinki Parsed Corpus of Middle English, 2nd edn.（PPCME2, 130万語）と Penn-Helsinki Parsed Corpus of Early Modern English（PPCEME, 180万語）がすでに完成済みである（詳細は 8.2.5. 参照）．

さらに Pennsylvania 大学で Helsinki Corpus に欠ける後期 ModE の構文解析コーパス開発計画（200万語）が進行中である．

また A. Taylor（York），A. Nurmi（Helsinki）が CEEC を使って Parsed Corpus of Early English Correspondence（PCEEC, 200万語）を開発中である．

これらはほぼ同じ構文解析方式を採用し，同じ検索プログラム Corpus-Search を使用している．合わせて，すでに Helsinki Corpus の 3 倍の語数の英語史コーパスが実現したと言えるが，最終的には，英語史全時代をカバーする数百万語規模の構文解析コーパスになる．これは通時コーパス言語学の新しい段階の到来を告げるものであろう．

以上 1.4. で通時コーパスを概観したが，その着実な発展がわかるであろう．英語史コーパスのパイオニア Helsinki Corpus の誕生が，その後の通時コーパス編纂と通時的研究に与えた影響の大きさが実感できよう．Rissanen（2000a）の言うように，通時コーパスの登場は，英語史研究に革命をもたらし，すでにコーパス言語学的研究は，英語史研究における大きな潮流になっている．

1.5. テキスト電子化の規格化 — TEI

コーパス編纂が促進される過程で浮上した問題は，電子化の際のテキストの表示方法（markup）である．もとのテキストのイタリック体などの表示方法，あるいはタグ付けの方法なども共通規格がなく不統一では，コーパスの相互利用に支障をきたす．

1987年以来 The Association for Literary and Linguistic Computing（ALLC），The Association for Computers and the Humanities（ACH），The Association for Computational Linguistics（ACL）の 3 学会が共同で，世界共通の規格を作る計画 TEI（Text Encoding Initiative）を推進し，2000年からは TEI Consortium[12] が受け継ぎ，SGML（Standard Generalized Markup Language）に準拠するガイドラインを発表している．1994年に出たガイドライン（TEI P4）は，コーパスの表示方法の事実上の

標準方式になり，共通規格のコーパス出現に貢献している．BNC, Lampeter Corpus など多くがこの方式をとっている．

最近は，インターネットでの使用を意識した SGML のサブセット XML (e*X*tensible *M*arkup *L*anguage) を使う動きが見られ，すでに ANC 計画や ZEN Corpus が使っており，普及が予想される（詳細は 2.4.1.3. 参照）．

1.6. コーパス関連のソフトウェア開発

コーパス編纂と平行して，コーパス関係のソフトウェアの開発・改良も盛んである．検索プログラム（concordancer）では，MS-DOS 用の Micro-OCP, WordCruncher, Lexa など第 1 世代のものがほとんど姿を消して，現在は WordSmith, MonoConc, Corpus Presenter, Corpus Wizard, KWIC Concordance for Windows, TXTANA,（以上 Windows 用），Conc（Mac 用），MonoConc（Mac/Windows）などの汎用検索プログラムが使われている．さらに ParaConc（Mac/Windows）などのパラレルコーパス検索プログラムも開発されている．

BNC 用の SARA, ICE-GB 用の ICECUP（ICE Corpus Utility Program），PPCME 用の CorpusSearch など，特定のコーパス専用の検索プログラムもある．

また 1.3.1. で述べたように，コーパス編纂用の品詞タグ付けツール（tagger）や構文解析ツール（parser）も開発が進んでいる（巻末のリスト参照）．

1.7. むすび

電子コーパス誕生後 40 年が経過し，コーパス言語学はすでに言語学内に確固たる地歩を占めている．言語研究における生成文法万能の時代には，'A corpus is a corpse.' と無用視される傾向があったが，最近はコーパスの提供する 'authentic' な言語データの重要性を認識する理論言語学者 — たとえば，つとに Fillmore, Halliday など — も多くなった．生成文法学者の間でも，言語直観とコーパスは，対立するものではなく，相補うものであるとの認識も生まれてきたようで，[13] 今後の言語学の発展にとって幸いなことである．

コーパス言語学は英語学のさまざまな分野で成果を上げ，すでにその蓄積は大きい．それはコーパス関係の叢書，Language and Computers（Rodopi）

がすでに 50 巻を超え，Studies in Corpus Linguistics (Benjamins) や Edinburgh Textbooks in Empirical Linguistics (Edinburgh UP) が着々と巻を重ね，コーパス言語学を標榜する *International Journal of Corpus Linguistics* (Benjamins, 1996–) が 10 巻に達しようとしていることでもわかるであろう．また，最近 1952–2002 年間の重要なコーパス言語学的研究のアンソロジー Sampson & McCarthy (2004) が出たことも，コーパス言語学の成熟を物語るものであろう．

その頂点に立つ成果が，4,000 万語のコーパスに基づく英文法書 Biber *et al., Longman Grammar of Spoken and Written English* (1999) であろう．本書によって英語構造の使用実態や，ジャンル間の言語変異 (language variation) の種々相が解明されたことは，コーパス言語学にして初めてなしえた成果で，英語研究に与えた影響は深甚なものがある．

これは Quirk *et al.* (1985) の文法的枠組みに依拠してコーパスによって現代英語を検証したものであり，いわゆる「コーパス基盤的」('corpus-based') 研究の成果である．一方，言語直観による内省では発見困難な言語事実がコーパスの精査によって解明される面があることから，既成理論にとらわれない「コーパス駆動的」('corpus-driven') 研究も唱道され，すでに Hunston & Francis (2000) などの成果が出ている．

今後さらに，コーパス言語学はより多くの分野で貢献をするものと思われる．当初あまり期待されなかった英語教育の分野で，すでに学習者コーパスなどの貢献も始まっている．また Leech & Fallon (1992) の先駆的研究が示すように，コーパスが言語研究の枠を超えて，文化の諸相の比較研究にも有効である．

コーパス言語学の確立とともに，McEnery & Wilson (1996)，Kennedy (1998)，Biber *et al.* (1998)，鷹家・須賀 (1998)，Meyer (2002) などの概説書・入門書が続出した．本書の初版も 1998 年に刊行されたものであり，Biber *et al.* (1998) の邦訳も 2003 年に出た．内外でコーパス言語学の教授環境も整ってきたわけである．また，日本の英語コーパス言語学研究の成果を海外に相次いで発信した Saito *et al.* (2002)，Nakamura *et al.* (2004) の刊行は，日本における英語コーパス言語学の確立を象徴する出来事である．

注

1. SEU の Web サイトの呼称に従う．SEU Corpus と呼ばれることも多い．

2. 通時コーパスの登場で，1996 年に International Computer Archive of Modern and Medieval English と改称(略称は ICAME のまま)．運営も，現在は Bergen 大学の The Research Group for Language Technology, Aksis に移行．
3. コーパス情報付与全般については，Garside, Leech & McEnery (1997) 参照．
4. BNC のタグ付けは Leech, Garside & Bryant (1994), Garside (1996) 参照．
5. Lancaster の構文解析は Leech & Garside (1991) 参照．
6. Collins 社 (現 HarperCollins) と Birmingham 大学の提携による COBUILD 計画 (1980–) の Birmingham Corpus (2,000 万語) の拡張である．
7. Greenbaum 教授が 1996 年死去，計画は遅れ，縮小されている．現在 SEU の Gerald Nelson 博士が主幹である．
8. 英語コーパス学会第 17 回大会シンポジウム「日英パラレルコーパスでどのような英語研究が可能か」(『英語コーパス研究』第 9 号, 2002) 参照．
9. 会議の報告書 Kytö, Rissanen & Wright (1994) 参照．
10. 現在 Helsinki, Uppsala, Freiburg 大学と提携して，アメリカ英語の資料を増補する拡張計画 (ARCHER-2) が進んでいる．
11. Milic 教授の死去で，現在入手不可能のようである．
12. TEI Consortium の URL: http://www.tei-c.org/
13. 大津他 (2002) は，副題を「生成文法を学ぶ人のために」としているが，コーパス言語学に 12 ページも割いている．

第2章 コーパスとは何か

　コンピュータ技術の進歩によって，さまざまなコーパスが利用可能になっている現在，コーパスとはどのようなものかを見てゆく．本章では，コーパスを，言語分析のために一定の方針のもとに収集されたコンピュータ処理可能な言語テキストの集合体ととらえて，コーパスの特性，種類，デザイン，情報付与について，代表的なコーパスを例に概説する．なお，コーパス入手先は巻末コーパスリストを参照されたい．

2.1. 広義と狭義のコーパス

　コーパスは，いくつかの点から，広義にも狭義にもとらえられる．コーパスを最も広くとらえると，第1章に挙げた *OED* の定義のように，「言語分析に利用できる話し言葉と書き言葉の集積」を指す．保存方法の点からは，電子化されていない言語資料の集積もコーパスと言えるが，1.1. に指摘の通り，現在では，もっぱら「コーパス」イコール「電子コーパス」として用いられる．したがって，現在，コーパスを広くとらえると，「言語分析に利用できる電子化された言語資料の集積」と言えよう．[1]

　利用目的の点から，広義には，元来言語分析が目的ではない電子テキストも，言語分析に流用すればコーパスと呼べる．たとえば，電子辞書がその例にあたる．さらに，最近ではインターネット上の情報検索サイトを言語検索に利用できるが，その場合の言語テキスト自体もコーパスということになろう．[2] しかし，狭義には，コーパスとは，本来，言語分析を目的として収集されたテキストの集合体を指す．[3]

　テキスト収集の点から，広義には，分析対象すべてを収めたもの，たとえばある作家の文体研究のためにその作家の文学作品すべてを集めたものもコーパスと言えるのに対し，狭義には，分析対象となる言語や言語変種（language variety）を代表するようにサンプルを抽出し，[4] 明確なコーパスデザインのもとに収められた言語資料の集積を指す．

　情報付与の点から，狭義には，言語テキスト上にさまざまな情報がコード化されて付けられたものを指す．

したがって，最も狭義にとらえると，コーパスとは「言語分析のために，分析対象となる言語またはさまざまな言語変種を代表するように収集され，コンピュータ処理可能な状態にされた実際に話されたり書かれたりしたテキストの集合体」と言えよう。[5] 本章ではこの定義に基づいて，コーパスを見てゆく．

2.2. コーパスの特性と種類

2.2.1. コーパスの質と量

まず，コーパスの特性を考えてみよう．たとえば，現代のイギリス英語とアメリカ英語における綴り字の使用動向を比較する場合，サンプルはイギリス英語とアメリカ英語の実際に書かれた言葉であるのは当然だが，さらに，収集されたサンプルが各地域変種の書き言葉を「代表している」ものとして行われる．つまり，コーパスには，分析対象となる言語変種を代表しているという前提が必要である．このコーパスの特性を代表性（representativeness）と言う．しかし，どのようなテキストがどのくらいの量あれば，ある言語変種を正確に代表することになるのかには絶対的基準はない．[6] 最近の地域変種コーパスでは，質の面で，書き言葉と話し言葉の両方を含めたり，各種ジャンルのテキストをバランスよく収集したりする工夫をして，コーパスの代表性を達成しようとしている．

また，質に加えて，コーパスサイズを大きくすることで代表性に対応する傾向もある．100万語は，おおよそ Dickens の *Great Expectations*（約187,000語）相当の小説にして6編程度に過ぎない．[7] コーパスが大規模なほど，分析は充実する．たとえば，現代イギリス英語で severe の比較級 severer と more severe の使われ方を比較すると，100万語（ICE-GB）では各0回と2回，約4,200万語（Wordbanks*Online* のイギリス英語のみ：2004年10月時点）では各0回と43回，1億語（BNC）では各7回と223回出現し，コーパス規模が大きいほど more severe が一般的であると判断しやすい．[8] しかし，たとえば shall は，100万語（Frown）でも149例が見つかる．[9] したがって，分析目的にかなうデータが得られれば，その研究には適切な規模であると考えることもできる．

広義にはさまざまな言語資料がコーパスとして利用できる今日，研究目的と利用するコーパスの特徴をたえず念頭におく必要がある．[10]

2.2.2. コーパスの種類

コーパスは，サンプルの利用目的や量的・言語的特徴などから分類できる．さまざまなコーパスの編纂が可能になるにつれて，コーパスの種類の定義が研究者によって微妙に異なることもあるが，コーパスの大まかな特徴を理解するのに役立つ．

2.2.2.1. サンプルコーパスとモニターコーパス

サンプル量が一定か否かで 2 種類に分けると，テキストを一定量収集したコーパスをサンプルコーパス（sample corpus）と呼ぶことがある．[11] その例として Brown Corpus（100 万語），London-Lund Corpus（LLC，50 万語）や British National Corpus（BNC，1 億語）などがある．

他方，常に変化する言語を監視しながら，古い情報は捨て，新しい情報をつけ加えつつ，最新の言語情報を提供しようとする考えに基づくコーパスをモニターコーパス（monitor corpus）と言う．[12] Bank of English（BoE）はその代表例で，1995 年 11 月には総語数 2 億語であったが，新しいテキストを取り入れて 2004 年 10 月には 5 億語を超える量になっている．モニターコーパスには，厳密なコーパスデザインにとらわれず，たえず最新のテキストを広範囲から大量に集めて保有できる利点がある（1.3.1. 参照）．

2.2.2.2. 汎用コーパスと特殊目的コーパス

研究目的によって，コーパスを 2 種類に大別できる．さまざまな研究を想定して，いわば総合目的のために編纂される汎用コーパス（general-purpose/general corpus）と，特定の言語研究のために編纂される特殊目的コーパス（special-purpose/special corpus）である．

汎用コーパスの典型は，イギリス英語の書き言葉と話し言葉を広範囲から集めた BNC や，世界 15 地域の英語変種それぞれについて書き言葉と話し言葉を集めた International Corpus of English（ICE，各変種 100 万語ずつ）で，語彙・文法研究を中心に，レジスター研究など幅広い研究が想定されている．BoE や Brown も汎用コーパスに含まれる．[13] 汎用コーパスのうち，特に特殊コーパスとの比較の基準となり，書き言葉と話し言葉を含み，各種領域からバランスよくサンプルを収集した，地域変種を代表する大規模コーパスを，レファレンスコーパス（reference corpus）と呼ぶこともある．[14]

他方，特殊目的コーパスには，子供の話した英語を集めた Polytechnic of

Wales Corpus (PoW), イングランドの 289 の地域方言を集めた Survey of English Dialects (SED), ビジネスレターを集めた Business Letter Corpus (BLC) などが含まれ, それぞれ, 特定の年齢層や地域方言あるいは特定分野の英語を研究する目的で編纂されている. PoW は言語獲得研究に利用できる.

近年, さまざまな特殊目的コーパスが編纂されている(1.3.5. 参照). 外国語習得研究のための学習者コーパス (learner corpus) も特殊目的コーパスと言える. 外国語として英語を学ぶ 19 か国の大学生の作文を 20 万語ずつ集めた International Corpus of Learner English (ICLE) はその例である (12.2.2. 参照).

特殊目的コーパスの一種で, 複数言語を比較するために原文と翻訳を対比させたコーパスをパラレルコーパス (parallel corpus) と呼ぶ.[15] その中には, 1.3.5. に挙げたものの他, 電気通信分野の翻訳文章を集めて, 英語, フランス語, スペイン語を文レベルで対比できる CRATER Corpus や, 1988–93 年間の国連提供の英語, フランス語, スペイン語各 5,000 万語前後ずつの翻訳資料 UN Parallel Text もある.[16] 日本国憲法・教育基本法の日英語の文対比資料も利用できる.[17]

2.2.2.3. 共時コーパスと通時コーパス

言語的特徴として, 時代区分からみると, サンプルを同時代に限って抽出した共時コーパス (synchronic corpus) と, 複数の時代区分を設け, その時代別にサンプルを抽出して整理した通時コーパス (diachronic/historical corpus) に分けられる. 1961 年の書き言葉を集めた Brown や, 1992 年の書き言葉を集めた Frown, 1975 年以降のサンプルを集めた BNC は, それぞれ共時コーパスであり, 750–1710 年間のテキストを収録した Helsinki Corpus や 1650–1990 年間のテキストを収録した ARCHER は通時コーパスの例である(1.4. 参照).

2.2.2.4. 文字言語(書き言葉)コーパスと音声言語(話し言葉)コーパス

言語的特徴として, 伝達手段からみると, 書かれたテキストからサンプルを抽出したコーパスを, 文字言語コーパスまたは書き言葉コーパス, 文語コーパス (written corpus) と呼び, 話された言葉を録音して文字化したコーパスを, 音声言語コーパスまたは話し言葉コーパス, 口語コーパス (spoken corpus)と呼ぶ(1.3.4. 参照). Brown, LOB は書き言葉コーパスであり，LLC や PoW は話し言葉コーパスである．後者には，音声言語をいかに忠実に文字化するか，あるいは音声・音韻上の特徴をいかに表記するかといった問題があり，最近では，Santa Barbara Corpus of Spoken American English (CSAE) や Lancaster/IBM Spoken English Corpus (SEC) のように，文字化したテキストとともに音声自体を CD-ROM や DVD に収めたり，Michigan Corpus of Academic Spoken English (MICASE) のように，インターネット上で音声も流す傾向がある．[18]

2.2.2.5. その他の種類

インターネット上で検索ができるように公開されているコーパスをオンラインコーパスと呼び，利用者のコンピュータやサーバーに保有して検索するコーパスと区別することがある．たとえば，MICASE (4.2.4. 参照)や，前述の Business Letter Corpus がこれにあたる(13.3.5. 参照).

付帯情報の有無から見た，品詞や韻律などの言語情報をテキストに付けた言語情報付きコーパス (linguistically annotated corpus) については，2.4. に述べる．

2.3. コーパスデザイン

次に，典型的なコーパスについてそのデザインを，カテゴリーの立て方やテキストの長さを中心に見てみよう．

2.3.1. Brown, LOB, Frown, FLOB

Standard Corpus of Present-Day Edited American English (Brown Corpus) は，1.2.2. で触れたように，アメリカ英語の書き言葉のコーパスで，1961 年にアメリカ合衆国で出版された書籍，新聞，雑誌などから 15 のカテゴリーを代表するテキスト計 500 を抽出した総語数約 100 万語のコーパスである．[19] 各テキストの長さは約 2,000 語で，元の資料の全文 (full text) が収められているわけではない．[20] 15 のテキストカテゴリーは，新聞や学術論文などの情報散文 (informative prose) と，小説などの創作散文 (imaginative prose) の 2 種類に大別される．

Brown のコーパスデザインは電子コーパスの最初のものであり，カテゴリーの選択に問題がないわけではない．たとえば，創作散文では内容別に M

(Science fiction) や P (Romance and love story) などの区分があるが，情報散文の J (Learned and scientific writings) では人文・社会・自然科学が同一区分にあるなど一貫性に欠ける.[21] また，当時のテクノロジーの問題もあり，書き言葉だけであった. しかし，その後, 1.3.3. にも述べたように，同じデザインを持った Brown のレプリカやクローンと言われるコーパスがいくつか編纂され，地域や年代間の英語の比較に利用価値は高いと考えられる.

Lancaster-Oslo/Bergen Corpus of British English (LOB Corpus) は, 1.2.4. で触れたように Brown のイギリス英語版で, 1961 年のイギリスの出版物からサンプル収集し, Brown と同じコーパスデザインを持つ. Brown のサブカテゴリーを再検討した結果, LOB では, カテゴリー E, F, G のテキスト数を変更してある.[22]

その後の Freiburg-LOB Corpus of British English (FLOB Corpus) と Freiburg-Brown Corpus of American English (Frown Corpus) は, それぞれ LOB と Brown のカテゴリー数, テキスト数, 長さに合わせて, 1991 年のイギリスにおける出版物, 1992 年のアメリカにおける出版物が収められている.

Kolhapur Corpus of Indian English は 1978 年以降のインドにおける出版物から, Australian Corpus of English (ACE) は 1986 年のオーストラリアにおける出版物から, Wellington Corpus of Written New Zealand English (WWC) は 1986–1990 年のニュージーランドの出版物から, 同じく約 2,000 語のテキスト 500, 計約 100 万語を収集している. 各コーパスとも基本的に LOB のデザインを踏襲しているが, 各国の出版状況を反映して, 創作散文について, Kolhapur はテキスト数の変更, ACE はカテゴリーの追加とテキスト数の変更, WWC ではカテゴリー区分の撤廃がなされている. 表 2-1 に Brown とその類似コーパスの構成を示す.

2.3.2. London-Lund Corpus

London-Lund Corpus of Spoken English (LLC) は, 1.2.1. で触れたようにイギリス英語の 1953–88 年間に録音された話し言葉のコーパスである. 約 5,000 語ずつのテキストが, 最初は 87 からなり, 1990 年代になって 13 追加されて, 現在は 100 のテキストからなる. サンプルは, 教養ある話し手による対面式会話, 電話での会話, ディスカッション, インタビュー, ディベート, スポーツなどの実況放送, 講義, 演説などを文字化したもので

表 2–1　Brown Corpus, LOB Corpus とその類似コーパスのテキストカテゴリー

	テキストカテゴリー		テキスト数 アメリカ Brown ('61) Frown ('92)	語数(約)	テキスト数 イギリス LOB ('61) FLOB ('91)	豪 ACE ('86)	ニュージーランド WWC ('86-'90)	インド Kolhapur ('78)
Informative prose	A	Press: reportage	44	88,000	44	44	44	44
	B	Press: editorial	27	54,000	27	27	27	27
	C	Press: reviews	17	34,000	17	17	17	17
	D	Religion	17	34,000	17	17	17	17
	E	Skills, trades and hobbies	36	72,000	38	38	38	38
	F	Popular lore	48	96,000	44	44	44	44
	G	Belles lettres, biography, essays	75	150,000	77	77	77	77
	H	Miscellaneous (government documents, industry reports, etc.)	30	60,000	30	30	30	30
	J	Learned and scientific writings	80	160,000	80	80	80	80
Imaginative prose	K	General fiction	29	58,000	29	29	General Fiction 126 (K 99 L27)	58
	L	Mystery and detective fiction	24	48,000	24	15		24
	M	Science fiction	6	12,000	6	7		2
	N	Adventure and western fiction	29	58,000	29	8		15
	P	Romance and love story	29	58,000	29	15		18
	R	Humour	9	18,000	9	15		9
	S	Historical fiction	—	—	—	22		—
	W	Women's fiction	—	—	—	15		—
		合計	500	1,000,000	500	500	500	500

注：各コーパス名の横または下の（　）はテキストの出版年．1テキスト各約2,000語．

ある.
　テキストは，Survey Corpus（1.2.1. 参照）の話し言葉の分類をもとに収集されたが，コーパス上では 12 に区分され，その基準として，私的か公的か，準備の有無，話者間の関係（対等かどうかや友人か仕事上の知人かなど），当事者に録音を予め告げたかどうかが明示されている．表 2–2 に LLC のテキスト区分を筆者が Survey Corpus の分類と照合した結果を示すが，完

表 2–2 Survey Corpus（Spoken）の分類に基づく London-Lund Corpus のデザイン

Survey Corpus（Spoken）の分類				LLC のテキスト区分と数（1 テキスト 5,000 語）		
dialogue	conver-sation	face-to-face	surrep-titious	S1 Spontaneous C. between equals, s.r.	14	14
				S2 同上	14	14
				S3 Spontaneous C. between disparates, s.r.	6	7
			non-sur-reptitious	S4 C. between intimates and equals, n.s.r. or com.	7	7
				S5 (8–11) Private C. between equals, n.s.r.	4	4
		telephone		S7 T.C. between friends, s.r.	3	3
				S8 T.C. between business associates, s.r.	4	4
				S9 T.C. between disparates, s.r.	3	5
	public discussion*1			S5 (1–7) Public C. between equals, n.s.r. 　 (12) Committee meeting 　 (13) Academic meeting	7	7 1 1
				S6 C. between disparates, n.s.r.*2	6	9
mono-logue				S11 Spontaneous oration*3	5	6
	spontaneous			S10 Spontaneous commentary	8	11
	prepared	to be spoken		S12 Prepared but unscripted oration	6	7
		to be written		（手紙の口述筆記など）	0	0
テキスト数合計（左列は当初の数，右列は追加後の数）					87	100

略号：T.: Telephone, C.: Conversations, s.r.: surreptitiously recorded, n.s.r.: non-sur-reptitiously recorded, com.: composite
*1 対話で public とは対話の関与者以外に聴衆がいる場合を指す．
*2 S6 (2) は public ではなく S4 の区分に入り，S6 (6) はインタビュー中 1 人で話している．
*3 S11 は 1 つにまとめてあるが，実際は，S11 (2) はディナースピーチ，S11 (3) はラジオでの論評で monologue に入り，S11 (1, 4–6) は法廷論争と国会討論で dialogue に入る．

全に一致しない.[23] 当時のファイル容量や，話し言葉の分類と収集の難しさが原因と考えられるが，利用の際には注意を要する．Biber (1988) のレジスター分析では，テキストを選択して使用している．また，公開されているのが 2.4. に述べる韻律情報付与版だけであり，語彙・文法分析には不便で，利用は進んでいないが，1960–70 年代を中心とした自然な会話など興味深い資料と考えられる．

2.3.3. Helsinki Corpus of English Texts (Diachronic Part)

通時コーパスの代表的なものに Helsinki Corpus があるが，そのコーパスデザインについては 8.2. で詳述する．

2.3.4. 大規模コーパス

2.3.4.1. British National Corpus

British National Corpus (BNC) は，すでに 1.3.2. で紹介したように，1 億語のイギリス英語のコーパスで，90% が書き言葉，10% が話し言葉からなる．[24] 書き言葉の部は，総語数約 8,974 万語，テキスト数 3,209 である．話し言葉の部は，人口構成別に収集された部分 (demographic part) 約 421 万語，テキスト数 153 と分野文脈別に収集された部分 (context-governed

表2–3 British National Corpus (Written Component) の構成
数値は総語数(単位万語) / テキスト数

分野 (Domain) 別の数		出所 (Medium) 別の数		出版年別の数	
Imaginative	1,967/625	books	5,257/1,488	1960–74	
Informative		periodicals	2,790/1,167		204/53
Natural science	375/144	(newspapers, etc.)		1975–93	
Applied science	737/364	miscellaneous:	394/181		8,008/2,596
Social science	1,329/510	published		unclassified	
World affairs	1,651/453	(brochures, etc.)			762/560
Commerce	712/284	miscellaneous:	360/245		
Arts	725/259	unpublished			
Belief & thought	305/146	(diaries, etc.)			
Leisure	999/374	written to be spoken	137/49		
Unclassified	174/50	(political speeches)			
		unclassified	36/79		

表 2–4 British National Corpus (Spoken Component: Demographic Part) の構成
数値は総語数(単位千語)/テキスト数

年齢別の数		社会階層別の数		男女別の数		地域別の数	
0–14	265/26	AB	1,371/59	Male	1,732/73	South	4,728/296
15–24	669/36	C1	1,096/36	Female	2,462/75	Midlands	2,418/208
25–34	847/29	C2	1,080/31	unclassified	16/5	North	2,636/334
35–44	839/22	DE	626/20			unclassified	582/77
45–59	956/20	unclassified	37/7				
60 +	634/20						

表 2–5 British National Corpus (Spoken Component: Context-Governed Part) の構成
数値は総語数(単位万語)/テキスト数

分野 総語数/テキスト数	話の形式	テキストカテゴリー
Educational 127/144	monologue	lectures, demonstrations, news, commentaries
	dialogue	classroom interaction, tutorials
Business 132/136	monologue	company talks, trade union speeches, sales, demonstrations
	dialogue	business meetings, consultations, interviews
Public/institutional 134/241	monologue	political speeches, sermons, public/government talks, legal proceedings
	dialogue	council meetings, parliamentary proceedings, religious/legal meetings
Leisure 146/187	monologue	after-dinner speeches, sports commentaries, talks to clubs, etc.
	dialogue	broadcast chat shows, phone-ins, club meetings, phone conversations
unclassified 76/54		

　part) 約 615 万語, テキスト数 762 で構成されている.
　書き言葉の部のテキストは, 分野, 出所, 出版年の 3 つの大きな基準から選択されている. 分野では, 創作散文 (imaginative prose) 約 25% と情報散文 (informative prose) 約 75% からなり, 出所には, 書籍, 新聞などの定期刊行物, パンフレットなどの雑多な印刷物, 日記などの雑多な非公刊物, 話す目的で書かれたものが含まれている. 内訳は表 2–3 に示した. 共時コーパスの性格を保てるように, 大半は 1975 年から 1993 年までの出版物から選

ばれているが，創作散文にはロングセラーを入れたために1960年から1974年の出版物も含まれている．情報散文の分野別割合は，おおよそ過去20年間の英国における書籍出版状況を反映している．さらに，著者の情報，対象読者の情報，出版地やサンプル抽出部分に関する詳細な情報が与えられている．

話し言葉の人口構成別の部分（表2-4参照）は，イギリスの38地域に住む124名の15歳以上のボランティアを男女別，年齢層別，社会階層別にそれぞれの人数がほぼ等しくなるように選び，2，3日間の会話をすべて録音してもらい，後に話者の許可を得てコーパスに収めた．16歳以下の子供の資料にはBergen Corpus of London Teenage Language (COLT) が含まれている．話し言葉の分野文脈別の部分は，表2-5に示すように，4分野からなり，それぞれ対話と対話以外がほぼ6対4の割合に収集されている．

2.3.4.2. American National Corpus

American National Corpus (ANC) は，コアになるコーパスが1億語のアメリカ英語のコーパスで，BNCとの比較を念頭において編纂中である．すでに1.3.2.に紹介したように，2004年7月時点で，そのうち約1,150万語，書き言葉4つのサブコーパス計約828万語，話し言葉3つのサブコーパス計約322万語が公開されている．[25]

2.3.4.3. Bank of English

英語辞書編纂のために，モニターコーパスの考え方を実践して，2004年10月現在総語数5億語を超えるBank of English (BoE) は，細微なコーパスデザインがあるわけではない．量に重きを置き，BNCのように厳密なカテゴリー区分がなく，書き言葉は，書籍，雑誌，新聞，ラジオ放送の台本，およびカタログなどのephemera（短命なもの）に分類され，話し言葉は，対面や電話による対話やインタビューなどで構成され，計16のサブコーパスからなる．テキストは，大半が1990年以降のもので，イギリス英語が約70%，次いでアメリカ英語が約25%，残りの5%はオーストラリアやカナダ英語他から採られている．約2,000万語がインフォーマルな話し言葉である．テキストの選択には，LOBやBrownのような無作為抽出でなく，書店のベストセラーリストなどを利用している．

そのうち約5,700万語が検索できるWordbanks*Online*という有料のインターネットサービスがある．[26] ただし，全テキストに自由にアクセスできる

のではなく，検索項目の KWIC コンコーダンス(4.2. 参照)を出力することになる．前後の文脈の出力には 512 文字までという制限がある．2004 年 10 月時点でインターネットを介して検索できるテキストは表 2–6 の構成である．

表 2–6　Wordbanks*Online*（5,700 万語）の構成

サブコーパス	テキストの概要	語数
01 OZNEWS	Issues of *The Courier Mail* and *The Sunday Mail* published in Australia	5.3 mil.
02 UKEPHEM	Junk mail, leaflets, etc. produced in Britain	3.1 mil.
03 UKMAGS	Issues of periodicals published in Britain for general males and females, for specialists, for ethnic minority, etc.	4.9 mil.
04 UKSPOK	Informal conversations all over Britain, lectures, etc. mostly spontaneous	9.3 mil.
05 USEPHEM	Junk mail, newsletters, etc. produced in the USA	1.2 mil.
06 BBC	Transcripts from broadcasts of the BBC World Service, London	2.6 mil.
07 NPR	Transcripts from broadcasts of National Public Radio, Washington	3.1 mil.
08 UKBOOKS	Books published in Britain: 45 non-fiction and 26 fiction	5.3 mil.
09 USBOOKS	Books published in the USA: 38 non-fiction and 14 fiction	5.6 mil.
10 TIMES	Issues of *The Times* and *The Sunday Times*, published in Britain	5.7 mil.
11 TODAY	Issues of *Today* published in Britain	5.2 mil.
17 SUNNOW	Issues of *The Sun* published in Britain	5.8 mil.

2.3.4.4. International Corpus of English

International Corpus of English（ICE）は，1.3.3. で紹介したように，世界各地の英語を比較研究するためのコーパスで，計画では 18 の地域言語変種，各地域約 100 万語で構成される．[27] 2007 年 11 月時点で，7 地域変種(香港，東アフリカ，イギリス，インド，ニュージーランド，フィリピン，シン

表 2-7　International Corpus of English (Regional Corpus) のテキストカテゴリー

Spoken Texts (300)	Dialogue (180)	Private (100)	direct conversations (90) distanced conversations (10)
		Public (80)	class lessons (20) broadcast discussions (20) broadcast interviews (10) parliamentary debates (10) legal cross-examinations (10) business transactions (10)
	Monologue (120)	Unscripted (70)	spontaneous commentaries (20) unscripted speeches (30) demonstrations (10) legal presentations (10)
		Scripted (50)	broadcast news (20) broadcast talks (20) speeches (not broadcast) (10)
Written Texts (200)	Non-printed (50)	Non-professional writing (20)	student untimed essays (10) student examination essays (10)
		Correspondence (30)	social letters (15) business letters (15)
	Printed (150)	Informational: learned (40)	humanities (10) social sciences (10) natural sciences (10) technology (10)
		Informational: popular (40)	humanities (10) social sciences (10) natural sciences (10) technology (10)
		Informational: reportage (20)	press news reports (20)
		Instructional (20)	administrative, regulatory (10) skills, hobbies (10)
		Persuasive (10)	press editorials (10)
		Creative (20)	novels, stories (20)

注：（　）内の数値はテキスト数．

ガポール)が完成し公開されている.

　各地域言語変種コーパスは，1990 年以降のテキスト 500(話し言葉 300，書き言葉 200)からなり，1 つのテキストは約 2,000 語である．2,000 語に満たないサンプルは同じタイプのものをまとめて 1 つのテキストにしてある．地域変種コーパスは，すべて同一のコーパスデザインを持つ(表 2-7 参照).

2.4. 付帯情報の付与

　次に，コーパスのテキストを見てみよう．コーパスを言語分析に使うには，分析内容によって，言葉のテキスト以外の情報が必要になる．その情報には，テキスト情報と言語情報がある．テキスト情報には，書き言葉におけるパラグラフやイタリック体，話し言葉の話者交代や複数発話の重なりといったテキスト表記上の情報に加えて，出典や発話状況などサンプルに関する情報がある．言語情報には，単語の品詞情報などが含まれる．テキスト上にこのような付帯情報を付けることを情報付与(annotation)と言う.

2.4.1. テキスト情報付与の形式

　コーパスのテキストは，どのコンピュータのシステムやソフトウェアでも読める必要がある．テキストファイル(英語の場合アスキー(ASCII)ファイル)がそれにかなう保存形式だが，この形式で保存されたファイルを開くと，ö などのラテンアルファベット 26 文字以外の文字，太字などの修飾文字やページレイアウトは元の通りには表示されない．テキストファイル形式で保存して，コーパスにテキスト表記上の情報を残すには，別にその情報をコード化する(markup)必要がある．コーパス編纂の初期にはコード化のための標識(symbol/tag)が不統一であった．たとえば，昔の文字表示が重要な意味を持つ Helsinki Corpus では，æ は +a と表現しているが，LOB では ae となっている．他のテキスト表記情報を示すのに，LOB は * を数字や記号と組み合わせた標識を使っているが，その標識は Brown や Helsinki Corpus とは異なる(図 2-1 参照).[28] 同様に，出典などのサンプル情報の提示方法も不統一であった．以下に，代表的なテキスト情報付与形式をあげる．コーパスがどの情報付与形式を採用しているかは，コーパス検索に影響する(4.1.〜4.2. 参照).

2.4.1.1. 固定長形式

初期の Brown, LOB とその系統の Kolhapur, WWC, Frown と FLOB では,[29] 出典情報はコーパステキストとは別に,マニュアルに詳細な情報がある．図 2-1 のように,テキストの開始部にテキスト番号を示すコーパスもあるが,基本的にはテキストの左にテキスト番号と行番号を示し,その番号とマニュアルを照合して出典情報を得る．また,これらの番号を使って検索語のテキスト上の位置を示す．このように各行の開始部何桁かをテキスト情報にあて,1 行を一定の桁以内に収めて改行する形式を固定長形式と言う．LLC も固定長形式をとり,各行の左 20 桁以上を使って,テキスト番号,時間の推移,話者の別などを示している(図 2-7 参照)．CSAE には時間の推移をこの形式で示す版もある．

```
B03  198  *# 2002
B04    1  **[048 TEXT B04**]
B04    2  *<*6OPINION*>
B04    3  *<SPEAK UP FOR OUR FRIENDS!*>
B04    4   |^*4A *2BAFFLED *0and bewildered little country stands at the
B04    5  centre of an international storm. ^Belgium is accused*- without a
B04    6  scrap of evidence*- of being implicated in the murder of Patrice
B04    7  Lumumba.
```

図 2-1　LOB Corpus のテキスト部と固定長形式

注：テキスト部のコード：*# 2002 はコーパステキストの終了と語数，**[**] は [ ] 内にコメントを示す標識(各テキストの参照部に，テキストの通し番号と分類番号が入っている．)，*<*> は見出しの開始 終了，| はパラグラフの開始，^ は文の開始，*4 は太字，*2 は大文字の開始，*0 は小文字の開始，*- はダッシュ．

2.4.1.2. COCOA 形式

出典情報をテキスト参照部 (header) としてファイルの冒頭に付ける方式で，次に述べる TEI のガイドラインが出るまで最も普及していた形式の 1 つに COCOA 形式がある．この名前は，OCP (Oxford Concordance Program) の前身である COCOA というプログラムがこの形式を採用していたことに由来する．その形式を簡単に言えば，三角括弧 < > の中に，情報の種類を示す記号とその情報を入力する．たとえば，A という記号が著者名を示すと決めておくと <A Geoffrey Chaucer> と表せる．図 2-2 は Helsinki

```
<B CMDOCU3>              Short Descriptive Code
<Q M3 XX DOC USK>        Text identifier
<N APPEAL LONDON>        Name of text
<A USK THOMAS>           Author's name
<C M3>                   Sub-period
<O 1350-1420>            Date of original
<M 1350-1420>            Date of manuscript
<V PROSE>                Verse or prose
<T DOCUM>                Text type
<G X>                    Relationship to foreign origin
<F X>                    Language of foreign origin
<W WRITTEN>              Relationship to spoken language
<X MALE>                 Sex of author
<Y X>                    Age of author
<H PROF>                 Author's social status
```

図 2–2　Helsinki Corpus における COCOA 形式によるテキスト参照部の一部

Corpus のテキスト参照部の一部である．右側に，各記号が何を示すかの説明を付けておいた(詳細は 8.2.2.1. 参照)．

2.4.1.3. TEI と SGML 形式，XML 形式

　世界標準形式を設定しようという計画 Text Encoding Initiative (TEI) によって 1994 年に公表されたガイドラインは，基本的に従来の SGML (Standard Generalized Markup Language) 形式を採用している(1.5. 参照)．[30] TEI のガイドラインとは，テキストをコード化するのに SGML をどう使えばよいかを示すものだが，詩やドラマや音声を文字化したものなどあらゆる種類のテキストに付与できるように設定されたもので，コーパス編纂の基準となった．

　SGML 形式は，簡単に言えば，三角括弧の中に，ある特徴を示す記号を入れて標識(タグ) <...> を作る．その特徴の開始部分に <...> を付け，終了部分に / の付いた </...> を付ける．TEI の定義では，たとえば <p> はパラグラフを示す標識だが，1 つのパラグラフを示すには，パラグラフの開始部に <p> を付けて，終了部に </p> を付ける．SGML 形式を使えば，サンプル情報もテキスト表示情報も，さらには，次に述べる言語情報も表現できる標識を作ることができる．

　SGML は BNC のコード化に使われているが，BNC は TEI 方式に強

く影響を受けた CDIF（Corpus Document Interchange Format）方式に従っている。[31] ICE も SGML を用いているが，TEI のガイドライン以前にプロジェクトが始まったため，TEI 方式は反映していない．また，サンプル情報は一部の情報を除き，マニュアルに詳細が掲載されている．[32]

最近，SGML の縮小版だが SGML では使用できない機能を持つ XML（eXtensible Markup Language）が普及してきた．Web ページでの使用に優れているので，今後コーパスへの使用が増えると考えられている．[33] ANC は，XML 形式を採用し，XCES（Corpus Encoding Standard for XML）方式に従っている．[34] XCES とは，XML を使ってコーパスをコード化するための方式で，EAGLES（Expert Advisory Group on Language En-

```
(a) ICE-EA の Tanzania Private Conversation より
S1A018T
<$A>Asaa Khamis, 25, m, student (2nd year law)
<$B>Said Juma, 26, m, student (3rd year sociology)
<$C>Juma Yakuti, 25, m, student, (3rd year sociology)

(b) BNC K60 より
<bncDoc id=K60>
<teiHeader type="text"
status="update"date.updated="2000-12-13"><fileDesc> <titleStmt> <title>
Appreciation of literature: lecture and discussion. Sample containing about
17568 words speech recorded in educational context </title>

<profileDesc><creation><date>1992-11-09</date>:   </creation><particDesc
n="C615"> <person age="2" dialect="XNC" educ="X" flang="EN-GBR" id="PS5AX"
n="W0001" sex="f" soc="AB"><age>30+</age><name>Liz</name>
<occupation>lecturer</occupation></person>

(c) ANC Switchboard sw3000-ms98-a-trans-header.xml より
<?xml version="1.0" encoding="utf-8"?>
    <profileDesc>
        <textClass>
            <subject> RESTAURANTS </subject>
            <audience>Adult </audience>
            <medium>Spoken</medium>
        </textClass>
        <particDesc>
            <person age="1962" id="spkr1174" role="caller" sex="M">Dialect：MIXED,
Side：A, Education：2, Partition：XP</person>
            <person age="1950" id="spkr1229" role="callee" sex="F" >Dialect：NORTHERN,
Side：B, Education：3, Partition：XP</person>
        </particDesc>
```

図 2-3　ICE の参照部，BNC，ANC の参照部（一部）の例

gineering Standards）が開発した EAGLES 方式の一部をなす．その前身は，SGML を使用した CES 方式で，TEI 方式に準拠している．

　図2-3（a）（b）（c）に ICE East Africa（ICE-EA），BNC, ANC の話し言葉の参照部（header）の一部を示す（テキスト部は図2-4参照）．BNC や ANC では，多くの情報が付与され，さまざまな言語分析が可能になった反面，テキストファイル形式で見ただけでは，情報の意味や実際に使われた言葉の内容が把握し難くなってきている．[35]

2.4.2. 言語情報の付与

　テキストを検索する際に，たとえば report のように動詞と名詞が同形で名詞だけを抽出したい場合，単語に品詞を示す標識が付いていれば，名詞の標識のある report を抽出することができる．ちょうど，かばんの名札（name tag）と同じである．このように単語に品詞やその他の言語的特徴を示すコードをつけることを言語情報付与（linguistic annotation）と呼ぶ．このコードを言語的標識またはタグ（linguistic tag）と言い，このタグを付与することを言語情報タグ付け（linguistic tagging），言語情報タグの付いたコーパスをタグ付きコーパス（tagged corpus）と呼ぶ（1.3.1.参照）．同じコーパスで，タグ付き版とタグなし版がある場合もある．

　言語情報付きコーパス（linguistically annotated corpus）に対し，句読点やパラグラフなど最低限の情報だけの言語テキストからなるコーパスを平テキストコーパス（unannotated corpus / plain text corpus）と言う．以下に主な言語情報付与の例を見てみよう．

2.4.2.1. 品詞タグ付け

　品詞タグ（part-of-speech（POS）tag / word-class tag）は，コーパスに付けられるもっとも基本的な言語情報コードであり，文法タグ（grammatical tag）とも呼ばれ，各語に形態・統語情報を付与する．[36] 図2-4の（a），（b）は，それぞれ，LOB と BNC の品詞タグ付き版の例である．[37]

　品詞タグ付けには，自動品詞タグ付けプログラム（automatic tagger）が用いられる．タグ付けプログラムは，文法規則に基づくタガー（rule-based tagger）と確率論に基づくタガー（probabilistic tagger）に大別されている（1.3.1.参照）．タガーで付与される品詞記号のセットをタグセット（tagset）と言う．ごく簡単に仕組みを述べると，まず，各単語に，プログラムの持つ

辞書からその単語に可能なすべての品詞タグを付ける．辞書になければ，語尾から可能性のあるタグをすべて付ける．それでも付かなければ，名詞，動詞，形容詞を付けておく．その後，2つ以上のタグを持つ語を処理する際に，前者のタガーでは，プログラムに書き込まれた文脈規則に基づいて不可能なタグを排除して1つに絞るのに対し，後者のタガーでは，実施済みのタグ付けを基に隣接する語の品詞の確率を出し，その確率に基づいてタグを付与する．したがって，後者では，タグ付けを実施すればするほど成功率が上がることになる．

世界最初の電子コーパス Brown の品詞タグ付けに用いられたのは，TAGGIT という文法規則に基づくタガーで，LOB には，その後開発された確率論に基づく CLAWS (Constituent Likelihood Automatic Word-tagging System) というタガーが用いられた．[38] 自動タグ付けを行ったのち，3–4%のエラーを手作業で修正している．LOB の品詞タグセット CLAWS1 には 139 のタグが設定されており，大半は Brown の 82 のタグと同じで，一部を細分化してある．両者とも動詞のタグには，VB (原形); VBD (過去形); VBG (-ing 形); VBN (過去分詞形); VBZ (3人称単数現在形)があり，

(a) LOB Tagged Corpus (A: Press: reportage)
A01 149 ˆ President_NPT Kennedy_NP did_DOD his_PP$ best_JJT to_TO
A01 149 avoid_VB giving_VBG pressmen_NNS a_AT direct_JJ
A01 150 answer_NN ._.

(タグなし) President Kennedy did his best to avoid giving pressmen a direct answer.

(b) BNC K60 より
⟨u who=PS5AX⟩
⟨s n="1"⟩⟨event desc="reading from book"⟩ ⟨shift new=reading⟩ ⟨w AT0⟩The ⟨w NN2⟩clergy ⟨w NN2⟩daughters⟨w POS⟩' ⟨w NN1⟩school ⟨w PRP⟩at ⟨w NP0⟩Cowan ⟨w NP0⟩Bridge ⟨pause⟩ ⟨w NN1-VVB⟩run ⟨w PRP⟩by ⟨w AT0⟩the ⟨w NP0⟩Reverend ⟨w NP0⟩William ⟨gap reason=anonymization desc="last or full name"⟩⟨c PUN⟩.
⟨s n="2"⟩⟨w NP0⟩Charles ⟨w CJC⟩and ⟨w NP0⟩Emily ⟨w VVD⟩followed ⟨w AT0⟩a ⟨w NN1⟩couple ⟨w PRF⟩of ⟨w NN2⟩months ⟨w AV0⟩later⟨c PUN⟩.

(品詞タグなし) ⟨話し手＝PS5AX⟩ ⟨文1⟩ ⟨状況＝本の朗読⟩ ⟨音声上の変化の開始＝朗読⟩ The clergy daughters' school at Cowan Bridge run by the Reverend William. ⟨文2⟩ Charles and Emily followed a couple of months later.

図 2–4 品詞タグ付けの例

別に be, do, have には BE, BED, BEDZ, BEG, BEM, BEN, BER, BEZ; DO, DOD, DOZ; HV, HVD, HVG, HVN, HVZ が設定されている。[39] BNC はタガーとして CLAWS4 を用い，タグセットは，World Edition（1億語）には CLAWS5 Tagset（61個）を，Sampler（話し言葉と書き言葉各100万語ずつ計200万語）には詳細な品詞タグ CLAWS7 Tagset（136個）を用いている。ICE の品詞タグ付けには Nijmegen 大学開発の自動構文解析プログラム TOSCA parser に組み込まれた TOSCA tagger が使われ，構文解析タグとともに複合的にタグ付けされる（図2-6参照）。ANC には Northern Arizona 大学の Biber tagger が使われ，同様に複合的にタグ付けされる。[40] その他，Penn Treebank も複合的にタグ付けを行う。[41] なお，一般には Brill's Tagger と CLAWS がオンライン等で利用できる。[42]

2.4.2.2. 見出し語化

名詞や動詞，一部の形容詞などの単語には異形が存在する．たとえば，speak, spoke, spoken, speaking, speaks はすべて speak という見出し語に縮約される．見出し語化（lemmatization）がなされていれば，speak を検索することで異形も同時に抽出することが可能になる．CRATER Corpus や ANC はテキスト内の各語に見出し語情報を付けているが，[43] 見出し語リストを検索ソフトに組み込むことによって，見出し語検索をすることも行われている．[44]

[S[N the_ATI Chancellor_NPT N][V must_MD take_VB V][N steps_NNS N][Ti[Vi to_TO curtail_VB Vi][N inessential_JJ exports_NNS N]Ti] ._. S]

図2-5　構文解析の例: Lancaster Parsed Corpus (B10 744) より

注：S（文），N（名詞句），V（動詞句），J（形容詞句），Ti（不定詞節），Vi（非定動詞句）．枝分かれ図で表すと以下のようになる．

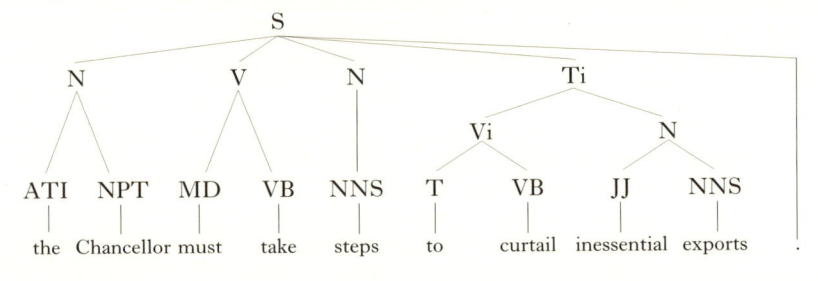

```
                        S
        ┌───────┬───────┬───────────────┐
        N       V       N              Ti
                                    ┌───┴───┐
                                    Vi      N
        │       │       │         ┌─┴─┐   ┌─┴─┐
       ATI NPT  MD VB   NNS       T  VB   JJ  NNS
        │   │   │  │     │        │   │    │   │
       the Chancellor must take  steps to curtail inessential exports
```

2.4.2.3. 構文解析

品詞タグが付けられると，統語関係の解析すなわち構文解析（parsing）が可能になる．品詞タグが1種類でないように，構文解析も基礎となる文法理論によって相違がある．PoW のように機能文法の枠組みによる解析もあるが，Lancaster 大学開発の構文解析（図 2–5）のように，概ね文脈自由型句構

(a) ICE-GB の品詞・構文解析タグ：s1a-043–098 より What did you say

```
[<#98:1:A> <sent>]
PU, CL (main, inter, montr, past, preod)
 OD, NP ( )
  NPHD, PRON (inter) {What}
 INTOP, AUX (do, past) {did}
 SU, NP ( )
  NPHD, PRON (pers) {you}
 VB, VP (montr, do)
[<{> <[>]
  MVB, V (montr, infin) {say}
[</[> <$A>]
```

(b) ICE-GB 構文解析表示例（付属ソフトウェア ICECUP により出力）

PU	CL					
main inter montr past preod						
		OD	NP	NPHD	PRON	------ What
				inter		
		INTOP	AUX			------ did
		do past				
		SU	NP	NPHD	PRON	------ you
				pers		
		VB	VP	MVB	V	------ say
		montr do		montr infin		

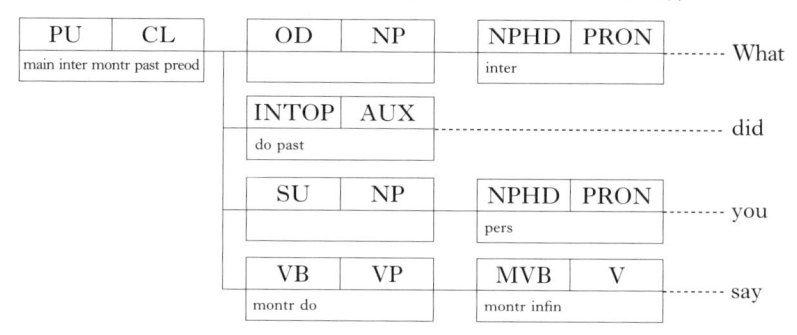

図 2–6 ICE-GB の構文解析例：What did you say

注：上段左は Function: PU (Parsing Unit), OD (Direct Object), NPHD (Noun Phrase Head), INTOP (Interrogative Operator), SU (Subject), VB (Verbal (function)), MVB (Main Verb). 上段右は Category: CL (Clause), NP (Noun Phrase), PRON (Pronoun), AUX (Auxiliary Verb), VP (Verb Phrase), V (Verb). 下段は Feature(s): main (main (clause)), inter (interrogative), montr (monotransitive), past (past (tense)), preod (preposed direct object), do (auxiliary *do*), pers (personal (pronoun)), infin (infinitive).

造文法（context-free phrase structure grammar）に従ったものが多く，詳細解析（full parsing）と，名詞句の単複などを区別しない骨組みだけの簡略解析（skeleton parsing）がある．図2-6にはICE-GBの構文解析例を示す(2.4.2.1.参照)．

```
1  3   9 1550 1 1 (A    11  - - and I ˆs=aid#                                    /
1  3   9 1560 1 1  A    11  well I ˆdon`t r\eally _think#                         /
1  3   9 1570 1 1  A    11  I could ˆwr\ite# - -                                  /
1  3   9 1580 1 1  A    11  and this was a sort of ˆninety-six page:b\ooklet#    /
1  3   9 1590 1 1  A    11  ˆyou kn/ow#                                           /
1  3   9 1600 1 1  A    11  about ˆthat b\ig# *-*                                 /
1  3   9 1610 1 1  A    11  [@m] I`d I`d ˆneed to g\o through#                    /
1  3   9 1620 2 1  A    21  ˆeach of the                                          /
1  3   9 1630 1 1  b    20  *[m]*                                                 /
1  3  10 1620 1 1 (A    11  processes at: h\ome# *.*                              /
1  3  10 1640 2 1  A    21  I don`t think it will be eˆnough just to have        /
1  3  10 1650 1 1  b    20  *[m]*                                                 /
1  3  10 1640 1 1 (A    11  them !d\/emonstrated#.                                /
```

図 2-7　韻律情報表記の例: London-Lund Corpus

注：テキスト上のコード
- \#　音調単位の終わり（a tone unit boundary）
- ˆ　音調単位中最初に強められる音節（an onset）
- \　核音調における下降調（a falling tone）（ただし，\ は日本語用のキーボードでは，¥で表示されるので注意）
- /　核音調における上昇調（a rising tone in nucleus）
- \/　核音調における下降上昇調（a fall-rise tone in nucleus）
- =　核音調における水平調（a level tone in nucleus）
- !　先行する高ピッチの音節よりも高いピッチを表す（a booster indicating higher than preceding pitch-prominent syllable）
- :　先行する音節よりも高いピッチを表す（a booster indicating higher than preceding syllable）
- _　ピッチの変化なし（continuance）
- ¬, - -　ポーズ（pauses）数で長さの相違を表す
- * *　同時に複数の人が話した箇所（simultaneous talk）
- [ ]　発音記号の表記であることを示す箇所（phonetic symbols）
- @　ためらいを表す記号の一部としての［ə］（a schwa as part of a hesitation marker）
- 《 》　正確に聞き取れない箇所（incomprehensible words）
- ( )　文脈上のコメント（contextual comment）

第 2 章 コーパスとは何か 43

2.4.2.4. 韻律情報表記

　話し言葉のコーパスでは，イントネーションやポーズといった韻律特性（prosodic features）をテキスト中に表示することがある．図 2-7 は London-Lund Corpus からの抜粋であり，[45] 図 2-8 は Lancaster/IBM Spoken English Corpus（SEC Corpus）の韻律特性表記版の一部である．

↓good `morning ‖ ↑˘more • news about the ¯Reverend _Sun • Myung `Moon | _founder of the Unifi`cation • Church | who's ˘currently in • jail | for `tax evasion ‖

図 2-8　韻律情報表記の例: Lancaster/IBM Spoken English Corpus (SEC Corpus)

注：テキスト上のコード
- ¯　高い水平調（high level）
- _　低い水平調（low level）
- |　小さな音調単位（Minor tone-group boundary）
- ‖　大きな音調単位（Major tone-group boundary）
- ↓　大きなピッチ下降変化（significant change of pitch / fall）
- ↑　大きなピッチの上昇変化（significant change of pitch / rise）
- ˘　高いピッチの下降上昇調（high fall rise）
- `　高いピッチの下降調（high fall）
- •　水平調（level）

2.4.2.5.　その他の言語情報の付与

　上に述べた以外にも，1.3.1. に触れた，談話分析（discourse analysis），テキスト言語学（text linguistics）上のタグの一例として，代名詞の照応関係や名詞の結束関係を表すタグ付けなどがある．[46] また，意味論的タグ付けや学習者コーパスに付ける学習者の誤りを示すエラータグがある．これらのタグは品詞タグに比べ自動化が課題である．今後，さまざまな研究目的にコーパスが利用されるにつれて，多様な言語情報が平テキストに付けられるようになるであろう．

2.5.　むすび

　以上，コーパスの種類，デザイン，付帯情報について見てきた．特徴を把握していないと，コーパスの選択，検索方法の決定，得られたデータの解釈に思わぬ誤りをしてしまうことがある．コーパスの利用に際しては，その特

徴を理解しておくことが大切である.

注

1. Meyer (2002: xii) は, 'In recent times, a corpus has come to be regarded as a body of text made available in computer-readable form for purposes of linguistic analysis.' と記述している.
2. たとえば, Google 検索 (http://www.google.com/intl/ja/) で検索欄に severer と入力すると3万件弱, 引用符付で "more severe" と入力すると90万件以上の例を得ることができる (2004.7現在). この結果から, 大雑把に, 現代英語では後者のほうがよく使われると言える. ただし, 後者には, many の比較級 more + severe + 名詞など, severe の比較級ではない例も含まれている可能性があることに注意を要する.
3. 滝沢 (2004) は, 前者を流用型コーパス, 後者を本来型コーパスと呼んでいる. 滝沢 (2001: 162–163) も参照.
4. 言語変種 (variety) とは, 言語を, 使用されている社会階層, 地域または使用域により分類した区分を指す. 言語使用域とは, 内容や分野, 関与する人, 伝達手段による分類を言う (Halliday & Hasan, 1985: 43). 従って, 言語変種には, たとえば, アメリカ英語・イギリス英語といった地域変種やイングランド北部方言などだけでなく, 外国語学習者の英語, ビジネス分野の英語, 書き言葉・話し言葉といった1つの言語の下位分類すべてを含む.
5. 赤野他 (1991) の定義, コーパスとは「ある特定の言語, 方言もしくはその他のヴァラエティを代表し, かつ言語研究に使用されることが想定されコンピュータに蓄積, 処理された話し言葉, 書き言葉のテキストの集合体」を参照.
6. 統計的に代表性を論じた研究もある. D. Biber (1992) "Representativeness in Corpus Design" in G. Sampson & D. McCarthy (eds.) (2004).
7. Oxford Text Archive から作品をダウンロードして Microsoft Word で数えた値.
8. Wordbanks*Online* には, 45例, BNC には224例 more severe が出現するが, 注2のように more が additional を示すなど severe の比較級 more severe ではない場合を除いた. また, どちらとも解釈できる例も見られた.
9. 英米豪などの shall の使用状況を, 類似コーパスで比べることも可能である.
10. インターネットホームページのテキストは, 量は膨大だが, 英語母語話者と非母語話者の区別はなく, 古い時代の英語や地域変種, 話し言葉と書き言葉, 各種分野のテキストが混在するので, 結果の解釈には特に注意を要する.
11. 最近では, 'ICE-GB Sample Corpus'「ICE-GB コーパスの見本」のように sample corpus が「コーパスの見本」を表すのに使われることがある.
12. Sinclair (1991) などで導入された考え方. dynamic corpus ということもある.
13. 本文の目的では, BoE や Brown も含まれるが, Kennedy (1998: 19–20) は, general corpora は話し言葉と書き言葉の両方を含むさまざまな領域からバランスよくサンプル収集したコーパスと定義している. また, core corpora とも呼ばれ

る．その定義では，BoE や Brown は含まれないことになる．
14. 本文の定義に合うものは現在 BNC しかないが，レファレンスコーパスの定義は一定していない．規模については，最低でも 5,000 万語が必要と明記する研究者もある．
15. パラレルコーパスに対し，多言語間または複数言語変種間の比較ができるように，同じコーパスデザインで編纂されたコーパスをコンパラブルコーパス（comparable corpus）と呼ぶことがある．英語の地域言語変種が比較できる ICE はその典型で，19 か国の学習者の英語を比較できる ICLE もその例と言える．ただし，このようなコーパスをあえてコンパラブルコーパスと言わず，パラレルコーパスと呼ぶこともある．
16. UN Parallel Text は言語ごとに別ディスクになっており，ファイルや SGML 形式によるパラグラフごとの対比は可能だが，文ごとの対比ではない．その他，1970 年代半ばから 1988 年までの英仏語約 280 万文を対比できるカナダの国会議事録（Canadian Hansard / Hansard French / English）などもある．パラレルコーパス情報入手先: http://www.athel.com/para.html
17. 日本国憲法・教育基本法のパラレルコーパス利用先: http://www.eng.ritsumei.ac.jp/asao/corpus/ej.html このサイトでは，他に『モルグ街の殺人事件』/*The Murders in the Rue Morgue* の日英対比も可能である．
18. 2003 年末に CD-ROM 版も出された．
19. 当時の実際の出版量の割合に応じて，カテゴリーとサブカテゴリーに属するテキスト量を決めて，基本的には，Brown 大学と Providence 市の図書館から無作為抽出を行った．
20. サンプルの 2,000 語は本の一部のページ，新聞報道は 2,000 語になるように複数の記事を合体してある．
21. 本書の 3. 1. 2. では創作散文の区分にも問題があると指摘されている．
22. テキストカテゴリーには下位区分があり，Brown および LOB を除く類似コーパスの詳細は ICAME Corpus Collection のマニュアルを参照（http://icame.uib.no/newcd.htm）．LOB の詳細は Johansson (1978: 16) を参照．たとえば，A, B, C の新聞のサブカテゴリーは，Brown では日刊と週刊に分け，LOB では全国紙と地方紙を日刊と週刊に分けるという相違がある．また，カテゴリー E, F, G が Brown と LOB で異なるのは内容的に分類が難しく，Brown の F13 と F34 は E に相当し，LOB では E に追加し，Brown の F31 と F42 は G の biography と判断して，LOB では E と G の数を 2 テキストずつ増やし，F を 4 テキスト減らしてある．
23. 12 区分の詳細や他の分類は ICAME Corpus Collection のマニュアル参照．
24. Aston & Burnard (1998) および Crystal (1995: 440) 参照．
25. 公開テキストの詳細は次のとおりである．
   書き言葉の 4 つのサブコーパス
   (1) New York Times（4148 テキスト，約 320.7 万語），2002 年 7 月の奇数日の電子配信版（LDC 配布の New York Times とは異なる部分）．
   (2) Berlitz Travel Guides（101 テキスト，約 51.4 万語），アメリカ人向け海外トラベルガイド（海外都市の歴史，みどころ，ホテル案内など）．

(3) Slate Magazine (4,694 テキスト, 約 433.8 万語), 1996–2000 年のオンライン雑誌の政治, 芸術, スポーツなどの記事.
　(4) Various Non-fiction (27 テキスト, 約 22.4 万語), ノンフィクション本 (Oxford University Press 刊行の 5 冊から) 数章を抜粋したもの.
　話し言葉の 3 つのサブコーパス ((1) と (2) は LDC で既配布のものと同じ)
　(1) Callhome (24 テキスト, 約 5 万語), 各 10 分の電話の会話.
　(2) Switchboard (2320 テキスト, 約 305.6 万語), 電話による 500 名以上の各 6 分平均の会話. 話者は, 地域方言別, 性別, 年齢層別 (20–69 歳), 教育水準 (最終学歴による) により分類されている.
　(3) Charlotte Narrative (95 テキスト, 約 11.7 万語), North Carolina 地域を代表する物語, 会話, インタビュー.
26. Wordbanks*Online* の Web ページでは, 5,600 万語と表示されているが, telnet 利用の際に見られるサブコーパスリストでは, 語数の合計は 5,700 万語余りになる. 次の telnet によるデモ版 (無料) では d で始まる語についての検索が可能: telnet://titania.cobuild.collins.co.uk ID: wbdemo, Password: wbdemo. Web ページ上での試用検索 (用例 40 まで出力): http://www.collins.co.uk/Corpus/CorpusSearch.aspx
27. 英語を母語とする国と公用語としての第 2 言語とする国・地域からなり, オーストラリア, カナダ, 東アフリカ, イギリス, 香港, インド, アイルランド, ジャマイカ, マレーシア, ニュージーランド, フィリピン, シンガポール, 南アフリカ, スリランカ, アメリカ合衆国, マルタ, ナイジェリア, パキスタンである.
28. ICAME Corpus Collection の Brown は初期にコード化された版とは異なる.
29. Frown と FLOB は固定長形式で, パラグラフなどのテキスト表記の情報付与には, SGML 形式の標識を使っている.
30. SGML, XML の照会先 http://xml.coverpages.org/sgml.html TEI のガイドラインは http://www.tei-c.org/ と http://www.tei-c.org/release/doc/tei-p4-doc/html/ や http://etext.lib.virginia.edu/standards/tei/uvatei.html および Sperberg-McQueen & Burnard (eds.) (1994), *Guidelines for Electronic Text Encoding and Interchange*, University of Chicago を参照.
31. Aston & Burnard (1998: 33) 参照. 2007 年から BNC XML Edition に改訂.
32. Meyer (2002: 82–86) 参照. ICE のコード化のすべては, G. Nelson (2002) *International Corpus of English: Markup Manual for Written/Spoken Texts* (http://www.ucl.ac.uk/english-usage/ice/manuals.htm) 参照.
33. Meyer (2002: 84) 参照.
34. Meyer (2002: 84) 参照. EAGLES, XCES: http://www.xml-ces.org/
35. 注 37 参照. ICE-GB の CD-ROM では, 参照部ファイルと言語情報タグ付きの単語を縦に並べたファイルの 2 種類しかテキストファイル形式では読めない. 検索ソフト (ICECUP) なしには本文の内容の把握が困難である.
36. Garside *et al.* (1997: 2) 参照.
37. ANC は, 参照部とテキスト部と言語情報の 3 つにファイルが分かれている. ANC のテキスト部の例

第 2 章　コーパスとは何か　　47

(a) テキスト情報を付与して，言語情報タグなしのファイル
（NYT20020701.0001.xml）

```
<text>
  <body>
    <div type="article">
      <head type="title">Rockets to pursue Francis extension</head>
      <p id="p1">
        <s id="p1s1">(For use by New York Times News Service clients) By JONATHAN FEIGEN Houston Chronicle </s>
      </p>
      <p id="p2">
        <s id="p2s1">HOUSTON -- As this summer's free-agent recruiting period begins, the Rockets' top priority is not a free agent.</s>
        <s id="p2s2">It could be that sort of summer in the NBA. </s>
      </p>
```

(b) 上記本文の recruiting period begins, のタグ表示ファイル
（NYT20020701.0001-ana.xml より）

```
<tok xlink:href="xpointer(string-range('', 39, 49))">
  <msd>vwbg+++xvbg+</msd>
  <base>recruit</base>
</tok>
<tok xlink:href="xpointer(string-range('', 50, 56))">
  <msd>nn++++</msd>
  <base>period</base>
</tok>
<tok xlink:href="xpointer(string-range('', 57, 63))">
  <msd>vbz++++</msd>
  <base>begin</base>
</tok>
<tok xlink:href="xpointer(string-range('', 63, 64))">
  <base>,</base>
  <msd>,+clp+++</msd>
</tok>
```

38. CLAWS system の詳細は，Garside *et al.* (1987) 参照．LOB には CLAWS の最初のバージョン CLAWS1 が用いられた．

39. 品詞タグは両コーパスのマニュアルに掲載．タグ数は punctuation タグや補助タグを含むかどうかで多少変わる．詳細は Johansson & Hofland (1989) の巻末も参照．BoE のタグセット数は 50．

40. ANC の言語タグは注 37 参照．Brill's Tagger 方式のタグによるタグ付き版の編纂も考えられている．http://americannationalcorpus.org/FirstRelease/Biber-tags.txt 参照．

41. Penn Treebank の情報入手先 http://www.cis.upenn.edu/~treebank/

42. Brill's Tagger を Windows 環境で実行できる無料ソフト（後藤氏作成）: http://uluru.lang.osaka-u.ac.jp/~k-goto/use_gotagger.html
    CLAWS を使ったオンライン試用タグ付けサイト: http://ucrel.lancs.ac.uk/claws/trial.html

43. CRATER Corpus の見出し語化の例：タグ無しの場合 "It is intended to give a satisfactory correlation objective measurements and tests with real speech."

となる.

[EF202] [ES229] It *it* PPH1 is *be* VBZ intended *intend* VVN to *to* TO give *give* VVI a *a* AT1 satisfactory *satisfactory* JJ correlation *correlation* NN1 objective *objective* JJ measurements *measurement* NN2 and *and* CC tests *test* NN2 with *with* IW real *real* JJ speech *speech* NN1

44. 染谷氏の English lemma list は検索ソフト WordSmith に組み込んで利用できる. http://www1.kamakuranet.ne.jp/someya/publications.html から入手可能.
45. London-Lund Corpus は, ICAME Corpus Collection 付属の WCView (MS-DOS) による検索では, 音調記号の付かない単語を入力して検索できるが, 用例は音調記号付きで出力される.
46. Halliday & Hasan (1976) に主張されている結束性に基づく標識付け.

第3章 コーパスを編纂する

　コーパスがなければコーパス言語学は始まらない．そして今日，さまざまなコーパスが利用可能である．しかしながら，既成のコーパスの使用には何らかの制約があったり，個人の研究に適さないことがある．本章では個人が英語研究に使用するためのパーソナルコーパスの編纂手順を具体的に紹介する．

3.1. コーパス編纂の手順

　使用目的のいかんに関わらず，コーパス編纂(もしくは構築)のおおよその手順は次の通りである．

① コーパスの領域とサイズの決定
② テキストカテゴリーの設定
③ テキストの選定とサンプリング
④ テキストの入力
⑤ 入力ミスの訂正
⑥ テキスト情報の付与
⑦ 言語情報の付与

以下1つ1つの手順を解説する．研究目的がさまざまな個人が，コーパスを編纂しようとする場合，このすべての手順を踏む必要はない．研究対象に合わせて，各自が工夫すべき余地があることを了解されたい．また留意しなければならないことは，コーパス編纂のために収集した(電子)テキストは著作権法で保護されており，利用目的が編纂者個人の研究活動に限定されるということである．

3.1.1. コーパスの領域とサイズの決定

　最初に，英語研究の目的によってどのような領域の英語を分析対象とするかを決める必要がある．ある特定の作家を分析対象にするのであれば，その作家の書いた英文がコーパスの素材になる．ここでは語法研究のための標準

的な現代英語をその領域として定めることにする．

　付随して決めなければならないことが出てくる．アメリカ英語とイギリス英語の比率をどうするか．書き言葉に限るのか，話し言葉も含めるのか．現代英語という場合，何年以降の英語に限定するのか，などを決定する必要がある．筆者はアメリカ英語とイギリス英語の割合を6対4とし，1980年以降に書かれた，あるいは話された英語をコーパスの領域としている．[1]

　次に検討しなければならないのは，コーパスのサイズである．これも目的によって異なる．辞書編纂のために作られた Bank of English は億単位の規模である．一方，英語変種の文法的差異を解明するために作られた ICE は，地域ごとに100万語で構成されている．豊富な資源を活用したこれらの公的なコーパスと異なり，パーソナルコーパスの場合，個人が利用できる人・時間・費用などの資源が許す範囲でサイズを決めざるを得ない．"A corpus should be as large as possible" という指針を示し，大規模コーパス編纂を目指した Sinclair (1991: 18, 20) が，"a useful small general corpus" として示している数字は，1,000万語～2,000万語である．[2] しかしながら，大きさより重要なのは，次節で述べるコーパスの内部構成，つまりテキストカテゴリーである．

3.1.2. テキストカテゴリーの設定

　コーパスを構成するテキストのカテゴリーは，研究目的にかなったものでなければならない．コーパス編纂の目的が現代英語の語法研究ということであれば，幅広くテキストを集める必要がある．特定のジャンルに属するテキストや，特定の作家の書いたものが多く含まれていたり，ある時期に書かれた英語に集中していたのでは，全般的英語を代表したコーパスとはなり得ない．

　現代英語の分析のために，小説が手近なコーパス素材として利用されることがよくある．小説に関しては，作家の文体的個性が強い文学作品は避け，日常生活における普通の行動や感情が描かれた大衆小説をテキストとして選択すれば，ジャンルのことはあまり考慮する必要はない．この点で Brown Corpus の K～R の6つのカテゴリー設定（表2–1参照）には問題がある．これらのジャンルの間に，語彙や構文に関わる文体上有意な差異が認められるとは思えない．

　小説などの創作散文と異なり，情報散文はジャンル間で文体上の差異が認

められるので，できるだけ幅広くジャンルを設定しなければならない．British National Corpus（BNC）のように，自然科学，応用科学，社会科学や人文の各分野をカバーする必要がある（表2–3参照）．Bank of English が設定している取扱説明書やチラシなどの EPHEM というカテゴリーも，日常生活語彙の観点から欠かせない．

　新聞英語を素材として利用することも多いが，そもそも新聞英語を1つのジャンルでくくるのは問題である（Biber 1988: 180–96）．新聞には政治，経済，スポーツ，芸術などさまざまなトピックの記事が掲載されており，トピックによって特徴的な語彙は異なる．イギリスの新聞，*Independent* 紙のコーパス MicroConcord Corpus Collection A はこの点で参考になる．芸術（建築，映画，ダンス，文学，音楽，演劇，テレビ，ビジュアルアート），ビジネス（経済，金融，株式市場，企業），海外ニュース，国内ニュース，スポーツ（陸上，バスケット，重量挙げ，クリケット，自転車競技，フットボール，ゴルフ，ホッケー，自動車レース，ラグビー，ヨット，テニス）に区分し，幅広いトピックを集めている．

3.1.3. テキストの選定とサンプリング

　設定したカテゴリーに属するテキストを選定する方法には2通りある．1つは Brown Corpus が採用した方法で，カテゴリーに入ると思われるテキストを無作為に選択する方法である．もう1つは Bank of English の前身 Birmingham Collection of English Texts が採った方法で，学校の推薦図書リスト，新聞のベストセラーリスト，書評などを参考に，それぞれの分野で広範囲に読まれているものを選び出すやり方である．

　選定されたテキストからどの程度の分量を抽出するかについては，既成のコーパスはさまざまである．Brown Corpus の2,000語から，BNC は幅があるが，40,000語，Bank of English が平均して70,000語を抽出している．ICE も Brown Corpus の伝統を踏襲し，2,000語である．コーパスのサイズよりテキストタイプのきめ細かさが重要であるのと同様，コーパスの信頼度を高めるのは抽出語数ではなく，ソースとなるテキストタイプの多様性である．現代英語の語法研究のためのパーソナルコーパスであれば，抽出語数は，2,000語でよいが，できる限りタイプの異なるテキストから抽出すべきである．

3.1.4. テキストの入力

　テキストのコンピュータ入力は，キーボードを用いる手動入力と，文字読み取り（OCR = Optical Character Recognition）ソフトを用いる半自動入力がある．OCR ソフトの使用については，3.2.2. で紹介している．キーボード入力は，膨大な時間がかかる非能率的な方法だが，生徒が書いた英作文を集めて学習者コーパスを編纂する場合などは，この入力方法を採らざるを得ない．

　テキストの入力という作業は，つまるところデータのデジタル化の作業である．ということは最初からデジタル化された英文があれば，入力作業を省くことができ，コーパス編纂に要する時間と労力を大幅に短縮することができる．インターネットの出番である．

　インターネット上には，著作権の消滅した文学作品に始まり，政府刊行物，新聞・雑誌の記事，テレビの放送スクリプト，映画のシナリオなど，膨大な数の電子テキストが存在している．[3] 決定した英語の領域に合致した種類の英語で書かれたサイトを探し出すことができれば，後はひたすらそのページをファイルとして保存すれば，短時間のうちに大規模コーパスができあがる．[4]

　インターネット上から現代英語を広範囲に収集するには，Yahoo (http://search.yahoo.com/dir) のディレクトリ検索のサービスを利用するのが便利である．すべてのサイトが，14 のカテゴリー（Arts & Humanities, Business & Economy, Computers & Internet, Education, Entertainment, Government, Health, News & Media, Recreation & Sports, Reference, Regional, Science, Social Science, Society & Culture）に分類されている．これらの分類項目の多くは，コーパスのテキストカテゴリーに一致している．特定の分類項目をクリックし，"this category" にチェックを入れて，"free full text" で検索すれば，そのカテゴリーに関連するテキストを無償で提供しているサイトを見つけることができる．

3.1.5. 入力ミスの訂正

　タイプミスや OCR の読み取りミスの一部は，ワープロや OCR のスペルチェック機能で訂正できる．また OCR ソフトの犯すミスには，たとえば，m を ni (*e.g.* nian)，the の e を c (*e.g.* thc) に読み間違えるというような規則性のあることが多い．その場合にはワープロやエディタの置換機能で一括訂正が可能である．

史的研究のためのコーパスでは綿密なテキストの校訂が要求されるが，現代英語の研究では，それほど厳密な照合を行う必要はない．また最近のOCRは，98%ぐらいの文字認識率を示しており，スペルチェックと置換による訂正で十分である．

3.1.6. テキストの整形

OCRソフトを使って入力したり，インターネット上から入手した英文が，そのままコーパスとして使えるわけではない．余分な空行やスペースが含まれていることがある．各行で改行コードの入った書式が多いが，検索のことを考えると，文の終わりまでデータの区切りが無い形式のほうが好ましい．テキスト整形の実際の作業については，3.3.で述べる．

3.1.7. テキスト情報の付与[5]

コーパスを構成している各テキストの出典情報を示す部分を参照部という．コーパスを検索した結果，表示されるデータがどのテキストからのものであるかという出典情報が，言語分析上，重要な意味を持つ．たとえば，テキストタイプ間の語彙や構文上の差異を調べるときや，ある表現が特定のレジスターに生じることを検証しようとするときには，テキストの出典情報がものをいう．

テキスト情報の付与の形式に関しては，SGMLやXML（2.4.1.3.参照）のような汎用性のあるものを使うのが望ましいが，かなり煩雑で，個人の利用には不向きである．筆者たちは検索ソフトが検索結果と同時にファイル名を表示してくれる機能を活用している．ファイルの名前の付け方を一定の書式に統一しておけば，ある程度の出典情報が検索時にわかる．たとえば，アメリカ（US）英語で書かれた（Written）社会科学（Social Science）の分野の内容を収めたファイルであれば，"uswss＋連番.txt"とする．ファイルの冒頭には題名のみを，"<title> The Roman Law of Trust </title>"のように記載しておく．そして，ファイル名と詳細な書誌情報の対応表を作成し，1つのテキストを1つのファイルとして管理すれば，ファイル名からその詳細がわかる．

テキストの書体などに関する情報のうち，イタリック体は音声特徴を文字化するための常套手段で，内容的にも意味を持つことがあるので，たとえば，"When the crisis <i> did </i> occur, however, ..."のように示すとよい．

3.1.8. 言語情報の付与

無償で公開されている品詞タグ付けプログラム（part-of-speech（POS）tagger）を使えば，簡単にタグ付けの作業が行える．ここでは Brill's Tagger を使って品詞のタグ付けをしてみよう．[6] その際，必要なすべてのファイルが C ドライブの Btagger というフォルダに納められているものとする．

① 【スタート】→【プログラム】→【アクセサリ】からコマンドプロンプトを起動する．
② C:¥...>cd_¥btagger ↵ （Btagger のフォルダへ移動．なお，_ は半角スペース）
③ C:¥btagger>tagger_LexiconFile_YourCorpus_bigrams_LexicalRuleFile_ContextualRuleFile>tagged.txt ↵ （タグ付けの実行と結果の保存）
④ Btagger のフォルダ内にタグが付与された tagged.txt が生成される．

仮に YourCorpus として次の英文を想定すると，タグ付けの結果は図 3-1 のようになる．

"The fall in unemployment is larger than in recent months, but was affected by some special factors," he said.

↓

"The/DT fall/NN in/IN unemployment/NN is/VBZ larger/JJR than/IN in/IN recent/JJ months,/NN but/CC was/VBD affected/VBN by/IN some/DT special/JJ factors,"/NN he/PRP said./VBD

図 3-1 Brill's Tagger による品詞タグ付け

品詞タグ付きのコーパスであれば，fall（名詞：NN）と fall（動詞：VB）を区別して検索できる．タグなしのコーパスで比較級を検索しようと，er で終わる語を検索しても，teacher, eager などの無関係な語を含む例を拾ってしまう．品詞タグ付きのコーパスであれば，JJR を指定するだけで形容詞の比較級を含む文を確実に検索できる．

3.2. コーパス編纂のためのハードウェアとソフトウェア

データ入力に欠かせないのが，イメージスキャナーと OCR ソフトである．また取り込んだデータの書式を整えるにはエディタというソフトがあれば便利である．ここではこれらのハードウェアとソフトウェアについて，その機能と使い方を解説する．

3.2.1. イメージスキャナー

イメージスキャナー（以下，スキャナー）とは，その名前の通り，写真や図などを直接読み取るための機器で，コピー機のように原稿をガラス台の上に伏せると，読み取りヘッドが水平に移動し，光学的にデータを画像として取り込む．

スキャナーの設定で気をつけるべき点は，読み取りモードと解像度である．モードには，「白黒」「グレー」「カラー」の3種類があるが，読み取り対象が文字のみの場合は，「白黒」を選択する．解像度とは，どの程度きめ細かく原稿を読み取るかを示す数字で，1インチ当たりのドット数（dpi）で表す．文字読み取りのためにスキャナーを使う場合，300 dpi〜400 dpi に設定する．

3.2.2. OCR ソフト

スキャナーでパソコンに取り込まれたデータは，それが文字データであっても点の集まりとして処理された画像ファイルの形式になっている．この画像ファイル上の文字をテキストデータの文字に変換するのが，OCR ソフトである．

実際に英文の読み取り作業を行ってみよう．ここで使用したソフトは13か国語に対応している e. Typist V.9.0（（株）メディアドライブ）で，操作手順はおおよそ次の通りである．[7]

① 取り込み条件の設定（解像度や「白黒」，濃度を設定する）
② 画像の取り込み
③ 画像の編集（画像を正しい向きに回転したり，傾きの補正を行う）
④ 認識領域の設定（認識する範囲と認識の順序を設定する．認識言語の選択や段組の指定もここで行う）
⑤ 文字認識の実行
⑥ 認識結果の修正（図 3-2 はスペルチェックを使って認識結果を修正しているところ）

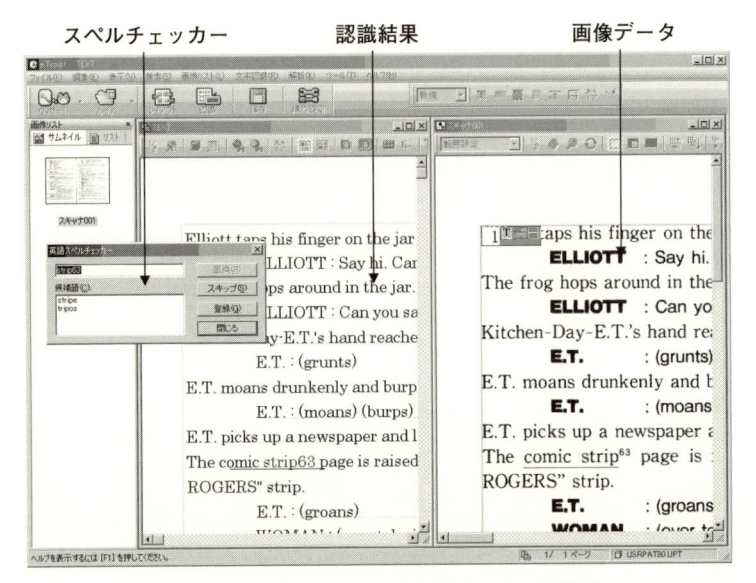

図 3-2　OCR ソフトの認識結果の表示と修正

⑦　保存(多様なファイル形式 (RTF, HTML, XHTML, PDF, CSV など)で保存できるが，コーパスの場合はテキストファイルとして保存する)

3.2.3. エディタと正規表現

　エディタはワープロソフトから文字の装飾機能やレイアウト機能，高度な印刷機能を除き，テキストファイル処理に便利な機能に特化させたソフトで，大量の大きなテキストファイルを同時に扱うコーパスの編纂作業に欠かすことのできないツールである．無償でインターネット上から入手可能である．ここでは Perl と同じ正規表現が使えるサクラエディタを使用する．[8]

　正規表現というのは，通常使用する文字と「メタキャラクタ」という特別な意味や機能を持つ記号を組み合わせて，文字列のパターンを指定する表記法のことである．表 3-1 は Perl で使える主なメタキャラクタとその意味と使用例をまとめたものである．表の例が示しているように正規表現を使えば，複数の文字列を一度に指定したり，複雑な文字列の指定が可能である(正規表現の詳細と検索については 4.3. 参照)．[9]

第3章 コーパスを編纂する

表 3–1 Perl (Ver. 5.8) で使えるメタキャラクタの意味と例

メタキャラクタ	意味	正規表現の例と意味
任意の文字・文字クラス		
. (ピリオド)	改行を除く任意の 1 文字にマッチ．スペース，タブも含む	a.c → abc, acc, a_c, ...
[...]	[ ] 内の任意の 1 文字，またはハイフンで区切られた文字範囲のうちの任意の 1 文字を表す	s[iau]ng → sing, sang, sung [0-9] = [0123456789] → 0 から 9 のいずれかの数字 [a-zA-Z] → アルファベット 1 文字
[^ ...]	[ ] 内の文字列以外の任意の 1 文字を表す	[^0-9] → 数字でない 1 文字
文字列内の位置		
^	行頭を表す	^#[1-9] → #1〜#9 のいずれかで始まる行
$	行末を表す	␣$ → 行末に半角スペースのある行
¥b	単語の境界を表す	¥bfor¥b → for（forget, before 等にはマッチしない）
文字列のグループ化		
( )	文字列をグループ化する	(in|on) my way → in my way か on my way
( )と $1, $2 ...	( ) 内の文字列を $1 に格納し別の箇所で参照する	例は表 3–2 を参照
|	| の前後に記述した文字列のいずれかにマッチ	foot|feet → foot, feet
繰り返し		
*	直前の要素の 0 回以上の繰り返し	ab*c → ac, abc, abbc, abbbc ... c .* → 任意の文字列
+	直前の要素の 1 回以上の繰り返し	ab+c → abc abbc, abbbc, abbb ... c [a-zA-Z]+ → 半角英字列
?	直前の要素が 0 または 1 回出現	ab?c → ac, abc; oranges? → orange, oranges
{m}	直前の要素の m 回の繰り返し	ab{2}c → abbc
{m,}	直前の要素の m 回以上の繰り返し	ab{2,}c → abbc, abbbc, abbbb ... c
{m,n}	直前の要素の m 回以上，n 回以下の繰り返し	ab{2,4}c → abbc, abbbc, abbbbc
制御文字		
¥n	改行	
¥r	復帰	
¥t	タブ	
文字クラスの略記		
¥s	空白文字にマッチ	スペース，改行文字，タブなど
¥S	空白文字以外にマッチ	
¥w	単語構成文字にマッチ	英数文字と_, = [A-Za-z0-9_]
¥W	単語構成文字以外にマッチ	= [^AZa-z0-9_]
¥d	数字にマッチ	= [0-9]
¥D	数字以外にマッチ	= [^0-9]
メタキャラクタのエスケープ		
¥	直後の 1 文字のメタキャラクタとしての意味を消す	¥* → 文字としての * に対応 ¥.$ → 行末にピリオドのある行

3.3. テキスト整形の実際

　ここでいうテキスト整形とは，コーパス化するためのテキストファイルに含まれている余分な文字列を削除したり，使用する検索ソフトの仕様に合わせて，書式を整えることである．エディタの置換機能を利用した簡単な整形と，複雑な書式を Perl を使って一括処理する方法を紹介する．

3.3.1. エディタによるテキスト整形

　エディタの置換機能を活用すれば，テキスト整形の作業を効率よく進めることができる．置換とは，指定した文字列をファイル内から検索し，ヒットした文字列を置換文字列として指定した文字列と置き換える機能である．

　たとえば，インターネットで取り込んだデータの中には，各行の頭を揃えるために，タブが挿入されていることがある．このタブを delete キーで1つ1つ削除するのは根気のいる作業である．エディタの置換機能を使えば，

```
YOU'VE GOT MAIL ↵
↵
BY ↵
Nora Ephron & Delia Ephron ↵
↵
based on: ↵
The Shop Around the Corner ↵
By Nikolaus Laszlo ↵
↵
2 nd final draft revised February 2, 1998 ↵
↵
^ FADE IN ON: ↵
```

```
^   ^   ^   ^       KATHLEEN ↵
^   ^       Good morning. ↵
↵
^   ^   ^   ^       FRANK ↵
^   ^   ^       (As he reads) ↵
^   ^       Listen to this -- the entire work force ↵
^   ^       of the state of Virginia had to have ... ↵
↵
^       Kathleen goes out of bed and goes to brush her teeth in her ↵
^       bathroom, and we stay with Frank. ↵
```

図 3-3　タブ (^) の入ったシナリオデータ

第 3 章 コーパスを編纂する

一瞬のうちにタブを削除し各行を左寄せにしたり，任意の数のスペースに置き換えることができる．

図 3–3 はインターネットから入手した映画のシナリオだが，話者名の前，せりふの前，ト書きの前にタブ（^）が入っている．タブの数はそれぞれの場合で異なるので，これを正規表現で表記すれば，"^¥t+"，正確には，行によってタブが 1 つ〜4 つ入っているので，"^¥t{1,4}" となる．サクラエディタでこの整形を行ってみよう．

① ファイルの先頭にカーソルを移動させる．
② メニューバーの【検索 (S)】メニューから【置換 (R)】を指定する．
③ 置換ダイアログボックス(図 3–4)の【置換前 (N)】ボックスに "^¥t+" と記入する．
④ 【置換後 (P)】ボックスには何も記入しない．
⑤ オプションの「正規表現 (E)」をチェックする．
⑥ 【下検索 (D)】をクリックする．
⑦ 該当箇所がマークされたら，【置換 (R)】をクリックする．
⑧ ⑥→⑦ を何度か繰り返し，正規表現が正しいことを確認したら，【すべて置換 (A)】をクリックする．

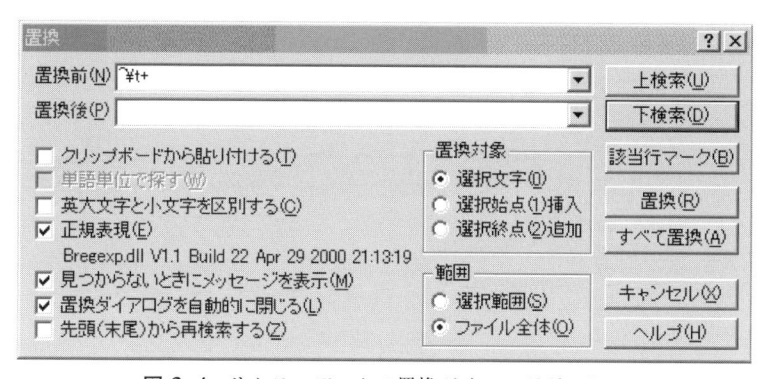

図 3–4 サクラエディタの置換ダイアログボックス

次に置換を活用したテキスト整形の汎用性の高い事例をあげておく(表 3–2)．[10] なお，ϕ は何も記入しないことを示す．

このようにエディタの置換機能をうまく組み合わせれば，手作業では時間のかかる整形を簡単に行うことができるのだが，それは扱うファイルの数が

表 3–2　テキスト整形の事例

整形の種類	置換方法
行頭の不特定数のタブコード（¥t）を削除する	^¥t+ → φ
行末の不特定数の半角スペース（␣）を削除する	␣+$ → φ
空行を削除する[11]	^¥r¥n → φ
Brown Corpus の参照部（A01 0010）を削除し，テキストの各行を左詰にする	^[A-Z0-9]+␣[0-9]+␣+ → φ
図 3–3 の FRANK などの話者名を S: FRANK に置き換えて左詰にする	^¥t{4}([A-Z]+) → S: $1

少ない場合である．コーパスを編纂するためには，膨大な数のファイルを処理しなければならない．エディタで1つ1つのファイルを開いて，このような作業を繰り返すのは効率が悪い．次節では書式の決まった大量のテキストファイルを一括処理する方法を紹介する．

3.3.2.　Perl によるテキスト整形

3.3.2.1.　Perl の導入と基本的な使い方

　Perl はテキスト処理に適したプログラム言語で，処理の手順を記述した「スクリプト」（「プログラム」とも呼ぶ）に従い，処理対象の入力ファイルを1行ずつ読み込んでは，スクリプトで指示された処理を行う．スクリプトは，コマンドラインから，"perl␣スクリプト名␣入力ファイル␣⏎"のように入力することで動作する．フリーウェアであり，インターネット上で無償で提供されている．最初に Windows 版 Perl（ActivePerl）の導入方法についてまとめる．[12]

① Active State 社のウェブサイト（http://www.activestate.com/Products/ActivePerl）にアクセスする．
② 2つのダウンロードオプションのうち，インストーラー機能のついたMSI を選択し，ダウンロードするフォルダを指定して保存する．
③ 保存したプログラム（ActivePerl-5.8.8.822-MSwin32-x86.msi）をダブルクリックすると，インストーラーが起動するので，画面の指示に従って（【Next】と【Install】をクリックし）インストールを進める．

第 3 章　コーパスを編纂する　　　　　　　　　　　　　　　　　61

④　再起動して，C ドライブの下に Perl というフォルダができていることを確認する．
⑤　【スタート】→【プログラム】→【アクセサリ】からコマンドプロンプトを選択し，"perl -v" と入力して Enter キーを押すと，導入された Perl のバージョンが示される（2007 年 12 月現在の最新版は ver. 5.8.8 である）．

3.3.2.2.　Perl を使ったテキスト整形の実際

ここでは Perl を用いて，映画のシナリオから口語英語のコーパスを作成する方法について解説する．[13] 具体的には，図 3-3 のような形をした映画のシナリオから，タイトルやト書などの不要な部分を取り除き，数行にわたるセリフを連結して，図 3-6 のように，1 行が話者名とセリフのみからなるテキストに整形する．

KATHLEEN: Good morning. ⏎
FRANK: Listen to this - - the entire work force of the state of Virginia had to have . . . ⏎

図 3-6　整形後のテキスト

前提として，C ドライブに MyScript フォルダを作成し，すべてのファイル（スクリプトファイル，処理対象となる入力ファイル，出力ファイル）を，ここに保存することにして話を進める．操作全体の流れは以下のようになる．

①　サクラエディタを起動する．
②　映画スクリプトサイト，Simply Scripts (http://www.simplyscripts.com/) にアクセスし，映画 *You've Got Mail* のシナリオのページを開く．[14]
③　【編集】→【すべて選択】→【コピー & 貼り付け】の操作で，エディタにシナリオをコピーし，YouGotMail_script.txt の名前を付けて，MyScript フォルダに保存する．
④　エディタでテキスト処理のスクリプト(3.3.2.4. 参照)を書き，scriptedit.pl の名前を付けて MyScript フォルダに保存する．
⑤　コマンドラインから MyScript のディレクトリに移動（"cd ¥MyScript ⏎"）して，"C:¥MyScript>perl scriptedit.pl ⏎" のよ

うに入力し，スクリプトを実行する．[15]

この結果，入力ファイル（YouGotMail_script.txt）がスクリプトで指示されたとおりに処理され，MyScript フォルダに YouGotMail_speech.txt が出力される．

3.3.2.3. 処理対象テキストの分析とプログラム設計

まず，エディタの設定で編集記号の表示をオンにして，処理対象のテキストであるシナリオの文字列がどのように配置されているかを調べる．[16] 通常，セリフや話者名の前には一定の数のスペースまたはタブが置かれている．図 3-3 の場合は，表 3-3 のようになっている．[17]

表 3-3　処理対象テキストの位置情報

内　　容	位　置　情　報
タイトルその他	行頭（スペースなし）
ト書	タブ 1 つ
話者名	タブ 4 つ（またはタブ 3 つ＋半角スペース）
セリフ	タブ 2 つ
セリフ内のト書	タブ 3 つ，かっこ付き

これらの位置情報をもとに，話者名とセリフのみを取り出して，1 行ごとのデータに加工する．基本的な処理の流れは，以下のようになる．

① 処理対象テキストを 1 行ずつ読みこむ．
② 行頭からタブが 4 つ（またはタブ 3 つ＋半角スペースがいくつか）続いた後の文字列は，話者名とみなして「話者名」＋コロン(:)の形式で変数内に取り込み，セリフ開始の標識を立てる．
③ 行頭からタブが 2 つ続いた後に文字列が続いている限り，セリフとみなして変数内に取り込んでいく（ただし，カッコで囲まれたト書の部分はとばす）．
④ セリフ以外の行が読み込まれたら，セリフ開始の標識を下げる．
⑤ 変数内に取り込んだ文字列を出力する．
⑥ ①〜⑤ の処理を繰り返す．

```perl
01 #script edit program (scriptedit.pl)
02 open (IN, 'YouGotMail_script.txt');
03 open (OUT, '>YouGotMail_speech.txt');
04 $begin_speech = 0;
05 $counter = 0;
06 while (<IN>){
07     chomp;
08     s/ +/ /g;           #文字列中の半角スペースを1つに統一
09     s/ +$//;            #行末のスペース削除
10     s/-$/-x/;           #行末のハイフン識別
11     if ($begin_speech==0) {
12         if (/^\t{3,4} *(\w.+)/) {          #話者名認識
13             if ($counter>0) {
14                 for ($i = 0;$i<$counter;$i++) {
15                     print OUT ("$string[$i] "); #出力
16                 }
17                 print OUT ("\n");
18                 $counter = 0;
19             }
20             $string[$counter++] = $1.":";  #「話者名」+「:」代入
21             $begin_speech = 1;  #セリフ開始の標識
22             next;
23         }
24     }else{
25         if (/^\t{2}([\w-"].*)/){           #セリフ認識
26             $string[$counter++] = $1;      #セリフ代入
27         }else{
28             $begin_speech=0 unless(/^\t{3}[\ ]/); #(ト書)は無視
29         }
30     }
31 }
32 if ($counter>0) {
33     for ($i = 0;$i<$counter;$i++) {
34         print OUT ("$string[$i] ");        #残留データを出力
35     }
36     print OUT ("\n");
37 }
38 close (IN);
39 close (OUT);
```

図 3–7　Perl スクリプト (scriptedit.pl)

3.3.2.4. スクリプトの作成

上で述べたテキスト処理の流れを Perl スクリプトで記述すると，前ページの図 3–7 のようになる．[18]

3.3.2.5. スクリプトの解説

01–05 では入出力のファイルを指定し，プログラムの中で使用する変数の初期化を行っている．この設定で入力ファイルとして YouGotMail_script.txt が読み込まれ，処理結果が，YouGotMail_speech.txt として出力されることになる．Perl では変数は「$任意の変数名」で表される．$begin_speech はセリフ開始の標識として，$counter は文字列が配列変数に格納されるたびに増加するカウンターとして設定した変数であり，ともに 0 を代入することで，初期化しておく．

メインの処理を行っているのは，while 文の { } で囲まれた 07–30 の部分である．while (<IN>) {処理命令} は，入力ファイルからテキストを 1 行ずつ読み込んで処理命令 (07–30) を実行し，また新たな行を読み込んでは，同じ処理を最後の行まで繰り返すことを意味する．処理の内容は，事前処理部分 (07–10)，if 文 (11–23)，else 文 (24–30) に分けられる．

事前処理部分 (07–10) では，テキストを 1 行読み込んだ時点で，前もって行末の改行コードや余分なスペースを取り除いている．10 行目の処理では行末にハイフンがあった場合に x をつけているが，これは行末に置かれた単語が分断されているのかどうかを，後でチェックできるようにするためである (3.3.2.6. 参照)．

次に if 文 (11–23) の処理を見てみよう．if (条件式) {処理命令} では，条件式に合致した場合にのみ処理が行われる．したがって，11 行目の条件指定により，セリフ開始の標識が立っていない ($begin_speech == 0) 場合には，12 行目以下の処理に入る．[19] さらに 12 行目も if 文なので，行頭からタブが 3 つないし 4 つ + 半角スペースが 0 個以上続いた後に文字列が続いた場合のみ，13 行目以下の処理に入る (この条件に合わないテキストは無視されて，新たに次の行が読み込まれてくる)．13–19 は書き出し用の配列変数に文字列が格納されている場合 ($counter > 0) に実行される出力処理なので，ここでは一旦無視されて，先に 20 行目以下の処理が行われる．つまり「話者名」+「:」が配列変数 $string[$counter++] 内に取り込まれて，セリフ開始の標識が立てられる ($begin_speech = 1)．

セリフ開始の標識が立っている間は，else 文（24–30）の処理が行われる．つまり，25–26 の処理で，行頭からタブが 2 つ続いた後に文字列が続くかぎり，それをセリフとみなして配列変数 \$string［\$counter ++］内に格納していく．この条件に合わない行が読み込まれた時点でセリフ開始の標識が下げられ，次の行が読み込まれた時に，先ほどスキップした書き出しの処理（13–19）が行われる．この時点で配列変数 \$string［\$counter］の中身は以下のようになっている．

\$string［0］　話者名：
\$string［1］　セリフ 1 行目
\$string［2］　セリフ 2 行目
　　　　　　：
\$string［n］　セリフ n 行目

この配列変数の中身を 14–16 の for 文を使って，順に書き出していくことによって，1 行のデータ（話者名：セリフ）ができあがることになる．

ここまでの処理を繰り返すことによって，セリフデータが 1 行ずつ最後まで出力ファイルに書き出されていく．もし読み込んだ最後の行がセリフであった場合，まだセリフ開始の標識が立ったままなので，13–19 の書き出し処理が行われず，最後のセリフが欠けてしまう．そこで 32–37 で配列変数 \$string［\$counter］内に残留するデータがある場合には，それを書き出す処理を行っている．

表 3–4 にこのスクリプトを理解するための書式やコマンドの意味をまとめておく．この表と表 3–1 を参照しながら，スクリプトを熟読していただきたい．

3.3.2.6. スクリプトの実行結果のチェック

出力ファイルをエディタで開いて，処理対象テキストと比較しながら，セリフがうまく取り込まれているかどうかをチェックし，不具合があれば修正する．もと行末にあったハイフンには識別のための x 印が付いているので，エディタで "-x" を検索し，該当個所がある場合には，そこで単語が分断されていないかをチェックして修正する．出力テキストの修正は，局所的な場合はエディタで直接行えばよいが，データの崩れ具合によっては，一旦処理対象テキストの形を整えてから再度スクリプトにかけるか，もしくはスクリ

表 3-4　Perl 書式・コマンド一覧

行	スクリプト	意味
01	# 文字列	コメント行（# で始まる文字列はプログラム上実行されない）.
02	Open (IN, 'ファイル名');	入力ファイルの指定.
03	Open (OUT, '> ファイル名');	出力ファイルの指定.
07	chomp;	行末の改行コードを削除する.
08	s/␣+/␣/g;	行中に半角スペースが1つ以上ある場合（/␣+/）、半角スペース1つ（/␣/）に置換する. g 記号は、パターンマッチする場合が複数あるときに、すべてを置換させるための指定.
09	s/␣+$//;	行末の不定数の半角スペース（/␣+$/）を無（//）に置換する.
10	s/-$/-x/;	行末のハイフン（/-$/）を -x に置換する.

12	if (/^¥t{3,4}␣*(¥w.+)/){
	　処理文(13-22 行目)
	}
		行頭から（^）タブ記号（¥t）を3つないし4つ（{3, 4}）、半角スペースを0個以上（␣*）置いて、単語構成文字（¥w）で始まる任意の文字が1つ以上（.+）続く場合に、処理文を実行する. パターンマッチする文字列のうち、括弧でくくられている部分は、自動的に特殊変数（$1, $2, $3 . . .）に格納されるので、この場合、話者名の部分（¥w.+）が変数 $1 に格納されることになる.

14	for ($i=0;$i<$counter;$i++){
	　処理文(15 行目)
	}
		条件式（$i=0;$i<$counter;$i++）に合致する限り、15 行目の処理を繰り返す. 条件式は、「変数 $i の初期値を 0 として、1ずつ増加させながら（$i++）、その値が変数 $counter の値未満（$i<$counter）である間」の意.

15	print OUT ("$string [$i]␣");	出力ファイル（OUT）に、配列変数 $string [$i] の内容と半角スペース（␣）を書き出す. 配列変数 $string [0, 1, 2, 3 . . .] には、話者名および各行で取り込まれたセリフが格納されているので、これを順次書き出し、半角スペースを置いてつないでいくことによって、1行のセリフデータができあがる.
17	print OUT ("¥n");	セリフを書き出した後に、改行コード（¥n）を

第3章　コーパスを編纂する　　　　　　　　　　　67

		出力.
20	$string[$counter++]=$1.":";	配列変数 $string[$counter++] に，特殊変数 $1 の値と，コロン ($1.":") を代入する．変数 $counter は初期値が 0 に設定されている(5行目)ので，この場合，$string[0] に話者名とコロンが代入されることになる．

25	if(/^¥t{2}([¥w-"].*)/){
	　処理文(26行目)
	}
		行頭から (^) タブ記号を2つ (¥t{2}) 置いて，単語構成文字，ハイフン，またはクォーテーションマーク ([¥w-"]) で始まる任意の文字が 0 個以上 (.*) 続く場合に，処理文を実行する．括弧でくくられている部分，すなわちセリフ部分 (¥w.+) は，特殊変数 $1 に格納される．

26	$string[$counter++]=$1;	配列変数 $string[$counter++] に，特殊変数 $1 を代入する．変数 $counter は 20 行目で話者名とコロンを代入した際に，1つ増加して 1 になっているので，以降 $string[1], $string[2], $string[3]... にそれぞれ各行で取り込んだセリフが代入されることになる．
28	$begin_speech = 0 unless (/^¥t{3}[¥(␣]/];	行頭から (^) タブ記号を3つ (¥t{3}) 置いて，括弧ないし半角スペースが続く場合 ([¥(␣]) を除いて，変数 $begin_speech に 0 を代入する(セリフ開始の標識を下げる)．これはセリフ中に括弧に入ったト書がある場合には，それを無視して処理を続け，それ以外はセリフ開始の標識を下げて，次の新たなセリフの処理(11行目)に入るためのものである．

プトを修正する．

　シナリオ全体のレイアウトが統一されている保証はないので，若干のずれを許容するスクリプトの作成を心掛けるほうがよい．たとえば，話者名にマッチさせる条件文(12行目)を，if(/^¥t{4}(¥w.+)/){ ではなく，if(/^¥t{3,4}[␣]*(¥w.+)/){ とすることによって，タブ位置が定位置 (¥t{4}) から前に1つずれて，代わりに不特定数の半角スペースが入っているケースにも対応できるのである．

3.4. むすび

　本章で解説したコーパス編纂の方法は，筆者たちが自分たちの研究のためにコーパスを構築した経験を基に書かれたものである．各人の事情に応じて変更や工夫を加えていただきたい．また個人的なコーパス作りの場合には，個人の目的にかなえば，コーパス言語学の概論書に解説されているような厳密な手順に従う必要はない．本章の解説を参考に気軽にコーパス作りを始めていただきたい．

注

1. 英語が外国語である我々にとって，自然な話し言葉を録音し，文字化するのは，困難で時間のかかる，個人ではほとんど不可能な作業である．そこでよく採られるのが，本章でも紹介した，映画のシナリオをコーパスの素材とする方法である．映画のシナリオは作られたものであり，自然な会話ではないということがよく言われる．確かに談話分析のデータにはなり得ないが，シナリオは作られたものだからこそ，ノイズのない会話の典型例を提供してくれる．
2. Biber (1993) が 481 のテキストを使って算出したところによると，高頻度な項目に関する信頼のおける情報を引き出すためには，59.8 のテキストで十分であるのに対して，頻度の低い構文を分析する場合には，1,190 のテキストが必要であるとしている．多くのコーパスが抽出の基準にしている「1 テキストにつき 2,000 語」という数字を基にすれば，2,380,000 語に相当する．
3. コーパスの素材となる電子テキストのサイトについては，巻末のサイト一覧を参照．
4. エディタを起動しておき，ホームページで保存したい部分を範囲指定し，【編集】→【コピー】→（エディタに切り替える）→【編集】→【貼り付け】で，エディタにコピーできる．しかしながら，ページ数の多いサイトのデータ収集は根気がいる．これを自動化してくれるのが，Web 巡回ソフトである．予め指定したサイトを自動的に回り，更新したサイトだけをダウンロードしてくれる便利なツールである．airWeb がお薦め（http://www.airclub.org/）．
5. テキスト情報付与の各種形式については，2.4.1. 参照．
6. Brill's Tagger を Windows 上で使用可能にする詳細な手順については，染谷泰正氏のサイト（http://www1.kamakuranet.ne.jp/someya/BrillTagger.html）を参照されたい．後藤一章氏のサイト（http://uluru.lang.osaka-u.ac.jp/~k-goto/index.html）から Windows 対応のフリーウェア GoTagger を入手可能．本格的なタガーが必要なら，高精度な CLAWS がある（2.4.2.1. 参照）．
7. 英文の読み取りであれば，スキャナーに添付されている OCR で十分である．
8. http://members.at.infoseek.co.jp/sakura_editor/ から入手可能．
9. 表中の ¥ は環境によっては \ と表示される．なおワープロソフト Word でも正規表現のメタキャラクタに類似した「特殊文字」が使えるので，3.3.1. で紹介するテキストの整形が可能である．メニューで【編集】→【検索】/【置換】と進み，

「ワイルドカードを使用する」をチェックすると，特殊文字が使用可能になる．
10. テキストを定型的に整形するツールがあり，これを使えば，正規表現を書かなくてもここで述べた処理が簡単にできる．たとえば，TextShop 32（http://www.vector.co.jp/soft/win95/util/se026413.html）は，行の桁折り・1 行化，指定文字での改行，行のインデント処理，空白行の削除，複数空白行の 1 行化，行の前・後の空白の除去など，必要な文字を削除・挿入して，置換するといった一連の手順を自動実行することができる．
11. 正規表現による改行コードの表記法はエディタによって異なる．秀丸エディタでは ¥r，WZ エディタでは ¥n．
12. Macintosh 版は http://www.macperl.com/ から，日本語対応版は http://www.context.co.jp/perlinfo/newest-info.html から入手可能．
13. 詳しくは，井村（2001）を参照．
14. Movie Scripts and Screenplays Web Ring Home Site（http://www.moviescriptsandscreenplays.com/）から Simply Scripts などのシナリオ専門サイトにアクセス可能．
15. 3.3.2.1. で「スクリプトは，コマンドラインから，"perl␣スクリプト名␣入力ファイル ⏎"のように入力する」と述べたが，これは Perl の一般的な説明で，実際に掲載しているスクリプトでは，入力ファイルをスクリプトの中で指定する形になっているので，"perl␣スクリプト名"と入力するだけでよい．
16. タブやスペースなどの編集記号の表示をオンにするには，【設定(O)】→【タイプ別の設定】→【カラー】と進み，表示したい記号をチェックする．
17. シナリオのフォーマットには，図 3-3 のような Standard Format の他に，テキスト全体が左寄せの Left Format や，セリフがセンタリングされた Centered Format などのバリエーションがある．したがって，基本的にテキスト処理プログラムは，フォーマットに合わせて，その都度作らなければならない．ただ，Standard Format のものが最も多いので，テンプレートとなるプログラムを作っておけば，後はタブやスペースのパラメータを変更する程度で大方のスクリプトに対応することができる．
18. このスクリプトを実際に入力する時には，行番号は不要で，"␣"の代わりに半角スペースを入れる．
19. Perl スクリプトで「等しい」ことを表す場合，イコール記号が 2 つ (==) なので，注意すること．イコール記号 1 つは，「代入」を意味する．

第4章　コーパスを検索する

　コーパスを使った研究・教育を進めていく上で必要なのが，コーパスを活用するためのソフトウェアである．本章ではコーパスを使って言語の特徴を知るためにはどうすればよいのかを，検索のためのソフトウェアの使用方法と共に概観する．[1]

4.1.　コーパスを検索し，数値で文体を知る

　英語のコーパスは，これまで紹介したように，文学・新聞・会話などさまざまなジャンルに及んでいるが，これらの文体は均一ではない．文体を知る1つの方法は，そのテキストにどのような単語が含まれているのか，あるいはどこでどのような単語が使用されているのかを調べることである．このような必要な情報を容易に検索し，数えることができるのが電子コーパスの利点である．ここではコーパス検索のためのソフトウェアを使って文字列を検索し，数える機能を紹介する．

4.1.1.　単語リストを作り，文体を見る

　作家が違えば文体が違ってくるし，ジャンルが違っても文体は変わる．コーパスと検索ソフトを使えば，あるテキストや作品の中でどんな単語がどのくらい使用されているのかを数え，その違いを数値化して示すことができる．ここではまず WordSmith Tools（Ver. 4.0）というソフトウェアを使って，単語リスト（wordlist）を作成し，どのような文体の特徴がわかるのかを示す．[2]

　WordSmith Tools を起動し，【W Wordlist】というボタンを押すと，単語リスト作成専用のツールが起動する．ここでまず，メニューの【Settings】→【Choose texts】を選択し，検索対象ファイルを指定する．画面左の【Files available】から右の【Files selected】にファイルを追加する形で指定を行う．次にメニューから【File】→【New】→【Make a word list now】と選択すれば，単語リストを示すウインドウが表示される．図4-1 は H. G. Wells の小説 *The Time Machine*（1895）[3] に登場する語の頻度順の単語リ

図 4–1　頻度順単語リストと ABC 順単語リスト

スト（frequency）と ABC 順の単語リスト（alphabetical）を並べて表示したものである.[4] 実際にはウインドウ下にタブが付いており，表示を切り替えるようになっている.

まず頻度順リストの方から，その文体の特徴を考えてみる．たとえば，British National Corpus（BNC）全体の上位 10 単語は the, of, to, and, a, in, that, is, it, for であるが，この小説の上位 10 単語には I, my などが見られ，作品の語り手が登場していることを感じさせる．また，普通名詞である time が 19 位に登場し，作品中の重要な単語であることもわかる．

次に ABC 順の単語リストを見ると，abandon と abandoned が別の単語としてカウントされていることがわかる．こうした派生形の単語(ここでは abandoned)をクリックしたまま，原形の単語(ここでは abandon) の上に

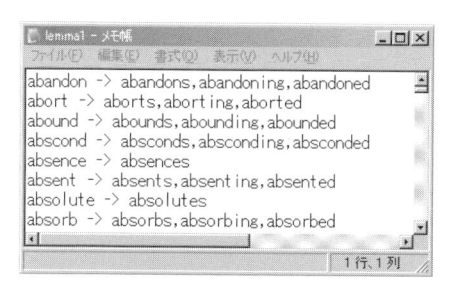

図 4–2　見出し語化規則ファイルの例

ドラッグ & ドロップすると，原形の単語のところで頻度を合計させることができる．これを見出し語化（lemmatization）と呼ぶが，多くの単語の見出し語化を一斉に行う場合は，その内容を指定したテキストファイルを別に作成するとよい．[5] 図4-2は動詞・名詞を見出し語化する例を示している．まず，このようなファイルをエディタで作成して，【Settings】→【Index】で表示されるウインドウの【Lemma, Match, Stop Lists】タブをクリックし，【Wordlist Match List】ボックス横の【ファイルを開く】を示すアイコンをクリックして，作成したテキストファイルを選ぶ．ファイル名がボックスに表示されたら，その横の【Load】ボタンをクリックして【OK】を押すと，見出し語化が自動で行われる．

　統計情報のウインドウは，文体の特徴を数値化して示したものである．図4-3は *The Time Machine* で使用されている語のさまざまな統計数値を示している．[6] たとえば，上から4行目には単語リスト中の総語数を示すトークン（token）数が表示され，他に異なり語数を示すタイプ（type）数（5行目），トークン中に占めるタイプの割合（6行目），1単語の平均文字数（10行目），1文の平均語数（13行目）などがわかる．この作品の1文の長さは平均語数18.41だが，Mary W. Shelley の *Frankenstein, or, The modern Prometheus*（1818）では33.23とかなり長く，Mark Twain の *The Adventures of Tom Sawyer*（1876）は26.12となる．こうした作家間の文体の違いだけでなく，話し言葉と書き言葉の違い，改まった場面とくだけた場面での言語使用の違

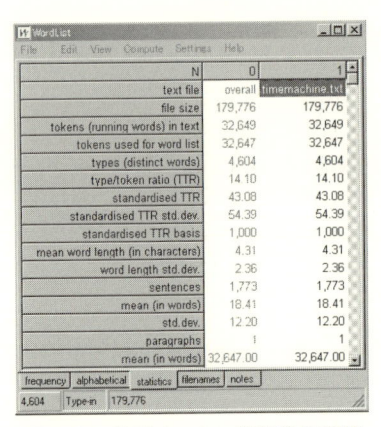

図4-3　単語リストの統計数値情報

いなどを比べても，その文の長さや使用される単語の種類に違いが出ることが当然予想される．単語リストはこうした文体の差異を明らかにする．

4.1.2. 単語のインデックスを作る

　文体研究では頻度だけでなく，特定の単語がテキスト中のどの位置に現れるのかを知ることも重要である．こうしたインデックス（index）作成機能を備えたソフトウェアの1つが KWIC Concordance for Windows (Ver. 4.7) である．[7] まずは【File】→【Corpus Setup】を選ぶと，【Corpus Options】を指定する画面になる．ここでコーパスファイルをまず選択し，【Type】タブをクリックして，ファイルの種類を指定する．このソフトウェアは参照部の記述の仕方により，参照部を含まないテキストファイル以外に，COCOA 形式，SGML や，Helsinki Corpus, BNC, ICE など，数多くのコーパスファイルを扱うことができる．ファイル指定後にメニューから【Wordlist】→【Index】と選択すると，単語のカウントが始まり，ファイルサイズにもよるが，数秒でインデックスができあがる．

　図 4–4 は Lewis Carroll の *Alice's Adventures in Wonderland* (1865) のインデックスの一部を示している．その中で tail と tale の出現箇所に注目すると，595 行目から 601 行目にかけて両単語が 4 度にわたって集中的に使用されていることがわかる．ここから，該当部分では Carroll が同音異義語を使って言葉遊びをしている可能性が推察され，実際に原文は以下のように

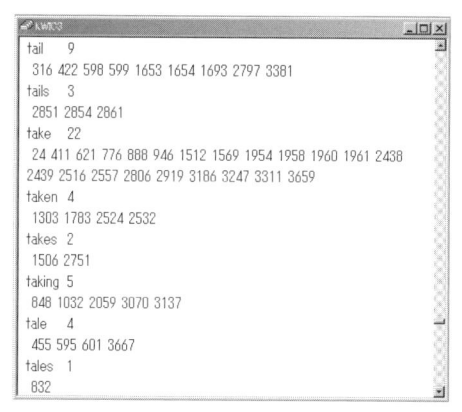

```
tail    9
  316 422 598 599 1653 1654 1693 2797 3381
tails   3
  2851 2854 2861
take    22
  24 411 621 776 888 946 1512 1569 1954 1958 1960 1961 2438
  2439 2516 2557 2806 2919 3186 3247 3311 3659
taken   4
  1303 1783 2524 2532
takes   2
  1506 2751
taking  5
  848 1032 2059 3070 3137
tale    4
  455 595 601 3667
tales   1
  832
```

図 **4–4**　KWIC Concordance for Windows のインデックス画面

なっている(イタリック体は筆者).

 'Mine is a long and a sad *tale*!' said the Mouse, turning to Alice, and sighing.

 'It IS a long *tail*, certainly,' said Alice, looking down with wonder at the Mouse's *tail*; 'but why do you call it sad?' And she kept on puzzling about it while the Mouse was speaking, so that her idea of the *tale* was something like this: ―

 KWIC Concordance for Windows は脚韻インデックスの作成もサポートしており，詩人がどのような語を使用して脚韻を踏んでいるのかを調べるのに有効である．
 WordSmith Tools では，4.2.1. で述べるコンコーダンス出力のツールを使って特定の単語を検索した後に，ウインドウ下部の【plot】タブを押すと，その単語が現れる位置と回数が棒線で表示される．図4-5 は先ほどの *Alice's Adventures in Wonderland* における beautiful の出現位置を plot 表示したものである．一般的な形容詞の1つである beautiful が，この作品では登場人物である Mock Turtle の歌の歌詞として使用されているため，ほぼ一箇所に集中して使用されていることがわかる．この機能はインデックスのように正確な位置を知らせるものではないが，テキスト全体のどの部分に特定の語が使用されているかを視覚的に示すものである．

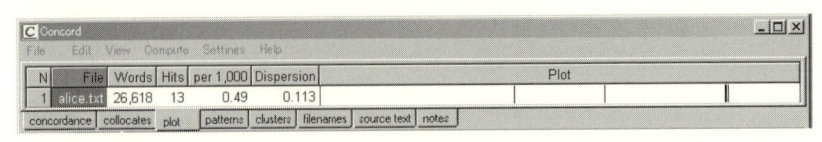

図4-5 WordSmith Tools を使った beautiful の Plot 表示

4.2. コーパスを検索し，文脈を見る

 4.1. で紹介した WordSmith Tools や KWIC Concordance for Windows は単語リストの作成だけではなく，ある特定の語がどのような文脈で使用されているかを示すコンコーダンスの表示機能を備えている．このようなソフトウェアをコンコーダンサー (concordancer) と呼び，特に検索対象である検索語句を中心に，左右にその文脈を表示する形式である KWIC

（Key Word In Context）コンコーダンスが言語研究に大いに威力を発揮する．ここではコンコーダンスからどのような情報を読み取ることができるかを概観する．

4.2.1. コンコーダンスラインの出力と編集

　コンコーダンサーでは通常，まず検索対象となるコーパスを指定する．WordSmith Tools では【C Concord】ボタンをクリックすると，コンコーダンス出力のための専用ツールが起動するので，そのウインドウのメニューから【Settings】→【Choose texts】でファイル指定を行う．[8]【File】→【New】と選択し【Search Word】タブのボックスに検索したい検索語句を入力，【OK】ボタンをクリックすれば，下記のような KWIC コンコーダンスが表示される．

```
ney on clothes, are not    interested in modern electronics and
to that charity. Anyone    interested can contact the ensemble
a month. Anybody who is    interested in helping them in either
bly the masters who are    interested in controlling the fox po
     Village Hall. Anyone  interested in finding out more about
```

　KWIC コンコーダンスは，検索語句がどのような語句と結びつく傾向にあるかを端的に示してくれる．上の例は BNC における形容詞 interested のコンコーダンスラインの一部である．これを見れば，interested という形容詞には in が後続しやすいこと，さらに in の後ろには名詞句や動名詞が後続することがすぐにわかる．検索語句を中心に文脈を左右に配置することで，数多い用例の中から典型的に使用されるパターンが一目瞭然となるのが KWIC コンコーダンスの利点である．

　出力されたコンコーダンスは，並べ替え・不要例の削除などの編集を施すことでより吟味しやすいものになる．上記の interested の例も interested の右側 1 語目に現れる語で ABC 順に並べ替えれば，in 以外にどんな単語が後続するのか，また左側 1 語目で並べ替えれば，be 動詞などに後続する叙述用法や，冠詞などに後続する限定用法などを見分ける場合に便利である．図 4-6 は並べ替え（re-sort）機能を使ったコンコーダンスの例を示している．WordSmith Tools を使って Brown Corpus に現れる look at という句のコンコーダンスラインを表示した後，メニューの【Edit】→【Resort】を選択

```
 N  Concordance                                              Set Tag
 1  that she could get a better look at his face. It didn't
 2           change. Now, a close look at the schools in and
 3  service, I've taken a close look at this year's crop of
 4        that dominated. A closer look at modern Zen reveals
 5           Go inside for a closer look at a Renaissance
 6     ere's gonna be a fight". "Look at those bastards"!
 7  is face. I didn't get a good look at him at all, his back
 8   the hope of getting a good look at them but I never
 9           and Wilson had a good look at him. He was tall and
10  heartily. She took a good look at herself in the mirror
11   he front seat. I got a quick look at their faces as we
```

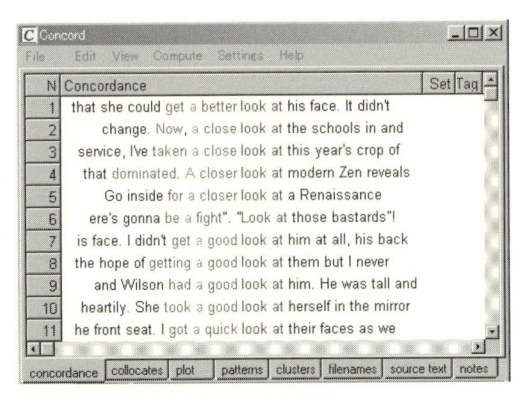

図 4–6 WordSmith Tools で並べ替えを行った look at のコンコーダンス

すると，検索語句の前後に現れる単語を並べ替える（Main Sort, Sort 2, Sort 3 の 3 つが指定可能）ことができる．この図では検索語句の 2 語左側（L2）を Main Sort，1 語左側（L1）を Sort 2，3 語左側（L3）を Sort 3 に指定したコンコーダンスである．ここでは並べ替えを複数指定することで，動詞の look at ではなく，「動詞＋a＋形容詞＋look＋at」というパターンのコンコーダンスが複数例表示されている．これを見ると，直前の形容詞には close, good がよく用いられ，共起する動詞は get, take, have であることがわかる．このコンコーダンスから 6 番目の用例のような不要例を取り除けば，さらに見やすいコンコーダンスが得られる．このように検索語句の直前直後の語だけでなく，さらに離れた場所の語を並べ替えることで，見落としがちなコロケーション（特定の語と別の語との共起関係）を詳細に観察することも可能となる．また，前後の文脈を確認したい場合，【View】メニューの【Grow】を選択すれば，より広い文脈を参照できる．

　最後に得られたコンコーダンスをどのように解釈するかについて注意すべきことを述べる．実際にコーパスを検索すると，検索語句のヒット数が極端に少なかったり，全くないことがある．このような場合，その用例は一般に使われないと判断することができるのだろうか．逆に何例あれば，その用例はよく使われると判断できるのだろうか．こうした判断は，コーパスの規模や収集された英語の変種（イギリス英語かアメリカ英語か，話し言葉か書き言葉かなど）なども考慮して慎重に行う必要がある．

4.2.2. 検索語句を詳細に指定する

　検索語句の指定を詳細に行えば，最初から不要な用例を排除し，質の高い検索結果が得られる。指定方法は検索ツールやコンコーダンサーによって違うので注意が必要だが，一般的に広くサポートされているのがワイルドカード (wildcard) である。ワイルドカードには任意の1文字を示す ? と任意の文字列を示す * がある。以下は WordSmith Tools で用いられる検索語句の指定方法とその出力結果をまとめたものである。

talk	talk または TALK など (デフォルトでは大文字・小文字の区別はない)
talk*	talk, talked, talking, talkative など
t??k	talk, took, tick など
*_VBG	タグ付きの LOB Corpus などで VBG (〜ing 形) のタグがついている語
as * as	as well as, as soon as, as long as など
Why"?"	Why? (*, ?, / などの検索で用いる特別な記号は，記号そのものを検索する場合は " " で囲む)
big/wide	big または wide

　さらに WordSmith Tools では検索語句と共起する語を Context Word として指定することもできる。たとえば，【Search Word】のダイアログボックスには take / takes / took / taken / taking と入力し，上にある【Advanced】タブをクリックし，【context word(s) & context search horizons】のボックスに care と入力して【OK】をクリックすれば，次のような take care (of)... の用例を受け身形も含めて検索することができる。

```
colours, though art museums    take some care to sell transparencies
art to live once more. Must    take care, he wrote. What is there is
ff day of replacement is to    take more care of existing cutlery.
appearance. Care has to be     taken by a critic in any of these cas
worse: very little care is     taken with the inmate's emotions. Whe
t, she said. So second step    taken care of, though first not yet c
```

　高機能のコンコーダンサーには，KWIC コンコーダンス表示以外にも，検

索語句がどのような語と共起するかを示すツールが用意されている．たとえば WordSmith Tools の【collocates】は検索語句の左右に現れる高頻度語彙のリストを表示してくれる．【Search Word】を afford にして BNC を検索し，コンコーダンスの作成後にウインドウ下の【collocates】タブをクリックし，さらに afford の左側 1 語目を頻度順にして並べ替えたものが図 4–7 である．

N	Word	Relation	Total	Total Left	Total Right	L5	L4	L3	L2	L1	Centre	R1	R2	R3	R4	R5
1	CAN	0.000	1,214	1,168	46	6	10	62	219	871	0	0	9	15	7	15
2	CAN'T	0.000	769	745	24	2	2	5	22	714	0	2	6	7	3	6
3	COULD	0.000	1,005	982	23	3	7	52	409	511	0	2	7	8	6	
4	CANNOT	0.000	510	509	1	1	1	2	24	481	0	0	0	1	0	
5	TO	0.000	2,922	577	2,345	61	69	11	5	431	0	1,973	78	102	98	94
6	COULDN'T	0.000	345	338	7	1	1	1	15	320	0	0	0	6	1	0
7	NOT	0.000	483	396	87	20	55	18	14	289	0	35	8	20	16	8
8	ILL	0.000	70	68	2	3	1	1	0	63	0	0	0	2	0	0
9	LONGER	0.000	79	71	8	4	3	2	0	62	0	0	1	2	4	1
10	YOU	0.000	707	546	161	21	30	48	403	44	0	7	23	61	38	32

図 4–7　afford の collocates 表示（上位 10 語）

4,259 例の afford がヒットしたが，そのうち左側 1 語目には can, can't, could, cannot, couldn't が合計で 2,897 例もあることがわかる．さらに右側 1 語目には to が 1,973 例もあり，これにより afford は can(not) / could (not) afford to... の形で典型的に使用されることがコンコーダンスラインからだけでなく，数値の上からも判断できる．

最後に BNC World Edition の CD-ROM に付属しているコンコーダンサー SARA について述べる．起動に多少の時間を要するが，このソフトウェアは非常に高度な検索が可能で，ガイドブックも出版されている．[9] たとえば，【Query Builder】というツールを使用すれば，話者の性別・方言・年齢などの条件を加えた検索ができる．図 4–8 は女性が使用した ever so much を検索するための条件を示している．条件の指定後に通常の検索を行うと，

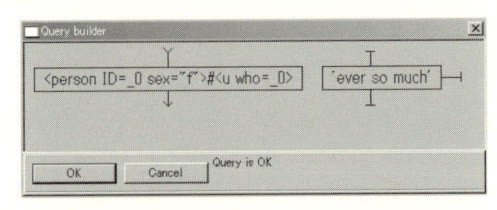

図 4–8　Query Builder での条件指定の例

コンコーダンスおよびヒット数が表示される．同様の方法で男性話者の ever so much を検索すると，女性の発話数が 16，男性が 5 となった．ever so much は一般に女性がよく使うと言われている強調表現だが，この数値はその傾向を示すものとなっている．

4.2.3. コンコーダンスラインの出力を工夫する

コーパスには出典・著者や話者・行番号などテキストについてのさまざまな情報が付加されている．コンコーダンサーの中には，こうした付加情報を伴うコンコーダンスラインを出力できるものもある．前述の KWIC Concordance for Windows はさまざまな形式のコーパスに対応し，指定すれば参照部をコンコーダンスラインに付加できる．4.1.2. と同様の手順で Helsinki Corpus のファイル（たとえば CEFICT3B）を指定，種類を COCOA 形式とし，【COCOA】タブをクリックする．ここで出力したい参照部（たとえばページ数なら P，テキスト名なら N）をリストから選択し，【Output】にチェックを入れて OK にする．この状態で whom を検索語句に指定すると，以下のようなテキスト名とページ数付きのコンコーダンスが得られる．

```
(54) N=OROONOKO P=155
so great a man as (˜Oroonoko˜), and a prince of   whom she had heard such admirable
(134) N=OROONOKO P=157
d with impatience to behold this gay thing, with  whom, alas! he could but innocently
(178) N=OROONOKO P=158
    in state, to receive this long'd-for virgin;  whom he having commanded shou'd be
(208) N=OROONOKO P=159
        or, by his gods he swore, that happy man  whom she was going to name shou'd die,
(293) N=OROONOKO P=161
of a lover only, but of a prince dear to him to   whom she spoke; and of the praises of a
```

また，SGML などの他の形式のファイルも同様に【Corpus Options】画面で参照部の出力設定が可能になっている．

こうした出力結果をさらに表計算ソフトなどに読み込めば，コンコーダンサーで処理できないような複雑な並べ替えやデータ管理，数値の統計処理などが可能となる．そのためにはコンコーダンスをコンマ区切りやタブ区切りにして出力するオプションが必要になる．次の例は KWIC Concordance for Windows の【Concordance】→【KWIC Format】で上記のコンコーダンスの出力形式を【Comma Separated】に指定して出力したものである．

```
"54",   "OROONOKO", "155", "    so great a man as (`Oroonoko`), and a prince of  whom she had heard such admirable"
"134",  "OROONOKO", "157", "'d with impatience to behold this gay thing, with  whom, alas! he could but innocently"
"178",  "OROONOKO", "158", "            in state, to receive this long'd-for virgin; whom he having commanded shou'd be"
"208",  "OROONOKO", "159", "       or, by his gods he swore, that happy man  whom she was going to name shou'd die,"
"293",  "OROONOKO", "161", "  of a lover only, but of a prince dear to him to  whom she spoke; and of the praises of a"
```

これを Microsoft Excel に読み込んだものが図 4-9 である．参照部やコンコーダンスラインが列ごとに並んで，それぞれのセルに収まっているのがわかる．こうすれば特定の条件を満たすデータを数えることも，その結果を簡単にグラフ化することもできる．

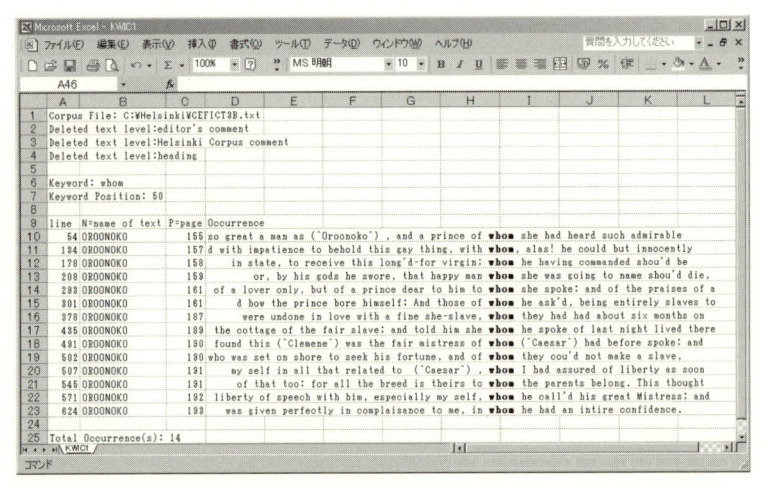

図 4-9 コンマ区切りのファイルを Microsoft Excel に読み込んだ結果

4.2.4. オンラインコンコーダンサーの利用

近年，盛んになっているのがインターネットを使ったコーパスのオンライン検索サービスである．中でも無料検索できるサービスとして BNC の Simple Search がある．[10] アクセスすると，検索語句の入力ボックスと簡単な検索オプションが示される．検索結果の表示はフルセンテンス形式で，一番左にテキストの出典が示され，クリックすると書き言葉の場合は出版情報などが，話し言葉の場合は話者の個人情報などがわかる．たとえば，unfortunately のような典型的に文副詞として文頭で用いられる副詞を検索する場合などは，KWIC 形式よりフルセンテンスで文脈を参照できる方が便利である．このサービスはヒット数の上限が 50 に制限されているが，誰でもイン

ターネット接続とブラウザさえあれば，大規模な現代英語のコーパスにアクセスできるので，その利用価値は高い．

また，Web Concordancer は Brown Corpus, LOB Corpus をはじめ，メディア英語としては *The Times*，小説としては Agatha Christie の作品なども検索可能なオンライン KWIC コンコーダンサーである．[11]【Search string】を入力し，【Select corpus】でコーパスの種類を選択，【Sort type】で並べ替えも指定できる．【Search for concordances】ボタンを押すと，図4–10 のような KWIC コンコーダンスが表示される．これは LOB Corpus で afford を検索した KWIC コンコーダンスだが，4.2.2. で示された傾向がはっきりと見て取れる．

最後に，話し言葉のコーパス Michigan Corpus of Academic Spoken English（MICASE）を紹介する．[12] MICASE はミシガン大学での授業や面接などで交わされた話し言葉を集めた約 170 万語のコーパスで，話者の性別や身分（院生・研究員など），談話モード（講義・会話など）や談話の題材の学術分野などが詳しく記されているのが最大の特徴である（図4–11）．画面左側には検索語句の入力ボックスや検索ボタンなどがあり，右側には検索対象を詳細に設定するためのオプションが用意されている．このオプションを最初から指定して検索してもよいし，すべて【All】にして検索しても，結果の KWIC 表示には詳細情報へのリンクがあるので後で確かめることもできる．

図 4–10　Web Concordancer の検索結果表示

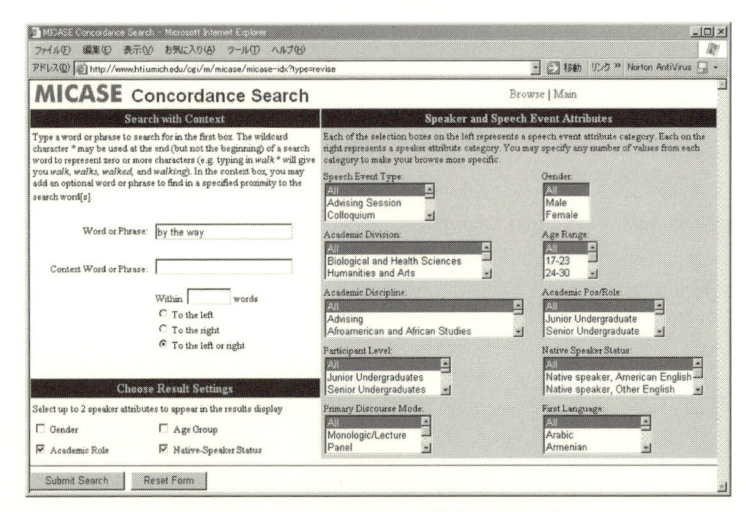

図 4-11　MICASE の検索設定画面

このような情報が参照できる話し言葉コーパスがオンラインで無料公開されていることは，談話機能の研究に大いに貢献するものである．

4.3. 正規表現によるコーパスの検索

テキスト形式のデータであれば，専用の検索ツールがなくとも，テキストエディタや grep のようなテキスト処理ツールなどを利用して検索することができるが，これらのツールによる検索で重要な役割を果たすのが正規表現である．正規表現を使うと，複雑な文字列のパターンを指定することができる．

正規表現が使えるツールはたくさんあるが，ツールにより機能や表記法に違いがあるので注意が必要である．ここでは Perl のものを基に話を進める．(4.3.1. で紹介するサクラエディタでは Perl に準拠した正規表現が利用でき，4.3.2. で扱う正規表現はサクラエディタでもそのまま使える．)[13]

4.3.1. サクラエディタによるファイルの一括検索

正規表現による検索の例として，サクラエディタによる検索方法を紹介する．

メニューから【検索(S)】→【Grep(G)...】を選択すると，Grep 条件入

力のためのダイアログボックスが開くので，【正規表現（E）】をチェックし，【条件（N）】に正規表現で検索文字列を指定する。[14] 通常，【英大文字と小文字を区別する（C）】はオフにしておく。（以下，このオプションがオフになっているものとして，正規表現中では大文字小文字の区別はしない。）複数のファイルを検索するには，ファイルが入っているフォルダをパス付きで指定し，対象ファイルを *.txt のようにワイルドカードを使って指定する。

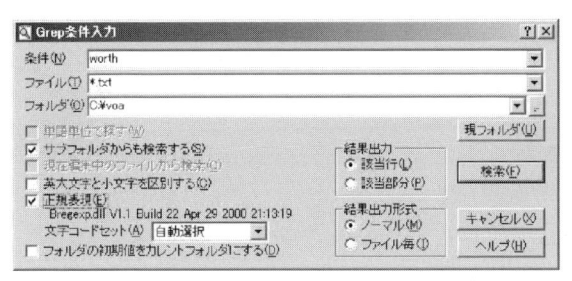

図 4–12 サクラエディタの Grep 条件入力ダイアログボックス

条件にマッチした行は，ファイル名等の情報が付けられ出力される（図 4–13）。ヒットした例にカーソルを合わせた状態で【検索（S）】→【タグジャンプ（T）】を選択するか，ダブルクリックすると，自動で元ファイルが開かれ該当行を中心にテキストが表示されるので，前後の文脈を確認できる（図 4–14）。この機能をタグジャンプと呼ぶ。

```
□検索条件   "worth"
 検索対象    *.txt
 フォルダ    C:\voa\
    （サブフォルダも検索）
    （文字コードセットの自動判別）

C:\voa\5-45127.txt(55,7)   [SJIS]:       worthy of recognition.
C:\voa\5-45258.txt(41,38)  [SJIS]:        a company that said, "If it is worth doing, we
C:\voa\5-45264.txt(52,29)  [SJIS]: enterprise into an industry worth 20-million dollars a
C:\voa\6-11650.txt(72,26)  [SJIS]: VOICE:  However the Fort Worth Star-Telegram suggests
C:\voa\7-33326.txt(26,27)  [SJIS]: HAPPY CHILDHOOD IS HARDLY WORTH YOUR WHILE. WORSE
5 個が検索されました。
```

図 4–13 Grep 検索による検索結果

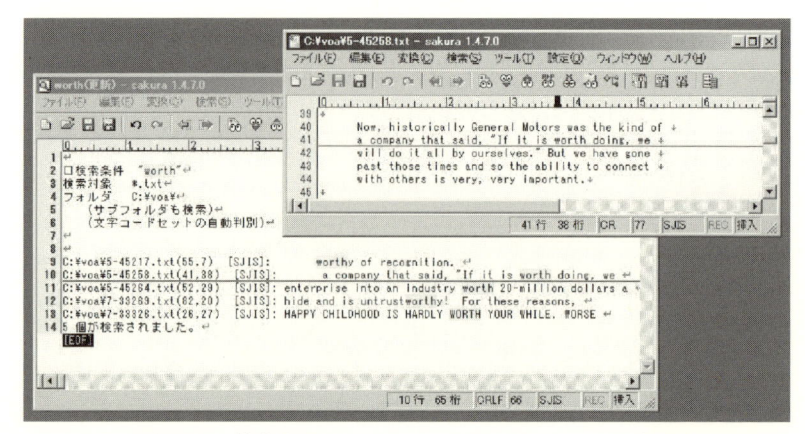

図 4-14 検索結果からタグジャンプで元ファイルを表示

4.3.2. 正規表現による検索

put ... to use (「... を使う, 利用する」) という表現の検索を中心に, 基本的な正規表現の機能と具体的な正規表現の書き方を見ていくことにする.

4.3.2.1. リテラル・語の境界・論理和

基本的に各文字はその文字自身を表す(「リテラル」と呼ばれる). put と指定すると, p-u-t という 3 文字の並びを指定したことになる. この 3 文字が連続していればいいので, putting, input, computer, deputy などの語に含まれる put にもマッチする. put という語のみにマッチさせるには, 語の境界 (¥b) を指定し ¥bput¥b とする.[15]

実際の検索では活用形も同時に検索できると便利である. puts, putting も同時に指定するには, 論理和 (A または B) を表す | を使い, ¥bput¥b|¥bputs¥b|¥bputting¥b とする. ( ) を使うと論理和の有効範囲を示すことができるので, 共通部分を括り出し, ¥b(put|puts|putting)¥b や ¥bput(|s|ting)¥b と書いてもよい. これで put の活用形を同時に検索することができるようになる.

4.3.2.2. 任意の文字と文字クラス

ピリオド (.) や [ ] を使うと, 任意の 1 文字や, 指定した文字の中の 1 文字(文字クラス)を表すことができる. ¥bs.ng¥b なら sing, sang, sung, song などにマッチし，¥bs[aiu]ng¥b なら sang, sing, sung にマッチする．

表 4–1　正規表現での任意の文字・文字クラス

表記法	意味
.	任意の 1 文字(スペースやタブなどにもマッチする)
[*xyz*]	[　] 内の 1 文字
[*x-z*]	x から z の範囲内の 1 文字
[^*xyz*]	[　] 内の文字以外の 1 文字
[^*x-z*]	x から z の範囲以外の 1 文字

斜字体の *xyz* は，xyz そのものではなく，適当な文字が入る箇所を表す．

　[0123456789] のように，文字コード上連続した文字の場合，ハイフンを使い [0-9] と指定することができる．[a-z] ならば，a から z までのすべての文字が候補として指定されたことになる．[　] 内の先頭に ^ を付け [^...] とすると，[　] 内の文字以外の文字にマッチするようになる．[^aeiou] なら母音字以外の文字，[^0-9] なら数字以外の文字を表す．

　文字クラスの中には略記法があるものがある．文字クラスの代わりに使用すると，正規表現が読みやすくなるので，適宜利用するとよい．[16]

表 4–2　正規表現での文字クラスの略記

表記法	意味
¥s	空白類(スペース，改行，タブなど)
¥S	空白類以外
¥w	ワード文字（[A-Za-z0-9_]）
¥W	ワード文字以外（[^A-Za-z0-9_]）
¥d	数字（[0-9]）
¥D	数字以外（[^0-9]）

4.3.2.3. 量指定子

　繰り返しの回数を指定するには量指定子を使う．たとえば，量指定子の ?

は直前の要素(ここでは文字のこと)が0回または1回出現することを表し，¥btravell?ed¥b なら travelled または traveled にマッチする．

表 4–3 正規表現での繰り返しの指定の仕方(量指定子)

表記法	意味
?	直前の要素が0または1回出現
*	直前の要素が0回以上出現
+	直前の要素が1回以上出現
{m}	直前の要素が m 回出現 (m は0以上の整数)
{m, n}	直前の要素が m 回以上 n 回以下出現 (m, n は0以上の整数，n は省略可)

　任意の文字・文字クラスと量指定子を組み合わせて使うと，強力なパターンマッチングが可能になる．¥bas_[a-z]+_as¥b (_は半角スペースを表す) ならば，as tall as, as soon as のような表現を検索できる．問題の put ... to use では，... の部分に put の目的語が来るが，1語とは限らないので，[a-z]+ と指定したのでは不十分である．¥bput_.*¥bto_use¥b とすれば，put と to use の間に何語入っていてもマッチし，また，コンマや引用符などの記号が入っている場合にもマッチする．任意の文字数では非該当例がヒットする可能性が高くなるが，そのような場合には ¥bput_.{0, 20}¥bto_use¥b のように文字数を限定することで，不要な例の多くを排除することができる．
　量指定子が有効なのは直前の文字(任意の文字・文字クラスも該当)に対してだが，( ) で括れば，文字列の繰り返しを指定することもできる．¥b(in)?to¥b ならば，into または to にマッチする．¥bput(|s|ting)¥b は ? を使えば ¥bput(s|ing)?¥b と書き換えることができる．

4.3.2.4. 任意の語の指定

　任意の語を表す正規表現はないが，¥S+ でおおよそ「任意の語」を指定できる．put と to の間に任意の5語を指定するのであれば，¥bput_¥S+_¥S+_¥S+_¥S+_¥S+_to_use¥b とすればよい．
　( ) と量指定子を利用すれば，語数の指定も簡単である．¥bput_(¥S+_){0, 5}to_use¥b または ¥bput(_¥S+){0, 5}_to_use¥b とすれば，put と

第4章 コーパスを検索する

to の間に任意の語が0〜5語来る例にマッチする．（スペースを挿入する位置を間違いやすいので注意すること．）

さて，ここまで見てきた正規表現の機能を使って，put ... to use を含む例を検索するための正規表現を考えてみよう．ただ1つの正解というものはないが，例として，こんな正規表現が考えられる．[17]

¥bput(s|ting)?_(¥S+_){0, 5}(in)?to_(¥S+_){0, 5}uses?¥b

実際にこの正規表現で検索してみると，以下のような例がヒットする．（見やすいように KWIC 形式で示す．）

```
      technology is also being put to use to make travel safer and easier
      experimental project to put electronic commerce to practical use.
      sidential contenders are putting to good use in New Hampshire.
    eiving end of that money put it to better use by investing and crea
       medical discoveries were put to use by health practitioners in both
       method is expected to be put into practical use starting in fiscal
       which had already been put into use in the United States — were
      countries who are, as he put it, trying to use their political, eco
      as old buildings may be put to new uses when new circumstances
```

検索結果には対象外の例が含まれることが多いので，検索後は1つ1つチェックする必要がある．文脈の確認にはエディタのタグジャンプの機能を活用するとよい．

4.3.2.5. メタキャラクタのエスケープ

Perl の正規表現にはさらに便利な機能があるが，紙面の都合で，最後に「メタキャラクタのエスケープ」について見て，説明を終えることにする．[18] 疑問符を利用して疑問文を検索しようとしても，?と指定したのでは，疑問符が量指定子として解釈されてしまい，疑問符そのものを検索することはできない．疑問符そのものを指定するには，¥ を前に付けて ¥? とし，特別な意味を打ち消す（「エスケープする」と言う）．*.()[]{}¥^ など，正規表現において特別な意味を持つ文字（メタキャラクタ）の場合，その文字自身を指定する場合には，¥ でエスケープする必要がある．

4.3.2.6. 正規表現によるパターンの指定の例

適切な正規表現が書けるようになるには，実際に正規表現を書いて検索する作業を繰り返す必要がある．以下にいくつか例を挙げるので，正規表現を書く時の参考にしてほしい．

a) ¥bcan('t|not|_not)?¥b
 can, can't, cannot, can not のいずれか．
b) ¥banaly[sz](e[sd]?|ing)¥b
 analyse, analyze の活用形．
c) ¥bworth_(¥S+_){0, 2}¥S+ing¥b
 worth の後ろ3語以内に ing で終わる語が来るもの．
d) ¥bevery_(¥S+_){1, 3}(that|whom?|which)¥b
 every の後ろ2語以上4語以内に that, who, whom, which のいずれかが来るもの．
e) ¥bma(kes?|de|king)_(my|your|his|her|its|our|their)_(¥S+_){0, 2}ways?¥b
 make one's way のバリエーションのうち one's way が make の直後に来るもの．one's と way の間には最大2語まで任意の語が来てもよい．

4.3.3. 検索時に気をつけること

正規表現は便利であるが，使用に際しては注意すべきことも少なくない．以下，正規表現を使ってコーパス検索を行う際に気をつけるべきことを2点述べる．

4.3.3.1. 排除されるものが何かを意識する

例として，¥b(am|are|is|was|were)_¥S+ing¥b と指定して進行形を検索した場合のことを考えてみよう．検索結果を見れば，「be 動詞＋動名詞」，is something, a large number of U.N. members are developing countries などの，正規表現にはマッチするが該当しない例が含まれることはすぐわかる．しかし，次のような，該当例だが正規表現にマッチしない（したがって，検索されず目に触れない）例の存在のことは，なかなか意識に上りにくい．

- 指定された活用形以外の be 動詞（'re, 's, be, been, art など）を含むもの
- be 動詞と現在分詞が別の行に分かれてしまっているもの
- be 動詞が省略されているもの
- be 動詞と現在分詞の間に何か語句が来るもの
    a） 疑問文など，主語と be 動詞が倒置されているもの
    b） be 動詞の後に否定辞（not, n't）が来るもの
    c） be 動詞の後に副詞や挿入句が来るもの

このように，正規表現にマッチした例は検索結果に現れるので注意が向きやすいが，マッチしなかったものは，検索結果に現れず，注意が向きにくいので気をつける必要がある．

4.3.3.2. 目的・対象テキストのサイズ等を考慮しバランスを取る

put ... to use の例では，put と to, to と use の間に来る語の数を最大 5 としたが，何語まで見ればよいかについては，明確な基準が存在するわけではない（4.3.2.6. の例についても同様）．最大語数を大きくすれば非該当例が多くなり，小さくすれば該当例で検索されないものが増える．一般に，可能性を広く取れば不要な例が多く含まれ，可能性を狭めれば該当例で排除される例が増えるので，研究の目的や対象テキストのサイズ等を考慮し，うまくバランスを取ることが大切である．

4.4. むすび

コンピュータを使えば，1 億語からなるコーパスからも容易に情報を取り出すことができるが，1 億語すべてを自分の目で直接観察しているわけではない．特定の文字列を数えたり検索したりすることはコンピュータの得意とするところだが，直接データを見ていれば気づくようなことも，コンピュータによる検索では気づかない可能性が高く，普段から自分で直接データを観察することが，より重要になってくる．コーパスを有効に利用するには，普段から直接英語を観察し，実際にどのようなパターンで対象表現が出現するのかを理解し，かつ，使用するツールに合わせ，適当な検索式・検索方法を用いて目的の表現に関する情報を引き出す力が必要とされる．また，検索結果を見て，コーパスのジャンルや規模から言って当然あるべき例が含まれていないなど，不自然な検索結果が得られた場合には，検索方法に間違いがあ

るのではないかと疑うことができるだけの言語感覚が求められる．文字列検索というコンピュータによる機械的な処理を，言語学的に意味のある処理に変えるのは人間であり，適切な言語感覚，分析的視点を持つことがコーパスを使う側に求められる．

注

1. 本章で紹介するソフトウェアのうち，ここに入手先などの情報がない場合は，巻末の「コーパス利用のためのソフトウェア一覧」を参照のこと．
2. 現在は Ver. 3 と Ver. 4 の両方が購入可能．Ver. 3 については井上永幸氏（http://lexis.ias.tokushima-u.ac.jp/ の【公開データ】から【WordSmith3 活用ガイド】を選択）と投野由紀夫氏（http://leo.meikai.ac.jp/~tono/wsmith/index_lc.html）の解説が詳しい．Ver. 4 はファイルサイズなどの制約がなくなり，BNC のタグに対応するなどの新機能が搭載されているが，最新の Ver. 4.0.0.387 では見出し語化などの操作が本書と若干異なる．詳細はメニューの【Help】参照のこと．
3. この作品を含め，4. 1. 1., 4. 1. 2. で言及する文学作品は，Oxford Text Archive (OTA) から入手したもの（それぞれの作品の版本情報については OTA のサイト参照）．このように著作権の切れた作品の多くが OTA (http://ota.ahds.ac.uk/) などのアーカイヴを通じて無料で手に入る（巻末の主要英語コーパス一覧参照）．
4. WordSmith Tools Ver. 3 ではウインドウは 3 つ（頻度順，ABC 順，統計数値）表示される．
5. http://www.lexically.net/wordsmith/version3/index.htm では染谷泰正氏作成の 15,000 語の lemma リストが入手できる．染谷氏は独自に開発したビジネス英語のオンラインコーパスも公開している（http://ysomeya.hp.infoseek.co.jp/）．
6. 複数ファイルの単語リストを同時作成した場合は複数列表示されるが，ここでは 1 ファイルのため，全体の数値（overall）とファイル別数値は同じになっている．
7. KWIC Concordance for Windows は無料で入手可能なコンコーダンサー．本章の執筆にあたっては開発者の塚本聡氏にご協力頂いた．ここに感謝の意を表したい．
8. ファイル指定は 4. 1. 1. 参照．メニューの【File】→【New】と選択して指定も可能．
9. ここで触れる検索の詳細については，Aston & Burnard (1998: 117–123) を参照のこと．翻訳も出版されている（巻末の参考文献参照）．
10. BNC Simple Search の URL は http://sara.natcorp.ox.ac.uk/lookup.html．BNC と Wordbanks*Online* は小学館コーパスネットワーク（http://www.corpora.jp/）というオンラインサービス（有料）でも利用可能．
11. http://www.edict.com.hk/concordance/ で English の【Simple search】を選択すると，英語の KWIC 検索が可能．他の言語のサービスも提供されている．
12. URL は巻末の主要英語コーパス一覧参照．現在，図 4–11 と若干の相違がある．
13. Perl については 3. 3. 2. を，サクラエディタについては 3. 2. 3. と 3. 3. 1. を参照のこと．

14. サクラエディタでは複数行にまたがる文字列の検索はできない．文や段落等，処理単位としたいものが複数行に分割されているデータは，検索前に整形しておく必要がある．テキストの整形については 3.3. を参照のこと．
15. ￥は環境によっては \ と表示される．
16. これらの表記が何にマッチするかは，設定やツールによっても異なる．
17. put, to, use それぞれにコンマや引用符などの記号類が付く可能性も考慮すると，さらに細かな指定が必要になる．（4.3.2.6. の例についても同様．）
　　　￥bput(s|ting)?￥W*_(￥S+_){0, 5}￥W*(in)?to￥W*_(￥S+_){0, 5}￥W*uses?￥b
　　実際の研究では，必要があれば，to use に当たる部分が動詞の put より前に来る可能性なども調べていくことになるが，そこまで複雑になってくると，1 つの正規表現にまとめずに，別々に検索するようにした方がよい．
18. さらに詳しくは，「英語コーパス学会第 20 回大会ワークショップ：正規表現によるテキスト検索（講師：大名力）」(http://infosys.gsid.nagoya-u.ac.jp/~ohna/re/) を参照のこと．正規表現の技術面については Friedl（2002）が詳しい．

第5章　検索したデータを分析する

　これまでの章では，コーパスとは何か，コーパスを編纂する方法，でき上がったコーパスの検索方法が扱われてきた．コーパスを検索する主な目的には，コンコーダンスを作成してある単語が実際にはどのような文脈で使用されているかを調べ，その語の語法的特徴を明らかにすることなどが挙げられる．これは語法研究や辞書の編纂には欠かせない利用法であるが，それ以外にも前章で述べたように，コーパスの検索の重要な部分を「数える」作業が占めている．あるテキストの文体的特徴を捉えようとするとき，あるいは複数のテキストを比較分析する際には，各々のテキストの単語や文の数を調べたり，単語の頻度表を作成することから分析が始まる．そこで，本章では，実際に得られたさまざまな数値からどのような結論が得られるかについて考えたい．

5.1. 「数える」作業と統計処理

　従来，文科系の諸学問，特に英語学や英文学の世界においては，「数える」ことそのものが大変な時間と労力を要する作業であった．IT 時代の現在，4章で見たように単語の頻度表の作成などはコンコーダンサーを用いれば，一瞬で終わってしまうし，相当複雑な検索や結果の表示も，各種アプリケーションソフトを併用して簡単に行うことができる．また，結果として得られた数値の扱いは，多くの場合，経験的な判断や直観をもって行われてきた．ところが，もはや，数学は苦手という理由で主観的な判断に頼るのみでは済まされないほどの大量の数値データがコーパスから得られる時代になり，Microsoft Excel に代表される初心者向けの統計処理のためのソフトウェアも開発され，客観的な基準に基づいた統計学的な処理が必要とされる時代となってきた．また，目や手を使って処理することが不可能なほどの大量の数値データから意味のある傾向を見つけ出そうとするときにも，やはり統計学の知識が必要となってくる．

5.2. 現れた差異の有意性 — 独立性の検定

前章で述べたような手続きでテキストの単語数や，文の数を調べ，2つのテキストの平均長を計算して，その間にいくらかの差が見られたとする．もちろん，文の平均長が全く同じ2つのテキストはまず存在しないと思われるが，見られる差はテキストの種類により大きな場合もあるし，ほとんど差が無いような場合も考えられる．そこで，はたして観察された差が本当に意味のある差であるのか，それともほとんど無視してもよい日常普通に見られるような差であるのかを判断する必要が当然生じてくる．[1]

同じことは単語の頻度の比較についても言える．あるテキストの単語の頻度と別のテキストの同じ単語の頻度を比べて，得られた差が本当に意味のある差であるのかどうかの判断も，やはり客観的な基準に基づいて行わなければならない．このような場合，データを集め，整理し，見やすい形で提示するための記述統計だけではなく，推測統計の「検定」という概念が有力な道具になるのである．

5.2.1. イギリス英語とアメリカ英語の語彙頻度

Hofland & Johansson (1982) の第8章 "LOB and Brown Corpora: Alphabetical List" は LOB Corpus と Brown Corpus の語彙の頻度を比較したアルファベット順の語彙リストである．このリストには，いずれか1つのコーパスにおいて10回以上使用され，少なくとも5つのテキストに現れる語がすべてリストアップされており，その章の最初のページには表5–1の

表5–1 LOB Corpus と Brown Corpus の語彙の頻度対照表の例示

	LOB Corpus	Brown Corpus	Difference Coefficient
adjustment	18	35	−0.32c
adjustments	3	20	−0.73a
administered	13	14	−0.03
administration	68	161	−0.40a
administrative	42	53	−0.11
administrator	6	15	−0.42c
administrators	10	5	0.33
admirable	20	10	0.33

ような例が示されている (p. 471).

このリストは，抽出された語の両コーパスでの頻度を示した上で，右端に次のような公式で計算される差異係数 (difference coefficient) を添えたものである．

$$Difference\ Coeffcient = \frac{Freq.LOB - Freq.Brown}{Freq.LOB + Freq.Brown}$$

このように計算される差異係数は，当該の語が LOB Corpus にのみ出現する場合には +1.00，逆に Brown Corpus にのみ出現する場合には −1.00 となり，正の場合にはその語が LOB Corpus により多く出現し，負の場合には Brown Corpus により多く出現することを示している．さらに，語によっては算出された差異係数に a, b, c の符号が付けられ，それぞれ統計的有意水準 0.001, 0.01, 0.05 を示している．これはカイ 2 乗検定 (chi-square test) と呼ばれる統計手法から得られる指標で，数値の小さいものほど有意水準が高いことを意味している．上の例の administration と administrator の数値を比較すると，必ずしも差異係数が大きければ統計的有意度も高いというわけではないことがわかる．

我々は今，1961 年のアメリカ英語の書き言葉とイギリス英語の書き言葉を比較しようとしているが，このように我々が情報を得たいと思っている対象の全体を母集団 (population) と呼ぶ．ところが，その年に米国で出版された英語と英国で出版された英語をすべて採取することは事実上不可能であるし，時間や費用が制限されて母集団全体に関するデータを採取することが困難なことも多い．そこで，よく似た抽出方法でそれぞれ 100 万語ずつの書き言葉を標本 (sample) として採取し，Brown Corpus, LOB Corpus と名づける．この標本から得られる情報に基づいて母集団の性質や構造を推し量るので，このような統計手法は推測統計と呼ばれ，カイ 2 乗検定を含む統計的検定あるいは仮説検定と呼ばれる手法はこの種の統計手法である．得られたデータを集約，整理して，客観的に効率よく記述するための平均値や標準偏差などに代表される記述統計とは，本質的に区別されなければならない．

上の例として挙げられている項目から最初の adjustment を見ると，LOB Corpus での頻度が 18，Brown Corpus での頻度が 35 で，その差異係数は −0.32 となり，やや Brown Corpus に偏った分布を示しているように思

第5章 検索したデータを分析する

われる．そこで，adjustment の頻度はイギリス英語とアメリカ英語の2つのカテゴリーからなる英語の種類という変数に依存したものかどうかを検定することにする．

推測統計では，ここで「adjustment の使用頻度はイギリス英語，アメリカ英語の区別には依存しない」という仮説を立てる．言い換えれば，「adjustment の頻度は2種類の英語とは関連のない独立した事象である」ということになる．「実際に見られる頻度の差は，通常起こりうる範囲内にあり，偶然の結果である」ということをこの仮説は意味しているが，これが棄却できれば，「実際に見られた差が偶然の結果ではなく，意味がある」という仮説を採択することとなる．このように最初に立てる仮説を帰無仮説（null hypothesis），それが棄却されたときに採択する仮説を対立仮説（counter-hypothesis）と呼び，どの仮説を採択するかを判断することを統計的検定（statistical test）と呼ぶのである．

そこで，この帰無仮説を前提とした場合に，実際に合計53回出現する adjustment の各々のコーパスにおいて期待される頻度（期待値（expected frequency））は，この全出現回数を双方のコーパスサイズで按分したものとなる．2つのコーパスのサイズはほぼ等しいとして，ここでは2等分した値を用いることにすると，各々のコーパスでの期待値は26.5回ということになる．ところが，実測値（observed frequency）と呼ばれる実際に観測された値は，この期待値とは相当異なったものなので，帰無仮説を前提として，このような実測値が出現する確率に基づいて，有意性を判断することになる．

有意性の判断は，その出現する確率がカイ2乗分布と呼ばれる特殊な分布をするカイ2乗値を計算した上で，変数のカテゴリー数によって決定される自由度に基づいて行う．カイ2乗値は，実測値を O_i，期待値を E_i とすると次の式で求められる．

$$\chi^2 = \sum_i \frac{(O_i - E_i)^2}{E_i}$$

この式は，各々のカテゴリーの実測値と期待値の差を2乗し，さらに期待値で割った結果をすべてのカテゴリーについて加えることを意味し，adjustment の場合には $(18 - 26.5)^2 / 26.5 + (35 - 26.5)^2 / 26.5 = 5.45283$ となる．

ここで，もう1つの重要な概念である自由度（degrees of freedom）が問題となる．今，2つのコーパスで53回生起する adjustment が，何度か同じようなサンプリングを無作為に行うとして，イギリス英語で18回，アメリカ英語で35回になる確率を求めるわけであるが，合計がすでに53回と与えられているので，一方が自由な値を取ると，他は合計を53にするために自由な値を取ることができない．自由な値を取ることができるのは2つのカテゴリーのうちの1つのみということになる．このように，自由な値を取ることができるデータの数は自由度と呼ばれ，カイ2乗検定などの推測統計では常に重要な役割を果たしている．カイ2乗値の分布を示す確率分布曲線は自由度により違った形をしているので，自由度を抜きには，あるカイ2乗値が得られる確率を求めることはできないからである．一般に変数が「英語の変種」のように1つだけの場合，（カテゴリーの数 −1）が自由度となり，アメリカ英語とイギリス英語の2つのカテゴリーからなるこの場合の自由度は1となる．

　与えられたデータから計算できるカイ2乗値が生起する確率は，統計の教科書などではカイ2乗分布表として与えられているので，この表を参照しながら求めることになるが，Excelでは実測値と期待値を関数にデータ（引数と呼ばれる）として与えるだけで，確率が結果（戻り値と呼ばれる）として返されるので，ここではそれを利用して判断する．[2]

　普通，統計学では確率 0.05, 0.01, 0.001 を問題にするが，これらは帰無仮説が正しいとした場合に，検証しようとしている事象が起こりうる確率を指すものである．よく統計的手法を使った論文に見られる $p < 0.05$ などの表記はここからきている．これは，帰無仮説が正しいとした場合に検証しようとしている事象が起こりうる確率は 0.05 より少ないことを意味し，問題の事象が起こる可能性が100回の無作為な試行のうち多くても5回以内であり，それほど確率が低いなら，帰無仮説を棄却しても差し支えないという判断を示したもので，5%レベルの有意水準（significance level）と呼ばれる．普通，社会科学や人文科学ではこのレベルの有意水準を使うのが一般的であるが，さらに厳密性を要求する場合には1%レベルの水準を設定する．

　そこで，前出の表 5–1 を再現することを前提に，このカイ2乗検定を Excel で行ってみよう．ここでは最終的な結果を表示した図 5–1 を参照しながら，実際に Excel を操作することを前提に話を進めることにする．

第5章 検索したデータを分析する

手順1：Excel を立ち上げ Sheet 1 にデータを準備する．
① 行，列のキャプションを打ち込む．
② データの入力．
③ 差異係数を計算して D 列に入れる：セル D3 をクリックして数式 "=(B3 − C3)/(B3 + C3)" を挿入 → [Enter-Key]．
④ 再びセル D3 をクリックしてアクティブにする → D3 の [Fill-Handle（各セルの右下隅に表示される小さな黒い四角形，ポイントすると＋に変わる）] を D10 までドラッグしてドロップ．（すべての差異係数が挿入される）．
⑤ 期待値の計算のために LOB Corpus と Brown Corpus の頻度の合計を F 列に挿入する：セル F3 をクリック → [Auto-Sum] ボタン（ツールバーの Σ のアイコン）をクリック → 引数として B3, C3, D3 が自動的に挿入されるので，改めて B3 と C3 をドラッグ → [Enter-Key] → 再び F3 をクリック → F3 の [Fill-Handle] を F10 までドラッグしてドロップ．（すべての合計が計算される．）
⑥ それぞれの単語の LOB Corpus と Brown Corpus での期待値を計算する：セル G3 をクリックして，数式 "=$F3/2"[3] を入力 → [Enter-Key] → 再び G3 をクリックして，[Fill-Handle] を G10 までドラッグして一旦ドロップ，さらに H10 までドラッグ．（すべての期待値が計算される．カイ2乗検定には実現値と期待値を引数として与える必要があるので，ここで，各々の実測値と期待値の挿入されているセルを確認する．adjustment の場合には実測値は B3 と C3，期待値は G3 と H3 に各々割り当てられている．）

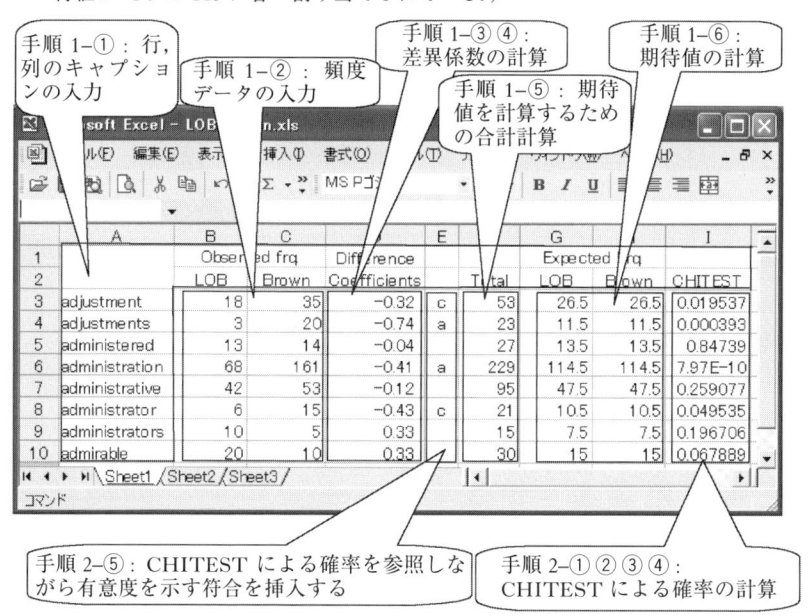

図 5–1 LOB Corpus と Brown Corpus の単語の頻度差を検定する

手順 2：カイ 2 乗検定を行う．
① カイ 2 乗検定の結果を I 列に挿入するため，セル I3 をクリック → 数式バーの *fx*（関数の挿入）をクリック．
② ［関数の挿入］のダイアログボックス：［関数の分類］のドロップダウンリストを開き，［統計］を選択 → ［関数名］から［CHITEST］を選択 → ［OK］．
③ ［関数の引数］のダイアログボックス：Sheet 1 のデータが見える位置へダイアログボックスをドラッグして移動 → ［実測値範囲］の入力ボックスで I ビームポインターが点滅しているので，adjustment の実現値のセル B3 と C3 をドラッグ（実測値範囲が挿入される）→ ［期待値範囲］の入力ボックスをクリックしたうえで，adjustment の期待値のセル G3 と H3 をドラッグ（この時点で［数式の結果］としてカイ 2 乗検定の結果が前もって表示される）→ ［OK］．
④ adjustment のカイ 2 乗検定の結果がセル I3 に挿入されるので，再びアクティブセルを I3 に戻して，［Fill-Handle］を I10 までドラッグしてドロップ．(すべての単語のカイ 2 乗検定の結果が挿入される)．[4]
⑤ 得られた結果を参照しながら，E 列に a, b, c の符号を挿入：セル E3 をクリック，式 "= IF (I3 < 0.001, "c", (IF (AND (I3 > 0.001, I3 < 0.01), "b", (IF (AND (I3 > 0.01, I3 < 0.05), "a", " "))))"（カイ 2 乗検定の結果が 0.001 以下の場合には a，0.001 以上 0.01 以下の場合には b，0.01 以上 0.05 以下の場合には c，それ以外は空白を挿入)[5] を入力 → ［Enter-Key］ → 再びアクティブセルを E3 に → E3 の［Fill-Handle］を E10 までドラッグしてドロップ．
⑥ 必要の無い列，行を非表示にし，小数点以下の桁数を調整，罫線を設定して終了（図 5–2 参照）．

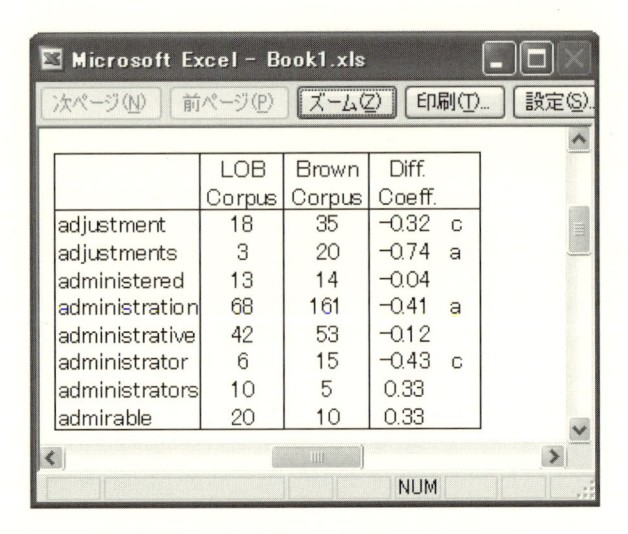

	LOB Corpus	Brown Corpus	Diff. Coeff.	
adjustment	18	35	−0.32	c
adjustments	3	20	−0.74	a
administered	13	14	−0.04	
administration	68	161	−0.41	a
administrative	42	53	−0.12	
administrator	6	15	−0.43	c
administrators	10	5	0.33	
admirable	20	10	0.33	

図 5–2　必要な部分のみを取り出して整理した結果（印刷プレビュー）

ここで，得られた結果に検討を加えてみよう．adjustment の場合を見ると，帰無仮説を前提として実測値が出現する確率は，図 5–1 に示されるように 0.0195 である．これは 0.01 よりも大きいが 0.05 よりも小さいので，5% レベルで有意だと言える．同じく adjustments の場合にはカイ 2 乗検定の結果得られる確率は 0.0004 で，0.1% レベルで有意だと判断することができる．ところが，administered を見ると LOB で 13 回，Brown で 14 回の実測値が現れる確率は 0.8474 で，100 回同じようなサンプリングを繰り返すと 85 回も出現する可能性があり，日常茶飯事に見られる現象で統計的には全く意味がないと判断できる．administrator と adjustments の差異係数を見ると，administrator の方が若干大きい値をとり Brown に偏っていることがわかるが，カイ 2 乗検定の結果では administrator は 5% レベルで有意，adjustments は 0.1% レベルで有意と判定されるのである．

Excel の優れた点の 1 つに，ここで作成した Worksheet 1 は LOB Corpus と Brown Corpus のように同じサイズの Corpus から得られる他の語彙の頻度の有意差を判定するのに，そのまま利用できることが挙げられる．Worksheet 1 の全セル選択ボタンですべてのセルを選択，コピーした上で Worksheet 2 に貼り付け，その利用法を試みて欲しい．Worksheet 2 の上で，必要に応じて列のキャプションを変更した上で，単語とその実測値を [Del-Key] で削除，新しい単語と実測値を入力すると，自動的にすべての計算が行われ，統計的有意度も含めて結果が即座に表示されることが確かめられる．データと，行と列のキャプションを除いてすべて式で入力したのは，この計算の自動化を念頭に置いていたからである．[6]

このように 2 つの頻度を比較する場合には，カイ 2 乗検定の結果，有意だと判断されれば，どちらに偏っているかは自明であるが，3 つ以上の頻度を比較する場合には，たとえ検定結果が有意だと出ても，どのセルがどの程度偏りに貢献しているかについての判断はできないので，次に取り上げる残差分析を行うことになる．

5.2.2. イギリス英語とアメリカ英語での help の統語構造の変化を見る

第 1 章，および第 2 章でも言及されている Frown Corpus と FLOB Corpus は，1961 年に米国および英国で出版された 100 万語の英語を集めた Brown Corpus と LOB Corpus の 1990 年代版である．これらの 4 つのコーパスを利用することにより現代英語の 30 年にわたる通時的変化を客観的

表 5–2　4つのコーパスでの help の統語構造の分布

	BROWN	LOB	FROWN	FLOB	TOTAL
help + obj. + *to*-infinitive	15	32	12	20	79
help + obj. + bare infinitive	42	11	58	31	142
help + *to*-infinitive	23	39	27	36	125
help + bare infinitive	39	11	84	68	202
Others	119	120	137	119	495
Total	238	213	318	274	1043

表 5–3　Brown Corpus と LOB Corpus における動詞 help の統語構造の分布

	BROWN	LOB	TOTAL
help (+ obj.) + *to*-infinitive	38	71	109
help (+ obj.) + bare infinitive	81	22	103
Others	119	120	239
Total	238	213	451

$\chi^2 = 42.54$;　d.f. = 2;　 $p < 0.001$

に見ることが可能となるが，ここでは動詞 help の統語構造の変化を見ることにする．

　動詞 help で常に問題となるのは補文の動詞が to を伴う不定詞か原形不定詞かである．そこで4つのコーパスを対象に動詞 help のすべての屈折形と動名詞を抽出し，その構造を調べてカウントしたのが表 5–2 である．

　この表では2つの Twin Corpora からのデータが集約されているので，1961年時点でのイギリス英語，アメリカ英語での違い，1990年代初頭での両者での違い，各々の変種における1960年代と1990年代での違いなどを見ることができる．表 5–3 は，1961年時点でのイギリス英語，アメリカ英語での差異を見るために上の表から必要な情報を取り出し，to-不定詞と原形不定詞に関する数値を集約し，カイ2乗検定を試みた結果を示している．

　表 5–3 そのものは横に「英語の変種」を，縦に「help の統語構造」の2つの変数をとり，そのカテゴリーは「英語の変種」では「Brown」と「LOB」の2つ，「help の統語構造」は「to-不定詞」，「原形不定詞」，「その他」の3

種類で，各セルはそれらの実測値を示し，周辺度数(合計)を加えたものである．カイ2乗検定の結果は普通この例のように表の下に，カイ2乗値，自由度，確率の順番で示すことになっている．「英語の変種」と「helpの統語構造」は全く独立した事象であるという帰無仮説を前提に期待値を計算し，42.54というカイ2乗値が得られる．また，2つの変数からなる2次元の表形式のデータの場合，自由度は各々の変数の(カテゴリーの数-1)を掛け合わせた数になるので，この場合には $(2-1)*(3-1) = 2$ となり，自由度2のカイ2乗分布で42.54というカイ2乗値が得られる確率は0.001以下であることを示している．0.1%レベルで帰無仮説が棄却できることを示しており，「helpの統語構造」は「アメリカ英語」，「イギリス英語」において大きな違いがあると判断できる．

このように変数が2つで2次元の表形式となる場合のカイ2乗検定について，ここで触れることにする．「2つの英語の変種とhelpの統語構造は全く独立した事象」であるという帰無仮説を前提にした上で，アメリカ英語で動詞helpが238回，イギリス英語で213回生起し，そのうちto-不定詞が109回，原型不定詞が103回，その他の統語構造が239回生起するとした場合の各セルの期待値 (E_{ij}) は，次の式で示されるように「行合計×列合計÷総合計」で与えられる．

$$E_{ij} = \frac{i 行の合計 * j 列の合計}{総合計}$$

表5-4はこのようにしてすべての期待値を計算した結果である．

表5-3で実測値が与えられ，それに基づいて上の期待値をExcelで計算し，それらを引数として関数CHITESTに与えるだけで，即座に確率が戻り値として得られる．ただ，普通，レポートや論文を書く場合には表5-3の

表5-4 Brown CorpusとLOB Corpusにおける動詞helpの統語構造の期待値

	BROWN	LOB	TOTAL
help (+ obj.) + *to*-infinitive	57.5	51.5	109
help (+ obj.) + bare infinitive	54.4	48.6	103
Others	126.1	122.9	239
Total	238	213	451

ように，カイ2乗値と自由度，その自由度に基づいた確率を示す必要があるので，ここでは，カイ2乗値を計算した上で，自由度とともに引数として与えると，そのカイ2乗値の出現確率を戻り値として返す CHIDIST と呼ばれる関数を使うことにする．

カイ2乗値の計算は上の1変数の場合と基本的には全く同じで，各セルの実測値から期待値を引いたものを2乗し，さらに期待値で割ったものをすべて加えることになる．これは i 行，j 列の実測値を O_{ij}，期待値を E_{ij} とすると次のような式で計算できる．

$$\chi^2 = \sum_i \sum_j \frac{(O_{ij} - E_{ij})^2}{E_{ij}}$$

それでは，Excel を使って前出の表 5–3 の結果を確かめてみよう．ここでも最終的な結果を表示した図 5–3 を参照しながら，実際に Excel を操作することを前提に話を進めることにする．

手順1：データを入力，期待値を計算してカイ2乗検定の実行．
① Excel を立ち上げ，Sheet 1 にデータと行，列のキャプションを入力：セル A7 には "= CONCATENATE ("Chi-Square =", TEXT (H7, "###.###"))"，セル B7 には "d.f.="，セル C7 には "2" と入力．[7]
② 頻度データを入力する．
③ 行合計の計算：セル D3 をアクティブに → [Σ (Auto-Sum)] をクリック → セル "B3:C3" が引数として挿入されるので [Enter-Key] → D3 を再びアクティブに → D3 の [Fill Handle] を D5 までドラッグしてドロップ．
④ 列合計と総合計の計算：セル B6 クリック → [Σ (Auto-Sum)] をクリック → セル "B3: B5" が引数として挿入されるので [Enter-Key] → B6 を再びアクティブに → [Fill-Handle] を D6 までドラッグしてドロップ．
⑤ 期待値を計算する：セル E3 をアクティブに：数式 "=\$D3*B\$6/\$D\$6" を入力 → [Enter-Key] → 再びセル E3 をアクティブに → セル E3 の [Fill-Handle] を E5 までドラッグ，一旦ドロップ → セル E5 の [Fill-Handle] を F5 までドラッグしてドロップ．[8]
⑥ 各セルの Deviance を計算する：セル G3 をアクティブに → 数式 "= (B3–E3)^2/E3" を入力 → [Enter-Key] → 再び G3 をアクティブにし，[Fill-Handle] を G5 までドラッグ，一旦ドロップ → さらにセル G5 の [Fill-Handle] を H5 までドラッグして，ドロップ．(すべてのセルの Deviance が計算される)．
⑦ χ^2 値を計算しセル H6 に挿入する：セル H6 をアクティブに → [Σ (Auto-Sum)] をクリック → セル G3 から H5 をドラッグして引数を与え，[Enter-Key]．(χ^2 値が H6 に挿入される)．
⑧ カイ2乗検定を実行：検定結果を挿入するセル H7 をアクティブに → 数式バー

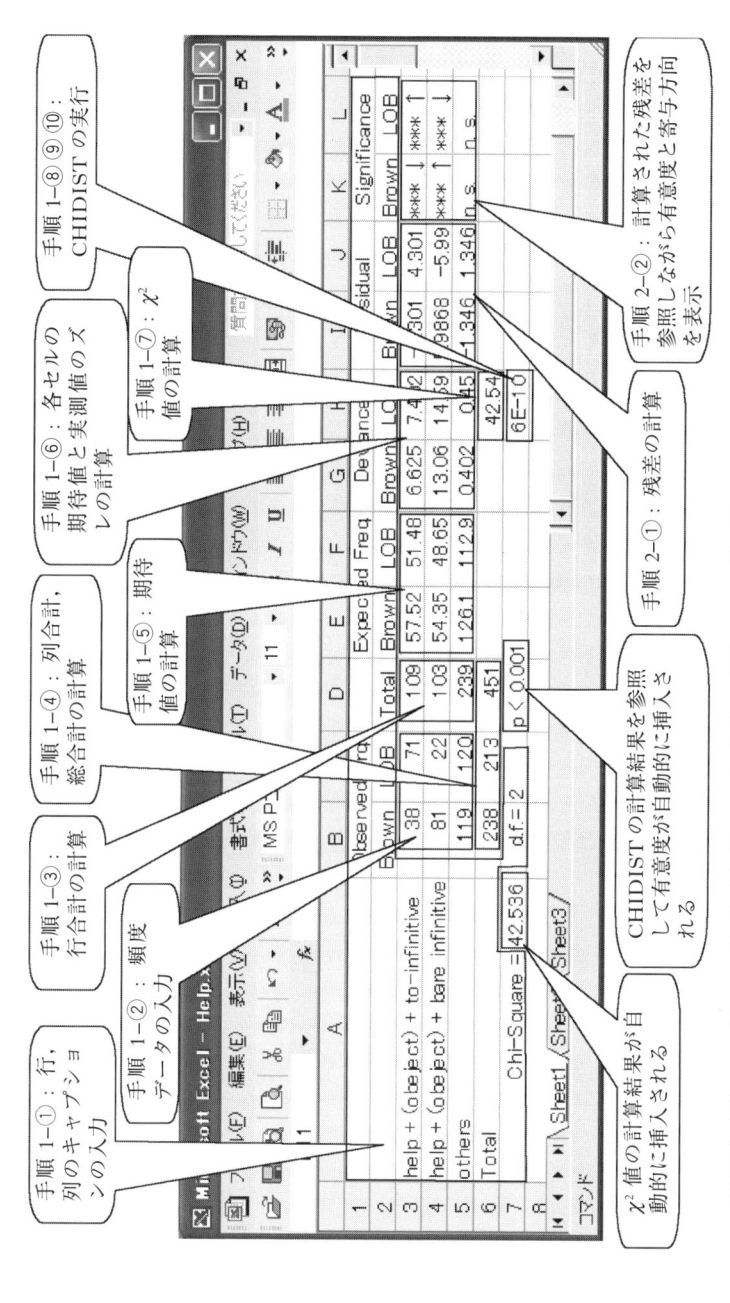

第5章　検索したデータを分析する

図5-3　「Brown Corpus と LOB Corpus における動詞 help の統語構造の分布」のカイ2乗検定と残差分析の結果

の *fx* をクリック．
⑨ ［関数の挿入］のダイアログボックス：［関数の分類］のリストボックスを開き［統計］をクリック → ［関数名］のリストボックスから［CHIDIST］をクリック → ［OK］ボタンをクリック．
⑩ ［関数の引数］のダイアログボックス：立ち上がったダイアログボックスをドラッグして，Sheet 1 のデータが見える位置へ移動 → χ の入力ボックスで I ビームポインターが点滅しているので，H6 をクリック → 自由度の入力ボックスをクリックして，さらにセル C7 をクリック → ［OK］．（結果が H7 に挿入される）．
⑪ 統計的有意度の表示：セル D7 をクリック → 式 "= IF (H7 < 0.001, "p < 0.001", (IF (AND (H7 < 0.01, H7 > 0.001), "p < 0.01", (IF (AND (H7 > 0.01, H7 < 0.05), "p < 0.05", " ")))))" を入力 → ［Enter-Key］．

　Excel によるカイ 2 乗検定の戻り値として "6E–10" がセル H7 に挿入されるが，これは「英語の 2 つの変種と help の統語構造は独立した現象であり，相互に依存しない」という帰無仮説を前提にすると，実際に表 5–2 に見られるような分布が起こる確率を示したもので，その確率はほぼゼロであることがわかる．日常的にはほぼ見られないような現象が，現実には起こっているということで，帰無仮説は棄却，「アメリカ英語とイギリス英語では help の統語構造は異なっている」という対立仮説を採択，統計的には 0.1% レベルで有意だと判断でき，セル D7 にそのことが表示されている．
　ところがカイ 2 乗検定では，「アメリカ英語とイギリス英語では help の統語構造に違いがある」ということは言えても，その違いの詳細に関しては決定的な結論を述べることはできない．ちなみに，表 5–3 の実測値と表 5–4 の期待値を比較すると，アメリカ英語では原形不定詞が，イギリス英語では to-不定詞が用いられる傾向が強いことはわかるのだが，どの程度各々のセルがこの傾向に貢献しているかについては確信をもって述べることはできない．そこで，セルの貢献度を判断する方法として調整された残差を利用した Haberman 法と呼ばれる分析法が使われる．
　この方法ではまず各セルの残差を次の式により計算する．[9]

$$残差 = \frac{(実測値 - 期待値) / SQRT (期待値)}{SQRT ((1 - 行合計 / 総合計) * (1 - 列合計 / 総合計))}$$

次に，計算された各セルの残差の生起確率を次のように判断する．

|残差| > 1.65　$p < 0.1$ (n.s. (non-significant))
|残差| > 1.96　$p < 0.05$

|残差| > 2.58   p < 0.01
|残差| > 3.29   p < 0.001

たとえば，上の例の LOB Corpus の to-不定詞の残差は，実測値が 71，期待値が 51.5，行合計が 109，列合計が 213，総合計が 451 なので次のように計算される．

残差$_{\text{LOB, to-不定詞}}$ = ((71 − 51.5) / SQRT (51.5)) / SQRT ((1 − 109/451)*
　　　　　　　　(1 − 213/451)) = 4.300943

この調整された残差は 3.29 より大きいので，その生起確率は 0.001 以下で，0.1% レベルで有意だと判断される．また，計算された残差は正の値をとっているので，期待値よりも有意に多いこともわかるのである．それでは Excel ですべての残差を計算し，有意度レベルと，どの方向に寄与しているかを表示してみよう．

手順 2：残差を計算して，有意度レベルと寄与方向を表示する．
① 残差の計算：セル I3 をアクティブに → 数式 "= ((B3−E3) / SQRT (E3)) / SQRT((1−$D3 / D6)*(1−B$6 / D6))" を入力 → [Enter-Key] → 再びセル I3 をアクティブに → セル I3 の [Fill-Handle] を I5 までドラッグ，一旦ドロップ → セル I5 の [Fill-Handle] を J5 までドラッグしてドロップ．
② 有意度と寄与方向をセル K3 から L5 に表示：セル K3 をアクティブに → 数式 "= (IF (ABS (I3) > 3.29, IF (I3 < 0, "***↓", "***↑"), IF (AND (ABS (I3) > 2.58, ABS (I3) < 3.29), IF (I3 < 0, "**↓", "**↑"), IF (AND (ABS (I3) > 1.96, ABS (I3) < 2.58), IF (I3 < 0, "*↓", "*↑"), "n.s.")))))" を入力 → [Enter-Key] → 再びセル K3 をアクティブに → セル K3 の [Fill-Handle] を K5 までドラッグして一旦ドロップ → セル K5 の [Fill-Handle] を L5 までドラッグしてドロップ．[10]

残差分析の結果，Brown Corpus では to-不定詞が有意に少なく，原形不定詞が有意に多いこと，逆に，LOB Corpus では to-不定詞が有意に多く，原形不定詞が有意に少ないことが証明されたことになる．
　Excel の Sheet 1 上では実測値以外はすべて数式，あるいは関数を貼り付けてあるので，この Sheet 1 全体を Sheet 2 にコピー，表のキャプションを変更，データ部分を選択，[Del-Key] でクリアした後，新しいデータを入力すれば，すべての計算が一瞬で終わる．図 5–4 はこのようにして計算した Frown と FLOB のカイ 2 乗検定と残差分析の結果である．必要の無

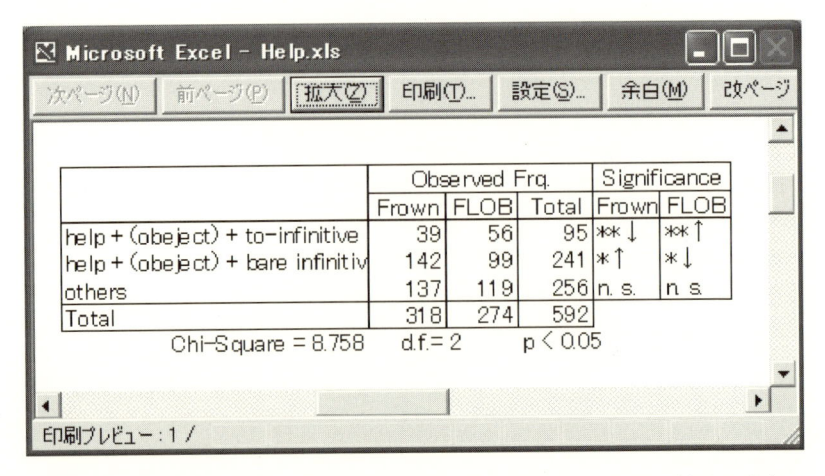

```
                          Observed Frq.          Significance
                      Frown  FLOB  Total    Frown    FLOB
help + (object) + to-infinitive    39    56    95    ** ↓    ** ↑
help + (object) + bare infinitiv  142    99   241     * ↑     * ↓
others                            137   119   256    n.s.    n.s.
Total                             318   274   592
         Chi-Square = 8.758   d.f.= 2      p < 0.05
```

図 5-4　Frown Corpus と FLOB Corpus での動詞 help の統語構造の分布

い列を非表示にした上で，罫線を引いたものを印刷プレビューで示した．

　1990年代ではイギリス英語でも原形不定詞が多用されているが，その度合いはアメリカ英語ほどではないことがわかる．動詞 help の統語構造と英語の変種が独立したものだと考えると，このような分布が見られる確率は5%以下で，ここでも統計的に有意だと判断できる．残差分析の結果では to-不定詞の使用が Frown Corpus で有意に少ないこと，FLOB Corpus で有意に多いことが1%レベルで確認される．原形不定詞の使用に関しても Frown Corpus で有意に多いこと，FLOB Corpus で有意に少ないことが5%レベルではあるが確認される．

　最後にカイ2乗検定で注意すべきことを2点ほどあげる．まず，カイ2乗値の算出のアルゴリズムの性質上，いずれかの期待値が5以下になる場合があると，計算されるカイ2乗値が不当に大きくなる可能性があるので，厳密には使用することができないということである．Hofland & Johansson (1982) で，どちらか一方のコーパスで少なくとも10回以上出現する単語を対象にリストアップしているのはこの理由による．カテゴリーの数が多い場合には，いくつかのカテゴリーを一括して扱うなどの工夫が必要となる．もう1つは，2×2の分割表の場合には，自由度は1となるが，これは1変数でカテゴリーの数が2の場合の自由度と同じになるので，得られるカイ2乗値が大きめに計算されてしまう．そこで，Yate's Correction と呼ばれる補正

第5章　検索したデータを分析する

を加える必要が出てくるが，これはカイ2乗値の計算の際に実測値から期待値を引き算した後にその絶対値をとり，さらに0.5を引き算することで行う．

5.3. 数値データから推測される傾向 — 多変量解析

　推測統計の検定の概念は与えられた数値の差異の有意性を判断する基準を与えるが，一方，与えられた大量のデータから全体の姿を推し量ることも推測統計の重要な役割である．たとえば，2つの事柄が互いに関連があるかどうかを問題にする相関分析や，その2つの事柄の関係を方程式に表そうとする回帰分析などは，この分野の代表的な統計手法である．

　コーパスから得られるデータもこのような手法を使って傾向を見つけ出すことができる．というより，このような手法を用いて初めて明らかになる事実も多いのである．たとえば，Biber (1988) は481のテキストに出現する動詞の過去時制，完了相，現在形，場所の副詞，時の副詞，1人称代名詞など合計67の言語的特徴の頻度を算出し，その頻度表をもとに英文テキストの類型分析を行った．テキストと言語的特徴の2つの変数からなる481×67の膨大な数の頻度が並んでいる一覧表を目で見るだけでは，とてもそれらの数値から意味のある傾向，たとえばテキスト間の相互関係や，言語的特徴の相互関係，あるいはテキストと言語的特徴との相互関係などを見つけ出すことは不可能だと言ってもよい．

　Biber (1988) では，その分析の第1ステップとして与えられた頻度表から67の文法項目間の相関係数をまず計算する．相関係数は，2つのカテゴリー間の関連の度合いを示す数値で，−1から+1までの値をとり，相関が見られない場合には0に近い値となる．相関係数が1に近い正の値をとる場合には正の相関が見られ，一方のカテゴリーの得点や頻度が高い時，もう一方の得点や頻度も高い傾向にあることを示している．逆に相関係数が−1に近い負の場合には，2つのカテゴリーの頻度や得点の分布が逆の傾向を示していると考えられる．[11]

　Biberの例では過去時制と完了相の相関係数は0.38826であり，過去時制が使用されているテキストにはある程度完了相も使用されていることがわかる．過去時制と現在時制との相関係数は−0.4964であり，逆の相関が見られる．このような言語的特徴相互の相関係数を計算すると，67×67の相関行列が得られるが，過去時制と完了相，あるいは過去時制と現在時制のようにある程度，特徴的なカテゴリー間の関連はつかめるものの，このような大きな

サイズの相関行列から手作業では，はっきりとした全体的な傾向をつかむことは不可能である．そこで，Biber は，強い相関を示すデータの組み合わせから，言語的特徴相互の関係を決定する要因を特定する手法である因子分析法を当てはめ，6つの因子を特定した．[12] このように，変数を構成する数多くのカテゴリーやケースの関係をより少ない数の因子で説明しようとする方法を多変量解析（multivariate analysis）と呼び，その典型的な方法が因子分析（factor analysis）である．

Burrows (1987b), Tabata (1995) なども頻度表から相関係数を求め，固有値分析と呼ばれる処理を加えることにより，与えられた2つの変数のカテゴリーを分類し，その間の関係を見るのに成功している．[13] この方法も多変量解析の一種で主成分分析と呼ばれるが，基本的には因子分析と同種の手法だと考えられる．

因子分析法や主成分分析は強力な統計手法ではあるが，与えられた頻度表からまず相関係数を求め，得られた相関行列にさらに処理を加えて，因子を求める方法であり，間接的な分析であるという感じがする．さらに，因子分析法ではその実行に際していくつかの段階ごとに処理方法を選ぶ必要があり，その選択によって結果が大きく違ってくる可能性があるので，あまり統計に強くない者がブラックボックスとして使用するには，危険な方法であると思われる．[14]

一方，多変量解析の手法の1つに相関係数を媒介とせず，直接，頻度表を対象にして分析を行う手法があり，分割表の数量化（quantification of contingency table）と呼ばれている．この方法の原理は，下で述べるように非常に単純ではあるものの，因子分析同様，かなり複雑な計算が必要なため，Excel などの初心者向けのアプリケーションには準備されていない．しかし，コーパスから得られた頻度データの分析にはかなり有効だと思われるので，ここでは，簡単な例を使ってその原理を説明すると同時に，その応用の可能性について述べたい．

5.3.1. Brown Corpus の 15 のジャンルにわたる法助動詞の分布

書かれたテキストの種類により，はたして法助動詞の使い方に違いがあるかどうかを調べるために，Brown Corpus の 15 のジャンルにわたって，can, could, may, might, must, should, will, would とこれら以外の9つのカテゴリーで縮約形，綴りの異形などを含んだ頻度を集計したものが表 5–5 であ

る．Others として ought, shall, need, dare, used をまとめた理由は，それらの実現値が非常に低いので単独で期待値を計算すると 5 以下になってしまう場合があり，カイ 2 乗検定になじまないからである．

そこで，テキストの種類と法助動詞の分布の 2 つの変数が全く独立したものとして，自由度 112 のカイ 2 乗検定を行うと，得られるカイ 2 乗値 2640.94 で，その確率はほぼ 0 である．0.1% レベルで帰無仮説は棄却でき，ジャンルと助動詞の独立性は否定され，ジャンルにより使用される助動詞に偏りが見られるという結論が得られる．残差分析の結果も数多くの有意なセルが特定できるものの，このような大きな分割表に対しては実際にどのような偏りが見られるかは，それほど明らかにはできない．このような場合，分割表の数量化がジャンルと助動詞の関係をみるのに有効な手がかりを与えてくれる．

5.3.2. 分割表の数量化とは

まず，表 5-5 のような場合に列方向（横）に並んだ助動詞をカテゴリー，行方向（縦）に並んだジャンルをサンプルと呼ぶことにする．分割表の数量化は

表 5-5　Brown Corpus の 15 のジャンルにわたる法助動詞の分布

Genre	CAN	COULD	MAY	MIGHT	MUST	SHOULD	WILL	WOULD	OTHERS	SUM
A	124	124	66	38	52	64	427	253	9	1157
B	166	168	74	38	55	93	245	193	17	1049
C	52	53	45	26	18	18	61	49	9	331
D	106	106	80	12	54	45	67	71	33	574
E	303	306	130	22	82	74	310	87	8	1322
F	206	207	165	47	96	78	182	203	34	1218
G	313	313	214	113	170	109	242	416	63	1953
H	133	133	155	13	102	113	242	120	101	1112
J	425	212	323	128	203	179	337	322	63	2192
K	54	24	8	42	57	38	98	333	13	667
L	70	34	13	57	33	30	117	280	11	645
M	24	8	4	12	8	4	28	80	4	172
N	73	27	6	59	28	20	150	249	22	634
P	115	46	11	51	50	43	157	327	27	827
R	29	15	8	8	9	7	28	64	7	175
SUM	2193	1776	1302	666	1017	915	2691	3047	421	14028

原理的には非常に単純明快で，このような頻度行列の対角線上に頻度が高いセルを集め，逆に周辺部には頻度の低いセルが来るように行どうしの入れ替えと，列どうしの入れ替えを同時に行うことにある．行の入れ替えと列の入れ替えが終わった頻度行列で，近い位置関係にあるカテゴリーどうしは質的に似通っており，離れた位置にあるカテゴリーどうしは質的に異なっていると判断するのである．同じように，近い位置関係にあるサンプルどうしは質的に似通っており，離れた位置にあるサンプルどうしは質的に異なっていると判断するが，実際には，対角線上に頻度の高いセルを集めるために行どうし，列どうしの入れ替えを行うことは，そんなに簡単なことではない．というより手計算では事実上実行不可能である．

　分割表の数量化では，行どうしの入れ替えと列どうしの入れ替えを物理的に行う代わりに，与えられた頻度表から計算される係数行列を用いて固有方程式を解くことにより，数値計算として実現するのである．計算の結果，各々のカテゴリー(助動詞)とサンプル(ジャンル)には各々カテゴリーウエイトとサンプルスコアと呼ばれる数量が与えられる．対角線上に頻度の高いものを集めることは，カテゴリーウエイトとサンプルスコアの間の相関係数を最大にするようにこれらの数量を計算することで数学的に実現され，入れ替え後の行どうしの位置関係は，サンプルスコアの値による相対的な位置関係に，列どうしの関係はカテゴリーウエイトの値による相対的な位置関係として実現されるのである．このように与えられる数量を利用して，カテゴリー間の相互関係，サンプル間の相互関係，あるいはカテゴリーの分布とサンプルの分布との関係を見ることが可能となる．[15]

　この助動詞に与えられるカテゴリーウエイトとジャンルに与えられるサンプルスコアは，理論的にはカテゴリー数とサンプル数のどちらか少ないほうから1を引いた数の組み合わせだけ計算されるが，統計的に最も意味のある組み合わせ(カテゴリーウエイトとサンプルスコアの間の相関係数を最も大きくするもので，統計学では1軸と呼ばれる)から2組，あるいは3組程度を選んで分析することになる．

　このように分割表の数量化は，与えられたサンプルのいくつかのカテゴリーでの頻度をもとに，2組あるいは3組のカテゴリーウエイトとサンプルスコアを算出し，それらを利用して分析を行う方法であることは理解できたと思うが，結果として与えられる数量も数値のみなので，そのままの形では結果の解釈は容易ではない．そこで結果として得られる3軸までの数量を利

用して，3次元空間にカテゴリーおよびサンプルの相対的位置関係を図示することにより，視覚的に結果を捉える工夫をすることにする．図5-5が与えられたカテゴリーウエイトを使って助動詞の相対的位置関係を示したもので，図5-6がサンプルスコアを利用してジャンルの相対的位置関係を図示したものである．助動詞とジャンルには軸に沿って正の領域には実線，負の領域には破線で与えられた数量を示し，3次元空間で正確にその位置が把握できるような工夫が施してあるほか，3軸の先端に置かれた球体の大きさが当該のカテゴリーあるいはサンプルの相対頻度を示している．[16]

5.3.3. 法助動詞の分布

数量化の結果を図示すると，使用されているジャンルが似通った法助動詞は近い位置に置かれるほか，特定のジャンルに頻繁に使用される振る舞いの特異な法助動詞は周辺部に，各ジャンルに平均して現れる助動詞は原点に近い位置に置かれる．図5-5で法助動詞の位置関係を見ると，1軸に沿って正の領域にWOULDとMIGHTが見られ，これに対応する負の領域にはMAY，COULDが見られる．2軸では正の方向にWILLが，これに対

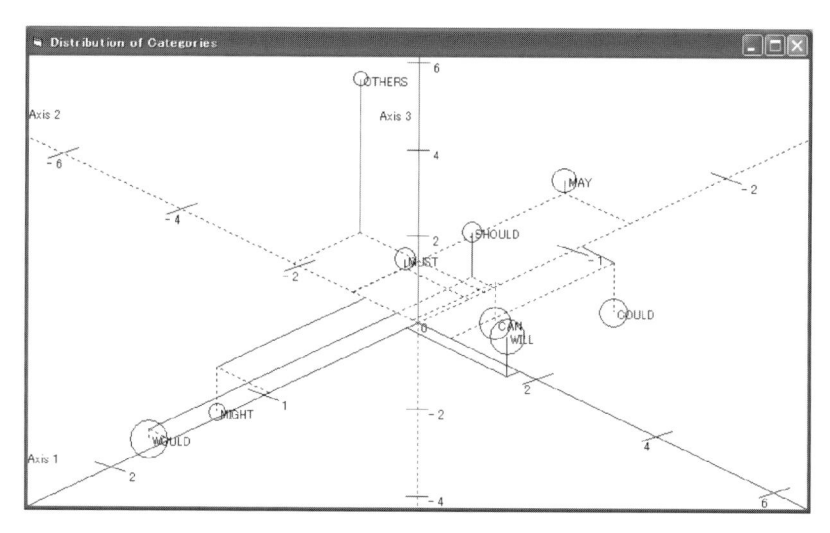

図 5-5 Brown Corpus の15のジャンルでの頻度に基づいた法助動詞の3次元空間での相対的位置関係

応する負の領域では OTHERS が見られ，3軸では特に OTHERS が正の高い値をとっている．CAN, SHOULD, MUST は比較的原点に近い1軸の負の領域に見られる．このように，分割表の数量化を利用すれば，与えられた頻度表からだけではほぼ不可能なカテゴリーの質的な分類が可能となるほか，与えられた数量をもとにカテゴリーの位置関係を図示することにより，結果を視覚的に捉えることも可能となるのである．ただ，大まかな分類はできるものの，法助動詞がなぜ図 5-5 のような分布をするかについては，この図からだけではあまり明らかにはならない．

5.3.4. ジャンルの分布

法助動詞の分布と同じように，ジャンルも均等に法助動詞を使用している中立的なものは原点に近い所に置かれ，特定の法助動詞を多用していて特異な振る舞いをするジャンルは周辺部に置かれる．図 5-6 によると，1軸では創作散文に属する K, M, L, N, P, R の6つのジャンルが正の方向に，A（新聞の報道記事）を除いたすべての情報散文に属するジャンルが負の領域に置かれ，この2種類のテキストが見事に分離されている．2軸では A, E（趣

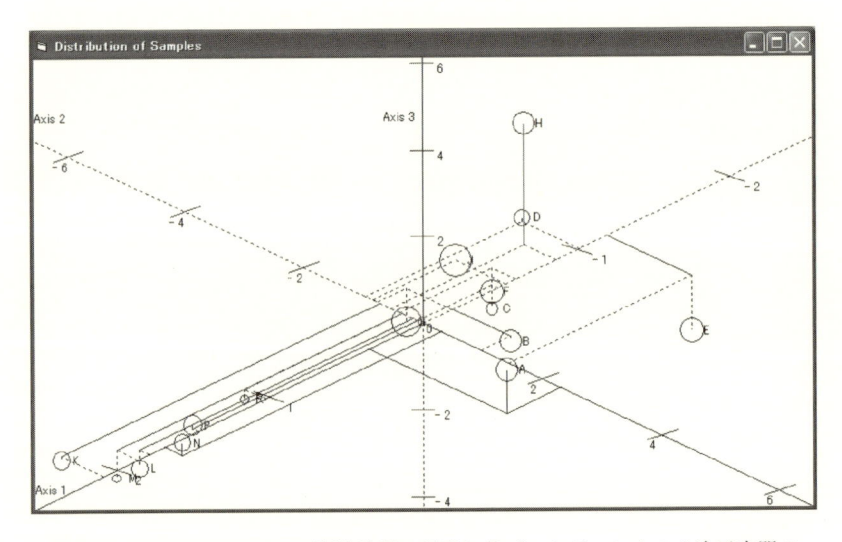

図 5-6 Brown Corpus の法助動詞の頻度に基づいたジャンルの3次元空間での相対的位置関係

味）と D（宗教），J（科学技術論文），G（文芸評論，自伝，エッセイなど），H（政府の公刊物など）が対立関係にあることがわかる．さらに 3 軸では H が他とかけ離れた高い値をとっていることが見て取れる．G，B（新聞の社説，読者の手紙），C（新聞の批評記事）などは比較的原点に近い所に位置しており，法助動詞の使用に関してはどちらかというと中立的だと思われる．ただ，法助動詞の分布の場合と同じように，大まかな分類はできるものの，この図からだけでは，何ゆえジャンルがこのような分布をするのかは明らかにならない．

5.3.5. 法助動詞とジャンルの分布の関係

　カテゴリーとサンプル間の相関係数を最大にするものから，いくつかのカテゴリーウエイトとサンプルスコアの組み合わせを利用する分割表の数量化の最大の特徴は，カテゴリーの分布とサンプルの分布が互いに対応していることである．このことは，図 5–5 と図 5–6 を重ね合わせることにより，特徴的な法助動詞とそれに対応しているジャンルが何であるかを捉えることが可能であることを意味している．たとえば，法助動詞の分布の WOULD, MIGHT に対応する位置には，ジャンルの分布では小説類の創作散文が見られる．法助動詞 will や may の過去時制，あるいは仮定法を用いた婉曲表現と創作散文とが密接に関連しているのでないかと考えられる．一方，MAY, SHOULD, COULD などは情報散文に典型的に使用されていることがわかる．新聞の報道記事であるジャンル A は WILL の使用に特徴付けられ，MAY, OTHERS, SHOULD, MUST などはジャンル H, D, J, G などと近い関係にあることが窺われる．このことは OTHERS の中で比較的よく使われている shall が宗教，政府の公刊物に多く現れる傾向と一致している．

　このようにカテゴリーとサンプルの相互関係を考えると，各々の分布を説明する何らかの要因を特定することも可能となる．少なくとも，もっとも寄与率の高い（相関係数を高くする）1 軸にそって法助動詞とジャンルが，なぜこのような分布をするかを説明できそうである．ジャンルの分布から明らかなように，物語調か論説調かのテキストのスタイルが法助動詞の分布にも寄与していると考えられよう．[17]

　このように，多変量解析の手法の 1 つである分割表の数量化を用いることにより，法助動詞のコーパス内の各ジャンルでの頻度に基づき，Brown Corpusの構造を明らかにすることができ，その構造を決定している主要な要因が特定できるのである．

5.4. むすび

　この章では，コーパスから得られる情報からどのような分析が可能かを，主として頻度分布を中心に考えてきた．独立性の検定に使ったカイ2乗検定や多変量解析の1手法である分割表の数量化は，比較的原理が簡単で幅広く応用できそうである．その他にも，具体的な内容には言及しなかったが，この章の冒頭で述べたように，平均値の差を問題とする時にはt-検定や分散分析なども必ず行う必要がある．そのためには，文科系の研究者に今まで敬遠されてきた統計学の知識が必要になることは明白である．最近では，参考文献に挙げたように言語学や英語学，英語教育などの研究者向けの統計学の教科書と言えるものが数多く出版されているので，自分の必要に応じた統計手法を見つけ，まずその原理を学習する必要があろう．

　次に，具体的なデータの処理を行うのであるが，手計算で行えるような簡単なもの，たとえば，上で取り上げた1変数の2つのカテゴリーだけを問題としたカイ2乗値の計算などは別として，普通の場合にはかなり複雑で，繰り返しの多い計算を行う必要がある．今ではどのコンピュータにも搭載されているExcelに代表される表計算ソフトを利用することである程度は解決できるが，それでも，往々にしてかなり高級な使用法や，相当複雑な数式を使いこなす必要が生じてくる．上の例でも使用した絶対参照と相対参照を組み合わせた数式や，何重にも埋め込まれたIF関数などがその例で，単なる四則計算の知識だけでは不十分である．さらに，複雑な計算を必要とする多変量解析をはじめとする多くの統計処理は，Excelなどの汎用表計算ソフトでは不可能である．

　そこで，因子分析や分割表の数量化などには市販されている統計パッケージを利用することになる．たとえば，平均値の差の検定を行うt-検定や分散分析などはもちろん，因子分析，分割表の数量化と同じ結果が得られる対応分析などの日常的によく使われる統計手法は，SPSS (Statistical Package for Social Science) と呼ばれる統計パッケージに準備されている．ただし，この場合にも，計算される統計量を解釈することと，SPSSの文法を理解している必要があり，最終的には利用者の統計学の知識とコンピュータリテラシーに依存していると言える．さらに，扱うデータの量に制限があること，

結果の表示は標準化された形式で行われるので,上で示したような 3 次元のグラフに結果を表示したり,相対頻度を示すことなどはできない.

ここでは,紙数の都合で詳しく紹介する余裕はないが,Nakamura (2002) は 2,000 から 7,000 近くある動詞,名詞,形容詞の各々のレンマの 15 のジャンルにわたる頻度に上で述べた数量化を当てはめ,これらの品詞別に LOB Corpus の構造を分析したものである.このような場合には,コンピュータに関する知識が相当必要になってくる.各品詞のジャンル別の頻度表の作成,数量化の実行,得られた結果を図示することなどは,そのつど必要に応じてプログラムを作成し,段階を追って処理しなければならない.結論として,コーパスを利用した数量的な研究には,かなり高度なコンピュータリテラシーが要求されるということになろう.

注

1. 2 つあるいは 3 つ以上のテキスト間の平均値の差が統計的に有意であるかどうかの客観的な判断には,t-検定や分散分析と呼ばれる手法を用いる.ここでは扱う余裕がないので,統計学の入門書を参照.
2. カイ 2 乗分布表は Mosteller & Rourke (1973: 316-17) に詳しいものがあるが,一般的な統計の教科書にも必ず掲載されている.カイ 2 乗分布表は縦の行方向に自由度,横の列方向に確率をとったもので,自由度にみあった行と,すぐ下で述べる検定の際に選ばれた有意度レベルに相当する確率 (0.05, 0.01, あるいは 0.001) の列が交差するところに与えられているカイ 2 乗値を境界値と呼ぶ.検定しようとしている事象から得られたカイ 2 乗値がこの境界値より大きければ,帰無仮説を前提としてその事象が生起する確率は選ばれた有意度レベルに相当する確率よりも低いので,統計的に有意であると判断できる.
3. 数式 "= $F3/2" に見られるような $ マークが付いた列番号や行番号は,絶対参照と呼ばれる.一般に $ マークの付かない参照方式を相対参照と呼び,当該のセルをコピーした時,参照先の行と列がコピー先に応じて平行移動して調整されるが,絶対参照では参照先は固定される.ここでは,期待値の計算を行うに当たって,数式を [Fill-Handle] を利用してコピーすることにより列が異なる LOB Corpus と Brown Corpus の処理を一括して行うために,計算対象の合計の列を固定したわけである.行はコピー先に応じて移動しなければならないので,相対参照のままである.
4. 図 5-1 の "administration" の CHITEST の結果は "7.97E-10" と表示されているが,Excel ではこのような表示形式が時々見られる.この数値の表示法は指数表現と呼ばれ,コンピュータの世界では表示しようとする数値の桁数が多すぎて与えられた範囲では表示不可能な場合によく使われる.E の直後の符号と数字 2 桁は指数部と呼ばれ,10 のべき乗を表している.実際の値は直前の数値に指数部の値を掛けたものとなり,この場合には 7.97×10^{-10} となる.指数部の数値が負の場合,

換できる.
5. 有意度を示す符号の挿入は得られた結果を見ながら簡単に手で挿入することができる.しかし,データを入力すれば自動的にすべての計算が行われ,即座に結果が得られるような形で現在作成している Worksheet を利用するためには,関数 CHITEST の結果を参照しながら自動的に有意度レベルを挿入する方が望ましい.その際,ここに示すようなかなり複雑な IF 関数や AND 関数を用いた条件式を使用しなければならない.これらの関数は論理関数と呼ばれ,値が True か False になる論理型の変数や式を対象に計算を行うものである. IF 関数の一般形は IF (論理式,真の場合,偽の場合)で 1 番目に与えられた論理式や関係式の結果が True の場合には,2 番目の操作を,False の場合には 3 番目の操作を行う関数である. AND 関数の一般形は AND (論理式 1,論理式 2,...)ですべての論理式の結果が True の場合に True を結果として返す関数である.ここの例のように IF 関数には他の IF 関数を埋め込むことができるが,その際,左右の括弧の数が等しくならなければならないので,入力には細心の注意が必要である.
6. 期待値の計算はここでは約 100 万語の LOB Corpus と Brown Corpus が対象なので,合計を単純に 2 等分しているが,サイズの違うコーパスを対象にこの Worksheet を使用する場合には,合計をサイズに合わせて比例配分する必要がある.その際,セル G3 に入力する式は "= $F3*(1 番目のコーパスの総語数) / (2 つのコーパスの総語数の合計)",セル H3 の式は "= $F3*(2 番目のコーパスの総語数) / (2 つのコーパスの総語数の合計)" となる.[Fill-Handle]は縦の行方向にのみドラッグすることは言うまでもない.
7. セル A6 には最終的な論文やレポートで使えるようにラベルを付けてカイ 2 乗値を表示したい.そのために,ここでは CONCATENATE と TEXT という文字列操作関数を使っている. CONCATENATE は文字通り引数として与えられたいくつかの文字列を連結して 1 つの文字列として返す関数である.関数 TEXT の一般形は TEXT (数値,表示形式)で,数値を指定した表示形式で文字列として返す関数である.そこで,この関数全体の意味は,「セル H6 に与えられているカイ 2 乗値を整数部 3 桁,小数部 3 桁で文字列に変換し,文字列 "Chi-square=" の後につなぎ,セル A6 に表示する」ということになる.表示する列の数と A 列の幅を考えてこのような形でセル A6 にカイ 2 乗値を示すことにした.最終的な結果は図 5–4 参照.
8. 各セルの期待値の計算を [Fill-Handle] で数式をコピーし,一括して行うには参照法に工夫が必要となる.期待値の計算には行合計,列合計,総合計が必要となるが,その際,行合計は列を固定,列合計は行を固定,総合計は列,行とも固定しないとコピーの際に参照先がズレを起こして計算がうまくできない.ここで示すような絶対参照と相対参照を組み合わせた数式が必要となるのはこの理由による.
9. この値は正確には「調整された標準化残差」と呼ばれる.次の式の分子の(実測値 − 期待値)の部分が残差で,期待値の平方根で割ると標準化される.(SQRT は引数として与えられた変数の平方根を求める関数で,その名前は Square Root に由来する.)標準化された残差をさらに行合計と列合計で調整したものが求めるものである.これは近似的に平均値 0,標準偏差 1 の正規分布をするので,有意度レベ

ルを示す境界値は標準正規分布表，Excel の関数（標準正規累積分布の逆関数を求める NORMSINV）などを使って求めることができる．SPSS ではその絶対値が 1.96（5% の標準正規偏差値）より大きければ意味のある偏りと判断しているが，ここでは，1%，0.1% レベルも示した．この方法は，検定の多重性から問題があるとの意見もあるが，1つの目安としては便利な指標である．
10. ABS は引数として与えられた数値の絶対値（Absolute Value）を返す関数である．
11. 相関係数の計算には Excel では CORREL という関数を用いる．この関数は計算の対象となる 2つの対応する配列（$x_1, x_2, x_3, ..., x_n$ のように順序付けられ，1つの名前で呼ぶことができるデータの集合）を引数として与えるだけで戻り値として相関係数を返してくれる．各々の配列のデータを標準偏差を尺度にして平均値からどれだけ離れているかに変換した標準得点（z-score）に変換した上で，対応する標準得点どうしを掛け合わせたものの合計をとり，さらにデータの数 n で割って計算する．この手続きからこの相関係数はピアソンの積率相関係数と呼ばれるが，実際の計算には 2つの配列の共分散と呼ばれるものを計算し，各々の標準偏差を掛けたもので割って行われる．詳しくは初歩の統計の教科書を参照．
12. 参考文献にあげた Biber（1985, 1986a, 1986b, 1987, 1988, 1989, 1995）および Biber & Finnegan（1986, 1989）は因子分析を利用した研究であるが，ここで紹介した Biber（1988）が因子分析法を詳しく説明したものである．これらについては第 9 章でも言及されている．
13. Burrows（1987a）は Jane Austen の小説の登場人物 60 名が対話の中で使用するもっとも頻度の高い単語 30 語ないし 60 語を用いて，登場人物の分類を試み，Burrows（1992）では，作者が特定できていない文書と同年代の作家 15 名に見られるもっとも頻度の高い 50 語の分布を検討することにより，作家の特定に糸口を与えることを紹介している．Tabata（1995）もこの手法を用いたもので Charles Dickens の 11 の小説にわたる高頻度語 100 語の分布を調べ，1 人称の語りと 3 人称の語りの文体的特徴を明らかにしている．第 9 章参照．
14. Biber の方法論に対する批判については Nakamura（1995）を参照．
15. カテゴリーウエイトとサンプルスコアの相関係数を最大化するアルゴリズムの原理は，行列 H，対角行列 F，ヴェクトル x を各々，$H = \{a(j, k)\}$，$F = \{d(k)\}$，$x = \{xj\}$ として，次の固有方程式を解くことことにある．
$$Hx = \rho^2 Fx$$
係数行列 $a(j, k)$ は与えられた頻度行列から計算し，得られる固有値のうち，1 を除いて大きいものからいくつかを選び，それらに対応する固有ヴェクトルを利用してまずカテゴリーウエイトを計算，カテゴリーウエイトからサンプルスコアを計算する．固有値の平方根が理論的に得られるカテゴリーウエイトとサンプルスコアの相関係数なので，相関係数を大きくするものからいくつかのカテゴリーウエイトとサンプルスコアの組み合わせを取り出して分析することになる．
16. これらの図の描画は，Microsoft Visual Basic 6.0 のグラフィック機能を利用した自作のプログラムで行った．
17. LOB Corpus の法助動詞も含めた詳しい分析については Nakamura（1993）があり，McEnery & Wilson（2001[2]: 94–97）に紹介されている．

第 2 部
実 践 編

第6章　コーパスに基づく語彙研究

　本章の前半では，語彙研究における基礎的な作業である語彙頻度表の作成を取り上げる．最初にもっとも粗い頻度表を作るプログラムを紹介し，さらに精密な頻度表としてはどのようなものがあるかを見ていく．後半で語彙研究の具体例として類義語の比較研究を紹介する．コロケーションに関する基礎概念から始めて，KWIC コンコーダンス，頻度表，統計的手法を駆使して，客観的データから言語事実を追究する研究の実例をたどる．

6.1. はじめに
　コンピュータを用いて行われている語彙研究は大きく 2 つに分類することができる．1 つは，特定の語に焦点を当てて，それが生起する環境を手がかりに，その語の特性を同定しようとする研究である．これは主にその語の KWIC コンコーダンスを作成し検討するという形で進められ，語法研究や辞書の記載項目執筆においてはもちろん，言語研究のあらゆる局面でますます頻繁にかつ日常的に用いられるようになっている．
　もう 1 つは，語彙頻度についての統計的研究である．その基礎作業として語彙頻度表の作成があるが，理論的基礎としては Carroll (1967, 1971) を経て最近の Baayen (2001) にいたる語彙統計論 (lexical statistics) の流れが重要である．応用として，語彙頻度と歴史変化との関係（Bybee 2001, Phillips 1983, 1984, 1998）や派生接辞の生産性（Baayen & Renouf 1996）の研究をはじめ，各種学習用語彙表の作成などが盛んになっている．
　これら分布の研究と頻度の研究は互いに独立しているが，語彙研究の現場においては両者がともに使われることが多い．本章後半の類義語の比較研究において，その実例を見ることができる．

6.2. 語彙頻度表

6.2.1. もっとも簡単なプログラム
　語彙研究に限らず，使用するコーパスの語彙的特徴を知るために，その

コーパスの語彙頻度表を座右に用意しておくと便利である．多くの調査では，特定の語句の KWIC コンコーダンスをプリントアウトしたりするのであるが，注目すべき語句を絞り込んだりするために頻度表は役に立つ．また，綴り字が標準化されていない Helsinki Corpus などの通時コーパスでは，語彙頻度表は異綴りの見当をつけるために欠かせない資料となる．

このような語彙頻度表を作ることは大変簡単である．grep, sed, sort, uniq などのいわゆるテキストフィルタを使えるシステム[1] で，適当なテキスト（ここでは図 6-1 のサンプルを用いる）を sample_text というファイル名で用意し，さらに図 6-2 の内容の Word という名前のファイルを準備して，(1) のコマンドを打ち込んでいただきたい（␣は半角スペースを表す）．即座にもっとも原始的な形ながら頻度表，図 6-3 が画面上に現れる．

(1) `cat␣sample_text␣|␣sed␣-f␣Word␣|␣sort␣-f␣|␣uniq␣-c`

  The Fulton County Grand Jury said Friday an investigation
of Atlanta's recent primary election produced "no evidence" that
any irregularities took place. The jury further said in term-end
presentments that the City Executive Committee, which had over-all
charge of the election, "deserves the praise and thanks of the
City of Atlanta" for the manner in which the election was conducted.

  図 6-1 sample_text（Brown Corpus, Category A より）

```
s/^␣¥+//
s/␣¥+$//
s/[,.-?!"]¥+␣/␣/g
s/[,.-?!"]¥+$//
s/␣["(]/␣/g
s/^["(]//
s/␣¥+/¥
/g
```

  図 6-2 Word：語を切り出すための sed スクリプト

この「プログラム」を理解するために，語彙頻度表を紙のカードを使って作る場合を考えてみよう．まず，テキストを見ながら，出てくる語を最初からもれなく 1 枚 1 枚のカードに書いていく．これが終わると，そのテキストの総延べ語数（トークン）だけのカードができる．今度はそのカードをアル

1 an	1 Friday	1 praise
1 and	1 Fulton	1 presentments
1 any	1 further	1 primary
1 Atlanta	1 Grand	1 produced
1 Atlanta's	1 had	1 recent
1 charge	2 in	2 said
2 City	1 investigation	1 term-end
1 Committee	1 irregularities	1 thanks
1 conducted	1 Jury	2 that
1 County	1 jury	2 The
1 deserves	1 manner	6 the
3 election	1 no	1 took
1 evidence	4 of	1 was
1 Executive	1 over-all	2 which
1 for	1 place	

図 6-3 もっとも簡単な語彙頻度表

ファベット順に(それぞれの文字の中で大文字は小文字より先になるように)並べ替える．この結果，同じ綴りのカードが1箇所に集まる．最後にこの1箇所に集まった同じ綴りが書かれたカードのうち1枚だけを残し，重複する他のカードを捨てて，テキストの異なり語数(タイプ)だけのカードが手元に残るようにする．そのときに，同じ綴りのカードの枚数を，残すカードの余白に書き込んでいく．この結果を一番上のカードから順番に書き出せば，語彙頻度表ができる．

　コンピュータにおいても，図6-4に示されている通り全く同じように処理が進んでいる．まず，cat sample_text が sample_text というファイルからテキストを読み出し，1行1行プログラムの次の部分へ送り込む．これを受け取った sed -f Word は句読点を取り除き，1行に複数並んでいる語をバラバラにして，1行に1語ずつ入れて次の処理へと渡す．次の sort -f は行を単位にアルファベット順(辞書順)に並べ替える．次の処理の uniq -c は同一行が複数連続して出てきている場合に，1つにまとめてしまう．そのときに重複する行の行数を行の最初に書く．最後の uniq -c の出力は画面に表示される．(2)のように uniq -c のあとに > result_file と書き加えれば，結果は画面に出る代わりに result_file の中に書き込まれる．

The Fulton County Grand Jury said Friday an investigation of Atlanta's recent primary election produced "no evidence" that any irregularities took place. The jury further said in term-end presentments that the City Executive Committee, which had over-all charge of the election, "deserves the praise and thanks of the City of Atlanta" for the manner in which the election was conducted.

↓

```
 sed
-f Word
```

↓

The		⋮		⋮
Fulton		recent		1 presentments
County		said		1 primary
Grand		said		1 produced
Jury		term-end		1 recent
said		thanks		2 said
Friday	→ sort -f →	that	→ uniq -c →	1 term-end
an		that		1 thanks
investigation		The		2 that
of		The		2 The
Atlanta's		the		6 the
recent		the		1 took
⋮		⋮		⋮

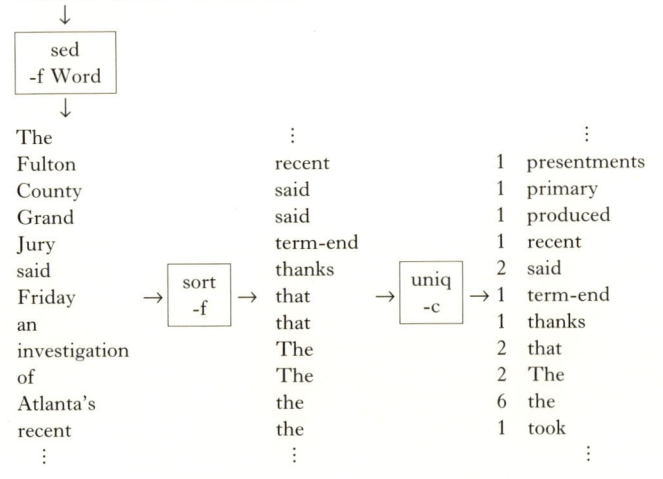

図 6-4　プログラム (1) の処理の流れ

(2)　cat sample_text | sed -f Word | sort -f | uniq -c > result_file

6.2.2. 精密度

以上，もっとも簡単な語彙頻度表の作成法を見てきたが，この頻度表は多くの問題点を持っている．本節ではそれらの問題点を整理する．その前に，コンピュータを用いた大規模な語彙頻度表作りの先駆者たち Francis & Kučera (1982: 3-4) にしたがって，(3) のように術語の定義をしておこう．ただし，Francis らの定義はタグ付きコーパスを前提にしたものであるが，ここではタグなしコーパスに合わせて簡略化してある．

(3)

a. **表記語 (graphic word)**：テキストファイル中に現れているままの形の「語」のことを「表記語」という．厳密には，句読点をすべて除いたファイルにおいて，アルファベット(大文字と小文字を区別する)，数字，アポストロ

フィ，ハイフンの有限の連鎖で両側がスペース（空白記号）で区切られているものと定義される．構成する文字が異なれば異なる表記語となる．たとえば，The と the は異なる 2 つの表記語である．

b. **レンマ（lemma）とその見出し語**：同じ語幹と意味を持ち，屈折と綴字法に関してのみ異なる表記語の集合を「レンマ」という．たとえば，表記語の集合 {sing, sings, sang, sung, singing, Sing, Sings, Sang, Sung, Singing, SING, SINGS, ...} は 1 つのレンマをなす．意味あるいは品詞が異なれば属するレンマは異なる．1 つのレンマの名称を「見出し語」という．見出し語は，そのレンマに属する基底形（base form）とそのレンマの品詞（と意味）を組み合わせたものである．上記のレンマの見出し語は "sing（verb）" である．

c. **基底形（base form）**：1 つのレンマに属する要素（集合の元）のうち，屈折していない，語幹のみからなるもので，標準的な綴り字のものを「基底形」という．レンマ {sing, sings, sang, sung, singing, ...} においては，sing が基底形である．

d. **屈折形（inflected variant）**：1 つのレンマのうち，屈折により他と異なる要素を「屈折形」という．レンマ {sing, sings, sang, sung, singing, ...} においては，sings, sang, sung, singing, ... が屈折形である．

e. **異綴り（spelling variant）**：同一のレンマに属する他の表記語と，文法機能および意味上は異ならないが，綴りに関してのみ異なる表記語を「異綴り」という．たとえば civilize と civilise は互いに異綴りである．

図 6-3 は各トークンをテキストに出現するままの綴りで整列させて作ったものであるから，上記の定義にしたがえば，表記語の頻度表であり，語彙頻度表としては，もっとも粗いものである．コーパスの大雑把な語彙頻度を把握するためには十分であるが，語彙頻度表と聞いて直感的に思い浮かべるものとはかなりの隔たりがある．たとえば，定冠詞は大文字で始まる The と小文字で始まる the が別に数えられてしまっている．この他図 6-3 には現れないものも含め，(1) の「プログラム」による頻度表が持つ問題点を整理すると (4) のようになる．

(4)

a. **大文字と小文字**：文頭の The と文中の the が表記語の頻度表では別語

になるが，同じ語として数えられるべきである．
b. **異綴り**：civilize と civilise のような異綴りがある場合に，表記語としては別に数えられてしまうが，同じ語としてみなされるべきである．
c. **屈折形**：sing, sang, sung, singing, sings はすべて動詞 sing の異なった現れである．したがって，動詞 sing の頻度を出すときには，すべて同一の語としなければならない．
d. **異なる品詞の同綴り異義語（homonym）**：bear「熊」と bear「運ぶ」，might（助動詞）と might「力」などは，表記語としては同じものとして数えられるが，別な語とされるべきである．
e. **同じ品詞の同綴り異義語**：bass「バス（魚）」と bass「ベース（楽器）」，bow「弓」と bow「お辞儀」などは，別語として峻別されるべきである．

(4) の問題がすべて解決されたときに得られる語彙頻度表は，上で定義した術語を用いるならば，レンマの頻度表である．テキスト中に現れる表記語のそれぞれについて，それが属するレンマを決定することを「見出し語化」(lemmatization) という．レンマの頻度表を作るためには，何らかの形で見出し語化を行わなければならない．逆に，見出し語化ができれば，レンマの頻度表は簡単に作ることができる．しかし，見出し語化をコンピュータを用

Bouvier		NP	1-01-001
bovine		JJ	1-01-001
bovine		noun	2-02-002
	bovine	NN	1-01-001
	bovines	NNS	1-01-001
bow		noun	13-07-010
	bow	NN	11-07-010
	bows	NNS	2-01-002
bow		verb	13-08-013
	bow	VB	3-02-003
	bows	VBZ	1-01-001
	bowed	VBD	6-06-006
	bowed	VBN	1-01-001
	bowing	VBG	2-01-002
Bow		prop. noun	1-01-001
	Bow	NP	0-00-000
		Bow	NP-TL	1-01-001
Bowan		NP	1-01-001

図 6-5　Francis & Kučera (1982) より

いて行う研究は長い歴史を持つが，現在のところ完全に自動化する目処はついていない．Brown Corpus の表記語の頻度表（Kučera & Francis 1967）からレンマの頻度表（Francis & Kučera 1982, 図 6–5 参照）まで，実に 15 年を要したことからも，その困難さがわかる．しかも，図 6–5 からわかるように，そこでは同一の品詞に属する同綴り異義語 (4e) の分離はできていないのである．

このように表記語の頻度表とレンマの頻度表との間には大きな隔たりがあるので，その中間的な段階の頻度表を考えることができる．それは (4a, b, c) のみを満たすもので，テキスト中の大文字小文字や異綴りを標準化し，屈折形はすべて基底形に変換した上で，(1) のプログラムに通すことによって作られる語彙頻度表である．同綴異義語への対処ができていない点で不十分であるが，表記語の頻度表よりはるかに有用で，容易にコンピュータで自動的に作り出せる．このような頻度表を基底形の頻度表と呼ぶことにする．

さて (4) に掲げられた条件がすべて満たされて，レンマの頻度表ができたとしても，語彙頻度表としては完全なものではない．コーパスにおける語彙の使用の様子を詳しく知るためには，さらに (5) の要請を考慮する必要がある．

(5)
a. **合成語**：合成語の表記法には，完全に 1 語とする（schoolboy），ハイフンを入れる（school-boy），2 語とする（school boy）の 3 通りがある．この表記の揺れに対処しなければならない．
b. **固有名詞**：New York City は表記語あるいはレンマとしては 3 語であるが，全体として 1 語として扱うのが自然である．
c. **イディオム**：たとえば red herring, kick the bucket などのイディオムの頻度が必要になることがある．
d. **意味**：同じレンマの異なった意味ごとの頻度が取れるならば，利用価値は大いにある．たとえば，free の「自由な」と「無料の」など．

(5a, b, c) が達成できたとき，語彙頻度表は我々が直観的に考える語彙頻度表と一致すると言える．これを語彙項目の頻度表と名づけよう．さらに最終的には，(5d) を考慮した意味別語彙頻度表[2] がある．もっとも粗い表記語の頻度表からもっとも精密な意味別語彙頻度表までは (6) のようにまとめ

られる．

(6)
a. 表記語の頻度表
b. 基底形の頻度表
c. レンマの頻度表
d. 語彙項目の頻度表
e. 意味別語彙頻度表

6.2.3. 精密化の方法

このように，表記語の頻度表作りは非常に簡単であるが，より精密な頻度表を得るためには多くの問題点を克服しなければならない．そのためには，コンピュータ科学の1分野である自然言語処理で研究されている構文解析，形態素解析，品詞タグ付与などのためのソフトウェアを積極的に活用することが必要になる．しかし，ここでそれらについて触れる余裕がないので，ここでは比較的簡単に頻度表の精密度を上げる2つの方法を紹介する．

まず当然のことながら，タグ付けされたコーパスが用意されているならば，それを用いることによって平テキストの場合よりもはるかに精密な頻度表が得られる．たとえば，LOB Corpus のタグ付き版，Category A（図6-6）を (1) のプログラムの入力とすると，図6-7の出力を得る．

ここで注目すべきは，大文字小文字の問題（4a）や品詞の区別（4d）が，タグ付けの段階ですでに解決していることである．Brown Corpus と LOB Corpus の(一部不完全な)レンマの頻度表はこの方法で作られた（Francis & Kučera 1982, Johansson & Hofland 1989）．

コーパス中に現れる個々の語を基底形に対応させることを「基底形化」と

```
A01   2 ^ *'_*' stop_VB electing_VBG life_NN peers_NNS **'_**' ._.
A01   3 ^ by_IN Trevor_NP Williams_NP ._.
A01   4 ^ a_AT move_NN to_TO stop_VB  \0Mr_NPT Gaitskell_NP from_IN
A01   4 nominating_VBG any_DTI more_AP labour_NN
A01   5 life_NN peers_NNS is_BEZ to_TO be_BE made_VBN at_IN a_AT
         meeting_NN
A01   5 of_IN labour_NN  \0MPs_NPTS tomorrow_NR ._.
```

図 6-6　Tagged LOB Corpus, Horizontal Version, Category A

第 6 章　コーパスに基づく語彙研究　　　　　　　　　　129

```
                 ⋮
      2 Beethoven_NP
      1 beforehand_RB
     30 before_CS
     47 before_IN
     11 before_RI
     17 began_VBD
      7 beginning_NN
      3 beginning_VBG
      1 begins_VBZ
     12 begin_VB
      4 begun_VBN
      5 behalf_NN
      1 behaving_VBG
                 ⋮
```

図 6-7　タグ付きコーパスからの簡単な頻度表

いう．表記語の基底形化をどのように行うにしても，表記語と基底形の対応表を準備しなければならない．もっとも簡単な対応表としては，図 6-8 のように各行に表記語とその基底形を書いたものがある．[3] このファイルによって，表記語には対応する基底形が唯一的に定まるので，処理すべきテキストに出現する語を 1 つ 1 つ基底形に置き換えていくことにより，基底形化が達成できる．なお，このような表をいくら大きくしても，表に記載されていない表記語がテキストに現れるので，表に現れない表記語が出現した場合の対処法も考えておかなければならない．その具体的な方法については Garside et al. (1987: 149-62) を参照されたい．

```
              ⋮
     begged    : beg
     begging   : beg
     begin     : begin
     beginner  : beginner
     beginners : beginner
     beginning : begin
     begins    : begin
              ⋮
```

図 6-8　見出し語対応表

6.3. 語彙研究の実践 — 類義語の比較

前節まで，語彙研究の重要な基礎である語彙頻度表をめぐって，語彙の持つさまざまな特性を検討してきた．章の冒頭でもふれたように，語彙頻度表と並ぶ語彙研究の主要なデータにコンコーダンスがある．本節では，語彙頻度表とコンコーダンスの両方を活用する，計量的な語彙研究の手法を実践してみよう．

語彙研究ではしばしば類義語の比較が行われる．似た意味を持つ複数の語の意味や用法にどのような違いがあるのかを明らかにするのが目的である．そのための重要な手がかりの1つとなるのがコロケーション（語連結）である．Sinclair (1991: 170) はコロケーション (collocation) を "the occurrence of two or more words within a short space of each other in a text" と定義している．文法的・意味的な関係を考慮することもあるが，ごく単純には語の共起関係と考えてよい．共起関係とは，ある語 X が現れた場合に別の特定の語 Y がその近くによく見られるという関係である．たとえば play と role は，play a/the role などの形で頻繁に共起している．コロケーションは繰り返し現れるパターンであり，語義や用法を捉える上で重要な要素である．そこで，語彙研究の実践例の一環として，ここでコロケーション研究の基本的な事項とその方法を見てみよう．

6.3.1. コロケーション研究の基礎

コロケーション[4]は Sinclair の定義からも明らかなように，隣接した共起関係になっているとは限らない．BNC World Edition（以下単に BNC とする）で調べてみると，上で挙げた play a/the role というコロケーションがそのままの形で用いられるだけでなく，(7) のように play と role の間にいくつかの語が入ったり，play よりも role が先行するケースも少なくない．

(7) a. Outside the industrial relations field, he played only a minor role.
 b. ...a big industry project in which IBM plays a key role.
 c. ...ex-university pal, Peter Risdon, agreed to play that role.
 d. This project examines the role played by communication in aspects of crowd behaviour,...
 e. ...that increasing emphasis is now placed on the central role

parents play in their child's development, . . .
f. Exactly what role the banks play in monitoring management is hard to . . .
g. . . . and the role that they can play to promote happy and secure families.

コンコーダンスの中で，検索語とコロケーションをなす(と想定される)語を共起語（collocate）という．上の例では検索語を role とすると動詞 play のレンマが共起語である．また，このとき，検索語の右にある語の位置を順に R1, R2, R3, . . .（または ＋1, ＋2, ＋3, . . .），左にある語の位置を順に L1, L2, L3, . . .（または －1, －2, －3, . . .）という．(7a)～(7g) の検索語と共起語の位置関係を示したものが図 6-9 である．この図からわかるように，検索語 role に対して共起語 play は，L4 から R4 まで，L1 以外のすべての位置に現れている．

	L4 (−4)	L3 (−3)	L2 (−2)	L1 (−1)	—	R1 (+1)	R2 (+2)	R3 (+3)	R4 (+4)
a.	played	only	a	minor	role				
b.	IBM	plays	a	key	role				
c.	agreed	to	play	that	role				
d.	This	project	examines	the	role	played	by	communication	in
e.	placed	on	the	central	role	parents	play	in	their
f.			Exactly	what	role	the	banks	play	in
g.	. . .	. . .	and	the	role	that	they	can	play

図 6-9　検索語（role）と共起語（play）の位置関係

検索語に対して別の語とコロケーションをなすかどうかを見る範囲を，この L と R（または － と ＋）を使って表すことがある．上の例では L4, R4（または －4, ＋4），つまり検索語の前後 4 語までを見ていることになる．設定した範囲の外側に共起語が位置しているケースもあるが，コロケーション研究では，一般に L4, R4 あるいは L5, R5 程度の範囲までが用いられることが多い．

コーパスに基づくコロケーションの研究でよく用いられる計量的な指標として mutual information score（相互情報量スコア．以後 MI-score と書く．記号は I）と t-score（記号は t）がある．MI-score は情報理論から生まれた，2つの語の結びつきの強さ（共起関係の強さ）を示す指標で（Biber et al. 1998: 265 他），概念的には，2つの語の片方が与えられたとき，それと共起している語がもう片方の語であることがどの程度わかるか（つまり，2つの語が互いに相手の語の情報をどの程度持っていると言えるか）を示す指標である．計算式は2つの語の実際の共起度数と理論的な共起度数の比の，底を2とする対数である．一方，t-score は統計学から転用された，2つの語の共起関係の統計的有意性を測る指標で，概念的には，共起の程度が偶然による確率を超えていると，どのくらいの確かさで言えるかを示す指標である（Hunston & Francis 2000: 231 他）．計算式は2つの語の実際の共起度数と理論的な共起度数の差と，実際の共起度数の平方根との比になっている．[5]

MI-score と t-score はかなり性格の異なる指標で，そのまま比較することはできない．また，いくつかの同じデータに適用しても順位などが相当に違う結果になることも稀ではない．それぞれの指標の傾向を簡単に述べてみると，MI-score ではコロケーションの出現度数がわずかであっても，そのコロケーションが低頻度語を含んでいれば比較的高い値になるが，t-score では，慣用的なコロケーションであっても，共起度数がある程度に達していなければ高い値にならない．こうした傾向から，専門用語やことわざなどのように「低頻度でも意味的に興味深いコロケーション」を特定するには MI-score が適していると言えるが，MI-score は低頻度語をいわばやや過剰に評価する傾向にあり，「広く頻繁に用いられるコロケーション」を判定するには t-score の方が適していると言える．MI-score と t-score の優劣は一概には決められないので，はじめはこれらの指標の性格の違いを理解するためにも併用してその結果を比べ，自分の研究に適した指標を検討するのが適切であろう．本章でも同じデータに対してこの2つの指標を算出してみることにする．

MI-score と t-score の計算式は，検索語を X，共起語を Y としたとき，次の式1，式2に示す通りである（Barnbrook 1996: 97–101 他参照）．

$I = \log_2$(X と Y の共起の実測値 ÷ X と Y の共起の期待値)...（式1）

$$t = (X と Y の共起の実測値 - X と Y の共起の期待値) \div$$
$$(X と Y の共起の実測値の平方根) \quad \ldots (式 2)$$

どちらの式にも現れている「X と Y の共起の期待値」を得るためには，(1) 対象コーパスの総語数，(2) X の対象コーパス内での総度数，(3) Y の対象コーパス内での総度数が必要であり，これらに加えて，(4) X と Y の共起度数(= X と Y の共起の実測値)の合計 4 つの数値が，MI-score と t-score の計算に必要ということになる．連続するコロケーション XY の計算式の場合，上の式をこの 4 つの数値を用いて書き換えていくと，式 3，式 4 のようになる．[6]

$$I = \log_2 \{(コロケーション XY の度数) \div$$
$$(X の度数 \times Y の度数 \div コーパスの総語数)\} \quad \ldots (式 3)$$

$$t = \{(コロケーション XY の度数) - (X の度数 \times Y の度数 \div コーパスの総語数)\} \div (コロケーション XY の度数の平方根) \quad \ldots (式 4)$$

コロケーション性を判断する基準値は厳密に決まっているわけではない．MI-score については，Church & Hanks (1990: 24) が，概して 3 より大きい場合に面白い組み合わせになっていると述べている一方，1.58 以上を目安にしている記述もある (Barnbrook 1996: 99)．本章では 3 より大きい場合に注目することにする．t-score については 2 以上が基準とされることが多く (Barnbrook 1996: 98, Hunston 2002: 72 他)，本章もこの値を採用する．[7]

6.3.2. 実践例 ― 類義語 quintessentially と typically との比較

副詞は辞書の中で比較的扱いが軽くなりがちな品詞である．特に -ly 副詞は元の形容詞の派生語としてごく簡単に扱われていることが多い (吉村 2004)．このように辞書の記述が乏しい語の用法を知りたい場合にコーパスは大変有用である．ここではそのような副詞の 1 つである quintessentially という語を例に取り上げる．この語は「典型的に」などの訳語が当てられているが，英和辞典では大辞典クラスでも用例は示されていない．このような語も，コーパスを使えば多くの用例を見ることができ，語法の理解を深めることができる．ここではその類義語として typically との比較をしてみよう．

6.3.3. 類義語の比較研究の手順

類義語の比較研究はおおよそ，以下の手順で行われる．

① コンコーダンスの作成(=検索語の用例と総度数の取得)
② 共起語の頻度表の作成(=設定した範囲内での共起語の局所頻度の取得)
③ コーパス全体の語彙頻度表の作成(=コーパスの総語数と共起語の総度数の取得)
④ MI-score や t-score など，コロケーションに関する計量的指標の算出
⑤ データの総合的な解釈

次節からコーパスに BNC の全ファイル(計 4,054)を使い，コンコーダンスプログラム WordSmith4 を利用して[8]手順 ①〜③ を，表計算プログラム Microsoft Excel を用いて手順 ④ の作業を行う．

6.3.3.1. 手順 ① コンコーダンスの作成

語彙研究の第一歩は KWIC 形式のコンコーダンスの作成である．図 6–10，図 6–11 はそれぞれ quintessentially と typically のコンコーダンス画面の一部である．コンコーダンスを作成するとその総数が表示される．quintessentially は使用コーパス中に全部で 49 例, typically は 2,098 例あっ

N	Concordance
1	pity, compassion or mercy, is quintessentially Jewish hasidic; to such
2	to be both anarchically delirious and quintessentially British, transferred
3	of a building type that seemed quintessentially twentieth century. Wh
4	r poverty is, in a way, quintessentially Jewish, underpinned by
5	there are qualities we recognise as quintessentially &bquo;Polish&equo; or
6	evenings. It also has that quintessentially Dutch quality:
7	of the homosexual desire, now quintessentially defined as a desire to
8	an opera house and you enter a quintessentially Italian world where the
9	In Britain one of the quintessentially Fifties symbols of the
10	tive nature. Thought to be quintessentially English, primroses
11	British, having booked through the quintessentially English family firm Bales
12	analetto is Italian, this is a quintessentially British painting. Fortunat

図 6–10　BNC における quintessentially のコンコーダンス

第 6 章　コーパスに基づく語彙研究

N	Concordance
1	avoid hackneyed subjects. Typically, a laudatory essay he wrote
2	, and others.&equo; Typically, Morelli participated in one
3	The broader tradition is a typically nationalist one, seeing national
4	d certain of these rights in a typically catholic way and in the term
5	odation as well as beverages, and was typically located in market places or
6	character — perhaps most typically that of the timber framed
7	n the 1970s. A typically problematical situation is
8	al booking systems — owned, typically, by the big airlines.
9	time depending on the software, but typically this ranges from two to five
10	the supplier's own premises are typically charged on a daily delegate

図 6-11　BNC における typically のコンコーダンス

た．typically の方がはるかに頻度の高い語であることがこの用例の数からもわかる．ここではそれぞれ最初の 12 例と 10 例のみ示しているが，実際には可能な限り多くの例を見るようにする．[9]

図 6-10 から気がつくことは，quintessentially の直後に Jewish, British, Polish, Dutch, Italian など，国や民族に関する固有形容詞が続いているケースがほとんどであるということである．一方，図 6-11 の typically は，前後にくる語に特定の傾向は見られず，わずか 10 例の中にも，文修飾副詞としての用例(1, 2, 9 行目)，形容詞を修飾する用例(3, 4, 7 行目)，受動態の動詞を修飾する用例(5, 10 行目)などのさまざまな用例がある．類義語と思われるこの 2 つの語でも使われ方に大きな違いがあることがわかる．

表示されたコンコーダンスラインでは十分に意味がとれない場合には，より長い文脈を表示する機能を使うこともできる(WordSmith4 ではメニューバーの "View" から "Grow" を選ぶと，各用例の表示行数を増やすことができる)．このように KWIC コンコーダンスは，文脈の中での検索語の使われ方を把握するのに大変便利なものである．しかし，どんな語が前後にくることが多いのかを計量的に把握するには，さらに共起語の頻度表が必要となる．

6.3.3.2.　手順 ② 共起語の頻度表の作成

WordSmith4 ではコンコーダンスを作成すると，自動的に関連するいくつかのデータも作成される．共起語の頻度表もそのうちの 1 つであり，"collocates" タブをクリックすると表示される．図 6–12 は quintessentially の R3, L3 の範囲の共起語を R1 の頻度降順でソートしたものである．ここでは範囲を R1 に絞って見ていくことにする．

N	Word	Relation	Total	Total Left	Total Right	L3	L2	L1	Centre	R1	R2	R3
1	BRITISH	0.000	8	0	8	0	0	0	0	8	0	0
2	ENGLISH	0.000	6	0	6	0	0	0	0	5	1	0
3	AMERICAN	0.000	2	0	2	0	0	0	0	2	0	0
4	AN	0.000	2	0	2	0	0	0	0	2	0	0
5	CAPITALIST	0.000	2	0	2	0	0	0	0	2	0	0
6	JEWISH	0.000	2	0	2	0	0	0	0	2	0	0

図 6–12　quintessentially の共起語（R1 の頻度降順でソートしたもの）

図 6–12 は上位 6 位までしか示していないが，共起語の頻度表全体を見ても quintessentially の直後に固有形容詞が多いことが，今度は計量的に示されている．中でも British がもっとも多く 8 例，次いで English が 5 例と多いことがわかる．この 2 つの形容詞がとりわけ多いのは，おそらく，使用したのがイギリスのコーパスで，自国に関する記述が多いためであろう．これに続く American, an, capitalist, Jewish といった語では，R1 での局所頻度は 2 と急に少なくなっている．この 4 語の中でも American と Jewish は固有形容詞であるし，capitalist も，ある特定の性格を持つ集団を形容する点で固有形容詞と似ている部分があるので，わずかに不定冠詞の an だけが種類の異なる語ということになる．

これに対して typically の共起語の頻度表は図 6–13 のようになっていた．KWIC コンコーダンスと同様に共起語の頻度表においても，typically は quintessentially と非常に違う結果になっている．R1 の位置での共起語は，今度は上位 10 位までを機能語が占めている．このうち，the, a, it, they, this, these など，代名詞や限定詞が直後に多い結果になっているのは，コンコーダンスでも見られたように，typically が文修飾副詞として用いられることが多いことの表れと言えるだろう．また，動詞の修飾にも多く用いられていることは，have や be などが多いことに表れている．一方，コンコーダンスでは形容詞の修飾に用いられている例も見られたが，R1 の局所頻度では 11 位の British が最高である．このように内容語は，繰り返し用いられる機能語と異なり，個々の語の使用度数は少なくなるのが普通である．このことを

第6章 コーパスに基づく語彙研究

N	Word	Relation	Total	Total Left	Total Right	L3	L2	L1	Centre	R1	R2	R3
1	THE	0.000	598	254	344	144	79	31	0	123	111	110
2	A	0.000	425	216	209	66	28	122	0	69	81	59
3	IN	0.000	282	105	177	45	46	14	0	47	90	40
4	HAVE	0.000	76	22	54	3	3	16	0	35	10	9
5	BE	0.000	68	31	37	9	15	7	0	24	1	12
6	IT	0.000	98	62	36	20	25	17	0	22	8	6
7	OF	0.000	316	164	152	101	48	15	0	21	40	91
8	THEY	0.000	83	54	29	6	20	28	0	21	3	5
9	THIS	0.000	90	46	44	11	17	18	0	21	4	19
10	THESE	0.000	65	38	27	12	19	7	0	20	4	3
11	BRITISH	0.000	18	2	16	2	0	0	0	16	0	0

図 6–13 typically の共起語（R1 の頻度降順でソートしたもの）

考慮に入れると，quintessentially で内容語がほとんどを占めていることは，非常に特徴的な分布であると言える．

　quintessentially で特徴的であった固有形容詞に注目してみると，typically で R1 の局所頻度がもっとも高かった固有形容詞は British であった．quintessentially でもっとも共起度数が多かった語と同じである．このように quintessentially でも typically でも固有形容詞の中で British がもっとも共起度数が高かった理由は，やはりイギリスのコーパスを使ったためである可能性が高い．ただし，typically の 2 位は English ではなく，Italian（全体では 16 位，度数 11）であるのが際立つ違いになっている．そして quintessentially で 2 位の English は度数 1 の差で 3 位（全体では 21 位，度数 10），3 位の American は 4 位（全体では 39 位，度数 6）などとなっている．こうした違いは quintessentially と typically の差異を考察する手がかりの 1 つになる．

　以上のように共起語の頻度表では，共起語を局所頻度の大きい順に見ていくことができる．しかしここで 1 つ考慮したいのは，共起語自体のコーパス内での総度数である．たとえば，the や a などはもともと高頻度語であるから，共起度数が大きくなるのは当然とも考えられるからである．逆に低頻度語が共起している場合は，それだけ特別な共起であるとみなすことができる．このような要素を考慮に入れたコロケーションの指標が MI-score と t-score である．次にこれらの指標の算出に必要な残りの数値を得ることにしよう．

6.3.3.3. 手順 ③ コーパス全体の語彙頻度表の作成

先に述べたように，MI-score と t-score の計算には 4 つの数値が必要である．これまでの作業で (2) 検索語 X の対象コーパス内の総度数 (= 49) と (4) 検索語 X と共起語 Y の共起度数 (Y が British なら 8，Y が English なら 5，など)がわかったので，残るは (1) 対象コーパスの総語数と (3) 共起語 Y の対象コーパス内の総度数である．この 2 つの数値を得るため，次に WordSmith4 の WordList 機能を使ってコーパス全体の語彙頻度表を作成する．

WordList 作成を行うと総語数の情報が表示されるので，それを記録しておく．同時に，作成されたアルファベット順の語彙頻度表の中から，図 6–12 と図 6–13 で R1 に出現した語のそれぞれについて，検索機能を利用してコーパス中の総度数を検索し，別のファイルに数値を記録しておく．特に図示はしないが，この例では，コーパスの総語数 ("statistics" タブの "tokens used for word list" の数値を使用) は 101,958,736 語，コーパス中の British の総度数は 35,530，English の総度数は 22,951，... などという数値になった．

6.3.3.4. 手順 ④ MI-score と t-score の算出

Excel のワークシートを開き，1 行目に左から図 6–14 のように「X」「Y」「X の度数」「Y の度数」「コロケーション XY の度数」「コーパスの総語数」「MI-score」「t-score」と入力する．さらに 2 行目に検索語 X と検索語 Y を入力し，続けてこれまでの手順で得た各数値を入れる．ただし，「MI-score」と「t-score」の真下の欄 (G2 と H2) にはそれぞれ次の式(等号から最後の閉じ括弧まで)を半角で入力する．そして G3 以降の G 列，H3 以降の H 列には G2 と H2 を連続コピーする．連続コピーをするには，コピー元になるセル(たとえば G2)に式を入力して Enter キーを押した後，このセルをもう 1 度クリックし，カーソルをセルの右下角の黒い小さな正方形の上に移動して，細い十字型に変わったらマウスを左クリックしたまま下の方にドラッグする．連続コピーすると，コピー先のセルでは式の中の参照先 (C2, D2, E2, F2) の数字は行番号に応じて変化する．同じ行の X の度数，Y の度数，コロケーション XY の度数，コーパスの総語数が入力されていないと，G 列と H 列に正しい値が表示されないので注意する．[10]

= LOG(E2/(C2*D2/F2),2) ... MI-score の下の欄（G2）に入力する式
=（E2-C2*D2/F2）/SQRT(E2) ... t-score の下の欄（H2）に入力する式

	A	B	C	D	E	F	G	H
1	X	Y	Xの度数	Yの度数	コロケーションXYの度数	コーパスの総語数	MI-score	t-score
2	quintessentially	British	49	36087	8	101958736	8.85	2.82
3	quintessentially	English	49	23527	5	101958736	8.79	2.23
4	quintessentially	American	49	17154	2	101958736	7.92	1.41
5	quintessentially	an	49	339102	2	101958736	3.62	1.30
6	quintessentially	capitalist	49	2328	2	101958736	10.80	1.41
7	quintessentially	Jewish	49	2293	2	101958736	10.83	1.41

図 6–14　Excel を使った MI-score と t-score の計算

すでに述べたように，本章では MI-score は 3 を超える値，t-score は 2 以上の値をコロケーションの判断基準の目安とする．これらの値を図 6–14 に適用してみると，MI-score は局所頻度が 2 以上であった上位 6 位までのすべての語であてはまるが，t-score は British と English の 2 語しかあてはまっていない．全体的に MI-score は大きな値を示しているが，これは前述した MI-score の特性によるもので，検索語 quintessentially が低頻度語（度数 49）であるために生じた現象である．さらに共起語 Y の度数が低い場合に，MI-score は特にその値が大きくなっていることもわかる．比較的低頻度語どうしのコロケーションはそれだけ特別な結びつきのある語の組み合わせとも考えられる一方で，度数が低いためにその信頼性もあまり高いとは言えないという面もある．したがって，MI-score は低頻度語どうしのコロケーションをいわばやや過剰に評価する可能性があることに注意しなければならない．一方 t-score はほぼコロケーション XY の度数に応じた値になっていて，共起度数 2 以下では意味のあるコロケーションとみなされる値に達していない．このように t-score による判定では低頻度語どうしのコロケーションは除外される傾向があるので，そのようなコロケーションに注目する研究の場合には適していない指標ということになる．

次に typically のコロケーションについても同様の計算を行ってみる．上位 5 位までの語と，さらに quintessentially との比較のため，固有形容詞に限った上位 4 位までについて MI-score と t-score を算出した結果が図 6–15 である．

まず，上位の共起語に注目すると，quintessentially と違って typically は低頻度語ではないし，上位の共起語も高頻度語ばかりであるため，MI-score はすべて基準値 3 未満になっている．また the や in など，高頻度語で t-

	A	B	C	D	E	F	G	H
1	X	Y	Xの度数	Yの度数	コロケーションXYの度数	コーパスの総語数	MI-score	t-score
2	typically	the	2098	6057876	123	101958736	−0.02	−0.15
3	typically	a	2098	2186000	69	101958736	0.62	2.89
4	typically	in	2098	1955562	47	101958736	0.22	0.99
5	typically	have	2098	448803	35	101958736	1.92	4.36
6	typically	be	2098	652766	24	101958736	0.84	2.16
7								
8	typically	British	2098	36087	16	101958736	4.43	3.81
9	typically	Italian	2098	5005	11	101958736	6.74	3.29
10	typically	English	2098	23527	10	101958736	4.37	3.01
11	typically	American	2098	17154	6	101958736	4.09	2.31

図 6–15 typically のコロケーションに関する MI-score と t-score の計算

score が基準値 2 に満たないものについては，共起度数が多くても，それは単に Y が高頻度語であるために偶然連続することが多いだけで，統計的な意味はないと解釈できる．逆に a, have, be の 3 語については，これらの語が高頻度であることを考慮しても，なお typically とのコロケーションが特に多いと言えるのである．

一方，固有形容詞とのコロケーションでは MI-score, t-score のどちらもすべて基準値以上の値を示している．typically の場合は十分に出現度数があるため，t-score でも有意な値が多くなっている．特に Italian が English に比べて MI-score, t-score の両方で上まわっていることは，quintessentially と異なる点である（"quintessentially Italian" の MI-score は 8.70, t-score は 1.00 で，図 6–14 の "quintessentially English" の 8.79, 2.23 より，ともに低い）．

ところで，t-score については本章の式 2（および式 4）で紹介した式の他に，Church *et al.* (1991: 126) で用いられた，同じ検索語 X に対する 2 つの共起語（ここでは Y1, Y2 とする）のコロケーションの程度を比較する，次の式 5 がある．

$$t = \{(検索語 X と共起語 Y1 との共起度数) - (検索語 X と共起語 Y2 との共起度数)\} \div \sqrt{\{(検索語 X と共起語 Y1 との共起度数) + (検索語 X と共起語 Y2 との共起度数)\}} \quad \ldots (式 5)$$

たとえば，本章のデータを用いて，X を Italian, Y1 を typically, Y2 を quintessentially として，式 5 の計算で typically Italian と quintessentially Italian を比較してみると，t-score の値は 2.89 と有意な値になり，Italian が quintessentially よりも typically と有意に高い頻度で結びついて

いることが示される。[11]

6.3.3.5. 手順⑤ データの総合的な解釈

以上の手順で，類義語 quintessentially と typically のコンコーダンス，共起語の頻度表，そしてコロケーションの指標となる MI-score と t-score の値という，語彙研究でよく用いられるデータの検討を行ってきた．BNC を使ったこれまでの結果をまとめてみると，この 2 つの類義語では typically がはるかに高い頻度で用いられていただけでなく，文修飾副詞，動詞の修飾，形容詞の修飾など多様な使われ方をしていた．これに対して quintessentially はわずか 49 例しかない低頻度語で，その R1 での語種の分布は偏っており，高い割合で形容詞，特に固有形容詞の直前に使われていた点が特徴的であった．ただし，固有形容詞は typically の共起語でもあり，全体としての割合は低かったものの各々の共起度数自体は quintessentially よりも高く，中には式 5 の t-score による比較でも quintessentially を有意に上回る共起語もあった．

以上の結果とコンコーダンスの内容から，quintessentially は日常語として頻繁に使われる語ではなく，typically の用法のうち，「人・事物の典型的な性質を表す」形容詞の修飾に多く用いられる語であると言うことができる．また，typically の持つ「典型的に」という意味に加えて，「本質的には」という意味でも用いられていることがわかる．British, English など，R1 には特に国や民族に関わる固有形容詞が多かったが，興味深いものとして Darwinian, Wagnerian さらには Spielbergian といった，特有の様式が知られる個人の名前に由来する固有形容詞が見られたことも特筆に値するであろう．

ここまで，コーパスを利用した語彙研究の例として，低頻度語で辞書にも情報が乏しい語 quintessentially について，コーパスを利用したいくつかのデータからそのおもな用法を明らかにし，高頻度の類義語 typically との対比を行ってみた．typically の共起語の中に，共起度数の高いコロケーションでも，計量的な指標を用いてみると有意なものではないと判定できたものがあったように，計量的手法の有用性を見ることができたと思う．ただ，MI-score と t-score のような計量的な指標も，それぞれの性質を理解してデータを解釈することが重要である．

6.4. むすび

　語についての頻度および分布情報は，コンピュータの発達によって，あたかも辞書を引くように簡単に取り出すことができるようになった．これによって，言語研究のさまざまな分野で，語についての研究が盛んになっており，コンピュータコーパスを利用した語彙研究はコーパス言語学という括りを完全に超えて，英語研究全体に浸透しつつあるように見える．しかし，頻度情報ひとつをとってもまだまだ改良の余地があることを前半で見た．入手したくても入手できない頻度情報が多々あるのである．また，後半では語の頻度および分布情報の活用法を具体的に示したが，単純な KWIC コンコーダンスを超える工夫が必要かつ有効であることがわかる．語彙研究におけるコンピュータの利用法は今後も深化発展を続けるであろう．

注

1. Linux や Mac OS X においてはもちろん，Windows でも Cygwin (http://cygwin.com) を導入することにより「DOS 窓」において，(1) のプログラムを実行することができる．なお，sample_text および Word の 2 つのファイルは同じディレクトリ(フォルダ)に保存されていて，「DOS 窓」のカレントディレクトリもそのディレクトリになっていなければならない．sample_text と Word のすべての文字は空白も含め半角である．￥ (円記号) はバックスラッシュとなる場合がある．
2. 筆者が知る唯一の意味別語彙頻度表は，West (1953) の General Service List である．400 万語のコーパスを OED の意味区分に基づいて分析し頻度を取ったものである．
3. このような対応表は，機械可読辞書 (Machine Readable Dictionary) を利用して作成することができる．機械可読辞書は現在のところ自然言語処理のための語彙情報を抽出する目的で使われることが多いが，ひとつの言語の共時的語彙全体が成す構造の研究にも役立つものと思われる．
4. コロケーションと後述の MI-score と t-score については本書 10.3.3. も参照されたい．
5. 本章で用いた t-score の式は分母に実測値の平方根を使う簡易的な代替式で，本来の式よりも大きな値になる．代替式は計算が容易なのでよく用いられるが，その統計的な意義は厳密とは言えなくなる．本来の式については Church et al. (1991) を参照されたい．
6. たとえばコロケーションを L4, R4 の範囲で見る場合，検索語の両側の各 4 語，計 8 語を見ているので，式 3，式 4 の期待値の項に 8 を掛ける必要がある．同様に，L5, R5 の場合なら 10 を掛ける．R1 だけを見ている本章では 1 を掛けていることになるが，特に明示していない．
7. ここで言及した基準値は理論的に決められた値ではない．3 は Church & Hanks

第 6 章　コーパスに基づく語彙研究　　　　　　　　　　　　　143

(1990) による，経験に基づく値であるが，MI-score がこの値になるには実測値が期待値の 8 倍必要である（$3 = \log_2 2^3 = \log_2 8$）．1.58 は $\log_2 3$，つまり「実測値が期待値の 3 倍のときの MI-score の値」であるが，この 3 倍という区切りにも特に理論的な根拠はないようである．一方，t-score の場合は，注 5 で言及した本来の式による値であれば，「有意水準 0.05 で 1.65」という統計的に定められた基準値が Church *et al.* (1994: 170) などに見られるが，代替式の方は厳密な値ではなくなるためか，きりのいい 2 という値が目安とされているようだ．

8. 本章における WordSmith4（version 4.0.0.200）での "Settings" の設定内容は以下の通りである．① "Tag & Mark-up" タブで，"Custom settings" = "British National Corpus World Edition"，"Mark-up to ignore" = "<*>"，"search span" = "100"，"Document header ends" = "</teiHeader>"，② "Text & Languages" タブで "characters within word" を空欄にし，"hyphens separate words" と "Plain text" を選択．③ "Concord" タブ中の "What you See" タブで "Sort preferences" の欄はすべて "File order" を選択，"Concordance view" では "hide tags" と "cut spaces" をチェック，"What you Get" タブで "Collocates" の "Horizons" = "3L to 3R"，"Min. frequency" = "1"，"length" = "1"，"stop at sentence break" を選択．この他の設定項目が違う場合も，本稿と結果が異なる可能性がある．

9. BNC の不備のために，調べてみると重複している使用例が見つかる．本章では記述を簡潔にするため，データの修正は行わなかったが，実際の研究ではデータの修正が必要であることに注意されたい．

10. この Excel ファイルは http://www.hucc.hokudai.ac.jp/~p16537/ECL/ からダウンロードできる．

11. この計算結果も注 10 の Excel ファイルに含めた．

第7章　コーパスに基づく文法研究

　本章では Biber *et al.* (1999) 以降のコーパスに基づく文法研究を次の3つの視点から整理する.[1]

(1)　1.　頻度と分布調査
　　　2.　仮説の検証：項構造
　　　3.　語彙，文法，談話の相互作用

その中でコーパス英文法研究の最近の流れを追い，次に no matter 構文に関する研究事例を示し，最後にむすびとする．と同時に，どのようなコーパスをどのように利用しながら，新しい英文法研究を開拓するか，という問題を常に意識しながら，議論を進めたいと思う．

7.1.　はじめに

　最初に文法研究にコーパスをなぜ用いるのか，という問いに答えたい．McEnery & Wilson (2001[2]) に従い，3つの理由をあげることができる．第一に，汎用英語コーパスは英語変種全体を代表しているという前提に立つので，コーパスに基づく英文法は英語全体を対象にした分析ができる．英語直観に基づく研究の有用性を認めるにしても，英語全体の姿を映し出すにはコーパスの活用が必要である．第二に，従来の質的分析に加えて，言語資料をコンピュータで処理するので，たとえば頻度のような数量的な分析が可能である．Leech (1992) は，コーパス言語学は言語能力よりも言語運用に中心を置くという．そうすると，ある語彙や文法現象がどのくらいの頻度で起こり，類似のものとどう違うのか，似ているのか，という問題に大いに関心を持つ．第三は，英語を代表するコーパスならば，言語理論から導かれた仮説が正しいかどうか検証できるという点である．たとえば，Halliday の体系機能文法では，言語使用域の体系を構成する文法項目間の関係を明らかにしたい．関係代名詞 that と which のうち，どちらかを選ぶとき，話し言葉ならば that が，書き言葉ならば which が選ばれる確率が高い，という仮説を立てる．さらにコーパスから話し言葉，書き言葉別に関係代名詞の that, which

の生起確率を算出し，その仮説が正しいかどうか，を検証する．
　次に，本章でいうコーパスに基づく文法研究の範囲を示したい．Kennedy (1998: 88–203) は「コーパスに基づく英語記述」として

(2)　a．語彙記述
　　　b．語中心の文法研究
　　　c．文中心の文法研究
　　　d．話し言葉の語用論
　　　e．コーパスに基づく英語変種研究

という5項目をあげている．特に (2e) には，話し言葉と書き言葉の比較，地域別英語の比較，言語使用域にみる英語のバリエーション，言語変化の研究が含まれている．本章で紹介するコーパス研究の多くも，語彙，文，談話，変種と研究対象を幅広く取っている．これは従来の文レベル文法規則研究に加えて，コーパスを使用することで，その文法規則の語彙的側面まで分析ランクを降りていくこともできるし，逆に文の連続体である談話，言語使用域，変種にまで上がって文法の規則性を説明しようとする．別の言い方をすればコーパス研究者は，ある文法現象を調べるときに，語彙，文，談話の間を自由に行き来しながら，個別言語の中核的な部分から周辺的部分まで幅広く研究したいのである．

7.2. 頻度と分布調査

　1991年に Svartvik が「コーパス言語学はようやく独り立ちした.」と宣言して以来，一人前になったコーパス言語学者が国際的なプロジェクトチームを作って書き上げた体系的英文法書が Biber et al. (1999) である．英語記述文法の先輩である Quirk et al. (1985) の文法的枠組みを基本的には踏襲しつつも，会話，小説，新聞，学術英語の4種類の言語使用域における英語の使用実態を，筆者たちが独自に編纂した LSWE Corpus (約4,000万語) に基づいて丹念に調査し報告している．

　Biber et al. (1999) の記述具体例として，前方・後方修飾を伴う名詞句の言語使用域別分布を取り上げる (578–579)．コーパスの調査結果として，会話において修飾語句を取る名詞はわずか15%に過ぎない．対照的に，学術英語は約60%の名詞が何らかの修飾語句をとり，その内訳はおよそ25%が前方修飾，20%が後方修飾，12%が前方・後方修飾である．例文 (3), (4) で

は名詞句は [ ] でくくっている．

(3) CONVERSATION
A: [Trouble] is [granny] does [it] and [she]'s got [loads of time]. [She] sits there and does [them] twice as fast as [me]. [I] — what [I] like doing, [I] like [the pictures].
B: Yes.

(4) ACADEMIC PROSE
In studying [his continuous transformation groups ([groups whose elements depend upon a system of continuously varying parameters satisfying certain differentiability conditions])] [Lie] was led naturally to study [some non-commutative, non-associative algebras subsequently named after him: [Lie Algebras]].

このような違いはなぜ生じるのか．会話の場合には，話し手・聞き手が共有している文脈や知識が前提になっているので，修飾語句がつかない名詞や代名詞を使うのが当然だとされる．もし修飾語句をつけると，「わかりきったことをわざわざ言う，話がくどい」人だと評価されるであろう．他方，学術英語は新情報を修飾語句の形で提示することが普通である．その結果，語彙的密度が非常に高い名詞句が形成される．

このような Biber らの説明については，次の警鐘も忘れてはならない．Sinclair (2001) は，語彙的密度を意味の複雑度を測る研究手段の1つとして価値を認めつつも，1語すなわち1意味という等式はいつも成立するわけではないので，語彙的密度だけの説明は表面的だと批判する．また会話英語特有の複雑度も認めなければならない，と言う．たとえば，Biber らの研究でも，句動詞のような2語(以上)からなる動詞は，学術英語よりは会話での頻度が高い．そうすると，多くの機能語が実は語彙的密度を上昇させる動詞句の一部をなしているのである．

コーパスに基づく記述的文法の特徴は，特定ジャンルにおいて，ある文法項目がどれくらいの頻度でどのように分布するか，あるいは話し言葉，書き言葉でどのような機能を果たしているか，という問題設定である．この特徴が見事にあらわれているのが，Oh (2000) の actually と in fact の比較研究である．

アメリカ英語の話し言葉，書き言葉のジャンルで actually と in fact の頻

度を調べることから始める．actually は書き言葉に比べて話し言葉で約 3.4 倍の頻度を示す．一方，in fact は話し言葉，書き言葉ほぼ同等の頻度である．さらにアメリカ英語とイギリス英語について actually と in fact の頻度を比べると，話し言葉ではイギリス英語が明らかに高く，書き言葉ではほぼ同じくらいという結果である．このような英米語の差をどのように解釈するか，という問題が残る．これについて Oh は，actually と in fact が共通して「聞き手にとって予想外の話をします．」という合図として働くから，イギリス英語話者はアメリカ英語話者よりも聞き手側に立ち，その驚きや不安を軽減しようとするコミュニケーション・スタイルを取るからであろう，と仮定している．このような仮説の証明には，コーパスから現在よりはるかに豊かな文脈情報を引き出せるようにする必要がある．

actually と in fact を文中における位置で比較し，話し言葉，書き言葉でそれぞれどのような機能を果たすのか，議論を続ける．

表 7-1 Distribution across positions in the Brown Corpus and the Switchboard Corpus

Position	Brown (Written)		Switchboard (Spoken)	
	actually	in fact	actually	in fact
Initial	43 (26%)	65 (43%)	34 (34%)	86 (86%)
Medial	123 (74%)	83 (55%)	58 (58%)	6 (6%)
Final	0 (0%)	3 (2%)	8 (8%)	8 (8%)
TOTAL	166 (100%)	151 (100%)	100 (100%)	100 (100%)

ここではアメリカ英語の電話の話し言葉（Switchboard Corpus）を取り上げる．文頭の actually は，直前の話し手に反対する，反論する，誤りを正すというような面子威嚇発話行為（face-threatening speech act）を合図する．in fact は大部分が文頭に生起し，予想外にも先行する話の内容を強める発話をする予告マーカーとなる．文中になると，in fact は極めて低頻度でしか起こらず，その機能も文頭とあまり差がない．逆に actually は文中が最も高頻度で，またその用法は，局地的用法と全体的用法に分けることができる．局地的用法とは actually が really とほぼ同じような意味で用いられ，actually が生じている文の真偽値を強化するという，文内での働きに

限定される．(例 A: ... and I like it just for the noise. B: That's right, but do you actually watch it ... ?) 全体的用法は，文頭用法と同様に先行する発話との関連が重要で，話し手が反対論を展開する合図として機能する．(例 A: ... because it's not well easy. B: I think that the drug thing would actually be relatively easy to solve ...) 文末では，actually, in fact ともに文頭と同じ働きをする．以上のように，コーパスの綿密な観察の結果，類義語関係とされる actually と in fact の間でも，生起頻度および文中の位置による機能差が見られる点を実証した点に，Oh (2000) の価値がある．

　特定ジャンルで外置構文が果たす機能を分析する Herriman (2000) もコーパスを利用した記述文法として優れている．彼は最初に外置構文を Halliday の観念構成部門，対人部門，テクスト構成部門別に機能分析する．次に，LOB Corpus のテキストカテゴリー別に外置構文がどのような働きをするか，を丁寧に論じる．そのうちから新聞社説を見ることにすると，このテキストカテゴリーは，他のどのテクストカテゴリーよりも外置構文を多く用いていることがわかる．なぜそうなのか．Herriman は 2 つの対人機能的解釈を行う．1 つは，外置構文により，社説の筆者は自分の意見を明示的に書けること，2 つ目に，外置構文を使えば，誰の意見かを言わなくてもすむので，自分の意見に客観性と一般性を持たせることができると言う．それではこうした機能が社説でどのように実現しているだろうか．新聞記事部分によくみられる it is likely/unlikely/probable that という外置構文とは対照的に，社説部分では it is true/evident/certain という，より強い主張をする外置構文が主流である．また社説では，比較し，かつ否定したい意見を it is true that の構文で取り上げ，その後に but 節や even though 節で筆者の意見を述べるという手法もおなじみである．

(5) It is true that there have been considerable changes over the years in the character of mathematics taught in British universities, but this is to be expected of any living subject.

(Herriman 2000: 215)

筆者の意見の妥当性を高めるため，先に予想される対案 (that から but の前まで) を一旦は受け入れる．その後に自分の意見 (but 以下) を出すのである．

第 7 章 コーパスに基づく文法研究　　　　149

外置構文について，社説の対極に位置するのが小説というテキストカテゴリーである．小説の目的は物語を展開することであり，筆者の意見を述べることではない．したがって，外置構文の頻度は最低で，社説の三分の一であるという．また小説で外置構文が用いられるのは，話者が物語中の登場人物の視点に入り込む場合である．

(6)　It had seemed to him clear when his wife came back from the hospital that it was the Christian God who now sat on Kerinyaga in place of Ngai.　　　　（Herriman 2000: 221）

(6) では，that 以下のことを clear だと思ったのが誰か，という視点を設定するために，外置構文が用いられている．従来の外置構文一般の機能分析が重要であることは十分了解できる．他方，同時に Herriman のようにテキストカテゴリーごとに外置構文の機能を考えることも同様に大切である．さらに言えば，Herriman の論文は，コーパスが当該言語を適切に代表するにはどのようなテキストカテゴリーを採用すべきか，という問題を考え直すきっかけを与えてくれる．

7.3.　仮説の検証 — 項構造

認知文法のモデルの 1 つに用法基盤モデル（usage-based model）がある．このモデルによれば，「言語体系を作り上げ形づくるのに，我々が生後積み重ねていく経験が重要な働きを果たすと考えている．どんな用法にどの程度さらされたか，またどのような言語表現を繰り返して聞いたか，といった，実際の場面に基づく経験が，私たちの記憶，ひいては知識の形成に大きく影響するとみなしているのである．」（早瀬 2002: 38-39）Thompson & Hopper (2001) は，用法基盤モデルを項構造（argument structure）に適用しながら，どの動詞がどの項を取るかは決して心的辞書（mental lexicon）中で決まってしまっている訳ではなく，実際の言語使用の影響を多分に受けるという主張をする．

　Thompson & Hopper は項構造の柔軟性を実証するために次のような証拠をあげる．第一の証拠が日常会話で容易に観察できる項構造の拡張である．(7) がその例である．

(7)　a.　We don't **minutes** this meeting.（この会議は議事録を取りません）

b.　You can send **me** $5 **to the department**.（5 ドルは学科の
　　　　ほうへ送ってください）

（7a）では minutes を臨時的に動詞化し，他動詞として目的語を取るという拡張を行っている．（7b）を見ると，普通は送り主，送り先，送りものという 3 項を取る send にもう 1 項追加している．これらの拡張文を奇抜な文だと思うかどうかについては，個人差がある．たとえば学科主任のように日頃から議長を務める立場にある人は，（7a）を容認するだろうし，逆に会議に出席する機会が少ない話者は，（7a）にはまさに「変な文」というラベルをはるであろう．しかしながら，最初は変な文だと判定していた話者も（7a）を何度か自然な文脈で聞く体験を積めば，この文を容認するようになる．つまり英語話者全員の項構造が画一化していないのである．

　第二の証拠として，動詞の頻度が上がれば上がるほど，その項構造は固定できなくなる，という点を指摘している．具体例としては動詞の get があげられる．この動詞のとる文型について，コーパスを本格的に活用している『ウィズダム英和辞典』（2003）は，

（8）　a.　SVO
　　　b.　SVOC：　get A to do, get A C, get A done, get A doing
　　　c.　SV：　　get 副詞
　　　d.　SVC：　 get C, get done, get to do, get doing

と実に多様な変種をあげている．また get の例文中に SVOO という文型も追記されている．そうすると学校文法でいう五文型すべてに現れることがわかる．get のように英語の動詞の中でも最高頻度で使われると，頻度に応じた多様な使われ方を話者が実行する結果，その項構造はとても決めがたいものとなる．get の同義語としてよくあがる obtain は，頻度が get より 1 つ下になり，その分，項構造はかなり安定している．『ウィズダム英和辞典』によれば，

（9）　a.　obtain A (from B)
　　　b.　obtain A B (= obtain B for A)
　　　c.　obtain

の 3 種類である．頻度が下がれば下がるほど，その項構造は限定される．し

たがって，用法基盤モデルに立てば，結合価（valency）や項構造と呼ばれる構造は，英語話者が言語習得過程で学習すべき項目とのみ考えずに，別の話者が使っているのを聞いたり，本人が日常生活の中で使ったりしていく中で形成されると考える．もしコーパスが言語運用を代表するサンプルだとすれば，項構造研究にとってコーパスは貴重な資料となる．

　Thompson & Hopper (2001) と同様に用法基盤モデルに立つ Tao (2003) は，「動詞がとりうる補文のタイプはその意味構造から決まる」という Van Valin & Wilkins (1993) の仮説を，remember を例に話し言葉コーパスで検証している．Van Valin & Wilkins は，remember の意味構造から to 不定詞，動名詞，that 節という補文を取ることが予測される，と言う．そこでアメリカ英語の話し言葉コーパスから 399 例の remember を検索し，その補部を分類する．すると，Van Valin & Wilkins が予測する補文の例は 104 例で 26% に過ぎない．残り 295 例 74% の remember 補部の内訳は，目的語無し，単純な名詞句，関係節である．さらにそのうち，目的語無しが 159 例と一番多く，remember 補部の約 40% に相当する．Tao はさらに 399 例の主語を調べる．すると，1 人称が 55%，2 人称が 14%，3 人称が 3%，そして注目すべき主語無しの remember が 28% という分布が得られる．

　そこで Tao は remember が談話でどのような役割を果たしているか，を調べる．そうすると，remember は I can't remember や I can remember というフレーズで話し手の確信度が高いか，低いかを示す用法が中心的であることがわかる．また例文 (10) に見るように，remember, do you remember を話者のターンの前後に配置し，メタ言語的に使っている．

(10) 　GU: **Remember**, we did something earlier. We have a similar sentence. And we kind of softened it a bit. I think we made an (Inaudible). Jack, **do you remember**?
　　　PI: We took out that phrase 'that could be used to make decisions about' and simply said 'in cases to reuniting scores for individual students was the case.'

つまり，「思い出せ」と命令しているのではなく，あくまでも聞き手の注意を引くためや聞き手の答えを求めるために remember を使っている．これまで見てきたように，用法基盤モデルに立つと，今まで言語使用上の例外だとされていた項構造が実は，話し言葉の中で重要な機能を果たしていることが

わかる．

　項構造に関する仮説を検証するためにコーパスを用いるもう1つの研究として，Du Bois（2003a, 2003b）を取り上げることにする．談話と文法の関係を一貫して追及する Du Bois は，項構造を考える際に，談話の情報管理原則が作動し，優先度の高い項構造と低い項構造という区別があるという仮説を提案する．この優先項構造仮説の中味を順に見ていくと，1項述語の場合(つまり run や come のような自動詞の場合)，その1項を満たす名詞句は，どのような形式のどのようなサイズの名詞句でもよい，つまり自由である．2項述語(つまり enjoy や eat のような他動詞)の場合，2つの原則が働く．1つは，2つ以上の語彙的中核項（lexical core argument）は避けよ，であり，もう1つは，他動詞の主語として語彙的(動作主)名詞（lexical agent）は避けよ，である．具体例をあげよう．

(11) a. But I enjoyed the movie.
　　　b. She's eating that bug.
　　　c. So I stopped the car.

例文 (11) は，語彙的中核項が目的語のみの1項であり，主語の名詞はすべて代名詞で語彙的名詞は避けている，と言える．例文 (12) に見るように，3項述語(たとえば give, tell, show) の場合にも2項述語と同様の原則が適用され，語彙的項は1つである．残りの項は代名詞として実現するパターンが基本である．

(12) a. I told you that story.
　　　b. You have to buy em feeder fish.
　　　c. Yeah she showed me all that stuff.

語彙的中核項は原則的に直接目的語であり，主語の動作主も語彙的名詞を避けている．以上のような優先項構造仮説が妥当かどうかを話し言葉コーパスで調べることができる．

　2つ以上の語彙的中核項は避けよという原則がどう実現されているか，という問題意識を持ちながら，Du Bois は Santa Barbara Corpus of Spoken American English を調査した結果，表7-2 を得る．この表で語彙的項がゼロとあるのは，たとえば主語，目的語の両方が代名詞である場合である．（例 she admired him.）表 7-2 は仮説通りに，2つの語彙的項が例外的である

第7章 コーパスに基づく文法研究

表 7-2 語彙的項数に基づく文の頻度

Quantity	0		1		2		Total	
	N	%	N	%	N	%	N	%
English	252	47	241	45	39	7	535	100

表 7-3 主語・目的語に使用される語彙的項の頻度

統語的機能	他動詞主語		自動詞主語		他動詞目的語		Total	
	N	%	N	%	N	%	N	%
English	21	8	90	35	146	57	257	100

ことを証明している．語彙的項がゼロまたは1つが無標（unmarked）であることも容易に読み取れる．続いて中核項の主語や目的語に関する制約をコーパスで確かめる．

「他動詞の主語として語彙的項は避けよ」という制約は，表7-3の他動詞主語の数字が極めて小さいことから，コーパスにより支持されていることがわかる．他方，自動詞の主語には制約がないので，語彙的名詞が実現している．つまり Your case in Oakland will be a felony. のように主語にしっかりとした語彙的名詞をとる自動詞文がよくある，ということになる．他動詞目的語についても，予想通り語彙的項として最高頻度で実現している．

Du Bois が提案する優先項構造仮説は，英語に対してだけ適用されるのではなく，言語のタイポロジーに関わりなく適用される．その意味で Du Bois の論文では，他の言語の話し言葉コーパスを調べた結果が表 7-2, 7-3 と同じように載せられている．英語とタイポロジーが全く異なる日本語についても，表7-2 とほぼ似たような比率で語彙的項が起こっている．もう一点注意すべきは，Du Bois の仮説はあくまでも情報管理上の原則であるから，それに違反したからといってすぐ非文法的な文とはならない．たとえば，

(13)　a.　My wife would write a check for ten dollars, ...
　　　b.　and a lot of kids mentioned Ana.

のように，他動詞の主語,目的語両方に語彙的項をとる例文もコーパス中に見られる．Du Bois の仮説は，(13)のケースは例外的だとするし，実際コーパスにおける頻度は低い．

7.4. 語彙，文法，談話の相互作用

stance, affect, modality と色々な呼び方をされる話し手・書き手の意見表明を，Thompson & Hunston (2000) は「評価 (evaluation)」と名づけ，コーパスを活用しながら語彙，文法，談話を縦断的に調べている．

語彙と評価の関係を調べる研究の1つとして，意味的プロソディ (semantic prosody) に注目しよう．意味的プロソディとは，ある語句が肯定的あるいは否定的文脈とともに頻繁に生起すると，結果的にその語句も肯定的または否定的意味合いを言外に持つようになる現象をさす．肯定あるいは否定という評価が，問題の語句を超えてその前後にまで及ぶことになるので，プロソディという音声学用語を意味論に援用している．それでは具体的な例として，par for the course (予想通り，当然で) というイディオム表現を考えてみよう (Channell 2000)．ゴルフの世界でパーと言えば，どちらかと言えば肯定的評価を得る．それが比喩的表現として使われる場合にどうであろうか．Channell は Bank of English 中の British Books コーパスから，par for the course のコンコーダンスラインを引き，その主語を列挙している．

(14) wailing, South African interference in Namibia, an insubstantial presence, vulture-like behaviour, vicious infighting, something which is out of order, something missed, a contested will, scoring E for subtlety, something cancelled, Michelle being put out, disturbing dreams

さらに文脈を見るまでもなく，par for the course は事件や行動が明らかに否定的と判定される文脈に限定されている．別の言い方をすると，par for the course の主語となる名詞句が文字通りは否定的でないとしても，言外には話し手の否定的評価が込められていると言える．その意味で，Channell があげる次の例はおもしろい．

(15) D: That was nasty wasn't it Eve
E: Yeah but it's par for the course [laughter]

E は D に同調して否定的文脈と一見無関係であるかのように思える．しかし，この場合でも E は D の評価を受け継ぎながら，「そのひどいのは」は当然だ，という意味を伝えている．したがって par for the course が有する意味的プロソディは依然有効である．

さらに Hunston (2001) が指摘している see the amount of も興味深い。Bank of English からの 1 例を引用する．

(16) That's the somewhat uncharitable thought that flashed through my mind when I **saw the amount of** attention that the Faber Book of Science and its editor, John Carey, have received in the newspapers and on the radio.

この例文の場合，the Faber Book of Science とその編集者が集めた注目度について「予想以上に高い」という書き手の評価が入り込んでいる．特に1行目にある uncharitable thought から，ここでの注目はあまり芳しくないものとわかる．Hunston によれば，Bank of English コーパスにある see the amount of の用例を見ると，of 以下には良い物も悪い物もきているので，see the amount of の意味的プロソディは肯定的，否定的の両面がある．したがって後は see the amount of 以外のところで見られる評価語により，see the amount of の善し悪しが決まってくる．意味的プロソディについては，さらに Stubbs (2001) も参照されたい．

文法と評価を結びつけるのは Hunston & Francis (2000) の評価形容詞のパターン文法であり，Hunston & Sinclair (2000) の評価文法 (local grammar of evaluation) である．そこで評価を示す代表的パターンとその例文をあげてみる．

(17) a. THERE + LINK VERB + SOMETHING/ANYTHING/NOTHING + ADJECTIVE GROUP + ABOUT/IN + NOUN GROUP/-ING CLAUSE
(e.g., There was something familiar about his voice.)
b. IT + LINK VERB + ADJECTIVE GROUP + CLAUSE
(e.g., It is awful that it should end like this.)
c. LINK VERB + ADJECTIVE GROUP + TO-INFINITIVE CLAUSE
(e.g., Horses are pretty to look at.)
d. LINK VERB + ADJECTIVE GROUP + THAT-CLAUSE
(e.g., I'm fairly certain that he is an American.)

  e. PSEUDO-CLEFTS
    (e.g., What's interesting is the tone of the statement.)
  f. PATTERNS WITH GENERAL NOUNS
    (e.g., The surprising thing about chess is that computers can play it so well.)

(Hunston & Sinclair 2000: 84-91)

パターンと評価形容詞とは密接に結びついているので、非評価形容詞が(17a)のパターンで使われると、その形容詞は評価形容詞に転身することが次例からわかる．

(18) There's something very English about the tradition of watercolour.

(18)の English は本来特に評価的意味は持ち合わせていないけれども，(17a)の評価を示すパターンで用いられているので，評価形容詞に変化し，イギリス的であるから良い，あるいは悪いという評価が生じる．

 談話と評価の関係を考察するのにふさわしい語として，Halliday *et al.* (2004: 133-142) に基づいて globalisation, globalization を選ぶとしよう．globalisation を Bank of English から検索する．その結果，globalisation と高頻度で共起する語は anti, world, against, means, economic, international, business であるとわかる．ここで注意すべきは，これらの共起語の中に，anti や against など globalisation に対して明白に否定的意味を作り出す語が入っている点と，それらの出典が新聞である点である．第二段階の検索式として，"globalisation is" と入れる．その結果，後に続く補語としては，

(19) a fact, a trend, a process, a phenomenon, an opportunity, an unstoppable force, both good and inevitable, here to stay, inherently harmful, is like a giant wave; not inevitable, not to be resisted, not a painless exercise, the big issue, etc.

という語群である．多様な語が混ざりすぎているため，これらの語を何か共通語でくくることは難しい．ただしそれでもかなり感情的な語句が目立ち，肯定，否定が強調されているぐらいの一般化は許されよう．

これに対して専門家向けの本に登場する globalisation や globalization の場合，それらの文脈から（19）のような感情的表現が消える．たとえば Bank of English からの the globalization/globalisation of markets を含む例文を見ると，グローバル化は既定の事実であり，グローバル化した結果，どういう変化が起こりつつあるのか，どのようにグローバル化が進行しているのか，という文脈が圧倒的になる．このように，同じ globalisation という語が一般大衆向けの新聞という談話で使われる場合と，専門家向け書籍という談話に織り込まれる場合では，その評価が大きく異なるのである．

7.5. 研究実例[2]

ここまで，頻度と分布調査，仮説の検証，語彙，文法，談話の相互作用とコーパスに基づく文法研究を紹介してきたが，最後にコーパスに基づく研究実例をあげる．英語の no matter が譲歩節を形成するときに，後にどのような補部がとれるのか，BNC を使いながら，その可能性の範囲を探ることにする．結果として，接続詞 no matter がさまざまな段階を踏みながら前置詞の性格を獲得しつつある過程を描きたい．どの辞書，語法書も一致して認めているのが，（20）のように，no matter は WH 節を補語に取ることである．

(20) a. the feet in particular seem to suffer **no matter how** many pairs of socks you put on
b. he had failed to support them in public **no matter what** his intentions were.
c. So that **no matter when** you die, whether you're a hundred and twenty or whatever, you can get the sum that you've assured
d. **no matter which** way they land, they always have a point sticking up in the air

それでは no matter とその後にくる WH 語の種類の関係はどうなのだろうか．no matter の後に現れる who, what, where, when, how, why の頻度を調査すると，表 7–4 の結果が得られる．この頻度表から明らかなように，no matter how, no matter what が中核となって，そのまわりに no matter who や no matter where が位置し，さらに周辺に no matter when, そし

表 7-4 no matter + wh-句の BNC における頻度

no matter who	no matter what	no matter where	no matter when	no matter how	no matter why
43	553	72	5	990	0

て最も外側に no matter why が置かれる．このような no matter と WH 語のコロケーションを考慮している英英辞典が *COBUILD4* (2003) である．その matter の項で，no matter how と no matter what を代表的構文として明記している．

コーパスをさらに見ると，前置詞が WH 代名詞に先行しているケースも珍しくない．次例では no matter のすぐ後に前置詞 + wh 句が見られる．

(21) a. **No matter for how long** period lifers are detained, the Home Secretary will release those people only if he considers that it is safe to do so.
   b. **No matter from which angle** they are viewed, these statues reveal that the head and limbs counter-balance each other ...
   c. and I hope that you get your piano installed, **no matter with whom** you have lessons

WH 節以外では IF 節，THAT 節，WHETHER 節が数多く実現している．この点も従来の辞書，語法書があまり注目していない事実である．

(22) a. **No matter if** it does not appear to be infected, clear up all leaf matter and burn it.
   b. **No matter that** I had no experience, I had rehearsed this role for years, ...
   c. it will be a theory of intelligent information processing, **no matter whether** that is realised in silicon or in tissue.

BNC で頻度を調べると，no matter if 12 例，no matter that 23 例，no matter whether 20 例という頻度数が得られる．こうした英語の実際を反映させているのが *LDOCE4* (2003) で，matter の 26 番に no matter that を掲載している．

第 7 章 コーパスに基づく文法研究

次に no matter 以下でどのような省略が可能であるか，コーパスを使って調べてみよう．まず連結詞 BE の脱落例から見ることにする．

(23) a. ... the ordinary man or woman would surely be brimming over with a joke or two **no matter what the occasion**.
b. This gives almost unfailing accuracy **no matter what** the weather conditions.

このような BE 動詞の省略は決して例外的でなく，BNC で no matter what を 100 例引くと，そのうち約 25% が BE を省略している．no matter how のコンコーダンスラインを見ると，主語＋BE 動詞を省略した例も見つかる．

(24) a. A marriage, **no matter how brief**, was a complex, problematic business ...
b. A society which does not use toothbrushes, for instance, will be an unlikely target market for the introduction of toothpaste, **no matter how cheap**.

no matter how の検索例にはさらに別の省略形も見える．no matter wh＋副詞に後続する部分が省略を受けている．

(25) a. He felt that to stop the dance and make gestures, **no matter how elegantly**, destroyed the flow and the ability of the dancers to communicate expressively the meaning of their movements.
b. After all, Ludo, darling, who can resist the making of history, **no matter how briefly**?

先行する文脈から主語＋動詞を補ってやる必要がある．(25a) ならば elegantly の後に he stopped the dance and made gestures を，(25b) では briefly の後に he makes the history を復元できる．(25) と同種類に分類できるかもしれないが，(26) のような省略もある．(21) と同様に前置された前置詞＋wh を含むが，wh の後が省略された譲歩節である．

(26) a. They had had enough of fighting, **no matter against whom**.

b. However, once new laws and theories have been arrived at, **no matter by what route**, there remains the question of the adequacy of those laws and theories.

(26) をさらに推し進めると，no matter what（何としても），no matter how（どんな手段を使ってでも）という固定表現にまで達する．

(27) a. To finish on, they've got to finish Saturday **no matter what**, yes.
b. ... happiness is to possess, to compete and to succeed **no matter how**.

no matter what の方が固定化，独立化が進んでいる．そのため，*LDOCE4* は no matter what のみを項目化している．

　no matter 譲歩節省略形の変種の最後として，no matter ＋名詞句というパターンを観察する．このパターンについて最初に Culicover (1999) の分析を見ておく．no matter ＋ NP が成り立つのは，NP が潜伏疑問文として解釈できる場合である，と Culicover は主張する．そのため (28) は文法性がすこし落ちるものの認可される．

(28) ?no matter the reason
　　　　　　the time
　　　　　　the method

しかしコーパス資料は，この予測よりもかなり認可範囲が広い．(29) の例ならば，(28) と同様に潜伏疑問文に基づく分析を適用することが可能かもしれない．しかし (30) を見ると，Culicover の主張よりも no matter は多様な名詞句を受け入れている．

(29) no matter the amount of money
　　　　　　the size of each individual gift
　　　　　　the type of farmers and enterprises
　　　　　　the style in which it is written
(30) no matter the uncertain footing
　　　　　　their class background
　　　　　　their current state

第 7 章　コーパスに基づく文法研究　　　　　　　　　161

the tidal wave of opposition

ここでは no matter が接続詞に加えて前置詞としても働きだしていると考えたい．

　no matter WH 節という基本形から出発し，節の変種を整理し，次に省略が適用される場合の変種をながめ，最後に前置詞 no matter に到着した．このように大規模コーパスを使うことで，no matter が接続詞から前置詞までのグレディエンス（gradience）のなかで，どのような変異形を実現しているのか，という問題にアプローチすることができるのである．

7.6. むすび

　本章では，コーパスが文法研究で果たす役割として，1) 頻度と分布調査，2) 仮説の検証：項構造，3) 語彙，文法，談話の相互作用という 3 つの論点を順番に論じ，最後に研究実例として no matter の補部の記述を試みた．本章で実践してきたように，コーパスは実際に話し，書かれた言葉を集めた言語使用記録であるので，文という範囲に閉じこもらずに，語彙，談話，言語使用域と研究範囲を広く取る方がおもしろい研究ができよう．また，これまでコーパス文法研究者は，自分の研究目的とは別のところで作成されたコーパスを使わせてもらう，という消費者的姿勢が目立っていた．しかし，Meyer (2002) が提案するように，今後はコーパス文法研究者もコーパスを積極的に加工すべきである．自らの文法研究に必要なタグを積極的にコーパスに付与したい．さらにはコーパス編纂者に対して，このようなコーパスが欲しいと，注文を大いに出すことが求められよう．そうした形で，コーパス編纂，コーパス検索，コーパス分析それぞれに携わる人が大いに交流を進めることで，コーパス言語学の今後が開けてこよう．

注

1. 本章は深谷（2004）に大幅な修正，加筆を加えている．
2. この記述は深谷（2001）に基づいているが，滝沢直宏，日比野日出雄（『英語青年』2002 年 3 月号），八木克正（Website『語法の鉄人』http://www.l-world.shogakukan.co.jp/e-tetujin/）の三氏からいただいたコメントに感謝したい．なお上記サイト記事は 2006 年 2 月で終了しており，現在はアクセスできない．

第8章　コーパスに基づく英語史研究

　すでに1.4.1.で述べたように，Helsinki Corpus が公開されてすでに10数年が経つが，時代を広くカバーし，多数のジャンルを含む汎用的な通時的コーパスで一般に利用可能なものは，今なお Helsinki Corpus だけであるので，本章では，通時的コーパスへの導入としてこのコーパスの概要を紹介するとともに，通時的英語コーパス言語学（diachronic English corpus linguistics）の進展により英語史研究がどのように変化しつつあるかについて簡単に触れる．引き続いて，コーパスを利用した英語史研究の具体例を紹介する．

8.1. はじめに

　従来の英語史研究では，Chaucer, Shakespeare など，文学史上著名な特定の作家や，聖書，年代記，頭韻詩など特定の作品群（ジャンル）を資料，すなわち「コーパス」として言語研究を行うことが主流であった．研究者1人が調査できる資料の量，範囲には限界があり，また，研究対象とされる時代，文献資料にも偏りが見られた．ほとんど顧みられることのなかったジャンルも数多く存在することを考えれば，これまでの研究では，英語の歴史の限られた部分しか明らかにされてこなかったと言えるのではないか．
　多様なジャンル，テキストタイプ，時代区分への配慮に基づいて編纂された通時的なコーパスの出現は，英語史研究のあり方を大きく変化させた．その原動力となったのが，Helsinki Corpus である．これは，750–1710年の間に書かれたさまざまなタイプのテキストから約160万語のサンプルを集めたコーパスである．それぞれのサンプルには，当該テキストに関する情報（成立年代，方言地域，作者の性別，年齢，言語使用域など）が付与されている．これは，近年特に関心が高まっている社会言語学的視点からの史的言語変化研究における「変異」（variation）重視の流れと結びつき，よりきめ細かな英語史研究の可能性を開いている．[1]

8.2. Helsinki Corpus 概観

Helsinki Corpus は，その正式名称 The Helsinki Corpus of English Texts: Diachronic and Dialectal からも明らかなように，通時的な言語資料を集成した Diachronic Part と方言資料を集成した Dialectal Part の2つの部分からなる．前者はさらに，古英語・中英語・初期近代（イギリス）英語から選択されたテキストからなる 'basic corpus' と，スコットランド英語（1450–1700），初期アメリカ英語（1620–1720）という地域変種に焦点を置いた 'supplementary corpora' で構成される．[2] 世界最初の英語の通史コーパスとして早くから注目を集めてきた Helsinki Corpus の 'basic corpus'（以下，これを Helsinki Corpus と呼ぶ）は，1984年に編纂作業が開始され，1991年に完成し公開された．

8.2.1. Helsinki Corpus の構成

Helsinki Corpus の構成（時代区分，語数）は次の通りである．

表8-1 Helsinki Corpus の構成

時代区分		語数	%
Old English (OE)			
OE1	– 850	2,190	0.5
OE2	850– 950	92,050	22.3
OE3	950–1050	251,630	60.9
OE4	1050–1150	67,380	16.3
計		413,250	100.0
Middle English (ME)			
ME1	1150–1250	113,010	18.6
ME2	1250–1350	97,480	16.0
ME3	1350–1420	184,230	30.3
ME4	1420–1500	213,850	35.1
計		608,570	100.0
Early Modern English, British (EModE)			
EModE1	1500–1570	190,160	34.5
EModE2	1570–1640	189,800	34.5
EModE3	1640–1710	171,040	31.0
計		551,000	100.0
総計		1,572,820	

— Kytö & Rissanen (1993: 3) および Kytö (1996^3, 1.1.) に基づく

当初，現代語の Brown Corpus や LOB Corpus と同じ，約 100 万語規模のものが計画されていたが，通時コーパスの場合，100 万語規模に抑えることが困難であったため，最終的に現在の規模に落ち着いた（Kytö & Rissanen 1993: 3）．時代区分ごとの総語数にかなりのばらつきが見られるのは，時期によっては現存するテキストの数が少ないことによる．

8.2.2. Helsinki Corpus の特徴

8.2.2.1. パラメータの設定

Helsinki Corpus では，テキスト選択の際に考慮されたさまざまな要因（言語的・言語外的）に関する情報がすべてパラメータ（参照コード）の形でそれぞれのテキストファイルの中に取り込まれ，必要に応じて参照できるようになっている．Helsinki Corpus で設定されたパラメータは COCOA 形式で記述されており，その内訳は表 8–2 に示す通りである．[3]

それぞれのパラメータは参照部として各ファイルの冒頭に置かれる．[4] それぞれの < > 内にはパラメータとその値が指定される．たとえば，'text identifier' を表す Q では当該テキストの主要な特徴（'part of corpus', 'prototypical text category', 'text type'）およびテキスト名の省略形が指定される．[5] 複数のテキストファイルの検索結果を KWIC 形式で出力する場合など，あらかじめ検索ソフトウェアにこのパラメータを指定しておけば，出典の区別が容易にできるようになる（図 8–1 参照）．

表 8–2 Helsinki Corpus で設定されたパラメータ

 1: <B = 'name of text file'> 2: <Q = 'text identifier'>
 3: <N = 'name of text'> 4: <A = 'author'>
 5: <C = 'part of corpus'> 6: <O = 'date of original'>
 7: <M = 'date of manuscript'> 8: <K = 'contemporaneity'>
 9: <D = 'dialect'> 10: <V = 'verse' or 'prose'>
11: <T = 'text type'> 12: <G = 'relationship to foreign original'>
13: <F = 'foreign original'> 14: <W = 'relationship to spoken language'>
15: <X = 'sex of author'> 16: <Y = 'age of author'>
17: <H = 'social rank of author'> 18: <U = 'audience description'>
19: <E = 'participant relationship'> 20: <J = 'interaction'>
21: <I = 'setting'> 22: <Z = 'prototypical text category'>
23: <S = 'sample'> 24: <P = 'page'>

このようなパラメータを設定することで，従来の英語史研究では，いわば「十把一からげ」に扱われていた言語事実を，さまざまなパラメータと関連づけて細かく分析することが可能になった．

8.2.2.2.　テキストの選択

テキスト選択の原則は，校訂本 (edition) から多様なサンプルを採る，翻訳は避ける，散文を中心とする (Kytö & Rissanen 1993: 7) ということであり，さらに，1) 時代区分，2) 地域方言，3) 社会言語学的要因，4) テキストタイプの4点が特に考慮されている．

8.2.2.2.1.　時代区分

Helsinki Corpus は，OE および ME2 までを 100 年刻みで区分しているが，ME3 の終わりを 1420 年に設定している．標準英語成立の状況を観察する場合，この年代で区切る方が好都合であるという判断が働いたためである．EModE も 70 年刻みで下位区分されているが，これは共時態の比較による言語変化の観察をより精密に行うためには，細かい区分がよいと判断したためであり，特に 16 世紀後半，世紀の変わり目，17 世紀の最後の数十年に焦点が置かれている (Nevalainen & Raumolin-Brunberg 1989: 76)．

OE, ME は EModE に比べて現存するテキストの数が限られていることが，特に OE1, 2, 4 および ME1, 2 における語数の少なさに反映している．しかし，Helsinki Corpus の編者たちは，限られた数のテキストから長い引用を行うことによって，各期の語数をそろえることはしていない．少数のジャンルのテキストに偏った場合，各時代間の関連性・連続性が損なわれる危険性があるからである (Kytö & Rissanen 1993: 8)．

8.2.2.2.2.　地域方言

OE, ME のテキストの場合，一部の例外を除いて，作者についての情報はほとんど何もないのが普通である．また，写本の成立や系統，伝播の経路についても意見の一致を見ていない場合が多く，方言について確定的なことを述べるのは容易なことではない．しかし，Helsinki Corpus では典拠とした校訂本の編者の見解や，*Middle English Dictionary* (*MED*) (初期 ME の場合)，*A Linguistic Atlas of Late Mediaeval English* (後期 ME の場合) を参照して，各テキストファイルに方言区分を設定している (Kytö &

Rissanen 1993: 8–9）．

8.2.2.2.3. 社会言語学的要因

社会言語学的な要因がテキストの選択に大きく作用していることも，Helsinki Corpus の特徴の1つである．後期 ME 以降のテキストでは，性別・年齢・社会的地位・教育程度のような作者に関する情報，さらに書簡の場合には，書き手と受け手の関係（親密度・上下関係）が考慮されているし，科学的な文献では，専門的な知識をもつ読者が想定されているかどうかが考慮されている．また，説教，裁判記録など談話の場面に基づいて，形式ばったものかどうか（formal/informal）が判断されている（Kytö & Rissanen 1993: 9–10）．

8.2.2.2.4. テキストタイプ

テキストのカテゴリー化（ジャンル分け）は，コーパス編纂に常に伴う，非常に難しい問題である．カテゴリー化の裏づけとなる理論が確立しておらず，どうしても編者の主観的な判断が入り込んでしまうからである．Helsinki Corpus の場合，言語外的な基準—テキストの主題と目的，談話の場面，書き手の受け手の関係—に基づいて，LAW, PHILOSOPHY, SERMON, HISTORY, FICTION, DRAMA, LETTER, BIBLE など，全部で22のテキストタイプを設定している．[6] 非文学的なテキストの比重が大きいこと，戯曲，私的書簡，説教など，話し言葉に関する情報を得られる可能性のあるテキストが含まれていることに特徴がある．

22のテキストタイプのうち，OE, ME, EModE の3つの時代を通して現れるテキストタイプは，LAW, HANDBOOK, SCIENCE, PHILOSOPHY, HISTORY, TRAVELOGUE, BIOGRAPHY, FICTION, BIBLE の9つに限られる．英語史の3つの時代区分を通してジャンルの連続性を確保するということを考えた場合，これでは不十分であるから，テキストタイプの上位カテゴリーとして，1) statutory (STA), 2) secular instruction (IS), 3) religious instruction (IR), 4) expository (EX), 5) non-imaginative narration (NN), 6) imaginative narration (IN) という6つのテキストのプロトタイプが設定されている（Kytö & Rissanen 1993: 13, Kytö 1996³: 3.3.4.(2),（22））．

8.2.3. Helsinki Corpus の問題点

8.2.3.1. テキストタイプの妥当性

　多様なジャンルからテキストを採録することで通時的コーパスとしてのHelsinki Corpus の有用性は大いに高まったが，テキストタイプの設定の仕方そのものが便宜的なものであり，1つのカテゴリーに分類された複数のテキストが，均質的なものであるとは限らないので，Helsinki Corpus を利用した研究を行う場合には注意が必要である．たとえば，EModE の場合，各テキストタイプには可能な限り2つの作品を収録するようになっているが，そこで選ばれた作品がはたしてそのテキストタイプを代表するものと言えるのかどうかという問題がある．あるいは，同じテキストタイプに分類されていても，全く性質が異なるテキストが含まれている可能性はないのかということにも注意を払う必要がある．1例を挙げれば，HISTORY というテキストタイプには，年代記式に(編年体で)書かれた作品と，同時代の事件を叙述した作品が含まれている．また，BIOGRAPHY に含まれる OE, MEのテキストは聖人伝であるのに対し，EModE に含まれるのは自伝および通常の意味での伝記である．聖人伝も確かに伝記ではあるが，テキストの目的は近代的な意味での伝記とは異なっていたはずであり，これらを同一のタイプに納めることには疑問があると言わざるを得ない．さらに，サンプルとして抽出された箇所にターゲットとする言語形式が例外的に集中して現れる，あるいはまったく出現しないといったことも起こりえる．現在のテキスト構成では，このような「偶然的要因」を完全に排除することは不可能であると考えられる．

8.2.3.2. 規模(語数)

　Helsinki Corpus は総語数約160万語で OE から EModE まで (750–1710年) をカバーしており，いわば「広く浅い」コーパスである．テキストに設定されたさまざまな言語的・言語外的パラメータにしたがって各テキストをさらに細かく分類していくと，1つのテキストグループの語数が極端に少なくなり，そこから得られるデータの信頼性が低下することになる．このことは公開当初から問題とされてきた．Rissanen (2000a) は，現代の標準からすれば語数が少ないことは認めつつも，頻度の高い言語現象については信頼度の高い情報が得られること，短い抜粋でも，元のテキスト全体の言語

的特徴を驚くほど正確に反映することが多いことを指摘している.

8.2.4. 英語史研究において Helsinki Corpus が果たした役割

1991年の公開以降, Helsinki Corpus を利用した史的研究が数多く積み重ねられてきた. その範囲は, 語彙・形態・語形成・統語論のみならず, 言語変異や標準化の問題にまで及ぶ.[7] 中でも Helsinki Corpus の編纂に携わった研究者たちの手になる研究書3点, すなわち Rissanen, Kytö & Palander-Collin (eds.) (1993) および Rissanen, Kytö & Heikkonen (eds.) (1997a, b) は重要である. 前者に収められた8編のパイロットスタディは, Helsinki Corpus から多様な言語事実を引き出せる可能性があることを示しているし, 後者は, 近年関心を集めている文法化や史的語用論の研究に対しても Helsinki Corpus を初めとする通時的コーパスが有用であることを教えてくれる. また, *Diachronica, International Journal of Corpus Linguistics, English Language and Linguistics* などのジャーナル類にも Helsinki Corpus を利用した研究が見られる. 日本においても, 早くから Helsinki Corpus に対する関心は高く, EModE における動名詞の発達を扱った齊藤 (1993), 後期 ME から EModE にかけての強意副詞の消長を調査した西村 (1994), OE における助動詞 do を論じた保坂 (1996), 否定文中に出現する any の発達について ME から EModE にかけて調査した Iyeiri (2002), 後期 ME における接続詞 that の省略を論じた Otsu (2002)など, 記述的研究, 理論的研究の両方において, これまでに数多くの成果が発表されている.[8]

8.2.5. Helsinki Corpus 以後

Helsinki Corpus の編者たちは当初5年をめどに拡大改訂版を出すとしていたが, 結局今日に至るまで, 彼ら自身の手になる改訂版が公開されることはなかった. しかしながらここ数年の間に, 現行の Helsinki Corpus を補完する2つの注目すべき動きが見られるようなった. その1つは, すでに 1.4.6. でも言及したように, Helsinki Corpus のファイルを元に, 品詞標識・構文解析を施したコーパスの編纂が進んでいることである. この種のコーパスは, 1つのファイルあたりの語数を増やし, 新たなテキストを収録することで語数を大幅に拡大していることに特徴がある. OE では York-Helsinki Parsed Corpus of Old English Poetry (York Poetry Corpus 韻文約7万

語，2001年），Brooklyn-Geneva-Amsterdam-Helsinki Parsed Corpus of Old English（散文約10万語，2000年）およびその拡張改訂版 York-Toronto-Helsinki Parsed Corpus of Old English（YCOE 散文約150万語，2003年）が公開されている．[9] ME では Penn-Helsinki Parsed Corpus of Middle English（PPCME1 散文約51万語，1994年）およびその拡張改訂版（PPCME2 散文約130万語，2000年）が公開されている．EModE では Penn-Helsinki Parsed Corpus of Early Modern English（PPCEME 散文約180万語）が公開された．3つの時代を合わせると約470万語，すなわち Helsinki Corpus 本体の約3倍の規模になり，現行版 Helsinki Corpus が抱える語数(規模)の問題はかなり解消される．

York Poetry Corpus, YCOE, PPCEME では，PPCME2 のために開発された情報付与スキーム（annotation scheme）が採用されている．このスキームは基本的には Penn Treebank の方式に従っており，1つの文の構造は，節(主節，従属節)・句(名詞句，前置詞句など)・語(品詞，文法範疇)などのレベルに階層的に解析され，標識が付与される．また，wh-移動の痕跡など空範疇に関する情報も一部含まれている．共通のスキームに基づいて標識が付与されたコーパスで英語史全体をカバーできるようになれば，統語構造の史的変化に関する研究はよりいっそう進展することであろう．また，各ファイルに付与された統語情報を手がかりにテキストの分類を試みた Tsukamoto（2002）は，構文解析コーパスを利用した史的研究の1つの方向性を示すものである．[10]

注目すべき動向のもう1つは，時代や地域を限定したコーパスや，特定のジャンルに対象を絞り込んだコーパスの編纂が活発化していることである．[11] 1.4.2.で言及した Corpus of Early English Correspondence（CEEC）は後者の代表的なものである．これは，ヘルシンキ大学で進行中のプロジェクト「社会言語学と言語の歴史」のために編纂されたコーパスである(約270万語)．このプロジェクトの目的は，現代語を対象とする社会言語学の手法が，歴史言語学にどの程度まで適用できるかを明らかにすること，すなわち，「史的社会言語学」（historical sociolinguistics）の可能性を探ることである．このコーパスでは，書簡の書き手それぞれについて，称号，生年，没年，性別，本人および父親の社会的地位，居住地，教育程度など27項目に関する情報がデータベースとして蓄積されている．これらの項目を変数として活用することで，従来にない，新たな視点からの言語研究が生み出されている．[12]

Helsinki Corpus に収録されたテキストは初期近代英語期までであり、また、1.4.1. で述べたように、1650–1990 年の英米語を収めた A Representative Corpus of Historical English Registers (ARCHER) は版権の問題で一般公開される見込みがない。このため、一般の研究者がコンピュータコーパスを利用して英語史全体を研究することは、残念ながら今のところは不可能である。しかしながら、これまでいわば「空白の時代」であった後期近代英語期 (LModE) に対する関心が、近年高まりを見せている。1.4.3. で指摘したように、A Corpus of Late Modern English Prose, A Corpus of Late Eighteenth-Century Prose が公開され、The Corpus of Nineteenth-Century English (CONCE) が編纂中である。[13]

現代英語では、Frown, FLOB が公開されたことで Brown, LOB との比較が可能になり、アメリカ英語、イギリス英語という現代英語を代表する 2 つの地域変種が 30 年の間にそれぞれにどのように変化したか、さらには、両変種の相違（地域変異）の程度が 30 年の間にどのように変動したか探ることが可能になった。たとえば Anderwald (2002) は本動詞 have の否定の形式を調査し、イギリス英語では *do*-support によらない例が 67.3% から 19.1% にまで大幅に減少していることを指摘している（アメリカ英語では、16.5% から 9.6% への減少）。[14] さらに、1931 年ごろのイギリス英語（書き言葉）を集めた 'Pre-LOB' の編纂も始まっている。[15] このように、コーパスの種類、カバーする時期、語数などまだまだ不十分な点もあるが、後期近代英語から現代英語にかけての変化研究も可能になってきている。英語史研究の時代の幅が広がり、現代英語研究との関連が深まったことは、OE から EModE 期のコーパスの多様化、規模拡大とともに英語コーパス言語学発展の大きな功績と言えるであろう。[16]

8.3. ケーススタディ ── 初期近代英語における shall と will

「広く浅い」という基本的性格を踏まえた Helsinki Corpus の利用法の 1 つは、テキストをパラメータにしたがって分類・整理した上で、社会言語学的視点に立った通時的観察を行うことである。ただし、8.2.3.2. で述べたように、Helsinki Corpus には規模上の問題があるため、用例数がかなり期待できるものを観察対象として選びたい。その 1 つに、EModE 期の shall と will の対比調査がある。

従来の研究では「未来」という意味と用法の細分化ばかりが問題視され、

第 8 章 コーパスに基づく英語史研究　　　　　171

2 語を対比させた議論は，Fries（1925）の通時的考察を除けば，大きな進展がない．[17] ただし，彼の研究は日常表現の中で 2 語を観察する目的から，演劇作品のみをコーパスとしているので，ジャンルによる言語変異という社会言語学的視点が看過されている．以下では，これをテーマにして，Windows 環境でのデータ処理の行程を追いながら，Helsinki Corpus を利用した研究例を示す．[18]

8.3.1. 検索とデータ処理

　Helsinki Corpus の解析からデータ集計までの作業は，一般に次のような手順で進められる．1) KWIC Concordance for Windows を使ってパラメータ付きのコンコーダンスを作成する．[19] 2) できあがったコンコーダンスをそのままデータベース（ここでは Microsoft Access を使用する）へ移動（インポート）し，データベース上で情報の追加および集計を行う．以下，その作業手順を示す．

8.3.1.1. コンコーダンスの作成

　パラメータ付きのコンコーダンスは，次の①から⑥の手順で作成できる．

① 　KWIC Concordance for Windows を起動し，コーパスファイルを設定する（【File】→【Corpus Setup】→【Corpus Options】ウィンドウの【Corpus Files】タブのページで【Add】をクリックし，Helsinki Corpus の EModE 期ファイル（emodern.txt）を指定）．[20]

② 　出力ファイル名を設定する（【Corpus Files】タブのページで【To Output as Files】にチェックをつけ，入力ファイルの下部ツリーに表示される出力ファイル名を指定．【Edit】をクリックして【Save an Output As】ウィンドウを開き，テキストファイル形式の出力ファイル名を設定）．[21]

③ 　コーパスの種類と処理条件を設定する（【Corpus Options】ウィンドウの【Type】タブのページにある Corpus Type リストで Helsinki を指定．処理条件はデフォルトのものを使用する）．

④ 　出力パラメータを設定し（【Corpus Options】ウィンドウの【COCOA】タブのページにある Parameter リストで必要なパラメータ（ここでは Q）を指定し，【Output】にチェックをつける），【OK】をクリックする．

⑤　KWIC 出力書式を設定し（【Concordance】→【KWIC Format】→【Tab Separated】にチェックをつける），【OK】をクリックする．

⑥　検索処理方法を設定し（【Concordance】→【KWIC Concordance】または【KWIC sort by Right】→ Keyword 欄に異形も含めて検索対象の語を記入（shall の場合は shal|shall|shalle|shalt|shalte）し【Regular Expression】にチェックをつける），【OK】をクリックして，コンコーダンスを作成する．

図 8-1 は，以上の手順で作成される，パラメータ Q の情報を含んだ EModE 期 shall のコンコーダンスの冒頭部分を示したものである．同様にして，will のコンコーダンスを作成する．

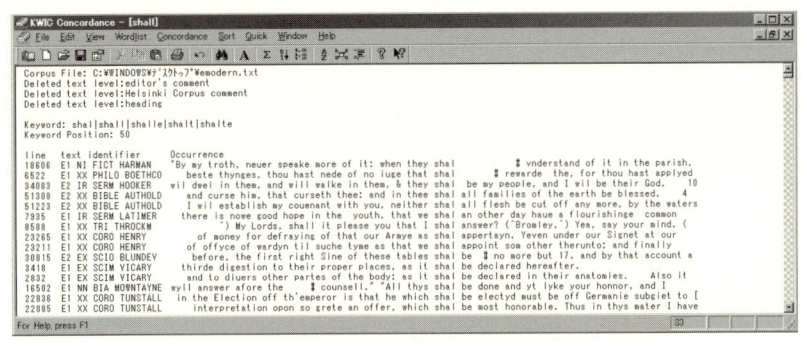

図 8-1　コンコーダンス表示画面

8.3.1.2. データベースへのインポート

次に，このコンコーダンスファイルを Microsoft Access にインポートする．データベースウィンドウを開き，【ファイル】→【外部データの取り込み】→【インポート】を選択し，インポートしたいファイルを指定し，テキストインポートウィザードで画面に示される指示にしたがって操作すると，[22] 自動的に一覧表(テーブル)が作成される．

さらに，データベーステーブルに情報を追加する．テーブルを開いて処理対象外の不要行を削除し，テーブルデザイン画面を開いて，各データ行につけるデータ番号，「文種」（文・節の型），「人称・数」，および「述語動詞」を入力するための列を追加する．データ番号は自動的に入力される．「文種」，「人称・数」，および「述語動詞」欄への入力は，データベーステーブルと EModE 期ファイルを開いたエディタを画面の上下に並べ，テーブルの line

欄に示される行番号を使って当該テキスト部分をエディタで確認しながら，手作業で行う．

図 8–2 は，以上の設定で作られるテーブルの一部を示したものである．品詞が異なる場合は，手作業で入力する欄にその品詞名を記入しておけば，各種集計の際に排除できる．

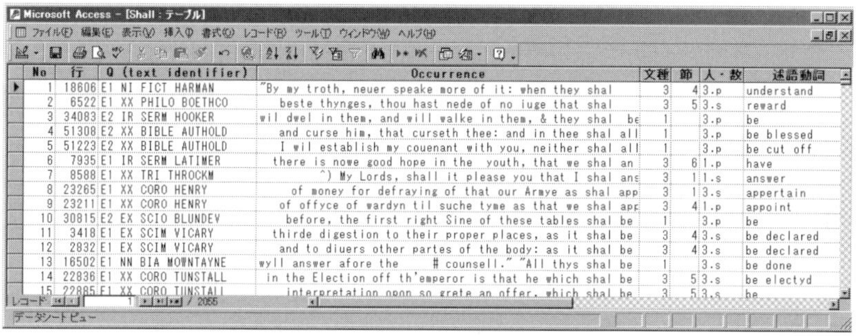

Microsoft Access – [Shall : テーブル]

No	行	Q (text identifier)	Occurrence	文種	節	人・数	述語動詞
1	18606	E1 NI FICT HARMAN	"By my troth, neuer speake more of it: when they shal	3	4	3.p	understand
2	6522	E1 XX PHILO BOETHCO	beste thynges, thou hast nede of no iuge that shal	3	5	3.s	reward
3	34083	E2 IR SERM HOOKER	wil dwel in them, and will walke in them, & they shal be	1		3.p	be
4	51308	E2 XX BIBLE AUTHOLD	and curse him, that curseth thee: and in thee shal all	1		3.p	be blessed
5	51223	E2 XX BIBLE AUTHOLD	I wil establish my couenant with you, neither shal all	1		3.p	be cut off
6	7935	E1 IR SERM LATIMER	there is nowe good hope in the youth, that we shal an	3	6	1.p	have
7	8588	E1 XX TRI THROCKM	^) My Lords, shall it please you that I shal ans	3	1	1.s	answer
8	23265	E1 XX CORO HENRY	of money for defraying of that our Armye as shal app	3	1	3.s	appertain
9	23211	E1 XX CORO HENRY	of offyce of wardyn til suche tyme as that we shal app	3	4	1.p	appoint
10	30815	E2 EX SCIO BLUNDEV	before, the first right Sine of these tables shal be	1		3.p	be
11	3418	E1 EX SCIM VICARY	thirde digestion to their proper places, as it shal be	3	4	3.s	be declared
12	2832	E1 EX SCIM VICARY	and to diuers other partes of the body: as it shal be	3	4	3.s	be declared
13	16502	E1 NN BIA MOWNTAYNE	wyll answer afore the # counsell." "All thys shal be	1		3.s	be done
14	22836	E1 XX CORO TUNSTALL	in the Election off th'emperor is that he which shal be	3	5	3.s	be electyd
15	22885	E1 XX CORO TUNSTALL	interpretation opon so grete an offer, which shal be	3	5	3.s	be

レコード 1 / 2055

データシートビュー

図 8–2　shall のテーブルの一部[23]

8. 3. 1. 3.　パラメータ

前項までに使った Q (‘text identifier’) 以外にも利用できるパラメータ (8. 2. 2. 1. 参照) がある．ここでそれを検討しておく．

テキスト指示用の A, B, N は，Q で示される情報と重なる情報であり，以降の集計処理には利用しない．K, M, O, R は EModE 期データには無関係である．Helsinki Corpus に集録された EModE 期テキストの方言はすべて ‘Southern British standard’ であるため，D も無関係である．H (社会的地位)，X (作者の性別)，Y (年齢) の 3 つは，これらの特性に関して異なる情報を持つテキストが同一テキストタイプ内に多数含まれている場合，あるいは無名人物のテキストが多数含まれている場合には有効だが，テキスト数と作者数がかなり限定されている現行の Helsinki Corpus では有意な分布を示さず，これらも役に立たない．E (参与者の上下関係や作者自身の位置づけ) は不明なものが多く，役に立たない．原典の有無を示す F, G は，EModE 期テキストでは Bible と Boethius が該当するだけであり，テキストタイプ別の比較でも観察できるので，不要である．また，Helsinki Corpus の EModE 期テキストでは第 1 期 DRAMA (COMEDY) に収録された 2 つのテキストだけが韻文であるため，異なる時期の間で V (韻文・

散文の別)による比較をする意味もない．したがって，Q 以外に利用できるパラメータは，C, I, J, T, U, W, Z の7つになる．

これら7つのパラメータを KWIC Concordance for Windows の Parameter リストで指定してコンコーダンスを作成し，Microsoft Access にインポートしてデータベーステーブルを作成する．このテーブルと先に作ったテーブルとを，Microsoft Access のクエリーでテーブル連結する．

図 8–3 は，クエリー設定画面を示したものである．これによって，新たに加えた7つのパラメータと手作業による入力情報を使った集計が可能となる．

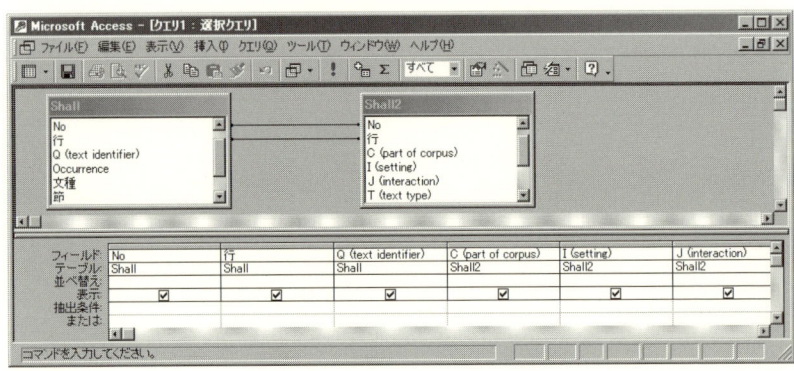

図 8–3 クエリーデザイン画面

8.3.1.4. 統計表の作成

次に，データベースを使って集計を行い，統計資料を作る．まず，文・節

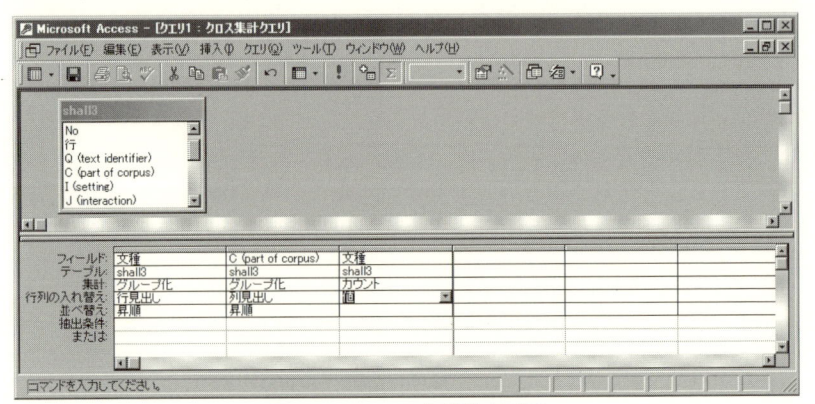

図 8–4 クロス集計設定画面

第 8 章　コーパスに基づく英語史研究

〈E 1 (1500年〜1570年)〉

	shall	will
全体	54.9	45.1
STAT	87.3	12.7
INSTR SEC	48.6	51.4
INSTR REL	49.4	50.6
EXPOS	52.7	47.3
NARR NON-IMAG	47.9	52.1
NARR IMAG	42.6	57.4
X	54.4	45.6

〈E 2 (1570年〜1640年)〉

	shall	will
全体	53.3	46.7
STAT	95.9	4.1
INSTR SEC	58.9	41.1
INSTR REL	48.5	51.5
EXPOS	42.5	57.5
NARR NON-IMAG	37.5	62.5
NARR IMAG	35.8	64.2
X	53.3	46.7

〈E 3 (1640年〜1710年)〉

	shall	will
全体	49.1	50.9
STAT	97.6	2.4
INSTR SEC	25	75
INSTR REL	30.3	69.7
EXPOS	26.3	73.7
NARR NON-IMAG	29.4	70.6
NARR IMAG	42.8	57.2
X	39.1	60.9

凡例　□ shall　▨ will

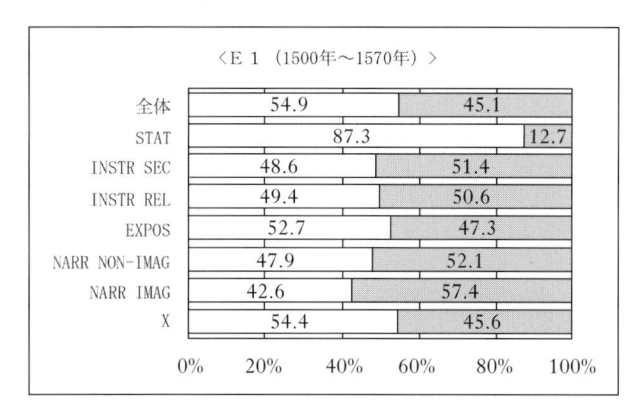

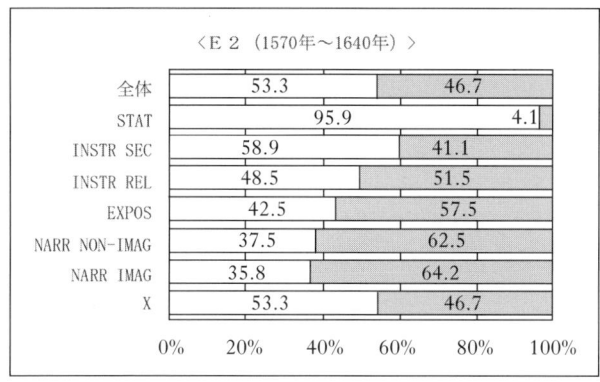

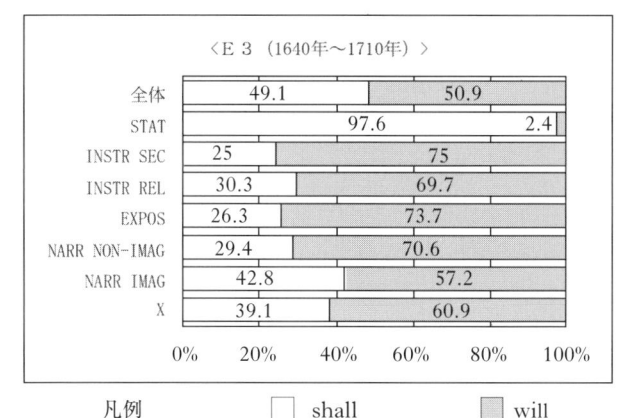

図 8-5　概観：テキストのプロトタイプ別の相対出現率

の型と時期による頻度集計を行う．クエリーの【新規作成】を開き，先に作った連結テーブルを指定し，図 8-4 の設定で表作成ボタンをクリックすると，「時期」と「文種」による shall のクロス集計表が出る．

この設定に「人称・数」に関するフィールドを追加すれば，「文種」と「人称・数」に基づいて分類された各時期の生起頻度を示す集計表ができる．同様にして，利用する各パラメータに関する集計表を作る．

集計結果のうち，テキストのプロトタイプ別の相対出現率を示す概観図を図 8-5 に示す．[24] さらに具体的な集計結果として，各時期の 1 人称および 3 人称平叙文におけるパラメータ I, J, U, W 別の両語の出現頻度と相対出現率を表 8-3 に示す．

次節では，これらの資料に基づいて，EModE の shall および will の量的変動を Fries の調査結果と比較しながら考察する．

8.3.2. 検討

図 8-5 で第 1 期（E1）から第 3 期（E3）を通観すると，全体値の推移から見て，will の出現率に緩やかな増加傾向がうかがわれる．プロトタイプ別に見ると，STAT, INSTR SEC の第 1・2 期および NARR IMAG の第 2・3 期を除くすべてのタイプで will の出現率が増加している．[25] また，第 1 期から第 2 期に比べて，第 2 期から第 3 期への推移が，より大きな変化を見せている．INSTR SEC, EXPOS および NARR NON-IMAG で，その傾向が特に強い．これをさらにテキストタイプ別に細かく見ても，対話的な記述および個人的記述となるタイプで，will の優勢が見られる．[26]

次に，プロトタイプ別，テキストタイプ別および人称と文の種類に基づくパラメータ別の推移を織り交ぜながら，Fries の調査結果のうち，EModE 期の平叙文と疑問文に関する部分と比較したときの主な相違点を見てみる．

まず，平叙文では，次の 2 点をあげることができる．第 1 に，Fries は，平叙文 1 人称では常に will が 7〜9 割現れると指摘したが，Helsinki Corpus では，第 1 期と第 2 期についてはその指摘はあてはまるものの，第 3 期に will が 5 割に落ち込む．[27] その原因の 1 つに，Helsinki Corpus の第 1 期と第 2 期には収録され，双方で shall : will が 0:43 の度数比を示す BIBLE が，第 3 期に収録されていないことが考えられるが，これは Fries が調査対象としたものとは異なる文体的特徴を持つものであるから，これだけでは説明はつかない．では，どのような文体が shall の相対出現率の上昇に影響

表8–3　1・3人称平叙文におけるパラメータ別の出現頻度と相対出現率

文体的特徴	人称・時期	1人称平叙文			3人称平叙文		
		E1	E2	E3	E1	E2	E3
パラメータ I (setting)	formal	10 (29) 24 (71)	3 (8) 36 (92)	6 (21) 23 (79)	36 (54) 31 (46)	46 (62) 28 (38)	37 (46) 43 (54)
	informal	21 (28) 53 (72)	19 (22) 66 (78)	54 (59) 37 (41)	21 (45) 26 (55)	29 (33) 60 (67)	28 (27) 76 (73)
パラメータ J (interaction)	interactive	24 (25) 71 (75)	23 (19) 98 (81)	58 (48) 63 (52)	43 (49) 44 (51)	50 (50) 50 (50)	35 (27) 93 (73)
	non-interactive	14 (15) 80 (85)	9 (9) 93 (91)	22 (59) 15 (41)	125 (59) 87 (41)	150 (62) 91 (38)	40 (25) 120 (75)
パラメータ U (audience description)	professional	1 (11) 8 (89)	6 (22) 21 (78)	2 (17) 10 (83)	16 (76) 5 (24)	27 (50) 27 (50)	30 (61) 19 (39)
	non-professional	1 (20) 4 (80)	1 (10) 9 (90)	7 (41) 10 (59)	21 (35) 39 (65)	15 (32) 32 (68)	5 (7) 65 (93)
パラメータ W (relationship to spoken language)	script & speech-based	15 (20) 60 (80)	10 (13) 66 (87)	23 (47) 26 (53)	40 (50) 40 (50)	46 (48) 50 (52)	22 (35) 40 (65)
	written	23 (20) 91 (80)	22 (14) 125 (86)	57 (52) 52 (48)	128 (58) 91 (42)	154 (54) 131 (46)	53 (23) 173 (77)

（各欄とも上段は shall の，下段は will の出現頻度を，カッコ内は相対出現率（%）を表す）

しているかを考えると，表8–3が示すように，setting ではインフォーマルなもの，audience description では対象が専門家でないもの，relationship to spoken language では書き言葉が，それぞれそうでないものに比べてより大きく影響している．[28] 第2に，3人称平叙文の will の相対出現率が5割に達する時期を16世紀とする Fries の指摘に対して，Helsinki Corpus では，それは第3期に位置づけられる．[29] Helsinki Corpus でも DRAMA（COMEDY）では，第1期ですでに5割に達しているものの，全体的にはその時期が遅れている．[30] 文体的特徴に目をむけると（表8–3），setting ではフォーマルなもの，interaction では対話的でないもの，relationship to spoken language では書きことばが，遅延傾向に影響を与えている．

疑問文では，3人称疑問文に関する調査結果との相違が見られる．Fries は，どの期間も will が shall の2倍以上使用されていたとするが，Helsinki

Corpus では，全体では第2期でほぼ同じ比率であることに加えて，第1期と第3期とで shall の出現率が高くなっている.[31] 文体的特徴を見ると，setting, interaction, relationship to spoken language のいずれの特徴を見ても，will の比率がかなり低く,[32] Fries の指摘するような偏りは現れない.

本節は平叙文と疑問文に限った考察に過ぎないが，これだけを見ても，演劇作品のみをコーパスとした Fries の観察結果は，言語事象の全体的議論としては不十分だということがわかる．彼の方法論には，文学作品の文語英語を中心とした規範文法的な研究方法に対する批判の意味が含まれていたが，特定分野のみをコーパスとする点では同じ問題を抱えていることになる．本節の考察から，未来助動詞 shall および will の選択には，演劇作品群をいわばズーム撮影的に観察した Fries が看過していたジャンルによる言語変異の問題が関与していることがわかる．今後，8.2.5. で述べた Helsinki Corpus の拡張版等のより大きな資料を利用して，各テキストタイプの文体に関するズーム撮影的観察を重ねる必要がある．

8.4. むすび

本章では，前半で Helsinki Corpus の概要を紹介し，その問題点や英語史研究における有用性を論じ，後半で初期近代英語期における未来助動詞 shall, will を例に，Helsinki Corpus の検索作業そのものと，Helsinki Corpus が持つ記述力の一端を示した．伝統的な研究手法に比べて，用例の収集および分類の点で，このコーパスには高い利便性があると同時に，そのコーパスデザインから，ジャンルによる言語変異の研究にも有効であることが理解されたであろう．

通時的コーパスを利用した研究が今後ますます盛んになることは間違いない．しかしその一方で，「テキストの読みが軽視され，安易な用例収集に走った研究が横行する」という危惧があることも事実である．実際，Helsinki Corpus のように，綴り字が固定する時期以前のテキストを含むコーパスの場合，たとえ単語1語の検索であっても周到な準備が必要となる．*OED*, *MED* 等を利用して考えられる異綴りをチェックするのはもちろんのこと，場合によっては，検索対象のファイルの語彙リストを作成し，しらみつぶしに調査することも必要である．どんなに効率のよい検索ソフトウェアが開発されても，手作業の部分は必ず残る．そしてその手作業を支えるのは，結局は研究者の「読み」の経験である．Rissanen (2000a) は "The computer does not replace brainwork" と言っている．

注

1. Jucker（2000）は，小部ながらもジャンル（テキストタイプ）の多様性や社会言語学的視点に配慮した，これまでにないタイプの英語史の概説書である．また，Helsinki Corpus をはじめとする通時的コーパスを利用した言語研究の成果を積極的に取り入れている．
2. 1.4.4. 参照．
3. OE の部分には，Helsinki Corpus のソースとなった The Dictionary of Old English Corpus（DOE Corpus/Toronto Corpus）に関連する＜R = 'record' という参照部が含まれる．
4. 具体的な例については，Kytö（1996³: 3.3.3.）参照．
5. Kytö（1996³: 3.3.4.(2)）参照．
6. Kytö（1996³: 3.3.4.(11)）参照．
7. Kytö（1993²: 249–65）および Bengt Altenberg (ed.) ICAME bibliography, part 3（http://icame.uib.no/icame-bib3.htm）参照．
8. 詳しくは西村（2003: 210–11, 213–21）参照．
9. YCOE では，テキストのみならず，マークアップのスタイルなどでも DOE Corpus を利用しており，純粋に Helsinki Corpus の拡張版とは言い難い．
10. ただし分析の対象は PPCME1 である．
11. 1.4.2.–1.4.4. および西村（2001）参照．
12. CEEC の詳細については Nevalainen & Raumolin-Brunberg (eds.)（1996）を参照．また，Nevalainen & Raumolin-Brunberg（2003）は「史的社会言語学」のすぐれた概説書であると同時に，CEEC を材料に，ジェンダー，社会階層，地域変異などの観点からさまざまな言語現象を調査した研究書である．その他の業績として，Nurmi（1999），Pallander-Collin（1999）も参照．
13. Kytö, Rudanko & Smitterberg（2000）参照．
14. Frown, FLOB を編纂した Freiburg 大学のグループが，Frown, FLOB と Brown, LOB との比較研究を積極的に行ってきている．Hundt（1997）および Mair（1997）はパイロットスタディ的性格のものであるが，扱われている言語現象は，形態論，統語論，語彙文法など多岐にわたっている．その後の研究の進展については，両者のホームページに掲載されている書誌を参照．
    Hundt: http://www.rzuser.uni-heidelberg.de/~hu1/index.html
    Mair: http://portal.uni-freiburg.de/angl/Englisches_Seminar/Lehrstuehle/LS_Mair
15. 1.4.5. 参照．
16. 家入（2004）参照．
17. Fries（1925）はその意味を考慮しない方法論が問題視され，後続研究が絶たれている．しかし，Jespersen などの説明を一蹴し，この研究を「絶大の敬意で尊重すべき研究」とする細江（1932: 162）のように，これを評価する向きもある．
18. Helsinki Corpus を使った助動詞研究には，EModE 期のイギリス英語とアメリカ英語における shall/will の競合を扱った Kytö（1990, 1992），標準英語の成

立過程に LAW（法律文）が及ぼした影響を分析した Rissanen（2000b），ME3 と EModE3 における法助動詞の意味を分析した Gotti *et al.*（2002），および EModE3 の 1 人称主語文における 2 語の語用論的機能を分析した Gotti（2003）がある．

19. Kytö（1996³）は，Helsinki Corpus 用の検索ソフトウェアとして，現時点では古くなった Oxford Concordance Program（OCP），WordCruncher，Lexa を紹介している．本章では，国内での入手が容易，処理が軽快で早い，特に Helsinki Corpus の検索を意識して作成されたプログラムであるため設定が簡便である，等の理由により，塚本聡氏開発の KWIC Concordance for Windows（v. 4.7）を使用する．このソフトウェアの詳細については第 4 章と巻末のリスト参照．

20. ICAME CD-ROM の Helsinki フォルダには，242 個の個別ファイルと ONE_FILE.txt ファイル（個別ファイルを 1 つのファイルにまとめたもの）が収録されている．ここで使用する emodern.txt ファイルは，筆者がエディタを使って ONE_FILE.txt から OE 期および ME 期のテキストを削除して作ったものである．

21. デフォルトで設定される出力ファイル名（拡張子が .kwc）では Microsoft Access のインポート作業を進められないので，拡張子を .txt に変更し（ここでは，shall.txt），テキストファイル化しておく必要がある．

22. ここでは，'区切り記号付き' 形式の設定と 'フィールド区切り記号' の設定でタブを指定する点を除けば，デフォルトで表示されるものを選択すればよい．

23. 「文種」列　1: 平叙文
　　　　　　　2: 疑問文
　　　　　　　3: 従属節
　　「節」列　1: 名詞節
　　　　　　　2: 条件節
　　　　　　　3: 結果節
　　　　　　　4: 他の副詞節
　　　　　　　5: 形容詞節
　　　　　　　6: 同格節

なお，ここでいう平叙文は，Fries のいう独立平叙文（independent declarative sentence）の，疑問文は直接疑問文（direct question）のことである．

24. テキストのプロトタイプの略号は，パラメータ Z の表記によるもの．各略号が意味するものは，次の通りである．（Kytö 1996³: 3.3.4.（22）による）
　　STAT: statutory
　　INSTR SEC: instruction secular
　　INSTR REL: instruction religious
　　EXPOS: expository
　　NARR NON-IMAG: narration non-imaginative
　　NARR IMAG: narration imaginative
　　X: 上記以外

25. テキストのプロトタイプごとの総語数に偏りがあるので，shall と will 2 語の 1,000 語あたりの生起率を表 8-4 に示しておく．

表 8-4　shall および will の 1,000 語あたりの生起率

		STAT	INSTR SEC	INSTR REL	EXPOS	NARR NON-IMAG	NARR IMAG	X
E1	shall	5.26	3.80	4.01	2.04	0.69	2.25	4.58
E1	will	0.76	4.01	3.17	1.36	0.75	3.03	3.84
E2	shall	15.96	7.24	4.85	2.80	0.52	2.32	4.39
E2	will	0.68	5.04	5.15	3.79	0.86	4.16	5.02
E3	shall	18.67	2.20	1.60	0.89	0.33	4.94	2.45
E3	will	0.46	6.61	3.69	2.48	0.80	6.61	3.81

26. ここでは，テキストタイプ別の分布図は省略した．テキストタイプに分けて観察すると，たとえば，HISTORY や BIOGRAPHY では shall の頻度が高く，LETTER では will の急増傾向が見られる．また，LAW と PROCEEDING (TRIAL), BIBLE と SERMON のように同じ文体をとるように思われるテキストタイプであっても，対話的文体性の違いにより，それぞれ前者では shall が，後者では will が優勢となるものもある．なお，Rissanen (2000b) は，プロトタイプ STAT における未来助動詞の生起状況が他のテキストタイプと大きく異なることを示し，未来助動詞選択の標準化には LAW の文体特性ではなく対話的表現が影響した，としている．
27. 1人称平叙文における各期の出現頻度は，次の通りである．
　　E1: shall/will = 38/151　　E2: shall/will = 32/191　　E3: shall/will = 80/78
28. ここでパラメータ J の判断を入れないのは，interaction で相対出現率だけを見れば non-interactive の shall が 59%，interactive で 48% であり，前者の影響が大きいと言えるが，出現頻度自体は後者が前者の 2 倍以上であるため，頻度への影響はこちらが大きいと言えるためである．コーパス規模を拡大した検討が求められる点でもある．
29. 3人称平叙文における各期の出現頻度は，次の通りである．
　　E1: shall/will = 168/131　E2: shall/will = 200/186　E3: shall/will = 75/213
30. DRAMA（COMEDY）での出現頻度は，次の通りである．
　　E1: shall/will = 12/12　　E2: shall/will = 17/26　　E3: shall/will = 15/12
31. 3人称疑問文における各期の出現頻度は，次の通りである．
　　E1: shall/will = 13/10　　E2: shall/will = 11/12　　E3: shall/will = 9/5
　ちなみに，Helsinki Corpus の DRAMA（COMEDY）での 3 人称疑問文における各期の出現頻度は，次の通りである．
　　E1: shall/will = 3/0　　E2: shall/will = 0/2　　E3: shall/will = 0/1
出現頻度が小さすぎるため，ここでは比較できない．
32. 3人称疑問文におけるパラメータ I, J, U, W に関する出現頻度は，表 8-5 の通りである．

表 8–5 3 人称疑問文におけるパラメータ別出現頻度

		E1		E2		E3	
		shall	will	shall	will	shall	will
パラメータ I （setting）	formal	5	3	8	1	2	1
	informal	3	0	0	2	7	3
パラメータ J （interaction）	interactive	4	3	4	5	7	5
	non-interactive	9	7	7	7	2	0
パラメータ U (audience description)	professional	0	0	0	0	0	0
	non-professional	1	0	1	0	0	0
パラメータ W （relationship to spoken language）	script & speech-based	8	2	8	1	2	1
	written	5	8	3	11	7	4

第9章　コーパスに基づく文体論研究

　本章では電子テキストおよびコーパスを利用した文体の研究について述べる．まず，文体の研究にコーパスを用いる意義に触れ，文体研究に有用なテキストの情報付与を紹介する．さらに文体研究の視点として，語彙，コロケーション，多項目・多次元法，発話・思考の表出などに関する事例を紹介した後，小説の個人語をテーマにしたケーススタディで，統計学的手法をデータ分析に適用する具体的な手順を示す．

9.1. はじめに

　あるテキストの文体を認識するには，他のテキストあるいは当該の言語使用域において基準または規範（norm）とみなされるものとの比較が前提となる．つまり，文体は，（少なくとも，読者や聴き手など，情報受信者の側から見れば）他のテキストとの差異（differences）や規範からの乖離・逸脱（deviation）によって認識される相対的なものということができる．

　言語現象の比較を行う場合に，最も利用しやすく客観的な尺度は「頻度」であろう．電子コーパスを使用すれば，テキスト中の語彙，品詞，フレーズや構文の生起度，さらにはコロケーションに関する頻度情報が瞬時に得られ，テキストの特徴を数値化することができる．もちろん，文体の問題は頻度という数量的な側面だけで考察しうるものではない．たとえば，比喩やパロディ，模倣などのように，数量化が困難であったり，数値に置き換えて処理することがナンセンスだと思われる言語現象にも，テキストの重要な文体的特徴となりうるものがある．しかし，そのような言語現象も，検索方法を高度に工夫することによって，出現の有無や類例などを調べることが可能な点で，電子コーパスの方が紙に印刷されたテキストよりもはるかに効率的で，便利なツールとなることは確かである．

9.2. 文体研究のための情報付与（**annotation**）

　電子コーパスは確かに文体論研究者にとって福音となるツールであるが，その真価を最大限に発揮させるためには適切な情報付与（annotation）が施

されていなければならない．たとえば，BNC では TEI ヘッダーに文献情報やテキストカテゴリーやジャンル，著者(話者)の年齢，性別等の言語外的なパラメータが書き込まれており，それを頼りに検索範囲の絞り込みができるよう工夫されている．電子化した文学テキストなどをもとに文体研究を行おうとする場合，このような情報に加えて，地の文(「語り」narrative)と会話部 (dialogue)，さらには発話者の区別，発話や思考の表出形式などの談話 (discourse) 情報，品詞や構文などの言語項目 (linguistic features) 情報がテキストに付与されていれば，さまざまな視点からのアプローチが可能になり有益である．とはいえ，現状ではそのような詳細な情報付与が施されているコーパスや電子テキストは極めて少ないため，各研究者が有効な方法を求めて暗中模索しているのではないだろうか．そこで本節では，文体研究に特化した情報付与について，いくつかの工夫に富む実践例を紹介する．

9.2.1. 談話情報の付与

9.2.1.1. LILAC

　LILAC は，豪州 Newcastle 大学の Centre for Literary and Linguistic Computing で開発された文学テキスト分析のためのプログラム一式を指す略称[1] であるが，同研究所における文学テキストコーパスへの情報付与形式の呼称にもなっており，Burrows (1987a, b, 1989, 1992, 1996)，Craig (1999a, b, c, 2001)，Tabata (2004) などがこのフォーマットを用いている (図 9-1 参照)．

```
304:277,37[A  ]| "When \my\ eyes were opened to$4$ his real character. ~~
304:277,38[A  ]| Oh! had I known what I ought, what I dared, to$9$ do!
304:278,01[A  ]| But I knew not ~~ I was afraid of doing too$5#1$ much.
304:278,02[A  ]| Wretched, wretched, mistake$0$!"
304:278,03['  ]|   Darcy made no$2$ answer$0$.  He seemed scarcely to$9$ hear
304:278,04['  ]| her, and was walking up$4$ and down$4$ the room in$4$ earnest
304:278,05['  ]| meditation; his brow contracted, his air gloomy.  Elizabeth
304:278,06['  ]| soon observed, and instantly understood it.
304:278,06@a   | Her power
304:278,07@a   | was sinking; every%thing \must\ sink under such a proof
304:278,08@a   | of family weakness, such an assurance of the deepest
304:278,09@a   | disgrace$0$.  She could neither wonder$1$ nor condemn, but the
304:278,10@a   | belief of his self-conquest brought nothing consolatory to$4$
304:278,11@a   | her bosom, afforded no$2$ palliation of her distress$0$. It was,
304:278,12@a   | on$4$ the contrary, exactly calculated to$9$ make$1$ her understand
304:278,13@a   | her own$2$ wishes$0$; and never had she so$5#1$ honestly felt that$3$
304:278,14@a   | she could have loved him, as now, when all love$0$ must
304:278,15@a   | be vain.
```

図 9-1　LILAC 方式の Jane Austen, *Pride and Prejudice* (Chapman 版)

LILACの特徴は，テキストの各行先頭から15桁目にかけて置かれているテキスト情報参照部(パネル)である．このパネルでは，10桁までの部分が原テキストの「巻・章：ページ，行」を示しており，たとえば，「304:277,38」は *Pride and Prejudice* の「Book 3, Chapter 4, Page 277, Line 38」を表す．さらに小説の文体に特化した工夫として，次の5桁で作品の談話情報を参照できる仕組みになっている．小説の場合，地の文と会話部の区別，会話部における発話者等についての情報を組み込むことができる．左記の例では，['] は地の文を，[A] は登場人物 A (= Elizabeth) による発話を示している．また，@a が付された行は Elizabeth の思考が投影された「自由間接談話 (Free Indirect Discourse)」であることを示す形式になっており，9.3.4. で紹介するような発話・思考の表出に焦点を当てた研究を行う上でも極めて利便性・応用性が高い．なお，本文の単語の後ろについている 0, 4 等の記号は「名詞」，「前置詞」等を示す品詞タグであり，バックスラッシュ (\\) で囲まれた部分は原文でイタリック体による強調が施されている箇所である．テキストに LILAC のパネルを埋め込む作業のうち，ページ数，行数，および，デフォルト設定の談話情報標識(たとえば，地の文を示す [']) に関しては，Perl や awk などのスクリプト言語を使うことである程度自動化することができるが，話者の区別や自由間接談話部の同定は研究者の判断に委ねられる場合がほとんどであるため，手作業での情報付与が必要になるのはやむを得ない．

9.2.1.2. TEI 準拠方式

```
<p><q who=PPA>
<lb n=P277.37>&dq;When <hi r=Italic>my</hi> eyes were opened to&H4 his real character. &dash;
<lb n=P277.38>Oh! had I known what I ought, what I dared, to&H9 do!<pb n=P278>
<lb n=P278.1>But I knew not &dash; I was afraid of doing too&H51 much.
<lb n=P278.2>Wretched, wretched, mistake&H0;!&dq;</q></p><p><q who=PP0>
<lb n=P278.3><name who=PPB>Darcy</name> made no&H2 answer&H0;. He seemed scarcely to&H9 hear
<lb n=P278.4>her, and was walking up&H4 and down&H4 the room in&H4 earnest
<lb n=P278.5>meditation; his brow contracted, his air gloomy. <name who=PPA>Elizabeth</name>
<lb n=P278.6>soon observed, and instantly understood it.</q><q who=PPA type=indirect>Her power
<lb n=P278.7>was sinking; every&sp;thing <hi r=Italic>must</hi> sink under such a proof
<lb n=P278.8>of family weakness, such an assurance of the deepest
<lb n=P278.9>disgrace&H0;. She could neither wonder&H1 nor condemn, but the
<lb n=P278.10>belief of his self-conquest brought nothing consolatory to&H4;
<lb n=P278.11>her bosom, afforded no&H2 palliation of her distress&H0;. It was,
<lb n=P278.12>on&H4 the contrary, exactly calculated to&H9 make&H1 her understand
<lb n=P278.13>her own&H2 wishes&H0;; and never had she so&H51 honestly felt that&H3;
<lb n=P278.14>she could have loved him, as now, when all love&H0 must
<lb n=P278.15>be vain.</q></p>
```

図 9–2　Oxford Electronic Text Library 版 (TEI 準拠) の *Pride and Prejudice*

Burrows & Antonia (eds.) (1992) による Oxford Electronic Text Library 版の Jane Austen 全集は，LILAC で記述されている情報を TEI に準拠し再編集したものである．この形式では，たとえば，会話部の起点 <q who = PPA>，およびその終点を示すタグ </q> で Elizabeth の発話部が明示され，談話情報や品詞タグが埋め込まれている．TEI 準拠形式でテキストの編纂を行う場合，こうした詳細な参照部を埋め込むのには多大な時間と労力を要する．[2] また，現時点では，TEI に対応したテキスト分析ツールはそれほど多くないため，Perl や awk などのスクリプト言語を使用してこの形式に対応した分析処理用スクリプトを自作する必要がある．しかし，研究資源の相互利用を可能にするためにも，今後文体研究のためのコーパス編纂に着手する場合は，TEI 準拠の情報付与形式を採用することが望ましい．

9.2.2. 多項目・多次元法を行うための情報付与 ― Biber *et al.* (1998)

Biber *et al.* (1998: 258–9) では多項目・多次元法 (9.3.3. 参照) を行うための情報付与の例として，図 9-3 のような言語項目タグ付き垂直テキストを示している．この形式では，まず 1 行目の A の直後の ^at は冠詞である

```
<平テキスト>
A move to stop Mr Gaitskell from nominating any more labour
life peers is to be made at a meeting of labour MPs tomorrow.

<言語項目タグ付き垂直テキスト>
A ^at++++
move ^nn++++
to ^to++++
stop ^vbi++++
Mr ^npt++++
Gaitskell ^np++++
from ^in++++
nominating ^xvbg+++xvbg+
any ^dti++++
more ^ap++++
labour ^nn++++
life ^nn++++
peers ^nns++++
is ^vbz+bez+aux++
to ^to++++
be ^vb+be+aux++
made ^vpsv++agls+xvbnx+
at ^in++++
a ^at++++
meeting ^nn+++xvbg+
of ^in++++
labour ^nn++++
MPs ^npts++++
tomorrow ^nr+tm+++
. ^.+clp+++
```

図 9-3 多項目/多次元法のための情報付与

ことを示す品詞タグである．その後に＋で区切られたフィールドが用意されており，ここには後述の表9-2に挙げられているような統語機能に関する情報や意味論的属性が与えられている．たとえば，垂直テキスト17行目の *made* にはまず "passive form of verb" を示すタグ ^vpsv が，さらに2つ後のフィールドには "agentless" であることを示す agls が付与され，そして最後のフィールドには過去分詞形であることを表す情報 xvbnx が与えられている．意味論的な情報付与の例として，下から2行目 *tomorrow* では最初のフィールドに adverbial noun（nr）であることが示されると同時にtime（tm）に言及する付加詞であることが2つ目のフィールドに入力されている．

多次元法に特化したタグ付けを行うには，まず平テキストに自動品詞タグ付けプログラムを実行し，その出力を入力データとして，語形や品詞タグの連鎖を手がかりに，言語項目タグを組み込むことになる．品詞タグ付けに比べるとまだ自動化できるレベルには限界があるが，自動タグ付けのアルゴリズムを書こうという人には Biber（1988: 211–245）が参考になるであろう．

9.2.3. 発話・書記・思考の表出様式に関する情報付与

Leech *et al.*（1997）は，Stylistic Annotation の1例として，英国 Lancaster 大学の Short, Semino らの研究グループが進めている発話・書記・思考の表出（Speech, writing & thought presentation）に関する研究で採用されている情報付与法を紹介している．表9-1に挙げた発話・書記・思考の表出カテゴリーは Leech & Short（1981）が提案したものを拡張・精緻化したもので，後述（9.3.4.）の Short *et al.*（1996）や Semino *et al.*（1997），Semino & Short（2004）で採用されている．これらの表出様式を表すタグが TEI に準拠した形式で埋め込まれている（図9-4）．表出カテゴリーの情報付与で困難な点は，（引用符の介在など，比較的同定が容易な直接話法（Direct Speech）を除いては）まだ計算機による自動タグ付与ができないため，ほとんどが手作業でのタグ付与を強いられること，さらに表出カテゴリー間で明確な区別が困難なケースが多々生じることであろう．テキストの談話構造のモデル化・理論化が進み，人間の現実世界認識をエミュレートできるような知識処理システムが実用化されるまでは，計算機による完全な自動処理は困難であろう．

表 9-1 発話・書記・思考の表出のカテゴリーとそれを表す略号
(Leech *et al.* 1997: 95)

Category	Acronym
Narrative	N
Narrative Report of Speech	NRS
Narrative Report of Writing	NRW
Narrative Report of Thought	NRT
Narrative Report of Internal State	NI
Narrative Report of Voice	NV
Narrative Report of Speech Act	NRSA
Narrative Report of Writing Act	NRWA
Narrative Report of Thought Act	NRTA
Narrative Report of Speech Act with Topic	NRSAP
Narrative Report of Writing Act with Topic	NRWAP
Narrative Report of Thought Act with Topic	NRTAP
Indirect Speech	IS
Indirect Writing	IW
Indirect Thought	IT
Free Indirect Speech	FIS
Free Indirect Writing	FIW
Free Indirect Thought	FIT
Direct Speech	DS
Direct Writing	DW
Direct Thought	DT
Free Direct Speech	FDS
Free Direct Writing	FDW
Free Direct Thought	FDT

\<sptag cat=NRSAP next=NRS s=1 w=10\>
He also called for an immediate end to the fighting.
\<P\>
\<sptag cat=NRS next=IS s=0.48 w=15\>
Foreign Secretary Douglas Hurd—who flew to Belgrade in a new push for peace—said
\<sptag cat=IS next=NRS s=0.52 w=16\>
the West was just weeks away from pulling out if the Bosnian Serb warlords rejected peace. \<P\>
\<sptag cat=NRS next=IS s=0.07 w=2\>
He warned
\<sptag cat=IS next=NI s=0.93 w=28\>
that if the warring factions refused to talk, the allies would have no choice but to pull their troops out and lift the arms embargo on Bosnia's Moslems.

図 9-4 発話・書記・思考の表出研究のための情報付与
(Leech *et al.* 1997: 96 より)

9.3. 文体研究の視点

本節では文体論の研究にコーパス言語学の方法論や知見を応用した事例を取り上げる．できるだけ新しい研究で，なおかつ，わが国の研究者や学生が入手しやすい文献を紹介することにする．

9.3.1. 語彙
小説における色彩語

Ishikawa (2004) は D. H. Lawrence の作品における色彩語に着目した

研究である．この中で著者は差異係数や対数尤度（Log-likelihood）などの統計尺度を用いて，Lawrence の作品コーパスと，子供向けの物語や Hardy, Woolf, Joyce 等の作品を収録した総語数 460 万語からなる英語小説コーパスや BNC との比較を行い，Lawrence において基本色彩語が極めて高い頻度で生起することや，色彩語の使用が作家の経歴の進展とともに劇的に変化すること，特に円熟期の作品では *black* と *white* という対極的な語の使用が顕著になることなどを指摘している．さらに，コロケーション分析によって，色彩語がいかに作品中の重要な概念と結び付いているかを明らかにするとともに，コーパスに基づく色彩語へのアプローチを通して作品のより深い解釈へ到達できることを説いている．

「高級紙語」と「大衆紙語」

　Takami (2004) は The Bank of English の一部である新聞サブコーパスを利用して，イギリスの高級紙と大衆紙それぞれを特徴づける形容詞を特定し，両者の差異にアプローチした研究である．サイズ（総語数）にばらつきがある新聞サブコーパス間の比較を適切に行うための統計尺度として，著者は Dunning (1993) が提唱する対数尤度比を用いる．対数尤度比（G^2）は，相互情報量（MI-score）やカイ２乗（χ^2）と異なり，生起頻度の高低が過剰に評価されるのを防ぐ利点があるとされている（高見 2003: 88–9）．高級紙と大衆紙の文体の相異については，前者が formal なのに対し後者が informal で，前者ではロマンス語起源の多音節語が好まれる一方，後者では単音節の形容詞が好まれる，という従来の説（Freeborn 1996）はある程度は追認されるものの，単音節の語でも高級紙との結び付きが強い語（*apt, east, glib, mid, rapt, sole*, etc.）があれば，対照的に大衆紙と強い相関がある多音節語（*arrogant, horrendous, inspirational, phenomenal*, etc.）もあるなど，単純な二分法は必ずしも真ではないことが指摘されている．大衆紙では「人」に関する形容詞が特徴的なのに対し，高級紙は「社会や文化」に関する語と結び付きが強く，両者で好まれる形容詞が異なるのは，純粋に文体的な選択というよりもむしろ，それぞれにおいて好まれるトピックや内容と関わる傾向があるという見解は興味深い．なお，統計的観点から同じく高級紙と大衆紙の文体変異を解明しようとする先行研究として Jucker (1992) がある．

性差へのアプローチ

The Corpus of Spoken Professional American-English (CSPAE) を用いて性差と発話場面との関係を扱ったものに Yaguchi et al. (2004) がある．この研究では hedge（ヘッジ，垣根表現）および softener（緩和表現）としての *sort of, kind of* という語句に焦点を当て，ホワイトハウスでの記者会見，教授会，数学テスト委員会，国語(読解力)テスト委員会という4つの場面における生起頻度，性別による使用頻度の違いを吟味し，次のような見解を示している．

(1) *sort of/kind of* の生起率は国語テスト委員会で最も高く，ホワイトハウスでの記者会見で最も低い．こうした語の使用は発話者が断定を避ける態度と相関があるが，あるレベルを超えると，発話場面のカジュアルさを反映する．(2) アカデミックな場面では女性より男性における頻度が高いが，ホワイトハウスでは逆の結果が出ている．これは，同性の同僚も多く出席している比較的リラックスした会議では，女性の方がより断定的に語るのに対して，ホワイトハウスの女性報道官は男性ほど断定的な印象を与えないように配慮しながら formal なスタイルで語るためだと解釈する．(3) アカデミックな場面では女性は *kind of* を，男性は *sort of* を多用しているが，ホワイトハウスでは逆の傾向がある．*kind of* には *sort of* に比べ，ややかしこまったニュアンスがあり，ホワイトハウスの女性報道官はテレビ報道の際に男性報道官のように断定的な語調を呈すのをためらい，権威的なニュアンスを緩和するために *sort of* を採用していると推測できる．

同種の研究として，Michigan Corpus of Academic Spoken English

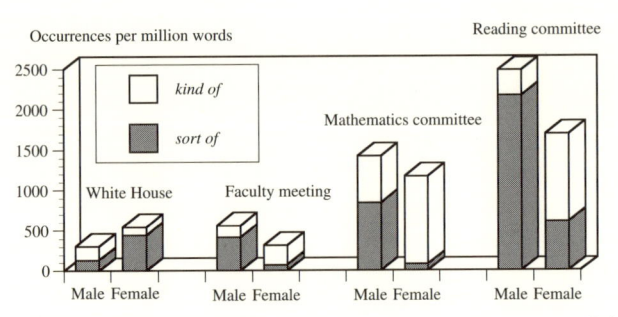

図 9-5 CSPAE における hedge 用法の *sort of/kind of* の分布
(Yaguchi et al. 2004)

(MICASE) における hedge としての *sort of/kind of* を対象にした Poos & Simpson (2002) もぜひ一読すべき好論である．同じく性差をテーマにした研究では Yaguchi *et al.* (2002) があるほか，Coates (ed.) (1997) や Eckert & McConnel-Ginet (2003), Holmes & Meyerhoff (eds.) (2003) などが参考になる．BNC や CSPAE のように，話し手や発話場面に関する詳細な情報付与が施されたコーパスを用いれば，性別と場面の問題などさまざまなパラメータを横断的に研究することが可能になると思われる．

9.3.2. コロケーション

Firth から Sinclair, Stubbs にいたるコロケーション研究の方法や知見を小説の文体研究へ応用した例として Hori (2004) は興味深い．著者は約 460 万語の Dickens コーパスを基礎に，比較対象として 19 世紀作家コーパス (220万語)，さらには *OED2 on CD* の引用例文データ等を参照しながら，コロケーションに Dickens の文体的創造性が見いだせることを指摘する．たとえば，創造的・革新的なコロケーションの使用として次の 8 つのタイプが挙げられている：(1) metaphorical: *angelic rattlesnake*, (2) transferred: *cherubically added*, (3) oxymoronic: *wearily well*, (4) disparate: *delicious tears*, (5) unconventional: *raw afternoon*, (6) modified idiomatic: *by painful degrees*, (7) parodied: *all the queen's horses and all the queen's men*, (8) relexicalized: *London particular.*

コロケーション統計機能を備えたコンコーダンサーや BNCweb のようなツールが普及してきた現在，文体の問題を考察する上でコロケーションという視点は今後さらに重要視されるのではないだろうか．その他，強意副詞，様態副詞のコロケーションを 18 世紀の Smollett や Richardson，さらには *OED2 on CD* の引用例文データ等と比較考察することにより，Dickens の文体の英語表現史上の位置づけを試みたものとして Hori (1999, 2002) がある．

9.3.3. 多項目・多次元法

Biber (1988) の多項目・多次元法では，語彙範疇，時制・相，統語的特徴，さらには type/token ratio (TTR) や平均語長など 67 種におよぶ言語項目が変数として用いられている(表 9-2 参照)．Biber の方法論では因子分析によって抽出した 6 つの因子(共起関係)を，それぞれ言語変異の 6 つの次

表 9-2　Biber (1988) の多項目・多次元法で使用される 67 言語項目

1. past tense
2. perfect aspect verbs
3. present tense
4. place adverbials (*above*, *beside*, *outdoors*)
5. time adverbials (*early*, *instantly*, *soon*)
6. first person pronouns
7. second person pronouns
8. third person pronouns (excluding *it*)
9. pronoun *it*
10. demonstrative pronouns (*that*, *this*, *these*, *those* as pronouns)
11. indefinite pronouns (e.g., *anybody*, *nothing*, *someone*)
12. *do* as pro-verb
13. *wh*-questions
14. nominalizations (ending in *-tion*, *-ment*, *-ness*, *-ity*)
15. gerunds
16. nouns
17. agentless passives
18. *by*-passives
19. *be* as main verb
20. existential *there*
21. *that* verb complements (*I said that he went.*)
22. *that* adjective complements (*I'm glad that you like it.*)
23. *wh*-clauses (*I believed what he told me.*)
24. infinitives
25. present participial clauses (*Stuffing his mouth with cookies, Joe ran out the door.*)
26. past participial clauses (*Built in a single week, the house would stand for fifty years.*)
27. past participial WHIZ deletions (*the solution produced by this process*)
28. present participial WHIZ deletions (*the event causing this decline is ...*)
29. *that*-relatives: subject position (*the dog that bit me*)
30. *that*-relatives: object position (*the dog that I saw*)
31. *wh*-relatives: subject position (*the man who likes popcorn*)
32. *wh*-relatives: object position (*the man who Sally likes*)
33. *wh*-relatives: pied-pipings (*the manner in which he was told*)
34. sentence relatives (*Bob likes fried mangoes, which is the most disgusting thing I've ever heard of*)
35. causative adverbial subordinator (*because*)
36. concessive adverbial subordinator (*although*, *though*)
37. conditional adverbial subordinator (*if*, *unless*)
38. other adverbial subordinator (*since*, *while*, *whereas*)
39. prepositions
40. attributive adjectives (*the big horse*)
41. predicative adjectives (*the horse is big*)
42. adverbs
43. type/token ratio
44. word length
45. conjuncts (*consequently*, *furthermore*, *however*)
46. downtoners (*barely*, *nearly*, *slightly*)
47. hedges (*at about*, *something like*, *almost*)
48. amplifiers (*absolutely*, *extremely*, *perfectly*)
49. emphatics (*a lot*, *for sure*, *really*)
50. discourse particles (sentence initial *well*, *now*, *anyway*)
51. demonstratives
52. possibility modals (*can*, *may*, *might*, *could*)
53. necessity modals (*ought*, *should*, *must*)
54. predictive modals (*will*, *would*, *shall*)
55. public verbs (*assert*, *declare*, *mention*, *say*)
56. private verbs (*assume*, *believe*, *doubt*, *know*)
57. suasive verbs (*command*, *insist*, *propose*)
58. *seem*/*appear*
59. contractions
60. *that* deletion (*I think [that] he went*)
61. stranded prepositions (*the candidate that I was thinking of*)
62. split infinitives (*he wants to convincingly prove that ...*)
63. split auxiliaries (*they are objectively shown to ...*)
64. phrasal coordination (NOUN *and* NOUN; ADJ *and* ADJ; VERB *and* VERB; ADV *and* ADV)
65. independent clause coordination (clause initial *and*)
66. synthetic negation (*no answer is good enough for Jones*)
67. analytic negation (*that's not likely*)

元 (dimensions) と解釈する．そして，各因子を構成する変数が，分析対象のテキストにどの程度生起しているか，標準得点 (z-score) に換算した値を合計することによって，各次元におけるテキストの特徴付けを行うというものである．多項目・多次元法による Biber の言語変異研究モデルは使用域の問題だけでなく散文文体の通時的変化 (Biber & Finegan 1989, 1992)，

英語以外の言語における言語変異の研究(Biber & Finegan eds. 1994)にも適用され,同様の成果を収めているほか,文法書(Biber et al. 1999)の記述にも貢献している.さらには Biber et al. (1998), Conrad & Biber (2001) などで言語習得や発達,ESP,会話スタイルの史的発達,文体と著者の世界観の問題,米国英語と英国英語の会話スタイルの比較など,多様な研究テーマに展開されている.

9.3.4. 発話・思考の表出

Short et al. (1996) は,純文学,大衆小説,高級紙,大衆紙からなるコーパスを用いて Leech & Short (1981) で提唱された発話・思考の表出 (Speech and thought presentation) モデル[3]をもとに,4種のテキストタイプで発話・思考の表出法がいかなる分布をしているかを考察したパイロットスタディである.Short et al. は表出法に関する情報付与法を検討する過程で,新たな表出様式として NV (Narrator's Report of Voice),NI (Narration of Internal States) を導入し,Leech & Short (1981) モデルの精緻化を計っている (9.2.3. 参照).表 9-3, 9-4 にあげる発話と思考の表出の分

表 9-3 純文学/大衆小説,高級紙/大衆紙における
発話の表出が総語数に占める割合

	'High' literature	Popular fiction	Broadsheet	Tabloids
FDS	10.89	14.04	0.92	1.91
DS	14.61	11.78	11.75	24.34
FIS	1.34	0.33	2.53	0.64
IS	0.36	0.50	14.05	6.98
NRSA	0.69	1.19	13.18	9.40
NV	0.45	1.27	1.03	0.84
Total	28.34	29.11	43.28	44.11

表 9-4 純文学/大衆小説,高級紙/大衆紙における
思考の表出が総語数に占める割合

	'High' literature	Popular fiction	Broadsheet	Tabloids
FDT	0.29	0.85	0.00	0.00
DT	0.26	0.50	0.00	0.00
FIT	9.21	9.15	0.00	0.00
IT	0.87	1.21	0.00	0.11
NRTA	0.57	0.64	0.00	0.00
NI (and N-NI)	6.83	5.23	5.74	2.80

布の背景には，次のような点があるという．(1) 小説において発話の表出が占める割合は純文学・大衆小説を合わせて 28.73% であるのに対し，新聞では高級紙・大衆紙を合わせて 43.7% を占めている．これは新聞では発話の表出が大きな意味を持っているのに対し，小説では思考の表出が重要な役割を担っていることを反映している．(2) 純文学，大衆小説，大衆紙では直接話法 (DS)・自由直接話法 (FDS) の比重が大きいが，高級紙では間接話法 (IS) と語り手による発話行為の伝達 (NRSA) の比重が大きい．その理由として高級紙は発話を要約して掲載する傾向があること，また表出形式として「最も劇的でない」NRSA や IS の使用は厳正，中立的で，バランスのとれた高級紙のイメージと対応しているとしている．他方，大衆紙で DS が多用されるのは，報道する出来事を劇的で鮮明かつ人目を引くように表現しようという姿勢の表れであろうと解釈している．

また，同じ共同研究グループによる Semino et al. (1997) では，発話，思考に加え，書記 (writing) の表出という新たなモデルが追加され，さらに Semino & Short (2004) ではコーパスの規模を拡大してサブコーパスに自伝・伝記を加えた分析を行うなどしており，英国 Lancaster の研究グループは発話・書記・思考の表出研究を中心に据えた「コーパス文体論」を確立しようとしていて，今後の進展が注目される．

9.4. 事例研究 — Dickens における個人語の描き分け

以下では，多変量解析を用いた文体へのアプローチの 1 例として，Dickens の Christmas Books を構成する 5 編の作品（表 9–5）に登場する 24 人の個人語 (idiolects) を取り上げ分析を行う．Dickens における個人語といえば，Sam Weller や，Mr. Micawber, Mrs. Gamp など長編作品の登場人物が有名であるが，本節では，短編作品集である Christmas Books において，登場人物がいかに自らの語る言葉で描き分けられているか調査することを目

表 9–5 Five Christmas Books

Abbrev.	Title	Date	Total of tokens	Tokens in dialogue
Carol	*A Christmas Carol*	1843	28,420	7,917
Chimes	*The Chimes*	1844	30,805	13,240
Cricket	*The Cricket on the Hearth*	1845	31,832	11,627
Battle	*The Battle of Life*	1846	29,598	13,325
Haunted	*The Haunted Man*	1848	33,949	15,559

9.4.1. 変数

ここでは，小説中の会話部に生起する語のうち最頻出語 60 タイプをデータとして分析を行う．表 9-6 に示す最頻出語 60 タイプのトークン数を合計すると会話部の総語数の 50% 近くを占めるが，その多くは機能語であり，通常はこれらの語に文体的関心が寄せられることはほとんどないと言って差し支えないだろう．しかし，表 9-6 を詳細に見ていくと，たとえば，Mrs. Tetterby は一人称代名詞の I と me を合わせて 1,000 語当たり 85.3 回発しているのに対し，Dr. Jeddler はわずか 18.5 回しか用いていない．他方，Sir Joseph は Marion と比べ定冠詞 the の使用頻度が 3 倍以上であるなど，人物間で著しい使用頻度差が数多く認められる．高頻度語を対象にした場合，Christmas Books のような小規模のテキストでも比較的安定した統計解析結果が得られること，また低頻度の内容語に比べて特定のトピックやテーマに左右されにくいという利点があるので，短編作品の計量文体分析には適した変数と言える．

表 9-6 に挙げた登場人物 24 人分の頻度分割表を作成するに当たっては，LILAC 形式（9.2.1.1. 参照）で情報付与を行い，電子テキストの発話者参照部を手掛かりに人物ごとの語彙頻度集計を行った．フィクションの会話部や自然談話を電子化して文体分析を行うためには，9.2. で示したようにテキスト中の発話者を明示的にマークアップしておく必要がある．

9.4.2. 主成分分析

表 9-6 のように多数のテキスト，多項目の変数からなる言語データを分析しようとする場合，手作業ではサンプルと変数間に存在する複雑なパターンを抽出することは極めて困難である．そこで，この事例研究では語彙頻度データの分析に主成分分析（Principal Component Analysis, PCA）を援用し，高頻度語の分布と個人語の類型の問題にアプローチする．

PCA は，因子分析（Factor Analysis）や対応分析（Correspondence Analysis）と同じく，データ縮約を目的とした多変量解析法の 1 つで，多数の変数間，サンプル間の複雑な関係を少数の総合指標（主成分）に集約してデータの全体像を視覚的に把握しやすくする手法である．PCA の言語研究への応用に関しては，古くは Bruno (1974) まで遡るが，文体研究におけ

表 9–6 会話部における最頻出 60 語の頻度と 24 人の登場人物 (1,000 語当たりの生起率)

第 9 章　コーパスに基づく文体論研究　　　197

る成功例では Burrows（1987a）の影響が大きく，Burrows & Hassal（1988），Burrows（1989）以降，高頻度語を変数にした PCA による文体分析は，特に著者推定研究においては，主要な方法論の 1 つとなった感がある．

本研究における PCA の実行にはオープンソースでパッケージが開発され，無料公開されている統計解析言語（環境）R を用いる．現在リリースされている R はヴァージョン 2.6.1 である．Linux 版，Mac OS X（Universal binary）版，Windows 版，およびソースコードが提供されており，http://www.r-project.org/ から入手可能である．いずれの版も基本的にはコマンド入力で操作を行うので，OS による操作性の違いはほとんどない．紙面の制約上，簡略にではあるが，R で PCA を行う手順を解説する．[4]

(1)　頻度表の作成：LILAC もしくは TEI 準拠の形式で小説中の会話の発話者をマークアップしたコーパスを基に，各登場人物ごとの語彙頻度表を作成する．Excel や OpenOffice の Spreadsheet など表計算ソフト等を活用してタブ区切りの表にしておくとよい（表 9–6）．
(2)　R を起動し，語彙頻度表が置かれているディレクトリに移動する．[5]
(3)　以下の R コマンドで語彙頻度表を読み込み，PCA を実行する：

```
>dat<-read.delim("ファイル名.txt")   #1. 関数 read.delim() でタブ区切りの頻度分割表を読み
                                     #   込み，dat に代入．データの第1行が列ラベルとなる．
>rownames(dat)<-matrix(dat[,1])      #2. データの第1列を行ラベル rownames(dat) に代入．
>dat2<-as.matrix(dat[,-1])           #3. 余剰な第1列を削除，更新したデータを dat2 に代入．
>nr<-nrow(dat2); nc<-ncol(dat2)      #4. 頻度分割表の「行数」を nr，「列数」を nc に代入．
>res<-prcomp(dat2,scale=T)           #5. データの列を標準化 (scale=T) して prcomp を実行．[6]
>summary(res)                        #6. 解 (res) から標準偏差[7]，寄与率，累積寄与率を表示．
                                     #7. 標準偏差 (res$sdev)，固有ベクトル (res$rotation)
                                     #   を基に「主成分負荷量 (pcloadings)」を求め，表示．
>print(pcloadings <- t(res$sdev*t(res$rotation)))
                                     #8. 「主成分得点 (pcscores)」を求め，表示．
>print(pcscores <- scale(dat2)%*%res$rotation*sqrt(nr/(nr-1)))
                                     #9-10. 第2主成分までの「主成分負荷量」を散布図に表示．
>plot(pcloadings[,1:2], type="p", col="blue", xlab="PC 1", ylab="PC 2")
>text(pcloadings[,1:2], labels=colnames(dat2), adj=c(0.25,1.5))
>x11()                               #11. 新規作図準備 (UNIX, Mac OS X, Linux)．
                                     #    Windows 版 R では windows() と書き換えが必要．
                                     #12-13. 第2主成分までの「主成分得点」を散布図に表示．
>plot(pcscores[,1:2], type="p", col="red", xlab="PC 1", ylab="PC 2")
>text(pcscores[,1:2], labels=rownames(dat2), adj=c(0.25,1.5))
```

このように，わずか 10 数行ほどのコマンドをスクリプトにしておけば，さまざまな多変量データを瞬時に解析し，視覚化することができる．なお，主

成分負荷量や主成分得点などの解析結果のうち，たとえば第 1 主成分から第 6 主成分までをファイルに書き出して保存したい場合には，次のように write.table コマンドを用いる．

```
write.table(pcloadings[,1:6], file="ファイル名", sep="\t") #負荷量の書き出し．
write.table(pcscores(results)[,1:6], file="ファイル名", sep="\t") #得点の書き出し．
```

PCA の結果として得られる数値のうち，寄与率は当該主成分でデータ全体の変量の何パーセントを説明しているかを表す指標である．主成分負荷量は，変数（語彙）間の相似関係を表し，数値が近いほど分布傾向が相似していることを意味する．同じようなことが，項目（人物）間の相似関係を表す主成分得点についても言える．なお，主成分の解釈にあたっては，各主成分は相互に直交していること，すなわち，互いに無相関である（独立している）ということを念頭に置く必要がある．

表 9–6 のデータに対して PCA を実行し，[8] 第 2 主成分までの負荷量および得点を 2 次元散布図に投影したものが図 9–6 および図 9–7 である．寄与率

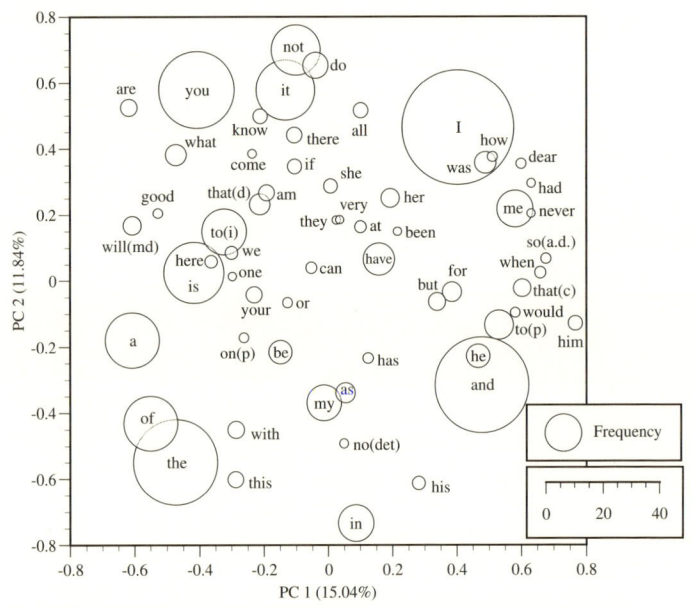

図 9–6　主成分分析：高頻度語彙 60 語の分布（主成分負荷量）

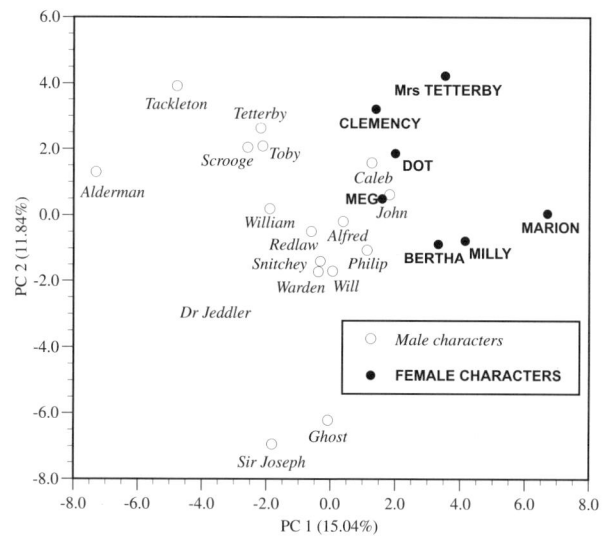

第 9 章　コーパスに基づく文体論研究　　　　　　199

図 9–7　主成分分析：24 人の登場人物の相互関係（主成分得点）

は第 1 主成分が 15.04%，第 2 主成分が 11.84% となっている．負荷量と得点を同一平面上に表示することも可能ではあるが，ここでは図中各項目の見やすさを重視し，図を分けて表現した．

風船散布図（図 9–6）では最頻出の 60 語間の相似関係が視覚化されており，風船の直径は 1,000 語当たりの頻度に比例している．図 9–7 では個人語の相似関係が視覚化されている．これら 2 つのグラフを照らし合わせることで，最頻出の 60 語の分布傾向と個人語の相互関係を読み取ることができる．たとえば，図 9–6 と図 9–7 で位置関係が相似している語と人物は相互に結び付きが強いことを意味する．他方，2 つの図において相対的に遠い位置関係にある語と人物との結び付きは弱いということがわかる．

9.4.3. 解析結果の解釈

9.4.3.1. 概観

図 9–7 の横軸（PC 1）には，気質に関する人物類型が反映されている．たとえば，傲慢で威圧的な俗吏 Alderman（*Chimes*）を負の極に，Tackleton（*Cricket*）や Tetterby（*Haunted*）など支配的，横柄な人物が横軸の負の数

値帯に偏っている一方，自己犠牲的な Marion (*Battle*) を正の極に，Milly, Mrs. Tetterby (共に *Haunted*), Bertha (*Cricket*) など善良で従順な，被支配的人物が正の帯域に位置している．縦軸 (PC 2) の負の極にはスノブの Sir Joseph (*Chimes*) が，正の極には素朴で飾り気のない Clemency (*Battle*), Mrs. Tetterby (*Haunted*) らの個人語が位置づけられている．他の特徴として，図の右上に女性登場人物が集まっている．

9.4.3.2. 第1主成分に見られる個人語の類型

登場人物の分布から解釈すると，第1主成分には「強者」対「弱者」という，Christmas Books の主題の1つと深く結びついたコントラストが表れていると解釈できる．これを特徴づける高頻度語のパターンとして，二人称代名詞 *you* が強者の側に，一人称代名詞 *I, me* が弱者の側に分布しているのは注目に値する．

まず，KWIC コンコーダンスを作成して *you* の生起箇所を調べると，支配的な人物の個人語を特徴づける *you* の用法としていくつかのパターンが見えてくる．

(1) 談話辞 *you know* や付加疑問の過多．談話辞としての *you know* や付加疑問は聞き手に応答や，同意，確認を求めるなど，対話性維持の機能を担う表現であるが，全登場人物中 *you* の使用頻度が最も高い Alderman[9] や Tackleton らは，これらの表現を過度に使用して聞き手に納得や同意を強要する傾向が認められる．

'It's my place to give advice, *you know,* because I'm a Justice. You know I'm a Justice, *don't you*?' (Alderman, *Chimes*: 172)[10]

'I say! A word with you,' murmured Tackleton, nudging the Carrier with his elbow, and taking him a little apart. 'You'll come to the wedding? We're in the same boat, *you know*.' (Tackleton, *Cricket*: 43)

(2) 呼び掛け表現 (vocatives)

'*you* dog!' (Tackleton, *Cricket*: 45), '*you* vagabond' (113), '*you* dull dog' (Alderman, *Chimes*: 173), '*you* silly fellow' (173).

こうした聞き手を罵倒する呼び掛けは，図 9–7 の中心から第 1 象限に位置している John (*Cricket*) や Toby (*Chimes*) など心優しい人物が頻繁に用いる 'my dear', 'my darling' などの好意的呼び掛け表現と対照的である．

(3) 断定的陳述

> 'What right have *you* to be merry? what reason have *you* to be merry? *You*'re poor enough.' (Scrooge, *Carol*: 48); 'After *you* are married, *you*'ll quarrel with your husband, and come to be a distressed wife. *You* may think not: but *you* will, because I tell *you* so' (Alderman, *Chimes*: 172).

二人称代名詞 *you* そのものには直接社会的力関係を表す語彙的意味や暗示的意味 (connotation) はないが，Biber (1988: 225) は，二人称代名詞は特定の聞き手を必要とし，聞き手への強い関与を示すという Chafe (1985) の見解を挙げている．上記引用が示唆するように，強い立場にある人物が *you* を多用する背景には，往々にして聞き手への必要以上の介入や攻撃的態度が反映していると解釈できるのではないだろうか．

強者の文体がこのように聞き手言及的 (addressee-referential) であるのと対照的に，図の右側に位置する服従的な人物の言語は *I, me* の位置が示すように自己言及的 (self-referential) な傾向がある．図の右側に位置する人物が使用する *me* の統語的役割を吟味すると，多くの場合被動作主 (patient) として使用されており，それを多用する人物が置かれている弱い立場と結びついていると言えるだろう．また，*me* が命令文で用いられる場合でさえ，弱者の場合は，以下の Marion の発話が示すように，語用論的には命令ではなく嘆願の表現となっているのも特徴的である．

> 'Wait for *me*!' (*Battle*: 185); 'Oh, be true to *me*!' (185); '[L]isten to *me*. Don't look so strangely on *me*.' (225)

このように弱者の使用する *me* は頻度だけでなく，文脈的意味においても支配的人物による *me* の使用と異なっているのは興味深い現象である．その他，図 9–6 の右上に位置する語の中には感情の表出や情動的表現と結びつくものが挙げられる．たとえば，ほとんどが間投詞として使用されている *dear*，強調の副詞 *so*，否定の副詞 *never*，法助動詞 *would* などである．

9.4.3.3. 会話部に見られる性差

図9-7の第1象限付近には女性登場人物が集まっている．性別グループ間に若干の重なりはあるものの，機能語を含めた高頻度語のレベルで男女の言葉の描き分けがなされていることを示唆する現象だと言えよう．そこで，当初の60語から男女差を強く反映する21語を抽出し，PCAを行った結果が図9-8と図9-9である．図9-8では第1主成分で，男女それぞれの文体を特

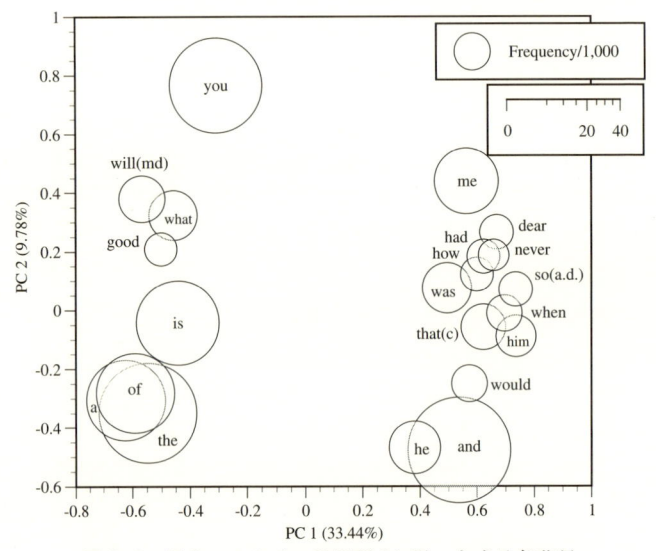

図 9-8 男女のスタイル識別語21語：主成分負荷量

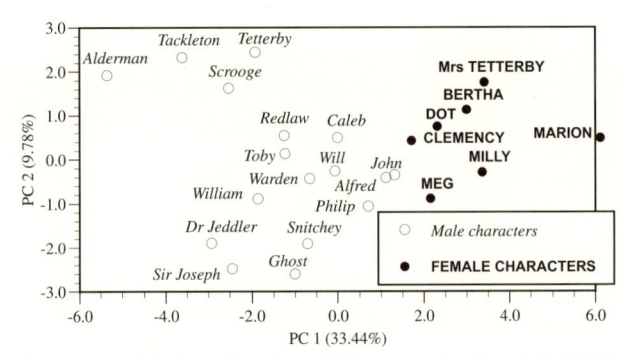

図 9-9 高頻度語21語に表れる男女のスタイル差：主成分得点

徴づける語が明確に2群に分離されている．図9-9では性別グループが左右にきれいに分かれている．高頻度の識別語21タイプという限られた範囲ではあるが，2つの図はChristmas Booksにおける男女の文体差に関していくつかの特徴を示している．

（1） *dear, never, how,* 強調の *so* と接続詞の *that* 等の位置が示すように，男性に比べ女性の方が，より強調や情動的表現を用いる傾向がある．

Then, the cheap enjoyments that I could have trodden on *so* cruelly, got to be *so* precious to me — Oh *so* priceless, and *dear!* — *that* I could not bear to think *how* much I had wronged them; and I said, and say again a hundred times, *how* could I ever behave so, 'Dolphus, *how* could I ever have the heart to do it. (Mrs. Tetterby, *Haunted*: 290)

（2） 等位接続詞 *and* の使用頻度に関しても男女差がうかがえる．しかし，Biber (1988: 89) によれば phrasal co-ordination（句をつなぐ等位接続詞）と non-phrasal co-ordination（節や文をつなぐ等位接続詞）とでは分布が異なり，前者は elaborated reference（綿密な指示）と関わる要因の1つである一方，後者は関与性の高い発話に生起する項目とされている．こうした *and* の用法のどちらにより強い性差が表れているかを明らかにするためには，用法の下位区分を表すタグを埋め込み，さらに分析を行うことが必要である．

（3） 男性が addressee-referential な発話をする傾向がある一方，女性の発話は相対的に self-referential な傾向がある．このことは登場人物間の力関係や物語の役割と関わっていると考えられる．

（4） Be動詞 *is* と *was, had* の対立的分布が示す時制の使用におけるコントラストは，男女の劇中での役割と結びついている．つまり，作品のプロット上重要な過去の出来事を物語ることにより，男性登場人物に改心の転機を与えたり，過去のわだかまりを氷解させる役割を担っているのは Marion や Milly, Bertha, Dot などほぼすべて女性であるが，そのことが動詞の時制の分布にも反映しているのではないだろうか．

9.4.3.4. 第2主成分に見られる個人語の類型

図 9-6 の縦軸についても興味深い対比が見られる．第 2 主成分の正の領域に分布している語彙は次の範疇に分類できる：人称代名詞 (*I, you, she, her, they, me, we*)，代名詞・指示代名詞 (*it, that(d)*)，*wh* 疑問詞や *wh* 副詞 (*what, how, when*)，従位接続詞 *if*，現在形動詞 (*are, know, come, am*)．他方，負の領域には限定詞 (*the, this his, no(det), my, a*)，前置詞 (*in, of, with*) などが位置している．こうした語の相補的分布は Biber (1988: 107) が言語変異の一次元として挙げている関与性対情報提示発話 (Involved versus Informational Production) の対比と一致するところが多い．上に挙げた語彙の分布から，正の領域に位置している人物の文体はより対話的，関与的，動詞的であることが示唆されるのに対し，負の極にある人物の文体は限定詞や前置詞の分布から名詞的であり，形式度 (formality) の高いものであると推測できる．実際，Sir Joseph による次の発話では，冠詞や前置詞と共起している語句は話し言葉には似つかわしくないラテン語由来の抽象的な語であり，話し手の俗物性を強く印象づける典型的な場面である．

> '... Every description *of* account is settled *in* this house at *the* close *of the* old [year]. So that if death was to — to —'
> 'To cut,' suggested Mr. Fish.
> 'To sever, Sir,' returned Sir Joseph, with great asperity, '*the* cord *of* existence — my affairs would be found, I hope, *in a* state *of* preparation.' (*Chimes*: 181)

引用 2 行目で適切な言葉を探す Sir Joseph に対し，聞き手は一般的な動詞 *cut* を示唆するが，話し手はそれを拒絶して *sever* を選択し，さらに *the cord of existence, in a state of preparation* などの表現を合わせて晦渋な文体を用いている．このような形式的で impersonal な文体は，経済や資本にのみ関心を示し，人間関係を軽んじる話し手のパーソナリティと対応している．同じく impersonal な文体は，*The Haunted Man* に登場する，忌まわしい過去の記憶とともに人間としての感情をも捨ててしまった Redlaw の亡霊 (Ghost) の発話を特徴づけている．

対照的に，関与的，対話的でより情動的な文体を使用するのは，愚直だが他者への思いやりを持った人物が多い．たとえば，*The Battle of Life* では Dr. Jeddler のペシミズムと Marion が象徴する自己犠牲や姉妹愛との対比

が物語の主題の 1 つとなっている一方，Dr. Jeddler の人間不信と，使用人 Clemency が象徴する愚直な人間愛とのコントラストも，主題と交叉するもう 1 つの重要な織り糸である．こうした主題的コントラストが，人称代名詞の使用頻度が極度に低い Dr. Jeddler の文体と，他方人称代名詞を頻繁に用いていて対話性・関与性の高い Clemency の文体による，文体的コントラストによって裏書きされていると読むことができる．

9.5. むすび

　本章では前半で電子コーパスに基づく文体研究を行うための情報付与法を紹介するとともに，コーパスを効果的に活用して文体の問題にアプローチしている研究事例を挙げた．後半部では Dickens の小説における個人語のスタイルをテーマに，多変量解析を援用した分析法を具体的に提示することを試みた．

　本章で取り上げたトピックは文体論が射程とする領域のほんのわずかな部分に過ぎない．紙面の制約のため，触れることはできなかったが，他にも，著者推定論や文体模倣，文体装置としての比喩，社会方言と文体などさまざまなテーマがある．さらに応用として作文指導や文章構成論，creative writing なども考えられるだろう．とはいえ，コーパスの真価を最大限に引き出すためには，情報付与の工夫や，コーパスから必要とするデータを抽出する検索技術，データの解析処理技術など，それなりに高度なコンピュータリテラシーが要求される．また，得られたデータに対して説得力のある解釈をするためには，コーパスデザインや構造などを充分に把握していること，そして何より，コーパスを構成するテキストに対する読みが不可欠であることを念押ししておく．

注

1. *L*iterature, *La*nguage, *C*omputing を意味する呼称．
2. 最近ではさまざまなタイプの XML エディタが登場してきているので，それらを応用することも可能であろう．
3. Leech & Short (1981), 318–351.
4. 関数 prcomp を用いた主成分分析には，特に追加パッケージは必要ないが，対応分析他の多変量解析を行うには，あらかじめ R のメニューから Mac OS X では【パッケージとデータ】→【パッケージインストーラ】を，Windows では【パッケージ】→【パッケージのインストール...】を選び，CRAN (Comprehensive R Archive Network) のダウンロードサイト（およびミラーサイト）で公開されている，CoCoAn

(Constrained Correspondence Analysis), amap (Another Multidimensional Package), multiv (Multivariate Data Analysis Routines, ただし Windows 版 R (RGui) 2.0.1 以降では利用できない)などのパッケージをインストールしておくとよい．R を用いた統計処理一般については，群馬大学・青木繁伸氏のサイト (http://aoki2.si.gunma-u.ac.jp/R/) が詳しい．他に，岡田(編)(2004)は R の導入から様々な活用事例までをカバーしている．なお，筆者のサイト (http://www.lang.osaka-u.ac.jp/~tabata/R/) でも R による多変量解析のコマンド例を掲載しているので適宜参照されたい．

5. ディレクトリの変更は，Mac OS X では【その他】メニューから【作業ディレクトリの変更...⌘D】を選択，Windows では【ファイル】メニューから【ディレクトリの変更...】，R のコンソールで変更する場合，setwd ("full/path/to/the/file") コマンドを用いる．full/path . . . には実際のファイルパスを記入すること．
6. R のマニュアル，prcomp の項によると，ここで採用した計算法，つまり，分割表の変数(列)を標準化し，特異値分解（singular value decomposition; SVD）を行う方が，共分散行列をもとに固有値を求める計算法に比べて，より数値的に正確な結果が得られるとしている (The R Development Core Team 2004: 1017)．
7. 一般的にはこれを 2 乗した値である固有値（eigenvalue）を示すことが多い．
8. もうひとつの PCA コマンドである princomp では観測数(行)＜変数(列)のデータは処理されない．処理の過程で標本相関行列を求め，解の回転を行う因子分析などでは観測数より変数の方が多いと，逆行列を求めることができないため問題になるが，PCA では変数の方が多くても実行上問題はない（「心理学研究の基礎 (fpr)」メーリングリスト [fpr 2526] における狩野裕氏の投稿参照）．
9. 当人の使用語彙の中でも *you* が最頻出の語である．
10. Christmas Books からの引用および引用箇所のページ番号は，Slater, M. (ed.), *Charles Dickens, The Christmas Books I & II* (Harmondsworth: Penguin, 1971, rpt. 1985) に基づく．ただし，一重引用符およびイタリック体の使用は筆者による．

第10章　コーパスに基づく辞書編集

　本章では，最近特に盛んになってきたコーパスを使った辞書編集について，これまでの経過と今後の可能性を概観してゆく．その際，実際のコーパスにアクセスして得られるデータをもとに，それらが実際にどのような辞書記述として反映できるのかを具体例とともに検証してゆく．なお，コーパス自体の内容や構築法，検索技術などに関しては他章で詳しく扱うので，そちらを参照されたい．

10.1.　はじめに

　辞書はその性格上，広い意味で何らかのコーパスを利用している．コンピュータは使わないものの，辞書編集にコーパスが用いられ始めるのは18世紀の中頃からである．当時のコーパスは，権威のあるテクストを集めたもので，その中から，ある程度見出し語を抽出し，またそれほど直接的ではないが，語義区分の情報も抽出されていた．しかしながら，18世紀のコーパスは主に用例採取が目的であった．Dr. Johnson は *A Dictionary of the English Language* (1755) において，英語の辞書では初めて使用するコーパスを限定し，成果をあげたことで知られる．[1] *OED* (1933) でも定義は前もって直観的に準備されることが多く，編集者がそれに合う用例をコーパスから探してくるといったもので，現在のように意味・用法を求めてコーパスを分析するといったものではなかった (Béjoint 1994: 97–98)．

　一方，本章のテーマであるコンピュータコーパスを最も本格的に使って編集された最初の辞書は *Collins COBUILD English Language Dictionary* (1987)[2] である．その後も辞書編集におけるコーパスの重要性は高まり，1995年には英国の主要な出版社から，コーパスを活用した売れ筋の辞書の改訂版や新刊の学習辞書が申し合わせたように発売された．表10–1 は，コーパスに基づく主な ESL / EFL 辞書と利用されたコーパスとの対応表である．日本においても，編集にコーパスやコーパス言語学の成果を利用したことを明記する辞書が登場してきており，今後はこういった動きが活発になると思われる．[3]

表 10-1　主な ESL/EFL 辞書と利用コーパス

辞書名	コーパスの種類と規模
Collins COBUILD Advanced Learner's English Dictionary (Glasgow: Harper-Collins Publishers, 2003; *COBUILD4*)	Bank of English（5 億 2,400 万語）
Longman Dictionary of Contemporary English (Harlow: Pearson Education Limited, 2003; *LDOCE4*)[4]	Longman Corpus Network（3 億語）
Longman Advanced American Dictionary (Harlow: Pearson Education Limited, 2001; *LAAD*)	Longman Corpus Network, British National Corpus（1 億語）
Oxford Advanced Learner's Dictionary of Current English (Oxford: Oxford University Press, 2000; *OALD6*)	OALD5（1995）と同様と思われる〔British National Corpus（1 億語）, Oxford American English Corpus（4,000万語）〕
Cambridge Advanced Learner's Dictionary (Cambridge: Cambridge University Press, 2003; *CALD*)[5]	Cambridge International Corpus（5 億語）, Cambridge Learner Corpus（1,500 万語）
Macmillan English Dictionary (Oxford: Macmillan Education, 2002; *MED*)	World English Corpus（2 億語）

10.2. 辞書編集におけるコーパスの条件

　コーパスを辞書編集に活用する際に考慮すべき点はいくつかあるが，ここではコーパスの規模，それを構成する各カテゴリーのバランスについて概観する．

　自然言語に現れる単語の分布は均等ではないので，それらすべてをカバーするコーパスをつくろうとすると，理論的には 5 億語が必要であるという試算がある（Francis 1982: 14）．一方，Sinclair（1991: 18）のように，コーパスの規模はできるだけ大きくなくてはならないし，増殖し続けなくてはならないといった漠然とした指摘もある．実際のところは，つくろうとする辞書の規模や対象ユーザーによるであろうが，最近の ESL/EFL 辞書の場合は，表 10-1 で示したように 1 億語から 5 億語といったところが目安となっているようである．

　辞書編集にコーパスを利用しようとする際に，コーパス規模にもまして留

意しなければならないのが，コーパスを構成する各カテゴリーのバランスである．コーパスが実際の英語を代表する典型的な（representative）サンプルから構成されていないと，英語の正確で妥当な全体像を与えてくれないばかりか，頻度を始めとする統計資料が信頼のおけるものとならないからである．また一方で，対象ユーザーを考慮したコーパス構成といった点も忘れてはならない．辞書を利用するのはだれで，どういった用途に使うのかといった点をはっきりさせないでコーパスを構築しても，決して実用に耐え得る辞書とはならないのである．

　このような観点から，COBUILD ではコーパスを構成するデータの選択の際に，教育および研究という COBUILD Corpus（のちの Bank of English）の使用目的を考慮するよう特に注意が払われ，英国を始め海外でどのようなものが多く読まれているのかを学校の読書リストや書店のベストセラーリストによって調べたり，世界中の British Council Library にどのようなタイトルが継続的に人気があるのかを問い合わせたという（Renouf 1987: 2–4）．また，Longman の場合も，Longman Lancaster Corpus や British National Corpus を構築する際に，年齢，性，地域，教育的・社会的背景の点でバランスが取れるよう特に配慮がなされた（Summers 1996: 261）．辞書編集のためのコーパス構築には，言語分析用のコーパス構築とは違った気配りが必要となる．特に英国における最近の ESL/EFL 辞書が BNC 一辺倒でなくなってきている事実は，独自のコーパスを用意することで他社の辞書と一線を画そうという各社の意図を如実に表している．

10.3.　辞書編集のためのコーパス分析

　それでは，コーパスを使うことによって辞書編集はどのように変わるのであろうか．従来の編集法と対比しながらまとめてみたのが表 10–2 である．コーパスによる編集法は，従来の編集法よりも開発費や維持費がかかるといった面があるものの，それにもまして得られるものは大きい．具体的にどのような成果が紙面上に現れるかは，10.4. で具体的に検証する．

10.3.1.　コンコーダンスラインの活用

　構築されたコーパスを有効に活用できるか否かがかかっているのが検索ソフトである．現在辞書編集に用いられる検索ソフトでは，検索語を画面中央に配し，[7] 各行の左右にその前後の文脈を示す KWIC /kwɪk/（*Key Word*

表 10–2 従来の編集法とコーパスを使った編集法

	従来の編集法	コーパスを使った編集法
資料の質	辞書編集者や執筆者の守備範囲内で資料を収集するため，資料の偏りが免れないばかりか，用例採取時の心理として，普通でないものが優先的に集まる傾向があり，[6] 集まった資料の普遍性に疑問がある．	バランスを考慮しながらコーパスを構築してゆけば，かなり質の高い普遍的な資料となるばかりでなく，用途によってコーパスの構成を変えるといった操作もしやすい．
資料収集の効率性	原則として手作業であるため，資料集めに人手と時間がかかる．	OCR（光学文字読み取り装置）などを使った機械入力が可能．電子化された既存の資料が利用できることがある．
新しい発見の可能性	複数の類似した用例を容易に並列してみることができないため，よほどの直感がないと新たな普遍的発見は困難である．	KWIC 表示とその整列表示により，個々の用例からは見いだせないような自然言語のパターンを比較的容易に発見できる．
客観性	資料の収集方法自体が多分に主観的で，それらを利用して客観的で信頼のおける資料を構築するのには無理がある．	コンコーダンスプログラムには，検索だけでなく，頻度や各種の統計値を処理する機能も含まれているのが普通であり，短時間にそれらの資料を利用して客観的で正確なデータを得ることができる．

In Context）表示と呼ばれる示し方が一般に可能で，各行のことをコンコーダンスライン（concordance line）と呼ぶ．また，この KWIC 表示では，図 10–1 に示すように検索語の前後の語を基準にして各行を整列し直し，同種のコロケーションを集めて表示して特徴的な語連結を見つけやすくする機能が提供されているのが普通である．なお，本章では説明の都合上，各行頭に連番を入れてある．この KWIC 表示により，以下のような作業を正確かつ効率的に行うことができるようになる：

- キーワードの総体的頻度を評価する
- キーワードの主な意味を認定する
- 認定されたそれぞれの意味について定義をつくる
- キーワードを含む頻度の高い句・表現を認定する

第10章　コーパスに基づく辞書編集　　　　　　　　　211

実際の作業では，辞書執筆者がコンコーダンスラインを見ながら，キーワードの前後に特徴的に共起している語連結について，内容を吟味しながら上記の作業をすることになる．

```
 1  he information to her. More precise knowledge concerning the dates is needed, ho
 2  arlier lives without having precise knowledge of it? Since there are more and mo
 3  ntities of illness and have precise knowledge of the cause of the illness as wel
 4  il. She also harboured a precocious knowledge of things pharmacological. How man
 5  r the cases on the basis of present knowledge. Nor is it clear how only the chil
 6  And then they modify their previous knowledge to produce a new solution to the n
 7  r I was just thinking some previous knowledge <M01> Yes of course <F01> but I wo
 8  > Mm <M01> I'd used all my previous knowledge from when I was at <ZZ1> company n
 9  hich Fiona had no apparent previous knowledge. <p> Andrade noticed several chara
10  e you practical skills. No previous knowledge is needed, but those who already h
11  interest to those who have previous knowledge of Paper Sculpture. Students will
12   Saturday to the Gower. No previous knowledge of the subject is required for the
13  d literature concerned. No previous knowledge of the language is required, but s
14  lcome students who have no previous knowledge of Italian, but provision is also
15  d to give students with no previous knowledge of Italian not only a thorough gro
16  hops for employees with no previous knowledge of the subject. <p> For Managers a
17  cognition can be given for previous knowledge and skills achieved (Accreditation
18  on. <p> He claimed he had no prior knowledge of the protest. <p> What I insist
19  . <p> There is no doubt that prior knowledge of the course will be invaluable b
20  any of the activities require prior knowledge or special skills, though some do
21  ch party, but only with their prior knowledge and approval. A better approach is
22  arned!) Activating children's prior knowledge and getting them to make predictio
23  that students access whatever prior knowledge they have and bring it to bear on
```

Material from the Bank of English® reproduced with the kind permission of HarperCollins Publishers Ltd.

図 10-1　knowledge をキーワードに直前の語で整列させた KWIC 表示

10.3.2.　picture 画面の活用

コーパスを利用する際，抽出した KWIC 表示が数十行の範囲であれば，得られたデータをその場で整理することも可能であろうが，コーパスの規模が大きくなり信頼度の高いデータが得られるようになるにつれて，今度は大量の抽出結果を簡単に分析するということが困難になってくる．こういった問題にある程度手がかりを与えてくれるのが各種統計情報である．ここでは，COBUILD が実際に辞書編集に利用している picture 画面を例に，どのような情報が得られるのかを見てゆこう．

図 10-2 は，Wordbanks*Online* を使って knowledge という単語を検索し，その picture 画面を表示させたものである．本章では説明の都合上，各行・各列の先頭に実際の画面にはない連番を入れてある．picture 画面が与える統計的情報は，キーワードをはさむ左右数語(ここでは 3 語)についての頻度，t-score，MI-score の 3 つである．中央のコラム [0] にキーワード

を示す NODE という表示が現れ，それをはさむコラム [−3] から [3] の各列には，キーワードを中心に前後3語の位置に現れる語が，それぞれの列ごとの頻度順で並べられる．これによってたとえば，knowledge の直前の位置であるコラム [−1] に現れる語で最も頻度の高いのは the で（以降，[1: −1] のように [行位置: コラム位置] と表す），第2位は of ([2: −1])，第3位は my であることがわかるし ([3: −1])，knowledge の2つ前の語の位置であるコラム [−2] に現れる語では，of my knowledge, in the knowledge, to my knowledge などの語連結の高頻度を反映して，of, in, to などの前置詞が上位にあがっている．画面最下のステータス行には画面上でカーソルが置かれた位置にある単語のさまざまな統計情報が表示される．左から，スペリング（図 10–2 の例では [1: −3] で the），[8] その語の検索対象コーパ

	−3	−2	−1	0	1	2	3
1	the	of	the	NODE	of	the	the
2	to	in	of	NODE	and	a	and
3	of	to	my	NODE	that	it	to
4	a	with	and	NODE	to	experience	of
5	and	and	his	NODE	about	and	is
6	with	the	their	NODE	is	they	in
7	have	a	our	NODE	<p>	to	a
8	in	have	no	NODE	in	i	s
9	best	had	s	NODE	or	what	was
10	had	without	a	NODE	the	you	that
11	he	on	this	NODE	but	he	<p>
12	that	their	your	NODE	i	skills	i
13	it	lack	that	NODE	which	that	it
14	<p>	is	any	NODE	they	of	will
15	has	by	common	NODE	he	is	you
16	s	s	prior	NODE	was	this	not
17	or	that	scientific	NODE	as	in	have
18	not	his	self	NODE	you	their	are
19	his	has	some	NODE	a	his	as
20	safe	an	public	NODE	it	understand	can
21	secure	any	local	NODE	we	how	had
22	is	no	for	NODE	on	we	they
23	i	was	all	NODE	based	s	<m01>

˜the˜. Tot freq: 2872094. Freq as coll: 178. t-sc: −1.5129. MI: −0.1550. ´?´ for help

Material from the Bank of English® reproduced with the kind permission of HarperCollins Publishers Ltd.

図 10–2　頻度順に整列させた knowledge の picture 画面

ス全体における頻度，その語がカーソルのある位置に現れた頻度，その位置における t-score および MI-score の順である．次に t-score と MI-score とはいったい何なのかを見てゆくことにしよう．

10.3.3. MI-score と t-score

MI-score[9] は特定の 2 語間について連想関係の強さを計る尺度で，[10] 予想以上に共起頻度が高い語の組み合わせで値が高くなる．共起する 2 語が持つ意味的特性に焦点があてられる傾向があり，慣用句，ことわざ，複合語，専門用語など比較的独特の言い回しを構成する語がリストの上位に現れることになる．ただし，MI-score のリストの上位にランクされていても，必ずしもキーワードとなる語の典型的な用法ではなく，検索対象となったコーパ

	-3	-2	-1	0	1	2	3
1	modify	deepen	encyclopae	NODE	gained	grammatica	adverse
2	gaps	thirst	carnal	NODE	obtained	anatomy	petition
3	secure	broaden	firsthand	NODE	motoring	expertise	whereabout
4	acquiring	concealing	tacit	NODE	acquired	understand	incorporat
5	tempered	reservoir	requisite	NODE	base	skills	remedies
6	safe	frontiers	thorough	NODE	based	nutrition	destinatio
7	faculty	denying	dweomer	NODE	skill	consent	languages
8	gained	lack	prior	NODE	understand	wisdom	iran
9	absence	denied	factual	NODE	gap	belief	murders
10	denied	gaps	intimate	NODE	learning	skill	structures
11	comfort	pursuit	ecological	NODE	helps	experience	acquired
12	knowledge	quest	specialise	NODE	nor	computing	gained
13	gain	expand	innate	NODE	of	insight	expertise
14	scientific	acquire	scientific	NODE	especially	awareness	knowledge
15	armed	sociology	accumulate	NODE	about	approval	fraud
16	relax	enhance	theoretica	NODE	interview	involvemen	sexually
17	limits	extend	acquiring	NODE	skills	literature	techniques
18	sum	depth	acquire	NODE	that	gained	objective
19	wealth	advances	specialist	NODE	anyway	technical	lifestyle
20	pupils	consent	detailed	NODE	among	ability	sporting
21	passing	deny	technical	NODE	within	ourselves	procedures
22	experience	forms	academic	NODE	</subh>	knowledge	language
23	best	skills	useless	NODE	experience	gain	skill

"modify". Tot freq: 193. Freq as coll: 4. t-sc: 1.9933. MI: 8.2313. '?' for help

Material from the Bank of English® reproduced with the kind permission of HarperCollins Publishers Ltd.

図 10-3　MI-score 順に整列させた knowledge の picture 画面

またはそのコーパス内の特定のサンプルに特有の連語であることも多いので注意が必要である。[11]

表 10–3　knowledge の [−1] 列の MI-score

	単語	頻度	局所頻度	MI-score		単語	頻度	局所頻度	MI-score
1	encyclopaedic	22	8	12.364774	13	innate	154	3	8.141961
2	carnal	37	7	11.422013	14	scientific	1994	38	8.110260
3	firsthand	65	5	10.123543	15	accumulated	246	4	7.881245
4	tacit	80	5	9.823953	16	theoretical	569	9	7.841395
5	requisite	104	4	9.123443	17	acquiring	266	4	7.768465
6	thorough	417	13	8.820389	18	acquire	605	8	7.582938
7	dweomer	106	3	8.680881	19	specialist	2050	24	7.407266
8	prior	1445	39	8.612380	20	detailed	1648	19	7.385137
9	factual	176	4	8.364376	21	technical	1836	19	7.229271
10	intimate	707	16	8.358240	22	academic	1885	16	6.943317
11	ecological	288	6	8.238832	23	useless	596	5	6.926423
12	specialised	306	6	8.151361	24	common	6744	53	6.832186

Material from the Bank of English® reproduced with the kind permission of HarperCollins Publishers Ltd.

　図 10–3 は MI-score 順に整列させた picture 画面，表 10–3 は knowledge の直前の位置であるコラム [−1] に生起する語の MI-score リストである．この表中の「頻度」とはコーパスに現れる当該単語の頻度，「局所頻度（local frequency）」とは特定の位置における当該単語の頻度をさす（ここではコラム [−1]）．
　図 10–3 を見ると，頻度順に整列させた図 10–2 では現れていなかった，意味的に knowledge と結び付きの強い語がリストの上位に現れていることがわかる．MI-score によって，日常的に感じている結合度の高さを確認できるだけでなく，それらの結合度の程度差を科学的で客観的な数値から知ることができる．これらのリストから得られた情報をもとに，語義記述における選択制限や内包的意味の説明，採用すべき用例の吟味など，辞書の中核を成す部分の改善が期待される．

第 10 章 コーパスに基づく辞書編集

t-score[12] は特定の 2 語間に何らかの連想関係があることを主張することができる確信度を計る尺度である．MI-score が連語間の意味的特性を浮かび上がらせるのに対して，t-score は特定の 2 語の共起頻度に焦点をあてるため，キーワードの前後に頻繁に生起する前置詞，不変化詞，人称代名詞，限定詞などの文法構造を満たすための語のほか，常套(じょうとう)句や使い古されてしまった比喩，決まり文句などを構成する語が上位にランクされることが多い．

図 10–4 は t-score 順に整列させた knowledge の picture 画面，表 10–4 は knowledge の直後の位置であるコラム [1] の t-score である．t-score は頻度と関係が深いので，図 10–2 と図 10–3 ほどの様変わりはないが，それでも表 10–4 で t-score の数値を見れば，of, that, and などリストの上位 3 語，とりわけ of がその結合度で飛び抜けていることがわかる．この of は次に続く語が目的格の関係にあることを表すものであるが，他動詞 know との

	−3	−2	−1	0	1	2	3
1	best	with	the	NODE	of	the	is
2	have	of	of	NODE	that	experience	language
3	with	in	my	NODE	and	skills	subject
4	safe	without	their	NODE	about	understand	knowledge
5	secure	lack	his	NODE	or	what	area
6	had	had	our	NODE	is	how	petition
7	experience	have	no	NODE	based	they	will
8	to	their	common	NODE	but	their	iran
9	has	denied	your	NODE	gained	its	experience
10	or	any	any	NODE	which	expertise	adverse
11	knowledge	skills	prior	NODE	base	our	skills
12	without	to	scientific	NODE	within	belief	was
13	not	and	this	NODE	understand	french	can
14	denied	body	self	NODE	learning	this	game
15	your	first	public	NODE	they	your	affairs
16	their	test	local	NODE	does	mm	law
17	students	by	general	NODE	especially	power	world
18	use	no	little	NODE	among	skill	languages
19	based	has	basic	NODE	should	it	gained
20	test	forms	specialist	NODE	obtained	informatio	and
21	comfort	experience	some	NODE	nor	these	incorporat
22	gain	an	certain	NODE	into	human	business
23	armed	your	s	NODE	anyway	wisdom	techniques

Material from the Bank of English® reproduced with the kind permission of HarperCollins Publishers Ltd.

図 10–4 t-score 順に整列させた knowledge の picture 画面

関連を考えれば，その結合度の高さは十分に納得がゆく．また，第2位のthat も knowledge が that 節を従えるためで，文法的な結合度の高さを示している．さらに，第3位の and は，knowledge and experience, knowledge and skills, knowledge and understanding といった，and をはさむ並列構造と knowledge の関連の高さを反映するものである．t-score は機能的な観点から特定の語連結の結合度を客観的に示すことに向いているので，文型や機能語の連語情報に関する記述の改善に有用である．

表 10-4 knowledge の [1] 列の t-score

	単語	頻度	局所頻度	t-score		単語	頻度	局所頻度	t-score
1	of	1323275	1174	31.598750	13	understanding	3260	6	2.357654
2	that	594996	389	17.641424	14	learning	3926	6	2.338892
3	and	1369241	433	16.268125	15	they	267248	31	2.255661
4	about	126728	94	8.793417	16	does	24208	8	2.237840
5	or	175734	60	6.180476	17	especially	8073	6	2.222069
6	is	499929	92	5.995125	18	among	11916	6	2.113810
7	based	9965	19	4.201148	19	should	44470	9	1.977140
8	but	284617	49	4.194353	20	obtained	1092	4	1.962324
9	gained	1701	16	3.970656	21	nor	4419	4	1.847537
10	which	130851	31	3.946079	22	into	81207	12	1.846494
11	base	4454	10	3.065088	23	anyway	6478	4	1.776498
12	within	15963	8	2.438988	24	together	15473	5	1.758583

Material from the Bank of English® reproduced with the kind permission of HarperCollins Publishers Ltd.

このように，MI-score と t-score を使えば，膨大な数の用例におぼれることなく，分析においてどのような点に注目し，辞書記述としてそれらをいかに反映させるべきかという指針を得ることができる．しかし，一方で特定のコーパスソースに特有の語句表現も含まれており，有効な情報か単なる偶然かといった判断はコーパスを操作する者に頼らざるを得ず，本当の意味でコーパスを使いこなすには高い英語力が要求される．

10.4. コーパス活用による成果

この節では実際にコーパスの分析結果がどのように辞書の記述に反映されているかをいくつかの項目ごとに具体的に検証してゆくことにする．

10.4.1. 頻度情報

コーパスを辞書編集に活用する利点として，すぐに思い浮かぶものの1つに単語の頻度に関する情報があるが,[13] それらの情報を紙面にどのように反映させるか各辞書とも工夫を凝らしている．

COBUILD1 はコーパスの頻度順リストに基づいて収録語彙の選択が行われ，図10-5に示すように，各見出し語項目を語源や品詞によって分けるのではなく，綴りが同じであればすべての語義を頻度順に並べて同一項目内で処理するといった，それまでになかった配列法を採用して注目を集めた.[14]

また，図10-6に示すように，*LDOCE3* でも頻度を明示する工夫が凝らされ，高頻度の見出し語項目には S1 / S2 / S3 や W1 / W2 / W3 といったロゴ表示をすることによって，それぞれの話し言葉や書き言葉における頻度について，上位1,000語，それに次ぐ1,000語，さらにそれに次ぐ1,000語といったように，各3段階の頻度帯に属することを表示した．また，一部の重要語では棒グラフを使って，文体別頻度や構文別頻度が表示され，当該の単語がどのような状況で典型的に使われるのかがひと目でわかるようになっている．このような試みは，発信用辞書という面および効率的単語学習の面からも評価できる．この表示法は *LDOCE4* にも引き継がれている.[15]

right /raɪt/, **rights, righting, righted**. 1 If something is **right**, it is correct and in accordance with the facts. EG *You've got the pronunciation right... 'Are you sure that clock's right?... Is that the right time?... I think that's probably right... You get full marks for getting the right answer... You are French, is that right?* ▸ used as an adverb. EG *Some of the pupils remembered right and some remembered wrong.* ADJ CLASSIF † true ▸ ADV WITH VB = correctly

11 If something is a **right**, you are morally or legally entitled to do it or to have it. EG *People in positions of influence have a right to comment on political issues... 'I know my rights,' he said... ...equal rights for women... ...basic civil and political rights... ...the right to strike... Both parents have an equal right to a career if they want one... ...whaling and mining rights... Authors should be protected over their rights.* N COUNT, OR N + to-INF † entitlement

13 **Right** means 13.1 on or towards the side which, in English writing, has the last letter of a word, or the side of the body which for most people has the hand they write with. EG *Turn right off Broadway into Caxton Street... Her right hand was covered in blood... They forced David into a room on the right side of the corridor... I had the impression that the car was going to swerve right.* 13.2 worn, or intended to be worn, on the right foot, hand, etc. EG *...his right shoe.* ADV, OR ADJ CLASSIF : ATTRIB ≠ left ADJ CLASSIF : ATTRIB ≠ left

20 To **right** something means 20.1 to put it back into its correct or proper state. EG *He was there to right the balance... The situation should right itself in time.* 20.2 to return it to a normal upright position. EG *The ship righted itself.* V + O (NG/REFL) † adjust V + O (NG/REFL)

図 10-5 *COBUILD1* における語義配列（s.v. RIGHT）

a. prevent

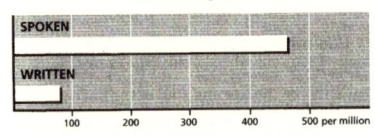

b. sorry

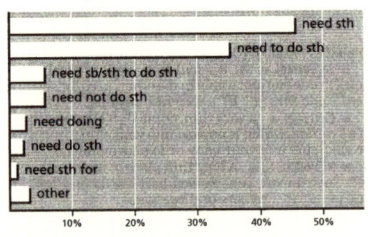

c. need

図 10-6　*LDOCE3* における頻度表示

10.4.2. 語義・用例の精密化

　コーパスによって語義や用例の記述も精密化される．ここではまず，コーパスを本格的に使う前と使った後を比較しやすい *LDOCE1* と *LDOCE4* を例に，辞書編集におけるコーパスの効用を具体的に検証してみよう．[16] その際，10.3.2. と 10.3.3. で紹介した統計情報を援用してみる．

　表 10-5 は *LDOCE1* と *LDOCE4* における knowledge の内容を類似・相当項目別に対照させた表である．[17] *LDOCE1* と違って *LDOCE4* では，成句はサンセリフ系のボールド体（abcde...）で，コロケーションはセリフ系のボールド体（**abcde...**）で示されていることのほか，全体的に情報量が増えていることがひと目でわかる．なお，コロケーション情報に関しては主要部分だけを略記している．以下，旧版からの変更点を中心に見てゆこう．

　まず，*LDOCE4* の語義 1 では，図 10-3 の MI-score リストのコラム［-1］から［-3］に登場する technical, scientific, detailed, specialist などの形容詞や，acquire, gain などの動詞との組み合わせがコロケーションとして扱われている．これらは knowledge と意味的連想度が強いにもかかわらず旧版にはなかったものである．用例の His knowledge of... は所有人称代名詞との連語であるが，図 10-4 の picture 画面のコラム［-1］を見れば，knowledge と所有人称代名詞との結び付きの強さは容易に認識できる．また，of も表 10-4 の t-score 一覧表の値を見れば，knowledge と of の並々ならぬ結び付きの強さが確認できる．次の例に出てくる前置詞の about についても，値は下がるものの同様に先ほどの一覧表で確認できる．さらに，動詞

第 10 章　コーパスに基づく辞書編集

表 10-5　*LDOCE1* と *LDOCE4* における knowledge の用例句の比較

LDOCE1 における用例句	*LDOCE4* における類似用例句
1 understanding: *a knowledge of/not much knowledge of the truth* **2** learning; that which is known: *Knowledge is power.* | *a knowledge of/not much knowledge of French*	**1** the information, skills, and understanding that you have gained through learning or experience: . . . [+ **of**] *His knowledge of ancient civilizations is unrivalled.* | [+ **about**] *the need to increase knowledge about birth control* . . . **have knowledge**; **acquire/gain knowledge**; **technical/scientific knowledge**; **in-depth knowledge**; **detailed knowledge**; **specialist knowledge**; **first-hand/personal knowledge**; **background knowledge**; **general knowledge**; **a thirst for knowledge** ⚠ Do not say that you 'learn knowledge' or 'get knowledge'. Say that you **learn a lot** or **learn a great deal**: *You can learn a lot through travel.*
3 familiarity (familiarness) with; information about: *He has a good knowledge of London*	**2** when you know about a particular situation or event, or the information you have about it: . . . **deny all knowledge of**; **have no knowledge of**
	(**secure/safe**) **in the knowledge that** *Kay smiled, secure in the knowledge that she was right.*
	be common/public knowledge (= be known about by everyone) *Their affair is public knowledge.*
6 to the best of one's knowledge (**and belief**) so far as one knows: *I am not quite sure, but to the best of my knowledge his story is true* **7 to one's knowledge** so far as one knows: *He has been there several times to my knowledge*	**to (the best of) somebody's knowledge** (= used to say that someone may not know the true facts) *To the best of my knowledge the new project will be starting in June.* | *To our knowledge, this is the first time it's happened.* | *'Is it true that she's leaving the company?' 'Not to my knowledge* (= I do not think so).'
8 without someone's knowledge although someone did not know: *He left home without his wife's knowledge*	**without somebody's knowledge** *He was annoyed to find the contract had been signed without his knowledge.* | *She acted **with the full knowledge of** her boss* (= her boss knew about her action).
4 bring to someone's knowledge to cause someone to know: *The matter was never brought to the knowledge of the minister* **5 come to someone's knowledge** to become known to (by) someone: *The matter never came to the knowledge of the minister*	該当なし

have との結び付きは図10-4の picture 画面のコラム [-2] を見れば，活用形を変えて 6 行目，7 行目，19 行目にリストされており，knowledge と典型的なコロケーションをなすことがうかがえる．旧版が冠詞と数量詞を伴う用例に終始していたのと較べると，大きな進歩である．なお，項目の最後に *learn knowledge や *get knowledge といった非文情報が与えられている点は，日本の学習英和辞書ではおなじみのものであるが，学習者コーパスの分析に基づいて英国の ESL/EFL 辞書でも最近見られるようになってきた．

　語義 2 では，have a good knowledge of . . . に代わって deny all knowledge of . . . と have no knowledge of . . . という 2 つのコロケーションが加えられている．図 10-4 を見れば，不定冠詞は an が [22:-2] に現れるだけなのに対して，no は [18:-2] および [7:-1] に現れているし，deny も denied の形で [14:-3] および [9:-2] に現れており，knowledge の左側の位置では不定冠詞を伴う形よりも優位であることがわかる．ちなみに，WordbanksOnline では，deny と knowledge の間に現れる修飾語としては any が 21 例で最も多く，ついで，all (18 例)，any detailed (7 例)，修飾語なし (4 例)，any prior (2 例)，advance (1 例)という結果であった．

　成句 (secure/safe) in the knowledge that については，図 10-4 の picture 画面の [3:-2] に in が，[1:-1] に the が，[2:1] に that が現れていることからも，その結合度の高さは容易に想像することができるが，さらにそれは図 10-7 のような KWIC 表示で確認できる．同図の 13 行目から 16 行目および 17 行目から 21 行目で，in the knowledge that の前には secure や safe が特徴的に生起することがわかるが，同図の 4 行目，5 行目，10 行目，11 行目，22 行目に見られるように，その他の変異形であっても，in the knowledge that . . . は「. . .ということを知って安心して[喜んで]. . .」といった文脈で好んで用いられることが多いことが知られる．

　成句 be common/public knowledge も初版にはなかったものである．common と public は，図 10-4 にもそれぞれ [8:-1] と [15:-1] に現れており，コーパス分析の成果であろう．

　成句 to (the best of) somebody's knowledge と without somebody's knowledge については，新たな情報を付け加えて項目が維持されている．一方，LDOCE1 の語義 4 bring to someone's knowledge と 5 come to someone's knowledge は項目が削除された．WordbanksOnline で検索し

てみても，bring to someone's knowledge は 0，come to someone's knowledge は 1 例と，両方とも極めてまれな用法のようで，適切な判断と言えるだろう．

```
1   of the letter, or giving up. <p> In the knowledge that if anything on the Inter
2   r fast tracking a literary career in the knowledge that Australia gives extra  b
3   ise you you ken happy and content in the knowledge that your problem has found i
4   rson who misses out can rest easy in the knowledge that he will be a part of our
5     the benefits. Begin to feel good in the knowledge that you are actively helping
6   he penthouse to Hadley and Hager, in the knowledge that this superb collection o
7   overnment should now act honestly in the knowledge that it has not only moved th
8   lowed the export of goods to Iraq in the knowledge that they would probably be u
9   s is a capital offence was issued in the knowledge that a number of foreign nati
10  father may have derived pleasure in the knowledge that the 7th Earl would be sp
11  judices and objections, rejoicing in the knowledge that since the arrival of thi
12  kers in Scotland are taking risks in the knowledge that help can easily be summo
13  m one has no great affection safe in the knowledge that they will not be around
14  ificial double-page spreads, safe in the knowledge that he's asking for it. But
15  ed. Why? These kids can play safe in the knowledge that their parents have plast
16  d water the pet. <p> Finally safe in the knowledge that your pets are enjoying t
17  rass some women, and to be secure in the knowledge that he could get away with i
18  n career <p> Helen is also secure in the knowledge that she need never be out of
19  ive the car of his dreams, secure in the knowledge that he is properly protected
20  rt of Germany's Fuhrer and secure in the knowledge that it had once again found
21  your linguistic weaknesses secure in the knowledge that you soon will be using F
22  ime one appears on the box, smile in the knowledge that they are a 'Failure'. To
23  from low-growing shrubs to trees, in the knowledge that not only are you going t
```

Material from the Bank of English® reproduced with the kind permission of HarperCollins Publishers Ltd.

図 10-7　in the knowledge that の KWIC 表示

　語義や用例における記述の改良は，版を重ねている *OALD* でも質量ともにはっきりと見ることができる．図 10-8 a. と b. に示すように，語義分析はもちろん，文法注記やコロケーションも具体的に示され，当該語の用法をイメージしやすくなっている．さらに，*MED* では，図 10-9 a. に見られるように典型的なコロケーションを用例の前で示す方法だけではなく，b. のように品詞別のコロケーションをまとめた囲みを採用している．囲み中の数字は，本文中の対応する語義番号を示す．
　COBUILD1 では，図 10-10 に見られるように，関連する派生語が各語義項目の後にあげられ，対応する親項目と関連させながらその派生語の意味用法を確認できるような配慮がなされた．delicate の例では，4 つの大きな語義のうち 3 つの語義項目で delicately の用法が示されている．派生語と言えば，追い込みで申し訳程度の情報しか与えられていなかった状況と比べれば，格段の進歩である．

popu·late /ˈpɒpjʊleɪt/ vt [VP6A] supply with people; inhabit; form the population of: *thinly ~d; the densely ~d parts of India.*

a. *OALD3*（1974）

popu·late /ˈpɒpjʊleɪt; AmE ˈpɑːp-/ *verb* [VN] [often passive] **1** to live in an area and form its population ｜SYN｜ INHABIT: *a heavily / densely / sparsely / thinly populated country* ◊ *The island is populated largely by sheep.* ◊ *(figurative) the amazing characters that populate her novels* **2** to move people or animals to an area to live there: *The French began to populate the island in the 15th century.*

b. *OALD6*（2000）

図 10-8　*OALD* (s.v. POPULATE)

dig·ni·ty /ˈdɪɡnəti/ *noun* [U] ★★ the impressive behavior of someone who controls their emotions in a difficult situation: *She faced her death with dignity.* ♦ **maintain / retain your dignity** *It can be difficult to maintain your dignity during a divorce.* **a.** respect that other people have for you or that you have for yourself: **lose your dignity** *After the accident, I felt I'd lost my dignity.* **b.** a

a. dignity

Words frequently used with **limit**		
adjectives	agreed, legal, lower, prescribed, strict, upper	1
nouns	age, amount, capacity, extent, growth, number, power, scope, size, speed, time, weight	1
verbs	define, extend, impose, introduce, lower, place, put, raise, reduce, set, specify	1

b. limit

図 10-9　*MED* におけるコロケーション表示

delicate /ˈdelɪkət/. **1** Something that is **delicate 1.1** is small and graceful or attractive. EG *She had long delicate fingers... The panel was decorated by an inlay of the most delicate floral design... ...delicate ballet steps.* ♦ **delicately.** EG *The princess took the pot delicately from him... ...delicately veined pale skin.* **1.2** has a colour, taste, or smell which is pleasant and not strong or intense. EG *...a delicate pale cream colour... ...a delicate mushroom sauce.* **1.3** is fragile and needs to be handled carefully. EG *...delicate china... Wash delicate fabrics in cold water.* 　ADJ QUALIT ♰ beautiful ≠ dainty / ADV WITH VB / ADJ QUALIT ♰ subtle ≠ strong / ADJ QUALIT : ATTRIB ♰ weak

2 Someone who is **delicate 2.1** is not healthy and strong, but becomes ill easily. EG *I think she was delicate; her health was not good.* **2.2** uses words carefully in order to avoid offending other people. ♦ **delicately.** EG *She had delicately hinted at his inadequacy.* **2.3** is careful to avoid anything which they consider to be rude, improper, or unpleasant. EG *He was as delicate in his undressing and showering as a nun.* **3** A **delicate** situation or problem is difficult and needs very careful and tactful treatment. EG *...a very delicate social and political balance... ...the delicate sphere of race relations.* ♦ **delicately.** EG *...highly sensitive and delicately balanced economic systems.* **4** A **delicate** sense or scientific instrument is capable of noticing very small changes or differences. EG *Bees have a delicate sense of smell.* 　ADJ QUALIT ♰ weak / ADJ QUALIT ♰ cautious / ADJ QUALIT : USU PRED = modest / ATTRIB = sensitive, tricky ◊ ADV + PAST PART / ADJ QUALIT : ATTRIB ♰ sensitive ≠ crude

図 10-10　*COBUILD1* (s.v. DELICATE)

引用例と創作用例の問題は古くから議論されてきた．表 10-1 であげた辞書のうち，原則として引用例を使っているのは *COBUILD2* だけであることから見ても，[18] 学習辞書ではコーパスに基づきながらも創作用例を用いるのが主流である．引用例を採用するのは，引用例を権威ある典拠と見なす考え方が根底にあるためと思われるが，テクストそのままの引用はいろいろな問題を引き起こすことも多い．たとえば，COBUILD の辞書は発刊以来，用例が "real English" であることを売り物にしているが，[19] *COBUILD1* から *COBUILD3* までは *The main aim of inbreeding is to standardise, to fix desirable inherited characteristics and to dispel undesirable ones.* (s.v. FIX 22) のように，学習辞書としては難易度や長さの点で首をかしげたくなるような例に出くわすことも多かった．*COBUILD4* では難易度の高い用例を避

けるよう若干配慮があったためか，上のような例は改善されたが，それでも，*He was forced to entrust an assistant with the important task of testing and demonstrating aircraft to prospective customers.*（s.v. ENTRUST）といったレベルの用例はまだ普通に採用されている．[20] また，*wine from Coteaux d'Aix-en-Province*（s.v. FROM 2）のような地名や *'You'd like a cup as well, would you, Mr Secombe?' — 'Thank you, Jane, I'd love one.'*（s.v. THANK 2）といった人名など，標準的レベルの英語学習者でも一瞬立ち止まってしまい，用例を読みこなすのに本来使われるべき集中力を散漫にしてしまうような固有名詞が含まれていたりする例もある．

　また，用例に関してはセクシズムのような，時代を反映した問題も起きている．Herbst（1996: 328）は，*OALD4*では男性の(代)名詞よりも女性指示の(代)名詞の方が多くなっているのに対して，*COBUILD2*では 64 対 33 で男性の方が多くなっている事実をあげ，コーパスを生のままで使う限り，*She did beautiful needlework and she embroidered table napkins* のようなステレオタイプな用例を避けることは難しくなることを指摘している．

　コーパスから得られたテクストをそのまま引用例とするのは，「生きた用例」と言えば体裁はよいが，一定の文脈からはぎ取られた用例はともするとユーザーを無視した用例ともなりやすい．せっかくコーパスで得られた典型的な英語の情報を，より応用がききやすく使いやすい形で提供できるような提示方法が望まれる．

10.4.3. 語法注記・レジスター表示

　コーパスを活用した辞書編集において，語義や用例に次いで最も期待できるのは語法注記の精密化であろう．特に，類義語解説は，その記述の進歩が特に著しい．一部の ESL/EFL 辞書では，図 10-11 a. のように，学習者コーパスに基づく誤答分析から得られた成果を利用して，従来は英米の辞書では示されることのなかった非文情報が見られるようになった．また，図 10-11 b. に見られるように，漠然とした概念を表して便利なため母語話者でさえもついつい使いすぎる傾向のある nice のような項目では，コーパス分析によりいっそう具体的で状況に合った表現ができるように，自然で最適なコロケーションが紹介してある．

　一方，日本の英和辞書でも，コーパス分析の成果が語法注記に盛り込まれ，非母語話者ならではの疑問に答えてくれるようになってきた．図 10-11 c. に

WHICH WORD?
deep / deeply

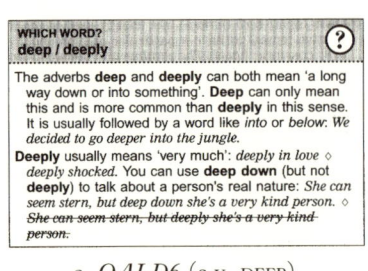

The adverbs **deep** and **deeply** can both mean 'a long way down or into something'. **Deep** can only mean this and is more common than **deeply** in this sense. It is usually followed by a word like *into* or *below*: *We decided to go deeper into the jungle.*

Deeply usually means 'very much': *deeply in love ◇ deeply shocked.* You can use **deep down** (but not **deeply**) to talk about a person's real nature: *She can seem stern, but deep down she's a very kind person.* ◇ ~~*She can seem stern, but deeply she's a very kind person.*~~

a. *OALD6* (s.v. DEEP)

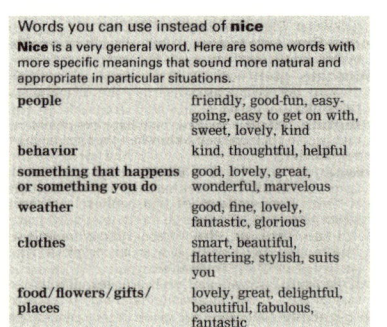

Words you can use instead of **nice**

Nice is a very general word. Here are some words with more specific meanings that sound more natural and appropriate in particular situations.

people	friendly, good-fun, easy-going, easy to get on with, sweet, lovely, kind
behavior	kind, thoughtful, helpful
something that happens or something you do	good, lovely, great, wonderful, marvelous
weather	good, fine, lovely, fantastic, glorious
clothes	smart, beautiful, flattering, stylish, suits you
food/flowers/gifts/places	lovely, great, delightful, beautiful, fabulous, fantastic

b. *MED* (s.v. NICE)

語法 (1) **コーパス as if [though]** と **like** as though も as if と同様に用いるが,頻度は as if の3分の1にも満たず,どちらかというと《米》より《英》で好まれる.《くだけて》では as if の代わりに like が用いられることもあるが,この用法は《英》より《米》のほうが好まれる (→like² **腰** **2**).

c. 『ウィズダム』(s.v. AS if)

図 10-11　語法・類義語欄の例

示すように,『ウィズダム英和辞典』(2003,三省堂;以下,『ウィズダム』)では,コーパス というレーベルが与えられ,当該の語法情報がコーパスから得られた成果であることがすぐにわかるような工夫がされている.

10.4.4.　句表現と談話辞

話し言葉で頻繁に用いられる句表現 (phraseology)[21] は,その性質上辞書編集のための記録資料として残ることは少なく,母語話者にとっても当たり前の表現であるのでしばしば無視されてきた.これも,話し言葉のコーパスが活用されるようになり,最近注目を浴びるようになってきた.図 10-12 は *OALD6* における I must say. と forget it の項目を示したものであるが,これらの項目は *OALD3* (1974) では存在すらしなかった.また,図 10-13 に示すように,日本の英和辞書でもコーパスを活用することによって,英米の辞書に先立ってこのような表現を語用論的注記とともに示すことができるようになってきた.

一方,図 10-14 に示すように,*COBUILD1* における談話辞の語義説明は詳細で,日本の英和辞書における談話辞記述に大きな影響を与えた.対応

Nearly every day.' **I** '**must say** (*spoken*) used to emphasize an opinion: *Well, I must say, that's the funniest thing I've heard all week.* ,**I** '**say** (*old-fashioned, BrE, spoken*) **1** used

a. I must say.

IDM **for**'**get it** (*spoken*) **1** used to tell sb that sth is not important and that they should not worry about it: *'I still owe you for lunch yesterday.' 'Forget it.'* **2** used to tell sb that you are not going to repeat what you said: *'Now, what were you saying about John?' 'Forget it, it doesn't matter.'* **3** used to emphasize that you are saying 'no' to sth: *'Any chance of you helping out here?' 'Forget it, I've got too much to do.'* **4** used to tell sb to stop talking about sth because they are annoying you: *Just forget it, will you!* **not forgetting** ... (*BrE*) used to include sth in the

b. forget it

図 10-12 *OALD6* における句表現

breakfast. 父は朝食中に新聞を3紙読む/*Breakfast in bed* tomorrow for you. 明日は朝食を寝床に持っていってあげるわ (❶ breakfast in bed は大事にされることや贅沢(ぜい)の象徴としてしばしば用いられる)/bed and

図 10-13 『ウィズダム』 (s.v. BREAKFAST)

8 After all is used **8.1** when you are stating a reason or opinion that relates to the previous statement. EG *They did not expect heavy losses in the air; after all, they had superb aircraft... It had to be recognized, after all, that I was still a schoolboy.* **8.2** when you are saying that something is or might be the case in spite of things that have happened or that have been said or done EG *The women began to think maybe she was not so mad after all... Could it be true, after all, that money did not bring happiness?*   PHR : USED AS ADV SEN

PHR : USED AS ADV SEN = in fact

図 10-14 *COBUILD1* (s.v. after ALL)

する訳語だけが示されることが多かった英和辞書に，その談話辞が用いられる語用論的な説明が加えられるようになり，日本語の訳語との微妙な用法上の違いも示されるようになった．

10.5. むすび

　コンピュータコーパス花盛りの辞書界であるが，コーパスと辞書との関係はまだ発展途上にあると言ってよい．意味タグを付与したコーパスの活用も待たれるし，パラレルコーパス[22] の 2 か国語辞書への応用も，環境が整い次第行われてゆくことになろう．Fillmore & Atkins (1994) は，辞書の編集における最大の敵は，編集中の時間不足よりもスペース不足であることに触れながら，従来の辞書がかかえる単なる言い換え的な語義記述の問題点を指摘し，紙製の 2 次元辞書に代わる多次元電子辞書の必要性を指摘している．

　いくらコンピュータの進歩によって大量のデータが短時間のうちに処理できるようになったとしても，コーパスの構成によって得られる結果は当然違ってくるであろうし，コーパスからどのような結果を採用し，採用した情

報をどのように辞書の紙面に反映させるかはあくまでも人間である．集めたデータを生かすも殺すも，執筆者や編集者の知識や経験，そして勘によるところが大きいことは今も変わっていない．Summers (1996: 261–62) も指摘するように，「コーパスに縛られる (corpus-bound)」のではなく，あくまで「コーパスに基づく (corpus-based)」といった態度が必要であろう．また，今後はコーパスデータに触発されて新たな言語事実を発見してゆこうという「コーパス駆動的な (corpus-driven)」手法にも期待したい．

注

1. 彼は同辞書の序文で，引用例の採録期間を 1560 年から 1660 年としたことを述べている (Osselton 1983: 18)．
2. cf. London: Collins ELT, 1987; *COBUILD1*. Birmingham Collection of English Text (書き言葉 600 万語と話し言葉 130 万語を抽出したもの；後の Bank of English) を使用．
3. 過去にコンピュータテクストを英和辞書の編集に使った例としては，『ロイヤル英和辞典』(旺文社 1990) や『講談社英和中辞典』(講談社 1994) があるが，いずれの場合も用例採取を主要目的としていた．日本で本格的なコーパス分析に基づいて編集された英和辞典としては『ウィズダム英和辞典』(三省堂 2003) が初めてのものである．
4. コーパスを本格的に活用したのは第 3 版の *Longman Dictionary of Contemporary English* (Harlow: Longman 1995; *LDOCE3*) から．British National Corpus (1 億語), Longman Lancaster English Language Corpus (3,000 万語), Longman Learners' Corpus (500 万語), Longman Spoken American Corpus (開発中) などを使っていた．
5. Cambridge University Press 初の本格的 ESL/EFL 辞書である *Cambridge International Dictionary of English* (Cambridge: Cambridge University Press, 1995; *CIDE* /sáidi/; 1 億語の Cambridge Language Survey Corpus に基づく) の改訂版．
6. *Webster's Third New International Dictionary of the English Language* (1961, Merriam) はコンピュータの助けを借りない最後の大規模辞書であるが，1961 年に出版されるときまでにその用例コーパスは 450 万例にのぼっていたという．それにもかかわらず，冠詞，前置詞，代名詞など基本語の用例不足に遭遇した．この問題は当時 Merriam で 1 年間ランゲージコンサルタントを務めた W. Freeman Twaddell によって解決されたが，その方法とは，用例を取るのに使ったばらばらになった本や雑誌のスクラップを集めて，各ページの第 1 行目の始めから 6 番目の単語を記録するという方法であった．これによって高頻度の単語の用例がうまく集まるようになったという (Francis 1992: 22)．この種の心配もコーパスを利用できる現在では不要であるが，今のような環境にない当時から，より客観的で科学的な結果を得ようとする努力がなされてきた事実には驚かされる．

第 10 章　コーパスに基づく辞書編集　　　　　　　　　　　227

7. 本章では，Wordbanks*Online*（5,700 万語）から得たデータを使用している．Wordbanks*Online* は，一定の料金を支払えば，インターネット経由で居ながらにして COBUILD の Bank of English にアクセスできるサービスで，10. 3. 2. で紹介している picture 画面も利用可能．詳しくは 2. 3. 4. 3. を参照．
8. 紙面上ではカーソルは示されていない．画面に表示されている語のうち 10 文字を越えるものは，画面スペースの関係で 11 文字以上の部分が表示されないが，カーソルを当該の語にもってゆくことにより，画面最下にあるステータス行でフルスペリングが確認できる．
9. 共起頻度自体はそれほど高くなくても，当該単語との共起頻度が予想以上であれば MI-score は高い値を示す．たとえば，computer(s) という単語は，personal という単語とは共起頻度が高いと容易に予想できるが，apple という単語とはそれほど共起頻度が高いと通常の日常生活の経験からは予想できない．にもかかわらず，Apple Computer という固有名詞があるため，予想以上に共起頻度は高くなる．このような場合に，MI-score は高くなる．Benson, Benson & Ilson（1986: 232–33）が lexical collocation と呼ぶものを検出する際に有効．計算式等，詳細は第 6 章を参照．

　MI-score が 0 に近いということは両者に関係がないことを表す．0 より小さくなるにつれて両者が相補分布をなすようになる．3 以上であれば有意と見てよいであろう．MI-score の考え方はそれほど新しいものではなく，情報理論の多くのテキストで扱われているという（Church *et al*. 1994: 159; Fano 1961: 28）．また，Baugh *et al*.（1996: 44–48）のように，MI-score に対しては批判的な意見もある．MI-score の詳細は，Church *et al*.（1991），Clear（1993），井上（1994），Biber *et al*.（1998: 266），井上（2001），Hunston（2002: 70–71）を参照．
10. 結合度（collocability）に程度の差があることは，"collocation" を初めて専門用語として用いた Firth（1951: 194–95）ですでに指摘されている．
11. MI-score が高くても局所頻度が低い場合は，その信頼性は低くなるので，KWIC 表示などを確認して特定のコーパスソースにのみ依存する結果でないかを確認する必要がある．
12. 基本的に頻度が高ければ t-score も高くなるが，統計的に有意でないものがリスト上位から排除されて，いっそう効率的なコロケーション分析が可能となる．Benson, Benson & Ilson（1986: 232–33）が grammatical collocation と呼ぶものを検出する際に有効．計算式等，詳細は第 6 章を参照．

　一般に 95％ の自信を持って帰無仮説を棄却するには 1.65 の t-score が必要といわれているが，2 以上であれば有意と考えてよい．t-score について詳しくは，Church *et al*.（1991），Clear（1993），Church *et al*.（1994: 170），井上（1994），Barnbrook（1996: 98），井上（2001），Hunston（2002: 72）を参照．
13. 頻度を出す際問題となるのが，同じレマ（lemma）に属する語と同音異義語の問題である．リストされたものをレマタイズするソフトは開発されているが，同音異義語の方は手作業で処理することになる（Barnbrook 1996: 135）．
14. 頻度は辞書の見出し語を決定する語彙選択の際には極めて重要な情報であるが，学習辞書において頻度リストは語彙選択における唯一の基準ではない．なじみやすさや日常的な場面での利便性など，利用者である学習者にとって何が必要かといっ

たことを考慮して決める必要がある（Zöfgen 1991: 2891）．当然のことながら，厳密に言えば，*COBUILD1* においても語義順は頻度だけを基準に行われているわけではない（*COBUILD1*: viii）: "If a word has several uses, the ordering within the entry has been decided by consideration of several criteria, including frequency, independence of meaning, and concreteness."

15. *COBUILD2* では，発刊以来同辞書の特色である欄外の文法情報記述欄に，◆◆◆◆（頻度上位 700 語），◆◆◆◆◇（続く 1,200 語），◆◆◆◇◇（続く 1,500 語），◆◆◇◇◇（続く 3,200 語），◆◇◇◇◇（続く 8,100 語）などのダイアモンド表示で，各見出し語の頻度情報が示されていたが，問題点も散見された．newscaster といった語が上位 700 語の中に含まれているなど，頻度情報は多分にニュースメディアのソースに影響を受けていることがうかがわれる例もあったし，国籍を表わす形容詞は特別扱いで，Yemeni などすべての国籍を表す名称が American と同じ◆◆◆◆◇の頻度帯に設定してあった（*COBUILD2*, "The Bank of English," xiii）．なお，前者については *COBUILD3* で，後者については *COBUILD4* では改善されている．ちなみに，*COBUILD4* では頻度帯を示すダイアモンド表示は◆◆◆のような 3 段階に変更され，その表示に関する詳しい説明もなくなってしまった．*MED* でも★／★★／★★★など 3 種類の表示を使って頻度を表示しているが，その基準は明らかにされていない．

16. 表 10-1 でも示したように，*LDOCE4* は各種コーパスを含む Longman Corpus Network を使っている．当然 Wordbanks*Online* での検索結果とは異なることが予想されるが，それらのコーパスは一般公開されていないうえに，コーパスが異なれば結果も異なることを示すことにもなるため，ここではあえて Wordbanks-*Online* における検索結果と比較してゆく．

17. ここで取り上げる内容のすべてが必ずしも *LDOCE4* で初めて実現されたものではなく，一部は *LDOCE3* で実現されていたものも含む．

18. *CALD* は *LDOCE4* や *OALD6* よりも引用例依存度は高いようであるが，随所で neighbouring **countries**/**states**（s.v. NEIGHBOURING）といった，*OALD6* と同様の選択式用例提示法を採用し，用例の応用性を高めるだけでなくスペースの効率的利用を図っている．

19. *COBUILD2* の Editorial Manager である Stephen Bullon 氏によると，引用例に電話番号が含まれている場合には，COBUILD の電話番号に変更したうえで用例として採用してあり，プライバシー保護のために "real English" になっていないという．

20. コーパスの中から現実に使われた英語を用例としてそのまま採用する限り，難易度が高く文体的にフォーマルな語は内容的にも難解な用例として実現されやすい．

21. いわゆる idiom や collocation, lexical phrase（cf. Nattinger & DeCarrico 1992: 36）といったものまでも含む概念として用いられる．cf. Cowie (ed.) (1998), Pawley & Syder (1983).

22. 2 か国語以上による同じ内容のコーパスをいう．ヘブライ語，ギリシア語，ラテン語などによる聖書の例を思い浮かべればわかりやすい．

第 3 部
関連分野

第 11 章　電子辞書の英語学研究への応用

　コーパスを収集または独自に編纂し，それに基づいて言語分析を行う方法については，すでに第 1 部と第 2 部で紹介した．そのようなコーパス研究に加えて，既存の電子辞書の内容をコーパスとして用い，英語学研究に応用する方法がある．この章では，英語学研究への応用が可能な英語の電子辞書を紹介しながら，辞書における用例の取り扱いの歴史的変遷，用例の活用法，英語学研究への応用とその意義などについて，コーパス言語学の見地から考察する．

11.1.　電子辞書

　電子辞書とは，すでに書籍版で出版された辞書の内容を，そのままコンピュータで認識可能な電子ファイルに変換し(電子化)，CD-ROM や Web 上に保存したものをいう．最近では，書籍版の文字データに加えて，画像・サウンド・動画などのマルチメディアデータ，関連辞書，ミニコーパスなども収録し，有機的な連携と拡張を図った新しい動きも見られる．電子辞書は，書籍版の持っている限界を取り払い，特にその内容をさまざまな角度から有効活用できる点で優れている．たとえば『新編英和活用大辞典』(11.2.5. 参照)の書籍版では，はじめから as, can, for, so, to, too, that, until, without などの機能語類を見出し項目から除外してあり，これらを含む用例を確認するためには，他の見出しの下をすべて調べる必要があった．しかし電子版の追加によって，次のような相関語句を含む興味深い用例を一瞬に検索できる上，その用例を語彙論，辞書編纂，統語論，意味論，語用論などの，言語研究のさまざまな分野に生かすことができる．

(1)　a. It was *not until* after his death *that* the world recognized his genius.
　　　b. She ran at *too* fast a clip *for* me *to* keep up.
　　　c. The education here is *so* stultifying *that* the children's individuality has no chance to come through.

d. The blackmailer altered his voice *so as* not *to* be recognized.

e. You *cannot* understand art *without* understand*ing* its background.

11.2. 用例の取り扱いの歴史と主要な電子辞書の諸特徴

電子辞書を利用するにあたっては，元の書籍版辞書に関する背景的知識も重要である．ここでは，特に用例の取り扱いの面で大切な役割を果たしてきた4種類の辞書について概観しながら，電子辞書の特徴について述べたい．

11.2.1. Johnson's *Dictionary* (Samuel Johnson, *A Dictionary of the English Language* on CD-ROM, 1996, $350, Cambridge University Press)

用例の重視は今日の辞書では当然のことになっているが，その原点はSamuel Johnson の *A Dictionary of the English Language*（初版1755）にさかのぼる．彼は Shakespeare, Milton, Dryden, Addison, Pope などからの引用例を数多く出典つき（ただしほとんどは著者名のみ）で載せ，引用した用例の文脈から語の意味を定義した．これはそれ以前の英国の辞書と比べて画期的なことであり，用例を語義の根拠として初めて扱った点において，英語辞書学史の上でも重要である．今までの辞書にあった難解な単語を大幅に削除しながら，日常の使用頻度の高い単語の語義区分を詳細にし，前置詞，接続詞，冠詞などの機能語の用法を解説し，動詞，形容詞，名詞などの内容語が，いかなる前置詞とともに使われるべきかといった指示まで与えており，現在の辞書の原型となっている．

1996年出版の CD-ROM 版（Windows, Mac 兼用版）は，Cambridge University Press と Birmingham 大学の共同プロジェクト The Johnson's Dictionary Project によって完成されたものである．1755年の初版と，内容的に最大の改訂を施した1773年の第4版の両方を収めてあり，合計で86,000の見出し項目と222,000の用例が収録されている．両方の版の内容が見出し語ごとに連続して並べられているので，初版と第4版の内容の違いが容易に確認できる．元の書籍版の画像イメージもページごとに保存されており（両版合計で約4,600のイメージ画像），クリックするだけで参照できるように工夫されている．

第 11 章　電子辞書の言語学研究への応用　　　　　　233

11. 2. 2.　Webster's *Dictionary* (*Webster's Third New International Dictionary, Unabridged* on CD-ROM, 2002, $69.95, Merriam-Webster, Inc.)　オンライン版：http://unabridged.merriam-webster.com/noauth/mwlogin.php?return=/（有料）

Samuel Johnson の 1755 年の辞書を批判し，アメリカでまさに最初の辞書である *A Compendious Dictionary of the English Language* (1806) を著したのは Noah Webster (1758–1843) であった．その後彼は，7 万の見出し項目を持つ本格的な辞書 *An American Dictionary of the English Language* (1828) を完成させ，*OED* の誕生に強い影響を与えた．1843 年の Webster の死後，1841 年版の *An American Dictionary of the English Language, Corrected and Enlarged* を遺族から買い取った G. & C. Merriam Co.（1982 年 Merriam-Webster, Inc. に改称）は，後継辞書の出版を継続し，1961 年に出版したのが *Webster's Third New International Dictionary, Unabridged* である．今でも語義の簡潔さとわかり易さには定評があり，最新版は，総見出し項目 472,000 以上，14,000 の新語を補遺に追加してある．

CD-ROM 版では，単純な見出し語検索以外に，語義（Defining text），発音，語源，用例（Verbal illustration），著者名・雑誌名（Author quoted），用法ラベル（Usage note）のみを対象範囲にした検索が可能である．特に，著者名や雑誌名の出典情報，archaic, slang chiefly Brit, slang Scotland といった用法ラベルは，コーパス言語学的研究に役立つであろう．書名や出版年の情報が明示されていないこと，引用例は全体でなく文の一部のみであること，などが問題点としてあげられる．検索には ? や * のワイルドカード（11. 3. 2. 参照）も使用でき，同じ韻を踏む単語検索（Rhymes），文字を自由に並べ替える単語検索（Jumble）なども可能である．

11. 2. 3.　*OED2* (*The Oxford English Dictionary* [Second Edition] on CD-ROM v. 3.0, 2002, $295, Oxford University Press)　オンライン版：http://www.oed.com（有料）

Johnson の辞書の初版から約 1 世紀が経った 1857 年，Richard C. Trench が，"On Some Deficiencies in our English Dictionaries" という論文を発表し，当時の英語辞書の欠陥[1]を指摘した．内容に刺激され，Philological Society（英国言語学会）は翌年 1 月，新辞典の編纂を正式決定した．これが

The Oxford English Dictionary（当初は *The New English Dictionary*）の誕生のきっかけである．その後さまざまな紆余曲折があったが，1879 年に James A. H. Murray が中心編纂者になってから軌道に乗り始め，1884 年の第 1 巻第 1 分冊から出版が開始され，他に 3 人（H. Bradley, W. A. Craigie, C. T. Onions）の編纂者が加わりながら，44 年後の 1928 年に全巻の出版が完結した．ただし，もっとも貢献し中心的役割を担った Murray は，1915 年に 78 歳で死去し，全巻の完成を見ることはなかった．引用例文の多くは，世界に呼びかけて募った用例収集協力者（volunteer reader）によって収集されたものである．協力者の中には，献身的に夫に仕えた妻 Ada や，幼いころから用例カードの分類を手伝った 11 人の子供たち（Murray 1977）がいる．さらに南北戦争時の元軍医で，病にかかりロンドンで殺人を犯し，収監先の Broadmoor 精神鑑別所で，常に必要とされた用例を黙々と Murray に送り続け，協力者の中でももっとも価値ある貢献をしたアメリカ人 William Minor（Winchester 1998）や，学内の争いからロンドン大学のサンスクリット語の教授職を追われ，イギリスの田舎に隠遁し，その後 32 年間にわたって特に校閲の面で最大の貢献を果たしたアメリカ人 Fitzedward Hall も忘れることはできない（Winchester 2003）．

　1 世紀以上前の Johnson の辞書が，さまざまな意味で内容的に保守的で規範的であったのとは対照的に，*OED* は言語の変化を認め，用例も幅広くできるだけ多く収集し，出版年，著者名，書名・雑誌名などの出典情報を明示し，語義や用例を古いものから年代順に並べる方法を採用した．この編纂法こそが，*OED* 編纂の真髄をなす「歴史的原理に基づいた」(on Historical Principles) 編纂法である．現在の観点から見れば，*OED* とは出典情報別にインデックス化された言語記録データベースであり，現在のコンピュータ技術によって初めて，その真価が生かされることになったと言っても過言ではない．

　その後 1933 年には，1884 年以降の新語・新語義を加えた Supplement と Bibliography が，1989 年には，新補遺 4 巻(1972–86 年)の内容すべてを盛り込んだ総用例数 240 万語以上からなる第 2 版が出版された．この年初めて CD-ROM 版が出版されたが，新補遺を含まない中途半端なもので，3 年後の 1992 年になってようやく，新補遺を組み込んだ第 2 版 ver. 1（以下 *OED2* CD_1）が出版された．2002 年出版の CD-ROM 版 ver. 3.0（以下 *OED2* CD_3）は，*Additions Series* 3 巻(1993–98 年)と書籍版第 2 版の Bibliography を追加したものである．なお，2007 年末現在の最新版は ver.3.1.1 である．その前の 2000 年 3 月からは *OED* Online の利用（有料）も開始され，*OED3* として改訂中の草稿（11. 4. 3. 参照）を閲覧・検索できる．

11. 2. 4. *COBUILD*（*Collins COBUILD Advanced Learner's English Dictionary* with CD-ROM [Fourth Edition]，2003，£16.99，HarperCollins Publishers）

現在 5 億 2,400 万語の英語コーパス Bank of English を基礎にして作られている．付属の CD-ROM には，書籍版の内容に加えて，Word Bank と呼ばれるミニコーパスが収録されている．辞書に収められた語や語句 11 万の見出し項目と，Bank of English から採用した 75,000 以上の実用例とともに，Word Bank の 500 万語の実用例を，すべて一括して検索できるようになっている．基になる Bank of English は，すでにオンラインの Word-banks*Online* によって直接検索が可能になっているが，安価に手軽な検索を試みたい場合には Word Bank が便利である．Word Bank の用例には，各用例ごとに BR written, BR spoken, US written, US spoken などの言語使用域情報が表示されるので，書き言葉と話し言葉，英語と米語の相違，などの研究資料として役立てられるだろう．ただし，Bank of English や *OED* と異なり，著者名や書名・雑誌名などの詳細な出典情報が示されない点や，検索結果のコピーができない点[2] は改良が望まれる．

11. 2. 5. その他の利用価値が高い電子辞書

- **CD-ROM 版　新編英和活用大辞典**』（研究社）：38 万の総用例数を含む．用例の出典情報がないのが惜しまれる．用例すべてに和訳がつけられている点，日本語からの検索が可能な点，また Windows 版に限られるが，検索結果の複数の用例のテキスト出力が 1 度に可能な点（「検索の履歴」の【Copy】をクリックして貼り付け）は便利である．
- **ESL/EFL 用英英辞典の電子辞書**

外国語学習者向けの英語辞書に共通するのは，用例に出典情報がなく，多くの用例が短めの用例に書き直されている点である．したがって，自然な生データを扱う言語研究用としては限界がある．しかし，用例はよくこなれており，現代英語の研究，英和・和英辞書の編纂，学習者コーパスの構築の際の基礎資料として重要な役割を果たしている．以下にその主なものをあげた

い．

① ***Macmillan English Dictionary*** with CD-ROM, 2002, £16.69, Macmillan　オンライン版 http://www.macmillandictionary.com/online/（辞書を購入すれば無料）

　約 2 億 2000 万語のコーパスを基に編纂されている．頻度の高い見出し語には，冒頭に簡潔に要約した語義リストを示し，複数の語義の中から目的の語義をすぐ見つけられるような工夫がなされている．同義語の説明，頻度の高い共起語の表示や，Language Awareness という見出しにまとめられた表現スタイルや文法に関する説明部も，丁寧でわかりやすい．

　書籍版には CD-ROM が付属していて，辞書全体の用例検索が可能である．この辞書には英語版と米語版の 2 種類があるが，どちらかを購入すれば，オンライン版への登録が無料で，オンライン版で英米両方の版を利用できる．

② ***Longman Dictionary of Contemporary English*** with CD-ROM, 2003, £19.35, Pearson Education　オンライン版　http://www.ldoceonline.com/（無料）

　複数の語義を頻度順に並べ，各語義区分の頭には，簡潔に要約された語義見出しが案内板（signpost）として置かれ，各語義の相違が容易に判断できるようにしてある．付属の CD-ROM は，見出し語検索以外に，頻度の高いコロケーションをリストアップする Phrase bank，Activator との連携で同意語・反意語を含めた多くの関連語句を有効活用できる Active language や，出典情報はないものの，書籍版に未収録の生の用例を KWIC 表示できる Example bank など，斬新な機能が充実している．単語の発音は，英音・米音の両方を聴いて確認できる上，自分の発音の録音と再生機能もある．単語の語源，初例年代のわかる Word origin search，特定の概念やテーマで語句を検索できる Subject search は便利である．1,499 もの画像や，書籍版には収録不可能な 199 のサウンドすべてをリストアップできる Multimedia search は有益で，各見出し語句の説明部に埋め込まれたサウンドデータによって，動物の鳴き声，サイレンや雷の音，さらに bark, growl, snarl や，shake, rattle, あるいは wail など，擬声語・擬態語の具体的な生の声や音を確認できる．その上 Grammar, Vocabulary, Culture, Dictation などの各英語能力の向上に役立つ Exercises も充実している．

　その他の ESL/EFL 用の英語辞典として，次のものが有益である．

③ ***Cambridge Advanced Learner's Dictionary*** with CD-ROM,

第 11 章　電子辞書の言語学研究への応用

2003, £19.95, Cambridge University Press　オンライン版 http://dictionary.cambridge.org/（無料）
④ ***Oxford Advanced Learner's Dictionary*** with CD-ROM, 2002, £19.60, Oxford University Press　オンライン版 http://www.oup.com/elt/catalogue/teachersites/oald7/lookup?cc=global（無料）

11.3.　*OED* の電子版による英語学研究への応用

本節では，用例にもっとも詳細な出典情報が付され，文学的にも英語学的にも利用価値が高く，現存の英語辞書の中で最大の用例数を誇る *OED* の電子版（*OED2* CD_1/CD_3）を取り上げ，電子辞書を英語学研究に応用する具体的方法について述べる．

11.3.1.　*OED2* CD_3 の基本機能

最新版 *OED2* CD_3 は，旧版の *OED2* CD_1 と異なり，画面表示のレイアウトを単純化し，利用者が直感的に利用できるように工夫されている．新機能として，発音，綴り，語源，用例など，それぞれの表示・非表示をボタン1つで切り替えたり，各語義の用例の年代別分布が，図 11-1 のような Date Chart と呼ばれる図表で示されるようになった．

OED2 CD_3 の検索機能は，Find Word, Simple Search, Advanced Search の3種類からなる．**Find Word**（**見出し語検索**）は，おもに語，複合語，熟語の見出し部分のみを検索するもので，書籍版で通常調べるときの操作にあたる．図 11-2 の右端 ① の左の 🔍FIND WORD の空欄に検索語[3] を入れ，次に 🔍 ボタンを押すか，パソコンのキーボード上の Enter キーを押せば検索が始まる．

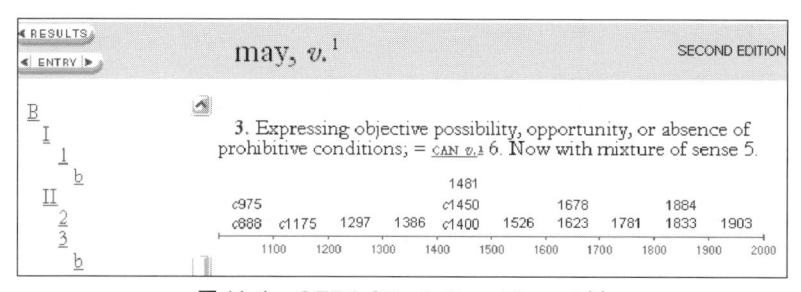

図 11-1　*OED2* CD_3 の Date Chart の例

238　　第 3 部　関連分野

　電子版の威力が発揮されるのは，Simple Search と Advanced Search である．**Simple Search**（**単純検索**）は，図 11–2 の左下 ② の右にある SIMPLE SEARCH ボタンを押し，③ の右にある [SEARCH FOR ...] の下の空欄に調べたい表現を入れて検索する．図 11–2 は，検索対象範囲を quotation text にして，put up with を含む用例を検索する際の設定例である．検索結果は，図 11–2 の画面中央右半分に示されているように，左からリスト番号，該当見出し語，用例，用例年代が表示され，用例は，見出し語順（List by Entry Name）に KWIC 形式で与えられる．ただし表示される用例は用例全体でなく，検索語を含む前後の一部分のみ[4]であり，用例全体を確認するためには，確認したい用例の，下線付きの青色部分（ここでは put）を押す必要がある．またリストの上の QUOTATION DATE ボタンを押せば，全用例が年代順に並べ替わる．検索対象範囲はプルダウンメニューで選択でき，それぞれ選択対象範囲別に検索できる（表 11–1 参照）．

　検索結果の表示数は，標準で 1 画面 10 例であるが，図 11–2 の ① の斜め

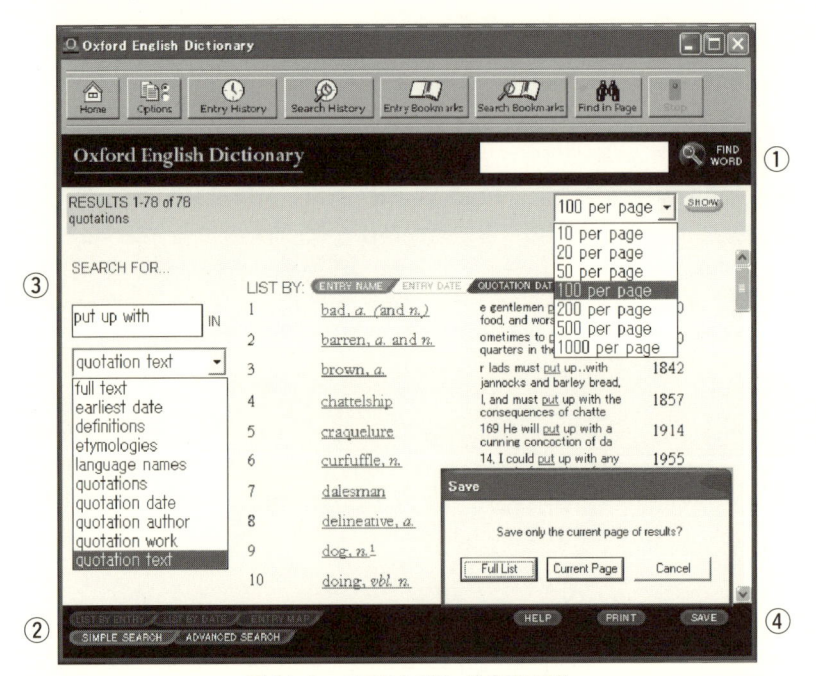

図 11–2　*OED2* CD$_3$ 検索画面例

第 11 章　電子辞書の言語学研究への応用

表 11-1　検索対象範囲とその内容[5]

検索対象範囲	内容説明と具体例
full text	辞書全体の該当する部分をすべて検索する
earliest date[6]	各見出し語・語句の，一番最初の語義の初例年代のみを対象に，該当箇所をすべて検索 【例】1910（1910 年のみ），1910-（1910 年以降すべて），1910-1950（1910 年から 1950 年まで），-1950（1950 年まですべて）
definitions	特定の語義を含む箇所をすべて検索
etymologies	語源欄を対象に，該当箇所をすべて検索 【例】Jap と Japanese で，日本語語源に該当の見出しすべてを検索 （言語名の異形は Help 内の Collation of Language Names で確認する）
language names	語源欄を対象に，1つの言語名の異形だけで該当箇所をすべて検索（etymologies との違いに注意！[7]） 【例】Jap か Japanese のみで，語源欄に両方が含まれた見出しすべてを検索（Help 内の Collation of Language Names で確認が必要）
quotations	quotation date/author/work/text 全体を対象に検索
quotation date	特定年度や複数の年代にまたがる用例をすべて検索 【例】1910（1910 年のみ），1910-（1910 年以降すべて），1910-1950（1910 年から 1950 年まで），-1950（1950 年まですべて）
quotation author	特定の著者名の用例をすべて検索 【例】Shakes.（Shakespeare）（省略形式は Help で確認が必要）
quotation work	特定の書名・雑誌名の用例をすべて検索 【例】（書名・雑誌名の省略形式は Help で確認が必要）
quotation text	特定の語や語句を含む用例をすべて検索 【例】busy, put up with, put * off, put* up with, * up with

左下の表示数変更のプルダウンメニューから，20〜1000 per page のいずれかを選び，その右の SHOW ボタンを押せば変更表示できる．

検索結果の保存は，図 11-2 の ④ の左の SAVE ボタンを押して実行する．1ページの表示数を超える量の検索結果があるときは，［Full List］（表示されていない部分も含めて，検索結果すべての保存）か，［Current Page］（表示されている画面のみの保存）かを選択できる．検索結果は，画面表示通りの HTML 形式で保存される．

11.3.2. ワイルドカード

表11-1のlanguage names以外の検索範囲を対象にする場合，? と * のワイルドカードを使用できる．? は必ず存在する1つの数字や文字の代用を行い，* は何もない場合か，1つ以上の連続数字や文字の代用を行う．たとえば，colo?rの場合は，colourのみを検索するが，colo*rの場合は，colorとcolourの両方を検索できる．またc?tは，cat, cot, cutなどの単語を，c*tは，cat, cot, cut, conflict, consent, caught, commencementなどを検索できる．ワイルドカードの中でも特に * は便利で，次のような語句の検索にも威力を発揮する．

表11-2 ワイルドカードの具体的利用例

cannot help *ing	cannot help V-ing のすべての検索が可能
in * way	in a/the/this/that/any/my/名詞's/one way などの検索が可能
* up to	look/looks/looked/keep/keeps/kept up to などの検索が可能
look* * to	look/looks/looked/looking up/down/forward to などの検索が可能
ma?e* * decision*	make/makes/made a/the/our decision, make/makes/made elementary/reasonable decisions などの検索が可能

11.3.3. 近接検索 (Proximity Search)

ワイルドカード以外の便利な機能として近接検索がある．これはwhether...or not, not...until, too...to, so...thatなどのように，距離が離れている相関語句の用例検索に便利である．まず単純検索画面の下にある MORE OPTIONS ボタン（図11-3-1参照）を押すと，検索語入力部分が下に拡張され，もう1つの検索語句を入力できるようになる．図11-3-2は，それぞれの空欄にsoとthatという検索語句を入力し，語順設定をbeforeのままにした例である．2つの語句の順序がそのままの用例の検索ならbeforeを，逆の順序の用例ならafterを，両方の順序の検索ならbefore or afterを選ぶ．2つの単語の検索距離は，プルダウンメニューの1 word（隣接），2 words or fewer（2語以内），5 words or fewer（5語以内），10 words or fewer（10語以内），section（該当用例部全体）から指定する．

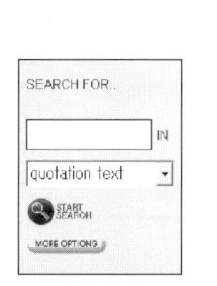

第 11 章　電子辞書の言語学研究への応用　　　　　　　　　　　241

図 11–3–1 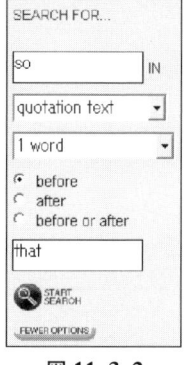　　　　　図 11–3–2 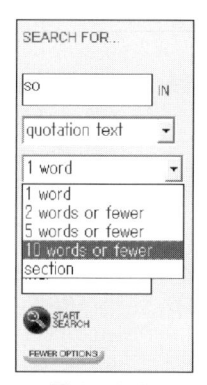　　　　　図 11–3–3

　図 11–3–3 は，検索距離を 10 語以内に設定変更する際の例である．該当用例を遺漏なく収集するには，この部分を section にするのが万全ではあるが，逆に次のような無関係の用例まで集めてしまうことになる．検索距離の指定は，5 語か 10 語以下程度にバランスをとって試してみるとよいであろう．

(2)　1980 *Daily Tel.* 18 June 8/7 *So* far the Radio 3 schedulers have mostly been able to replace these concerts with records of the works *that* would have been played.

11.3.4.　発展検索（**Advanced Search**）

　単純検索より詳細な検索や，複数の単純検索を組み合わせる検索は，次ページの図 11–4 の画面の左下にある ADVANCED SEARCH ボタンを押して行う．ここは，2 つの相関語句 so . . . that を含む用例の近接検索と，1850–1900 年の複数年の用例検索とを組み合わせた発展検索の設定例である．相関語句の検索設定は，単純検索と同じように，最初と 2 つめの空欄に so と that を入れ，どちらも検索対象を quotation text にする．Operation A は，近接を意味する NEAR の設定にする．NEAR を選んだ場合のみ，右側の Options for NEAR/NOT NEAR の部分の設定が必要で，2 つの単語間の検索距離を，図 11–3–3 の場合と同じように，1 word〜section までの範囲から選んで指定する．

　Operation B を AND にすると，組み合わせる追加検索の条件を指定で

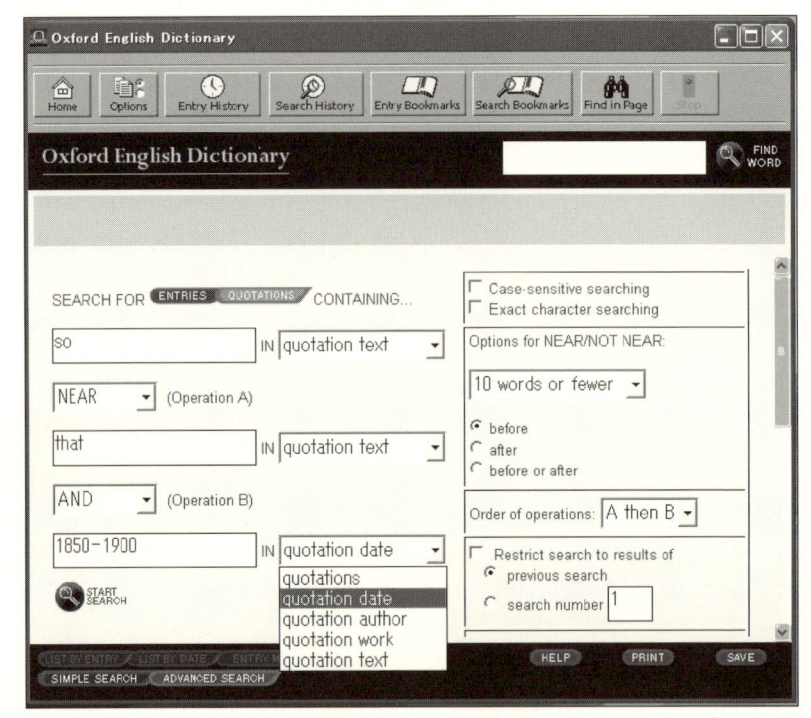

図 11–4　近接検索と年代指定検索の組み合わせ例

きる．図 11–4 は，検索対象の設定を quotation date にし，用例の年代を 1850 年と 1900 年のあいだに絞り込んである．ここを，年代の代わりに，quotation author に設定して特定の作家の用例に絞り込んだり，quotation work に設定して特定の書名や雑誌名の用例に絞り込んでもよい．こうして発展検索によって，複数の検索が単一画面で可能になる．

11.3.5.　検索の設定方法と英語学的知識

　ワイルドカードや近接検索をいたずらに使用するだけでは，不必要な用例を多く集めてしまったり，対象にすべき用例を検索から漏らしてしまうことになる．検索設定には，確かな英語学的知識に基づいた創意工夫が必要である．ここでは，単純検索の拡張機能を使った cannot help V-ing の用例検索を例に，検索設定する際の英語学的知識の重要性について考察してみたい．

まず必要な検索設定として，① cannot help *ing, ② can't help *ing, ③ can not help *ing（特に古い用例にこの形がある），④ could not help *ing, ⑤ couldn't help *ing など，全部で5種類の設定が考えられる．しかしこれらの検索設定では，次のような例を検索から見逃してしまうことになる．

(3) a. 1808 COBETT *Pol. Reg.* XIII. 528 **No** man *can help* be*ing* a coward or a fool.
　　b. 1838 DICKENS *Nich. Nick.* xxiv, Gadzooks, **who** *can help* see*ing* the way to do it?
　　c. 1850 THACKERAY *Pendennis* xxi, Laura's eyes *could* **no more** *help* . . . look*ing* and shin*ing* **than** one star *can help* be*ing* brighter than another.
　　d. 1863 TYNDALL *Heat* x. 350 We *can* **hardly** *help* attempt*ing* to visualise the atoms themselves.
　　e. 1960 M. SPARK *Bachelors* ii. 22 When Patrick's under the control I **shouldn't** think he *could help* say*ing* what comes to him from the other side.

なぜなら can help V-ing は，必ず否定表現を必要とする，いわゆる否定極性表現の一種であるが，not が隣接していなくても，他の否定辞や否定指向の疑問詞の作用域の中にあれば生起可能だからである．このように隣接する not が明示的に存在しない用例さえも間違いなく検出し，なおかつ最初にあげた5つの検索設定より単純化するためには，ワイルドカードと近接検索を次のように組み合わせるのが，もっとも効率的で確かな検索設定になるであろう．この方法ならば，2回の検索だけで済み，1回の検索時間も極端に長くなることもない．

(4) ① ［can*］　（10 words or fewer）　（before）　［help *ing　］
　　② ［could*］（10 words or fewer）　（before）　［help *ing　］

このように，検索の設定にあたっては，英語の統語的・意味的諸特徴について，十分な知識と理解が必要でありまた重要である．

11.4. *OED* のコーパスとしての言語学的意義

11.4.1. Helsinki Corpus との比較

OED をコーパスと呼ぶ根拠・理由の1つは，まずその収録語数の多さにある．たとえば，通時コーパスの代表である Helsinki Corpus（以下 HC）は，8世紀から18世紀初頭（1710年）までのコーパスで，OE期（–1150）413,250語，ME期（1151–1500）608,570語，EMod期（1501–1710）551,000語，総計 1,572,820語である．これらの時代区分に対応した *OED* の用例数は，OE期 22,031例，ME期 240,004例，EModE期 656,605例である．

Hoffmann (2003b: 25) は，*OED* の各時代の1用例あたりの平均語数を，1450年以前は約10語，1450–1900年は約13語，20世紀では16語以上と見積もっている．この数値を基に OE-ME期10語，EModE13語として概算してみると，OE期 220,310語，ME期 2,400,040語，EModE期 8,535,865語，総計 11,156,215語で，これは HC の約7倍の総語数にのぼり，時代別でも OE期を除けば，HC に比べてはるかに多い語数が収録されていることになる．

このようなコーパスの量的違いは，通時的な言語変化の分析の質的な面にも影響を与えている．Fischer (1997) は，HC と *OED2* CD$_1$ の用例を使って，同義語 wed と marry の頻度分布の通時的変化について考察している．両コーパスを1150年から1709年までの間で7区分し，wed と marry の時代別の相対比率の変化を，図 11–5, 11–6 のようにまとめている（便宜上，Fischer の表示方法とは変えてある）．

両方のグラフから，当初頻度の低かった marry の頻度が，wed の頻度の

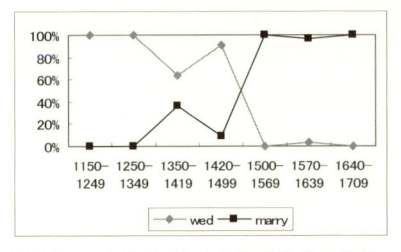

図 11–5　HC に基づく相対比率の推移

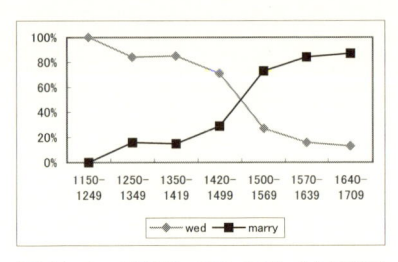

図 11–6　*OED2* CD$_1$ に基づく相対比率の推移

第11章 電子辞書の言語学研究への応用

減少と反比例して増加していく様子がわかるが,ここで重要なのは,図 11–6 の *OED2* CD_1 に基づく分布曲線の方が,図 11–5 の HC に基づくものより,はるかになめらかで自然なロジスティック曲線(Logistic Curve)[8] を描いている点である.これは,Fischer も主張しているように,*OED* の史的コーパスとしての質的価値が,HC よりも高いことを示す 1 例と言えよう.

さらに *OED* が HC より優っているのは,HC が 1710 年までのデータしか含んでいないのに対し,*OED* は 20 世紀末までのデータを含んでいる点である.*OED* の総用例数(tokens)は,最新版の *OED2* CD_3 を使って独自に調査してみると 2,409,420 例あり,その内訳は表 11–3 のようになる.

たとえば新井(1995)は,busy in V-ing の前置詞 in が脱落し,今日の busy V-ing へと変化する過程を,*OED2* CD_1 から収集したデータを使っ

表 11–3 *OED2* の年代別用例数[9]

年代範囲	用例数	年代範囲	用例数	年代範囲	用例数
0–950	7,454	1351–1400	71,919	1701–1750	128,226
951–1100	13,646	1401–1450	46,821	1751–1800	141,950
1101–1150	931	1451–1500	47,031	1801–1850	281,114
1151–1200	9,812	1501–1550	81,118	1851–1900	470,007
1201–1250	15,361	1551–1600	167,530	1901–1950	224,650
1251–1300	27,363	1601–1650	201,025	1951–2000	275,204
1301–1350	21,697	1651–1700	176,561	総 計	2,409,420

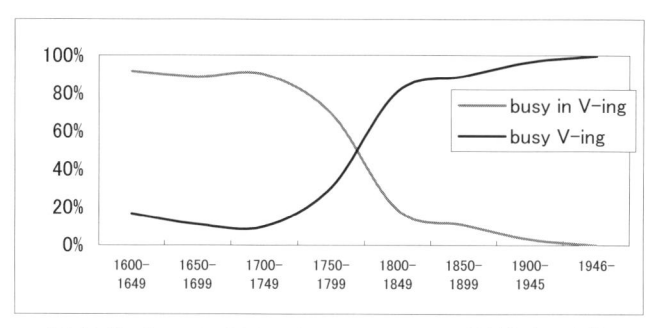

図 11–7 busy in V-ing と busy V-ing の相対比率の変化

て追跡している．そのデータを基に，その通時的変化の流れをグラフに示すと，図 11-7 のようになり，in の脱落が S 字曲線を描きながら漸増していく変化の過程を，視覚的にはっきりと明示することができる．

現代英語のコーパスとして，Brown, LOB, Frown, FLOB, Bank of English, BNC などがあるが，いずれも，単年度や 10 年単位のコーパスである．*OED* はこれらのコーパスでは難しい，50 年以上，100 年以上にわたるマクロ的な英語の変化や，ダイナミズムを捉える研究に役立つコーパスとして，その言語学的意義を持っていると言えよう．

11.4.2. *OED2* CD に基づく応用研究例

以上概観してきたように，*OED* は過去から現在までの大量の用例を集めた英語史コーパスと呼ぶことができる．この点に着目して，英語の語法の時代的変移について考察した研究がある．たとえば，spend TIME in V-ing の構造文における in の脱落現象に関するもの（Arai 1997），busy, engage, occupy, employ などの「従事」の意味を表す動詞の再帰構造文と受動構造文の諸相に関するもの（新井 1996），イギリス英語に特有で as soon as と同じ接続詞機能を持つ副詞（immediately, directly, instantly）の歴史的発達に関するもの（Ohna 1997），関係代名詞 the which の消長に関するもの（齊藤 2003），in view of のような P＋N＋P の構造を持つ複合前置詞句の文法化（grammaticalization）について考察したもの（Hoffmann 2003a）などである．その他 Mair (2001)，家入 (2002)，Iyeiri (2003) でも *OED2* CD の用例が利用されている．

また，語源記述，用例の出典情報（著者名，書名・雑誌名，発行年）の活用によって，興味深い応用研究もなされている．asleep などの接頭辞 a- で始まる形容詞を扱った Markus (1998)，*OED2* と BNC のデータを比較し，eco という形態素を含む単語について考察した Kettemann *et al.* (2003) と magnate と tycoon という同意語について考察した木村 (2003)，日本語の英語への借用語について考察した木村 (1996)，福田 (2004)，特定の作家や作品に関連する研究としては，電子版以前では Shakespeare の用例を扱った Shäfer (1980)，Dickens を扱った Sørensen (1985)，電子版以降では，Hardy の用例を扱った Taylor (1993)，欽定英訳聖書関連の用例を扱った苅部他 (2002)，Dickens の用例を扱った Hori (2002, 2004)，Shakespeare 劇の登場人物由来の比喩用法を扱った渡辺 (2004) などがある．

11.4.3. *OED* の問題点と *OED3* 計画

OED に内在する問題点については，建設的な批判を含めさまざまな指摘がなされてきている．電子版以前では，Shäfer（1989）が 5,000 項目以上にわたる初例年代の修正と追加を提案し，電子版以降では，渡辺（1995a, 1995b），Watanabe（2002）が，不均衡なラベル付与，語義区分の恣意性，電子版への移植の際の誤写・誤植，年代表記つき用例の通時的研究への応用時の注意点，などについて論じている．もっとも多角的な角度から論じられたものとしては，Mugglestone（2000）がある．その他，Berg（1993），Willinsky（1994），Jucker（1994），Johansson（1996）などが興味深く有益である．

Oxford University Press は *OED News*（http://dictionary.oed.com/news/）という Newsletter を 1995 年 1 月から発行し始め，その中で，*OED2* の改訂版である *OED3* の出版予定を 2010 年とし，当面の目的を "a comprehensive revision of the *OED*, most of which has not been re-edited since the original publication of *OED1* between 1884–1928" としている．そのため，現行辞書の不備や誤謬の指摘のみならず，新たな有益な用例の提供についても，電子メールなどで積極的に情報提供してくれるよう，世界中の人々に呼びかけている．Appeals list と名づけた重点項目リスト[10]をあげ，初出年代を訂正する初出年訂正用例（antedating），年代間の大きな溝を埋める年代間補充用例（interdating），より新しい年代の用例となる追加年補充用例（postdating）などの提供[11]を求めている．また *OED2* CD_3 にも収録されている，極めて不完全な Bibliography の本格的な改訂も進行中である．さらに，*a*1700 Dryden (J.), This grant destroys all you have urg'd before. のように，単に (J.) をつけるだけでそのまま *OED* に孫引きされている，2,000 用例以上の Johnson's *Dictionary* からの引用例についても，特別なプロジェクト[12]のもとで，完全チェックが進行中である．

2010 年の完成を目指して M の見出し語から開始された *OED3* の草稿は，*OED2*（1989 年版）とともに，オンライン版の *OED Online*（http://www.oed.com）（有料）[13]で利用できる．オンライン版は，*OED2* CD_3 とほぼ同一の画面レイアウトで同じ機能を持つのに加えて，1 回の検索で該当する内容があった場合には，*OED2*（1989 版）と *OED3* の草稿の両方の検索結果が表示され，クリックひとつで両方の画面を行き来でき，*OED2* から *OED3* への改訂がどのようになされているかの確認も容易である．

2004年7月末現在の *OED2* CD₃ 版とオンライン版との主な違いは，次の2点である．① *OED2* CD₃ 版には結果の save 機能があり，1回に全検索結果を保存できるが，オンライン版では，1回に最大1,000行の画面単位の保存しかできない．② *OED2* CD₃ 版の検索時の対象範囲の earliest date が，オンライン版ではより細分化され，first cited date, first cited author, first cited work の3種類になり，より柔軟な検索が可能になった．

この他，*OED3* の現状，その他の問題点などについては，新井 (2003), 西山 (2004) を参照されたい．

11.5. むすび

本章では，特に辞書における用例の扱いの歴史に焦点を当てながら，おもに4種類の電子辞書について概観し，次いで *OED* を，Helsinki Corpus や現代の他のコーパスを補完するより包括的な通時コーパスと位置づけ，コーパス言語学の枠組みに沿って，*OED* に収録された用例の活用法，応用研究の方法，およびその言語学的意義などについて述べた．

Johnson の辞書に原点をさかのぼる用例収集は *OED* によって確立され，そこに蓄えられた用例は，現代のコンピュータ技術によって，さまざまな面からの検索・抽出・並べ替えが可能になった．そして，大量の用例の処理と分析を必要とするコーパス研究によって，新たな光が与えられたと言える．

注

本章の特に出典の明示のない用例は，*OED2* CD₁/CD₃ © Oxford University Press (1992, 2002) に負うものである．なお，本章の記述は ver. 3.0 に基づくが，2004年に 3.1 にバージョンアップされ，3.0 の検索プログラムのバグ修正と，Online 版に登録済みの新語約 2,000 語が追加収録されている．

1. 今日の辞書編纂の上でも重要な点があるので，永嶋 (1974: 94) による大要を引用しておきたい．
   - (1) 廃語の採録が不十分で，ルネッサンス時代の英語を読むのにも役立たない．
   - (2) 派生語や同形異品詞など類縁語の採録が不十分である．
   - (3) 初例および最終用例の採録が不十分である．
   - (4) 語義・語法の歴史的変遷を示す適切な用例が見過ごされている．
   - (5) 類義語の区分に十分な注意が払われていない．
   - (6) 語の発生・導入や語源・語義を示すのに適切な用例を引用すべきである．
   - (7) 本来ことばの辞典 (dictionary) には含まれるべきでない地名・人名など百科事典的要素が多すぎる．
2. ただし，辞書本体を EPWING 化して，DDwin などの電子辞書検索ソフトを

第 11 章　電子辞書の言語学研究への応用　　　　　　　　　　　　　249

　　使えば，検索結果のコピーが可能になる．詳細については，http://hp.vector.co.jp/
　　authors/VA005784/ の各電子辞書の説明を参照されたい．
 3. 通常の見出し語以外に，ワイルドカード * (11. 3. 2. 参照) と組み合わせて，特
　　定の接頭辞 (e.g. dis*)，接尾辞 (e.g. *ness)，語幹の一部など (e.g. *phon*) を空
　　欄に入れると，それを含む語 (e.g. disclose; happiness; xylophone, xylophon-
　　ist) や語句もすべて検索できる．
 4. 旧版 *OED2* CD_1 では，検索結果の用例全体を一覧表示できる．また，検索結
　　果の全用例を著者名順，作品名順，年代順に並べ直すことができる点でより強力に
　　優れている．その検索結果の全用例を，テキスト形式で出力し保存できる機能もあ
　　る．これらの詳細については，本書の初版の同章を参照されたい．
 5. ここであげられていない，特定の発音を語頭，語中，語末などに含む語彙すべて
　　の検索は，発展検索画面 (11. 3. 4. 参照) で可能である．
 6. オンライン版では，first cited date, first cited author, first cited work の 3 種
　　類に細分化されている．
 7. Etymologies による検索では，Jap 367 例，Japanese 64 例で，合計 431 例に
　　なる．Language names による検索では，Jap でも Japanese でも，423 例とな
　　る．Etymologies が 8 例多いのは，Jap と Japanese の両方が説明部に使われて
　　いる bonze, Japan, manyogana, Nikkei, shikimic, shogun, shuriken, washi が，
　　重複して検索されるためである．
 8. S-Shaped Curve (S 字曲線) とも呼ばれる．ベルギーの統計学者 P. F. Verhulst
　　が提唱し，アメリカの生物統計学者 R. Pearl によって広められた．
 9. 単純検索で，空欄に「000-500」と入れた quotation date 検索では，24 例の
　　結果を得るが，そのうちのかなりの用例は年代が省略記号 .. になっており，500 年
　　以前の時代のものとして不適切な用例である．ただし，この表では除外せず，その
　　まま 0-950 年の用例数の中に入れてある．
　　　OED に収録されている総用例数は，1989 年の第 2 版の序文によれば 2,412,400
　　例 (http://www.oed.com/archive/oed2-preface/intro-vocabulary.html)，Dic-
　　tionary facts によれば 2,436,600 例 (http://www.oed.com/about/facts.html) と，
　　食い違いを見せている (苅部恒徳氏の指摘)．6 年前に *OED2* CD_1 の検索機能を
　　使って独自に行った調査では，総用例数が 2,429,757 例 (初版 p. 227 参照) であっ
　　た．*OED2* CD_3 を使った今回の 2,409,420 例という数字は，*Additions Series*
　　(1993-1998) の 3 巻分が増えているはずであるにもかかわらず，逆に減少してい
　　る．著者の問い合わせに対して Yvonne Warburton (オンライン版発行責任者)
　　は，その理由の 1 つとして，CD_3 の quotation date による検索プログラムに，年
　　代部分が *Ibid.* で置き換えられた用例を検索しない問題がある，と述べている．
10. http://dictionary.oed.com/readers/appeal.html を参照．
11. http://dictionary.oed.com/readers/research.html を参照．
12. http://dictionary.oed.com/readers/johnson-alpha.html を参照．
13. 個人利用契約は，http://dictionary.oed.com/subscribe/individuals-rw.html を
　　参照．2004 年 7 月末現在，年間利用料は，£195+VAT / US$295 である．丸善，
　　紀伊國屋書店などの代理店を通しての契約も可能である．

第12章　コーパスと英語教育

　本章では英語教育へのコーパスの利用について解説を行う．この方面での利用は大きく2つある．1つはコンコーダンスを教材として教室に導入する実践である．これは従来，演繹的に行われてきた言語学習を帰納的に行おうとする試みで，data-driven learning と呼ばれる．もう1つは英語学習者が書いたり，話したりした英語を系統的に収集した「学習者コーパス」である．これにより中間言語の解明，母語の違いによる言語習得の特徴など，英語教育研究に新たな知見が生み出されつつある．

12.1. 英語教育へのコーパスの利用

12.1.1. コンコーダンス利用の歴史

　コンピュータによるコーパスが普及する以前，理系研究者の間では英語を書くのにコンコーダンスが広く利用されていた．それは科学論文や技術マニュアルに現れる表現を大量に収集したもので，辞書のように見出し語からその表現を検索できるようにしたものである．いわば，聖書やシェイクスピアのコンコーダンスに似たイメージの活用辞典である．

　1970年に初版が発行された福富斌夫他編『化学英語の活用辞典』（化学同人）はその典型である．これは英語で書かれた化学論文から英文を収集し，キーワードからその表現を検索できるようにまとめている．たとえば，「乳化」という項は次のように記述されている．

> **乳化**　Vigorous shaking of the two phases frequently causes *emulsification*. / Liver oil can be *emulsified* by the use of these types of *emulsifiers*. (～する)(～剤)

日本語のキーワードから英語の例文を検索するだけのもので，日本語訳さえない．辞典というよりも，むしろ用例集と言えるかもしれない．[1]

　この辞典の目的は化学論文を英語で書くための手助けである．この辞典には表題に「化学論文を英語で書くための」というキャッチフレーズが添えら

れている．ただし，英語を書くための支援とは言っても，それは和英辞典とはかなり趣が異なる．和英辞典は日本語の表現に相当する英語の表現を探すためのものである．しかし，この辞典には訳語の掲載はない．あるのはフルセンテンスの用例である．

　科学論文は文章のスタイルの点で特異な特徴がある．それは小説や詩にみられるような，こまやかな情感，情緒を排した客観性である．科学論文は定型的な表現を主体に文章が書かれることが多い．このため，定型的な表現を多数手元に用意しておけば，その中から，該当する表現を選び，語句を一部入れ替えることで英文を作ることができる．

　『化学英語の活用辞典』と同じ主旨で編集されたものに富井篤編『科学技術和英大辞典』(オーム社，1988年)がある．この辞典は編集の主旨について次のように述べている．

　　米英人の発想に近い，極めて英文らしい英文を作成するには，生きた英文を数多く収集し，それらを使用しやすい形に分類・整理して収録し，必要に応じて，縦横に活用する以外に方法はない．

このため「どん欲なまでに英文例を収集して」結実させたのが，この大部な活用辞典なのであった．

　これらの表現辞典はコーパスという言葉は使っていないものの，その発想はコーパス言語学の手法そのものであった．1983年に英和編，和英編の2巻で刊行された『インタープレス科学技術活用大辞典』(インタープレス)では，コンコーダンスという考えが明確に打ち出されている．この辞典のまえがきでは「本『科学技術活用大辞典』はコンピュータ技術により刊行される対訳コンコーダンスである」とうたっている．1988年に英和編，和英編の2巻で刊行された小林一未編『技術英文表現辞典』(アイピーシー)も同じ発想により編集されている．これは米国のヘリコプターメーカー，Bell Helicopter Textron 社が民間ユーザ向けに発行している技術マニュアルから，技術論文を書く際に役立つ表現を抜き出し，それぞれ，キーワードごとに分類して提示したものである．ライティング支援のツールとして，理系ではいち早くコンコーダンスという考えが実用化されていたのである．[2]

12.1.2. 語学教育への KWIC 導入の試み

　理系研究者の間で英語論文作成の支援ツールとしてコンコーダンスという

方法が利用されるようになったのと相前後して，英語教育の分野でもコンコーダンス利用の試みが始まった．英語教育へのコンコーダンスの導入に関する報告としては，Stevens (1991) によるオマーンの Sultan Qaboos 大学語学センターでの実践報告がその嚆矢であろう．Sultan Qaboos 大学では専門科目を教えるのに英語で書かれた教科書が使われている．語学センターでは大学で使われている，英語で書かれた教科書をコーパス化し，コンコーダンスプログラムの開発を行った．その目的は理系学生の英語のライティング支援である．学生が英語で文章を書いていく途中，使い方について疑問に思う表現があれば，コーパスから KWIC 表示を行うことで，用法を確かめることができる．

コーパスはまた教材の評価にも利用された．コーパスを分析したところ，語学センターで授業に使っている英語教科書は，理系専門科目の授業で使われている教科書の言語素材を十分反映していないことがわかった．このため，語学センターでは使用教科書の見直しが行われた．

KWIC の英語授業への導入は一般に次のような手順で行われる．まず，対象となる表現をコーパスから検索し，次のように KWIC 形式で提示する．これは harm と damage が現れるコンコーダンスラインを読み取り，そこから意味，用法の違いを理解させることをねらったものである．

harm
```
                        It's impossible for me to    harm a human being.
They hired my people because methane fumes don't    harm us.
                              I didn't mean any    harm .
                         My love can't do me no    harm .
                   Do not be afraid. We will not    harm you.
              Away put your weapon! I mean you no    harm .
```

damage
```
                       The crash caused too much    damage .
                           You caused $300    damage to my car.
                But there's substantial property    damage .
     Southern California has suffered major quake    damage .
                              We can do more    damage that way.
```

コーパスから用例を抜き出すとき留意する点は，(1) 生徒が短時間に全体を見渡すことができるよう，出力する用例の数を少なくする，(2) 教師の側で用例を取捨選択しないという2点である．授業の中で短時間に行う活動であるため，ハンドアウト半ページ程度に収まる数がめやすとなろう．上の例

第 12 章　コーパスと英語教育　　　　　　　　　　　253

は紙面の都合から出力例を割愛したものである．教師の側で用例を取捨選択しないというのは大事な点である．ここでは生徒が行っているのは発見学習で，研究者がコーパスを精査して知見を導きだそうとするのと同じ活動である．したがって，都合のよい用例だけを選んで提示するのはふさわしいとは言えない．

　KWIC を使った活動は，(1) 文法・語法についてのルールを見つけさせる，(2) キーワードの意味を文脈から推測させる，というのがその代表である．たとえば，上の harm, damage の例では出力結果を生徒に与えた後，次のようなポイントについて考えさせる．

(1)　名詞，動詞，どちらが多く使われるだろうか．(harm は名詞，動詞がほぼ同数使われるのに対し，damage は名詞の例がほとんど．ただし，上の例ではすべて)

(2)　名詞としての用法は可算名詞，不可算名詞のどちらだろうか．(名詞として harm, damage はともに不可算名詞)

(3)　harm, damage はどのような単語と一緒に使われる傾向があるだろうか．(do damage, do harm というコロケーションで現れる)

(4)　傷つけたり，損害を与えたりする対象は人だろうか，物だろうか．(harm は人に対して使うことができるのに対し，damage は車や財産など物について用いる)

(5)　いつも決まって使われる表現があるだろうか．(harm は I didn't mean any harm. / I mean you no harm. といった表現で mean とともに定型的に使うことが多い)

　キーワードの提示は，上のようにそのまま提示するほか，次のように実際には存在しない語 speg などに変えて提示することも行われる．

```
           benefit, maternity grant and speg and vitamin tokens.
relatively cheap, on tides of free speg and orange juice, but good cloth
         give U5 painlessly, such as speg and eggs. The proposition that
  consisting in large part of eggs, speg cheese or other speg products is
                  sipping a strawberry speg shake. She didn't look up when
```

(Tribble & Jones 1997 から．一部省略)

上の例で speg は原文のキーワード milk に代えたもので，文脈から意味を推測させることをねらった練習である．また，このような練習ではキーワードを ＿＿＿＿ のように下線に代えて示すこともある．[3]

KWICを英語教育の実践に導入しようとする際，大きな壁はそれにふさわしいコーパスがないことである．Brown Corpus 以降の研究用コーパスは現代英語をよく反映したものではあっても，英語学習者のレベルにあったものとはいえない．KWICを英語教育に応用するには，今後，学習者のレベルにふさわしい，しかも現代英語をよく代表する，質のよい，小規模なコーパスの開発が期待される．[4]

12.1.3. Data-driven Learning

KWICを利用したこのような学び方を Data-driven learning（略称DDL）と呼ぶ．日本語に直せば，「データ駆動型学習」ということになろう．元来，これは心理学のことばで，これを言語教育にはじめて使ったのは Tim Johns である．[5]

DDLは外国語を教えるうえでの単なる新しいアイデアの1つというものではない．それは基本的な考え方において従来のアプローチと大きく異なっている．DDLでは文法項目をそのまま教えることはせず，データを示して，そこから学習者にルールを導き出させる．これまでの外国語教育では，教師が語句の意味，文法のルールを教え，学習者はそれを具体的な事例に応用することを前提としていた．いわば，教師中心の演繹的な学習法である．しかし，KWICを使った学習では学習者にルールは与えられない．与えられるのはコンコーダンスラインというデータである．学習者はここから語句の意味を推し量り，文法や語法についてのルールをみずから発見する．学習者中心の帰納的学習である．

DDLには「収束」（convergence）と「拡散」（divergence）という2つの考え方がある．収束というのは，教師の側であらかじめ学習目標を設定しておき，生徒にデータを読み取らせることで解答にたどりつかせることをめざしたものである．上に例に示した harm と damage についての KWIC，また milk を speg に置き換えた練習はその例である．これに対し，拡散という考え方では，あらかじめ学習の目標を設定せず，自由に発見学習を行わせる．いわば開放型の（open-ended）学び方である．

DDLがもっとも効果を発揮するのは「意識化」（consciousness raising）あるいは「気づき」（noticing）であろう．意識化とは単に文法項目を教えるのでなく，何らかの形で対象となる項目を目立たせ，学習者にその言語形式についての「気づき」を起こさせることである．意識化は近年，言語の習得

の過程において，その必要が訴えられてきたものである．Fotos & Ellis (1999: 192) は文法の教え方について「文法の教授に求められるものは，練習ではなく，意識化をねらったものである」と述べ，文法学習における意識化の必要性を強調している．

　KWIC を使った学習活動はその意義を活かしたものでなければならない．伝統的な文法の教授を KWIC で行おうとするのは無謀だろう．コンコーダンス出力を数十例読み，そこから知見を導くだけで相当な時間がかかる．とても文法項目すべてを網羅することはできない．KWIC は文法項目そのものを教えるものではない．代表的な例を取り上げながら，文法や語句の意味についての意識化，気づきを生み出すところにその意義がある．[6]

12.2. 学習者コーパス

12.2.1. 学習者コーパスとは

　英語教育におけるコーパス利用を考える際に，もう1つ重要な分野が学習者コーパス研究 (learner corpus research) である．学習者コーパス (learner corpus または learner's [learners'] corpus) は第二言語学習者 (second language learner) の発話・作文データをコーパス化したものである．学習者データの分析そのものは言語習得の分野で以前から行われていた．たとえば，Copenhagen 大学で1970年代に行われた PIF (Project In Foreign Language Pedagogy) Corpus (Færch, Haastrup & Phillipson 1984) は学習者コーパスという概念を最も早く提唱している．また70年代後半から80年代になってドイツの移民の第二言語習得を調査した ZISA Project (Meisel, Clahsen & Pienemann 1981) も注目を集めたが，PIF, ZISA 両者ともコーパスとして資料は公開されなかった．その後，この分野は90年代に入って大きく進展を見る．その背景には，コーパス言語学が方法論 (methodology) として確立し，さまざまな研究領域で活用されるようになったことが挙げられよう．学習者コーパスも例外ではなく，この分野の研究者はコーパス言語学を言語教育や第二言語習得に応用したいという主たる興味があるのである．

12.2.2. 主要な学習者コーパス

　学習者コーパスはその用途に応じて以下のような分類の観点が考えられる．

(1) データは話し言葉(発話)か書き言葉(作文)か？
(2) 学習者の運用能力レベルは？
(3) 学習者の母語を固定するか，母語の異なる学習者間で比較するか？
(4) データは商用か研究用か？ 公開か非公開か？

これらの観点を基に現在国際的に認知されている主要な学習者コーパスを整理したのが表 12–1 である．

学習者コーパスを利用する際に，まず大きな選択肢としては，複数の母語の学習者集団を対象とするか，あるいは特定の母語のみを対象とするかがあろう．前者の場合，商用のコーパスでは Longman と Cambridge UP の学習者コーパスがそれぞれ最も規模の大きいものである．Longman Learners' Corpus (LLC) は 20 の母語グループのデータ 1,000 万語を収集しており，研究用にデータを利用できる[7]のに対して，Cambridge Learner Corpus (CLC) は 180 か国 100 の母語，サイズが 2,500 万語と規模は大きいが，原則的に社内用のリソースという位置づけで公開はされていない．

表 12–1 主要な学習者コーパス

コーパス	サイズ	spoken/written	英語力レベル	母語	利用可能性
International Corpus of Learner English (ICLE)	各 20 万	S	上(大学生)	19	公開(研究)
Longman Learners' Corpus (LLC)	1,000 万	W	初〜上	20	公開(研究)
Cambridge Learner Corpus (CLC)	2,500 万	W	初〜上	100	非公開
JEFLL (Japanese EFL Learner) Corpus (JEFLL)	700 万	W	初〜中(中1〜高3)	日本語	公開(研究)
NICT JLE Corpus	200 万	S	初〜中	日本語	公開(研究)
Polish Learner English Corpus	50 万	S・W	中〜上	ポーランド	非公開
HKUST Learner Corpus	2,500 万	W	中(大学生)	中国語	非公開

LLC は 1980 年代前半くらいから作成されてきており，学習者コーパス構築では先駆的な存在である．CLC は後発であるが，特にエラータグ付与に関して精力を注いでいて，2007 年現在，約 45,000 人（1,500 万語）分のエラータグが付与されており，それをもとにした統計情報が抽出できる（図 12–1 参照）．

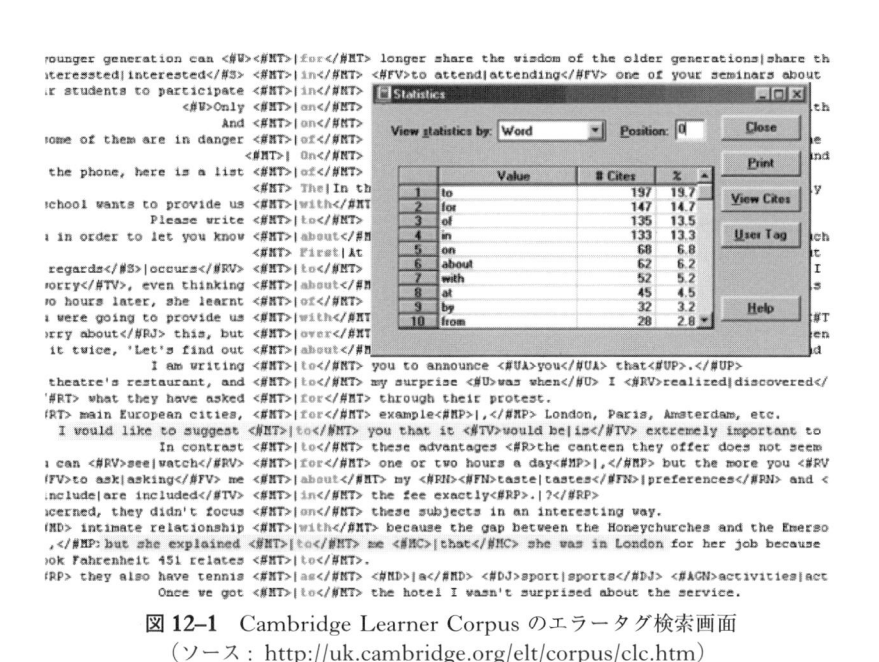

図 12–1 Cambridge Learner Corpus のエラータグ検索画面
（ソース：http://uk.cambridge.org/elt/corpus/clc.htm）

商用の学習者コーパスに対して，研究用で最も代表的な学習者コーパスは ICLE である．このプロジェクトは University College London の SEU で行われている International Corpus of English（ICE）（1.3.3., 2.3.4.4. 参照）プロジェクトの傘下で学習者英語の収集を行う，という目的で始められたもので，Greenbaum 亡き後，ベルギーの Louvain 大学の Sylviane Granger が中心となって進行している．収集デザインが特徴的で，異なる母語を持つ同一レベルの英語学習者（英語専攻の大学 3, 4 年生）を対象にデータ採取を行っており，2004 年 6 月現在で 19 の異なる母語を持つ学習者データが対象とされ，そのうちすでに 13 の母語に関してはコーパス構築が終わって

いる．異なる母語を持つ学習者データを比較分析することで，どの学習者にも共通に起こっているエラー（普遍的エラー：universal error）と，ある特定の母語を持つ話者にのみ特徴的なエラー（個別的エラー：local error）とを峻別し，その結果から第二言語習得における普遍的要因と個別言語に関する周辺的要因を見分けたいという関心がある．ICLE は学習者グループごとの詳しいプロフィールを付したサブコーパス検索データベースを添えて，テキストデータを CD で公開している（Granger, Dagneaux & Meunier 2002）．

これ以外の学習者コーパスはほとんどが特定の学習者グループに特化して作られている．そのうちで最大のものは香港科学技術大学（HKUST）の John Milton が中心になって作成された HKUST Learner Corpus である．これは香港科技大学の入学試験および定期試験の英作文を大量に収集したもので，2,500 万という単一学習者集団では最大の規模を誇る．

PELCRA Project（http://www.uni.lodz.pl/pelcra/corpora.htm）の一環で収集されている Polish Learner English Corpus は公称 50 万語，中級（Cambridge First Certificate レベル）〜上級までの異なる学習段階のデータを組織的に集めようとする試みである．ただし，Pravec（2002）にあるように，現在のところ大学生のデータを中心に収集されている模様である．

日本国内でも複数の学習者コーパス構築のプロジェクトがある．そのうち主要なものとして JEFLL Corpus と NICT JLE Corpus を紹介する．JEFLL は中学 1 年〜高校 3 年までの英作文データ（辞書を用いず 20 分間で書く；テーマは共通で 6 種類の説明文および物語文；文中で英語に表現できない部分は日本語で書いてもよい）を約 100 万語規模（標本数 1 万人程度）で収集し 2007 年夏に公開された．また NICT JLE Corpus は（株）アルクが開発した 15 分間のインタビューによるスピーキングテスト Standard Speaking Test（SST）の音声データ約 1,200 人分を情報通信研究機構（NICT）の援助のもとに書き起こしたもので，2004 年 10 月に公開された（和泉他編 2004）．この 2 つのプロジェクトの特徴は，ICLE, HKUST などと異なり，単一の学習者グループを英語力のレベル別にデータ収集を行っている点で，これによりレベルの異なる学習者間の英語使用の違いを科学的に捉え，語彙・構文の発達やエラーの経緯を調べ，中間言語（interlanguage）のプロセスの解明を試みようというものである．

12.2.3. 学習者コーパスと第二言語習得

12.2.3.1. 学習者コーパスから抽出できる情報

実際に学習者コーパスを用いることでどのような知見が第二言語習得に関して得られるのであろうか．おそらく最も基本的な学習者コーパスの利用方法は，研究者が関心を持つ言語の諸側面に関して英語学習者の使用実態を観察したい場合に，当該の英語表現や語彙・構文を検索し使用例を抽出する，ということであろう．仮説検証の前にまず言語事実の把握ということを考えれば，大量の学習者データはそれだけで貴重なリソースとなろう．

このような「言語使用実態の把握」という視点で，学習者コーパスからどのような情報が抽出可能かをまとめたのが表 12–2 である．

表 12–2 学習者コーパスから抽出できる情報

タグなしコーパスの場合	タグ付きコーパスの場合
頻度表(異なり語)	頻度表(見出し語・品詞・構文)
語・句検索(コンコーダンス) 単純な文字列検索 + 正規表現[8]	語・句検索(コンコーダンス) 単語 + タグ(品詞) + 正規表現
n-gram 分析 単語 + 単語	n-gram 分析 単語 + 単語 / 品詞 + 品詞 / 単語 + 品詞
キーワード分析(2つの語彙リスト比較) 特徴語; 使用語彙の推移; 文体比較	キーワード分析 品詞レベルで複数コーパス比較が可能
構文分析 精密には難しく正規表現検索のみ	構文分析 構文タグがあれば精密な検索集計が可能

表 12–2 を見るとわかるように，言語情報付与 (linguistic annotation) がタグの形で付与されているコーパスの場合は，一般の単語情報のみならず，品詞統計，見出し語レベルでの集約などができる．また単純な語・句検索だけでなく，n-gram という文字列の連鎖 (cluster) を集計する機能を用いれば，単語の共起パターン (= collocation)，単語と品詞との共起パターン (= colligation) を調べることも可能だ．

本節では学習者コーパスの第二言語習得に関する先行研究を概観する紙面はないので，主として筆者の研究例から学習者データを用いた記述的研究 (12.2.3.2.) および既存の仮説の再検証 (12.2.3.3.) の事例を紹介したい．

その他の具体的な研究例としては Granger (ed.) (1998), Granger et al. (eds.) (2002) を，また学習者コーパス関連の論文が必ず数本は掲載される TALC (Teaching and Language Corpora という国際会議) の proceedings などを参照されたい．

12.2.3.2. 記述的研究の1例 ― 品詞タグ連鎖の比較

学習者データを基にした記述的研究の1例として，筆者が行った英語の幼児の言語習得データと日本の英語学習者(中学1～3年)の比較調査を紹介しよう．英語データは CHILDES の中から選んだ Belfast Corpus といわれる2歳から4歳半までの幼児数名の母親との対話を採取した縦断的（longitudinal）データ，また日本人は某国立大学附属中学の中学1年から3年生までの 120 名に4コマ漫画を見て描写するタスクを課したものである．これらの発話に品詞タグを付与し，それぞれの品詞連鎖を頻度集計した．[9]

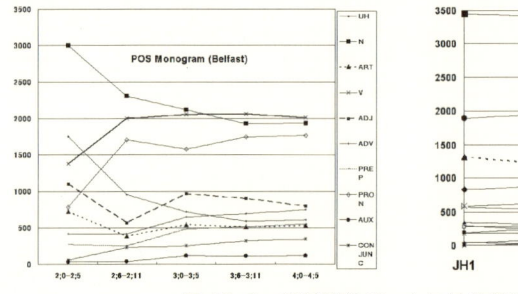

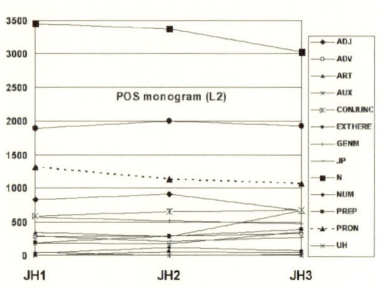

図 12-2 英語発話データに見る品詞頻度の推移
（注：左が CHILDES Belfast Corpus，右が日本人中学生）

品詞の monogram (1個組) の頻度を示したのが図 12-2 である．これを見ると，英語を母語とする幼児の発話の初期(2歳の約1年間)には品詞頻度に大きな揺れが見られ，それが徐々に一定のパターンに落ち着くことがわかる．初期の発話は1語文，2語文に見られるように名詞が中心であり，3歳前後までに動詞および代名詞の頻度が高くなって，文の形成の兆候が見られる．一方で，日本人英語学習者の発話を同様の手法で見てみると，品詞頻度は学習初期からほとんど変化がない．母語の習得と違って教室環境の外国語学習では最初から文の要素や概念が教えられるので，比較的初期から整った文単位の発話を行っていると推測できる．またこれは現実の教室内での会話練習場

面で片言の英語で(たとえば名詞だけを使って)話す, というような状況がないことを示唆している. すなわち, 教室環境での習得は比較的最初から文単位の発話を要求され, そういった指導が発話の特徴にも現れている.

同様の傾向は品詞の bigram(2個の連鎖)でも見られる. 図12–3 は Belfast Corpus および日本人英語学習者の bigram の推移を各々上位10組に関して見たものである. 興味深いことに, 母語習得の場合は品詞2個組の連鎖を見ても2歳から3歳半くらいまでは品詞の組み合わせに一定のパターンがなく, この時期に脳の中で成人の文法に近い知識を身につけていく過渡的な状態が観察される. また最終的に安定した品詞連鎖の頻度を示すようになる3歳半ごろのデータを見ると, 最も高頻度で見られたのは「代名詞＋動詞」(PRON＋V) の連鎖, その次が「動詞＋代名詞」(V＋PRON) で, 代名詞使用が本国人の会話データにおける重要な特徴であることがわかる.

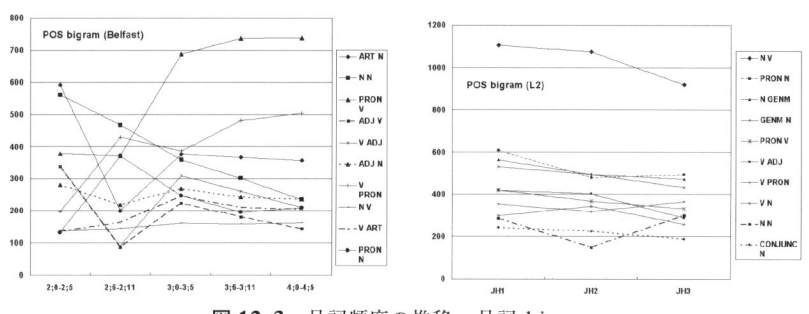

図12–3 品詞頻度の推移：品詞 bigram
(左が CHILDES Belfast Corpus, 右が日本人学習者)

これに対して, 日本人データの場合には品詞連鎖の若干の揺れがあるものの, 母語話者のデータに比べると使用頻度がはるかに安定している. これは前述のような文レベルでの発話指導があるからであろう. 最も頻度の高い連鎖は「名詞＋動詞」, 次は「代名詞＋名詞 (my book など)」であった. 母語の習得と比べて著しく異なる点は, 代名詞の使用頻度が相対的に低いことと, 冠詞がまったく現れていないことである. 前者は英語学習者データ全般に特徴的な事実で, 初級・中級の学習者は代名詞の使用がうまくできないため, 往々にして代名詞で言えるような場面でも普通名詞で言ってしまう. 代名詞の適切な場面での多用は1つの発達指標の重要な要素と言えよう. また冠詞に関しても極端な過少使用 (underuse) の傾向が見受けられる. 母語の

習得データでは 3 歳くらいですでに相当数の冠詞が表れていることを考えると，日本人の英語冠詞習得はやはり相当に難しいということが観察できる．

12.2.3.3. 第二言語習得仮説の再検証 ── 文法形態素解析習得順序

学習者コーパスの第二言語習得に関連したもう 1 つの利用可能性は，過去に議論された第二言語習得のさまざまな仮説の再検証を行うことである．たとえば，Tono (2000) は文法形態素の習得順序の再検証を JEFLL Corpus を用いて行った．文法形態素の習得順序には若干の差異はあっても，普遍的な習得順序が認められるという定説がある（詳細は Ellis 1994 などを参照）．Tono (2000) は JEFLL Corpus の中 1～高 3 までを 3 グループに分け，品詞タグ付けデータから文法形態素を半自動で抽出し，さらにエラータグ付与を行ったうえで，正用と誤用の割合を求めて Dulay, Burt, Krashen らの仮説と比較した．結果が図 12-4 である．詳細は Tono (2000) に譲るが，第一に目を引くのは，日本人学習者の場合は冠詞の習得が一番遅い，という事実である．前節の品詞連鎖の記述的なデータでも冠詞の過少使用が指摘されていたが，ここでも冠詞の誤用の多い日本人の習得の特徴が浮かび上がった．面白いことに，PELCRA などのポーランド人英語学習者のデータを見ても，冠詞の習得は遅いことが報告されている (Mason & Uzar 2000)．ポーランド語も日本語も冠詞という品詞の概念がないことを考えると，やはりこ

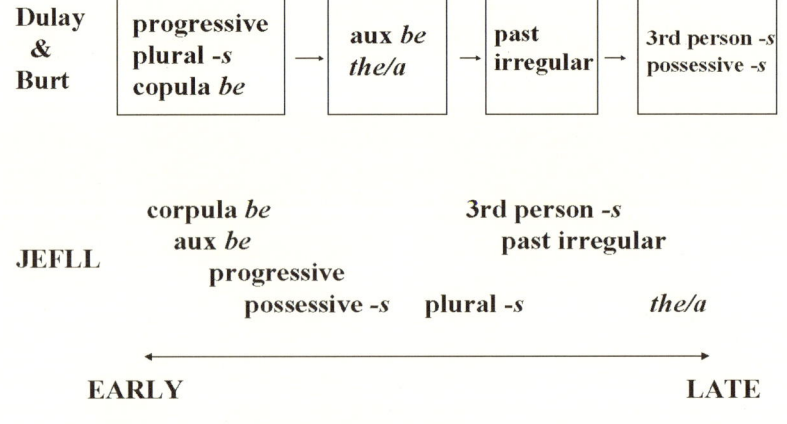

図 12-4 文法形態素の習得順序の比較（Tono 2000 に基づく）

れは母語の言語体系に関連した問題ではないかと思われる．このようなすでに提唱されている第二言語習得研究の仮説を大規模なデータで再検証する試みが，今後ますます可能になってくるであろう．

12.2.4. 学習者コーパスと英語教育

学習者コーパスは第二言語習得研究だけでなく，英語教育の分野にもさまざまな活用が考えられる．投野 (2003) でコーパス言語学全体の言語教育への貢献について論じたが，海外でもこの 10 年間でヨーロッパでは Teaching and Language Corpora (TALC)，北米では American Association of Applied Corpus Linguistics (AAACL) といったコーパスの教育利用に重点を置いた学会が定期的に行われるようになってきており，発表の 2, 3 割は学習者コーパスによる発表が行われている．また日本でも学習者コーパスのワークショップが昭和女子大学を中心にすでに数回行われており，また Learner Corpora in Asia と称した国際シンポジウムも催された (Tono ed. 2004)．

学習者コーパスの応用分野として現在実際に行われているのは英語教材の開発である．中でも英語辞書への応用は最も進んでいる分野だ．先鞭をつけたのは *Longman Essential Activator* (1997) の語法コラムである．Longman Learners' Corpus のデータをもとに誤用例をコラムで盛り込み注意を喚起している．同様の試みはロングマンの *Longman Dictionary of Contemporary English* (4 版, 2003)，ケンブリッジの *Cambridge Advanced Learner's Dictionary* (2003)，*Cambridge Learner's Dictionary* (2 版, 2004) などの学習英語辞典で広範囲に行われている．

また先に紹介した JEFLL Corpus のデータも小学館コーパスネットワーク (http://www.corpora.jp) のコンテンツとしてフリーで公開されており，一般の中高の英語教師などが容易に大規模コーパスと学習者コーパスを同時アクセスできる環境が充実してきている．また SELHi（スーパー・イングリッシュ・ランゲージ・ハイスクール）といった英語重点校や小学校英語教育特区などでも，学習者コーパスを作成する試み[10]が始まっており，小学校英語教育の習得度調査などもコーパスを利用して行う方向性が打ち出されてきている．[11]

このような状況で，今後は学習者データを分析した結果からどのような言語活動のタスクを開発するか，また学習過程でどのような指導を行うか，と

いう「データに基づく学習と指導」という観点が重要になってくるであろう．それは全体と個別指導における「メリハリ」をつけることであるかもしれないし，e-learning 環境にコーパスのような言語リソースがどのような役割を果たすかを見極めることかもしれない．

いずれにせよ，この始まったばかりの新しい研究領域の真価を問うには，もう少しコーパスの構築が進みデータが一般的に利用できるようになり，かつ分析結果が出そろってくるのを待たねばならないであろう．

12.3. むすび

英語学習，教育の新しい考え方としてのコンコーダンスの利用，また，語学教育・研究の手法としての学習者コーパスの利用はまだ緒についたばかりである．しかし，これらはすでに明確な形で成果をあげ始めている．1997 年刊行の *Longman Essential Activator* 以来，学習英語辞典は学習者コーパスをもとにした誤用例の解説を盛り込むのは当然のこととなった．Granger らによる国際学習者コーパスの編纂も進み，2002 年にはデータが CD で公開された．

ここ数年間における学習者コーパス研究の特徴は，コーパスの作成からそれを応用した研究への関心の転換である．しばらく前まではどのようなコーパスを作成したかということが研究集会での発表のテーマになることが多かった．今は，第二言語習得の過程についての応用研究が中心を占めるようになった．

学習者コーパスはまだまだ発展途上にある．コーパスはまだ十分とは言えず，さらに量的，質的に克服していく課題は多い．しかし，第二言語習得，外国語習得研究に新たな知見を切り開く期待は高い．

注

1. 同じ主旨で刊行されたものに大谷南海男他編『金属英語の活用辞典』(化学同人，1981) がある．『化学英語の活用辞典』と同じ体裁である．
2. 1980 年代半ば以降，科学技術表現辞典はコンコーダンスという考えを意識して編集されるようになる．この他，同じ手法で作られたコンコーダンス式の表現辞典には次のようなものがある．
   富井篤『科学技術英語表現辞典』(オーム社，1985)
   インタープレス対訳センター『技術英文を書くための動詞大辞典』(インタープレス，1985)
3. Michael Barlow 氏の開発したコンコーダンスプログラム MonoConc の Ver.

第 12 章 コーパスと英語教育　　　　　　　　　　　　　　　265

1.2 以降のバージョンでは，英語教育に KWIC を利用するためのしかけが施してある．目的の語を KWIC 表示させた後，Display から Conceal Hits を選ぶと，キーワードが下線に置換されて表示される．また，同じ機能は WordSmith にも装備されている．Concord によりコンコーダンスラインを表示させた後，Ver. 3 では，View から Blacked out を選ぶと，キーワードがアスタリスク (*) に置換されて表示される．また Ver. 4 では，スペースバーを押すとキーワードが消える．

4. この点で杉浦正利氏(名古屋大学)の WebGrep for NESS 6800 (http://cow.lang.nagoya-u.ac.jp/program/webgrep/webgrepNESS.html) は 1 つの可能性を示したものと言える．これは英語を母語とする人にやさしい英語の例文を作ってもらい，コーパスとして用例を検索できるようにしたものである．また，用例には日本語訳が付してあり，日本語から英語を検索することもできる．

5. Tim Johns は Data-driven learning のことを classroom concordancing とも呼んでいる．彼には Data-driven learning についての Web ページがあった．現在このページはなくなっているが，Internet Archive (http://www.archive.org/) のボックスにその URL (web.bham.ac.uk/johnstf/timconc.htm) を入力し，"Take Me Back" のボタンをクリックすれば，読むことができる．

6. ここでとりあげた著作の他，KWIC の英語教育への利用を解説したものには次のようなものがある．

 Hunston, S. (2002) *Corpora in Applied Linguistics*. Cambridge: Cambridge University Press.

 Wichmann, A., S. Fligelstone, T. McEnery & G. Knowles (eds.) (1997) *Teaching and Language Corpora*. London: Longman.

7. ライセンス料は 100 万語につき 350 ポンド程度．

8. 正規表現は文書処理，フォーマット変換，検索処理のための技術の名称．通常，コーパス検索ツールには文字列を柔軟に扱えるように正規表現検索が実装されていることが多い (3. 2. 3., 4. 3. 参照)．

9. ここでは紙面の都合上，trigram は省略する．

10. 渋谷学園幕張高等学校・中学校では Shibumaku Learner Corpus と称して，中高一貫 6 年間の作文データをコーパス化している．

11. 千葉県では成田市，浦安市など数箇所を拠点にゲイトウェイ・トゥ・イングリッシュ・ランゲージ (GEL) というプロジェクトを進め，浦安市では小学生～中学生の習得データを 3 年計画でコーパス化している．

第13章　英語コーパス研究とインターネット

　本章では，初心者を対象にして，インターネット上のコーパス関連情報を研究に利用するための手引きを行う．最初に，Web（World Wide Web）を利用して，コーパス研究を扱う情報源の代表的なものを閲覧する．次いで具体的な目標を定めて研究情報を入手する方法を解説する．

　インターネット接続までの設定と手順は，各ユーザーが利用するプロバイダや所属する大学の情報センター等に問い合わされたい．本章で紹介するWebサイトの所在地については，本書の末尾にURLの一覧表を付している．さらに詳細な一覧表は，筆者個人の公開Webサーバ（http://muse.doshisha.ac.jp/corpus/index.html）において管理しているので，並行して参照されたい．[1] また，英語コーパス学会のホームページ（http://muse.doshisha.ac.jp/JAECS/index.html）内にも最新の研究情報を掲載していくので，これも併せて参照されたい．

13.1. インターネット上の情報資産

　インターネット上の情報資産は「動的」な情報資産と，「静的」な情報資産に大別することができよう．後述するように，電子メールや電子会議室を用いた双方向的な通信は，新たに作成・発信され，受信・消費される情報を生み出す．これをインターネットの「動的」な情報資産とすれば，一方で，学術資料として利用可能な莫大な量の「静的」な情報資産がインターネット上に蓄積されている．すなわち，世界中で，論文，書誌情報，電子テキスト，画像などの学術情報や，ソフトウェア，データなどが作成され，ネットワークを経由して供給されている．現在では，これらのデジタル化された情報資産を簡単な操作で自在に閲覧・利用できるようになった．情報が少なかった時代は，インターネットの有用性に疑問をはさむこともできたが，現在はほとんどの学術情報が最初からデジタルデータとして作成され，次々とネットワーク上に公開されている．インターネットは現在，最新の学術情報を保存する巨大な知識データベースとなった．

　特に著しく発展しているのは，Webによる情報の発信と情報取得である．

Webでは，HTMLやXMLと呼ばれる標識付け言語で記述されたページによって，テキスト，画像，音声などの情報を，Internet Explorer, Netscape Navigatorなどの「ブラウザ」を用いて，コンピュータのディスプレイ上で統合的に取り扱うことができる．また，拡張機能を利用して，ホームページからプログラムや検索サービスを実行することもできる．Webの誕生から10年余りを経て，インターネット上の学術資産は，その大部分がWebを介して利用できるようになった．

インターネット上の情報資産の所在地を示す際には，一般にURL（Uniform Resource Locator）と呼ばれる表記法を用いる．これはインターネット上の情報資産を，形態と所在情報を示して記したものである．Webブラウザは，URLを手がかりにしてインターネットの情報を提示する．URLにはhttp://（Webシステム上のハイパーリンク構造によって提供され閲覧される情報資産，Webページやホームページとも呼ばれる），ftp://（ソフトウェアやデータなど，ファイル転送機能によって提供される資産），mailto:（電子メールの利用）など，いくつか種類がある．Webブラウザはこれらの資産を統合的に利用できるので，ブラウザの使いこなしが，インターネットの学術利用のかなめと言えよう．

13.2. コーパス関連サイト概観

まずWebブラウザを利用して，コーパス研究を扱う代表的な情報源を訪問してみよう．これらのサイトからリンクをたどることで，コーパス関連の膨大な情報資産にアクセスすることができる．まず，コンピュータを起動し，ネットワークに接続する．次にブラウザの「アドレス」窓に，ICAMEのURL（http://icame.uib.no/）を入力し，「Enter」キーを押してみよう．するとICAMEのトップページがブラウザ上に開く．

ICAME（International Computer Archive of Modern and Medieval English）は，ノルウェーに本拠を置く，英語コーパスの編纂と研究情報の集積・配布を目的とする組織である．トップページのメニューの中から，"ICAME Corpus Collection"をたどれば，Brown Corpus, LOB Corpusなど，ICAMEを通じて購入できるコーパスコレクションの情報が得られる．メニューの"ICAME Journal"からは，ICAMEが発行する*ICAME Journal*の第18号（1994）から最新号の第30号（2006）までの論文がダウンロードできる．論文はPDFファイルで提供されている．メニュー

に戻って，"Some useful resources on the Web"を選ぶと，これはコーパス研究および電子テキストとコーパス分析プログラム供給サイトへの「リソースリスト」(特定研究分野への解説付きリンク集)で，60余りの重要な関連サイトにリンクが張られている．

上記の"Some useful resources on the Web"の中から"Corpus Linguistics (Barlow)"を選択すると，直ちにニュージーランド Auckland 大学 Department of Applied Language Studies and Linguistics の Michael Barlow 氏が提供する Corpus Linguistics (http://www.athel.com/corpus.html)ページがブラウザ上に開く(図13–1)．ここは英語をはじめとして，ヨーロッパの主要言語のコーパス研究情報とコーパスコレクション情報の集積所として名高い．

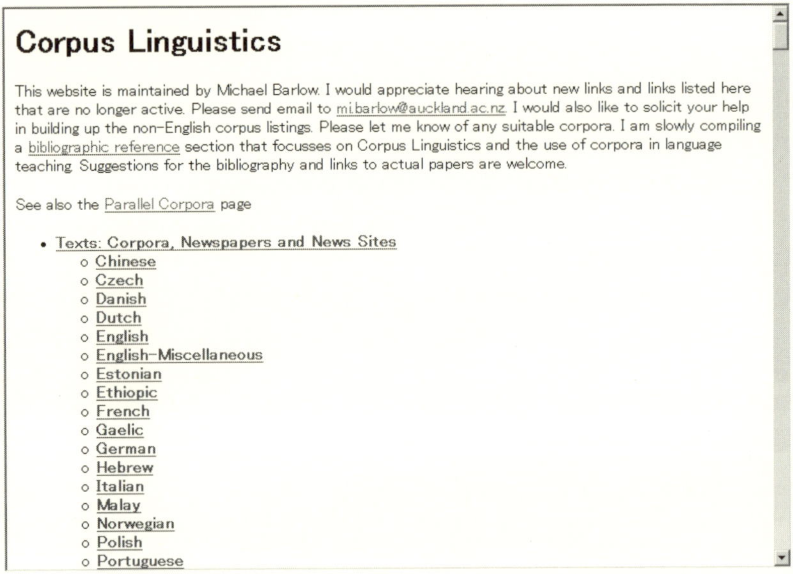

図 13–1 Michael Barlow 氏による Corpus Linguistics ページ

Barlow 氏のページから，"Corpus"を選択し，さらに"English"の項目の"British National Corpus" (http://www.natcorp.ox.ac.uk/)のリンクを選ぶと，そこはイギリス Oxford 大学の BNC のホームページで，1億語を超えるコーパスである BNC の解説"What is the BNC"や，購入方法

第 13 章 英語コーパス研究とインターネット

"BNC Products" などの案内があり，BNC から用例を 50 件オンライン検索・出力するサービス "Search the Corpus" も利用することができる．

　もう一度 Barlow 氏のページに戻り，"Useful Sites"，さらに "UCREL Site" を選択すれば，そこは Lancaster 大学の UCREL (University Centre for Computer Corpus Research on Language) のページ (http://www.comp.lancs.ac.uk/computing/research/ucrel/) である．ここもまた ICAME と同様に，すぐれたコーパス情報の集積所である．このサイトでは，CLAWS part-of-speech tagger for English と呼ばれる品詞のタグ付けサービスが行われており，ホームページからテキストを入力すれば，電子メールを介して結果を受け取ることができる．[2] また "Relevant web links" からは，Electronic Text Center at the University of Virginia Library (ETC) (http://www.lib.virginia.edu/digital/collections/text/) や，Oxford Text Archive (OTA) (http://ota.ahds.ac.uk/) などの代表的な電子テキスト提供サイトを訪れることができる．これらのサイトからのテキストの利用については，各サイトの案内を参照されたい．

　もう一度，Barlow 氏のページに戻って，リソースリストの "Web concordancing" から，"University of Michigan Middle English Collection" を選択すれば，そこはアメリカ Michigan 大学の Humanities Text Initiative (HTI) プロジェクトの 1 つ，Corpus of Middle English Prose and Verse (http://www.hti.umich.edu/c/cme/) であり，ここでは，HTI が保有する中期英語のコーパスに対してオンライン検索 (simple, Boolean, proximity search) が行え，KWIC 形式の出力を得ることができる．このサイトでは，*Middle English Dictionary* (*MED*) のオンライン検索サービスも提供されており，デジタル化された *MED* の保有する語句や用例を検索することができる．しかしながら，現在は個人契約でのサービスは行っておらず，利用するには，図書館や研究機関が University of Michigan Press からサイトライセンスを購入する必要がある．

　以上，ICAME を出発点として，ノルウェー，アメリカ，イギリスと，コーパス研究の重要なサイトをコンピュータのデスクトップの上で次々と訪れた．一度実際に体験してみると，Web を利用してアクセスできる研究情報の質と量の充実度が納得できよう．関連情報源へのリンクを丹念にたどることで，研究者はそれぞれの関心分野の最新情報を得ることができるのである．

13.3. インターネットの目的別利用法

次にインターネットの情報源をさまざまな目的に応じて利用する方法を解説する．まず，基本となる URL の入手方法について述べ，次に研究の目的に即したネットワーク利用について具体的な方法を解説する．すべては Web ブラウザの利用を前提にしている．

13.3.1. ネットワーク上の研究情報の所在を知る（URL の入手）

研究情報の URL は，インターネットを通じて入手するのがもっとも効率的で迅速である．方法は大きく分けて 3 つある．第 1 の方法は，すでに述べた ICAME や Barlow のような，コーパス研究の情報集積サイトに用意された関連分野へのリンク集（リソースリスト）から探ることである．第 2 の方法は，13.4. に述べる電子メールや電子会議室などを用いて，同じ分野に関心を持つ研究者と情報交換を行うことである．すなわち，活発に書き込みのある電子会議室では，関連分野の最新情報が交換され，この情報交換の中で重要な Web ページに関する情報が入手できることが多い．学会から配信されるニューズレターなども，重要な情報源となることがある．第 3 の方法は，インターネット上で Web ページ情報を検索することである．これはさらに 2 つに大別できる．1) 分野別の URL 情報を整理したディレクトリサービスを用いる方法，2) サーチエンジンを用いる方法である．第 3 の 2 つの方法について，以下に詳述する．

13.3.1.1. ディレクトリサービス

ディレクトリサービスは，別名「ディレクトリ型」と呼ばれる URL 情報提供サービスである．提供される Web ページは人手によって選ばれ，内容に応じてカテゴリ（ディレクトリ）ごとに系統的に分類（階層構造化）される．代表的なサイト Yahoo!（http://www.yahoo.com）を例に取ると，"Corpus Linguistics" のディレクトリは，"Social Science" の下位の "Linguistics and Human Languages" のさらに下位の "Web Directories" の中にあり，さらにこのディレクトリの中には，Corpus Linguistics や Applied Linguistics 関連のサイトが，短い解説を付されて分類されている．このように，それぞれのディレクトリには，関連する Web ページの URL や，URL 情報をまとめて収納したサブディレクトリへのリンクが置かれている．ディレクトリサービスにおいては，求める情報に行き着くにはディレクトリ

をたどってゆく必要があるので少々時間がかかるが，隣接する領域を含めて内容の充実した URL 情報を広く入手できるため，初心者でもほぼ確実に有用な情報源に行き着くことができる．サイト内の検索もできるので，不案内な場合には，まずキーワードで検索して，その結果を調べて，構造を理解してからディレクトリをたどり，目標とする情報に到達するのがよいであろう．サーチエンジンで有名な Google もディレクトリサービスを設けている (http://directory.google.com/)．Open Directory Project (http://www.dmoz.org) は，オープンソース運動の流れをくみ，多数のボランティアの貢献によって常に最新の情報に更新されているディレクトリサービスである．

13. 3. 1. 2. サーチエンジン

サーチエンジンは別名「ロボット型」と呼ばれる検索サービスである．これは，インターネット上の Web ページの情報を，自動巡回ソフトウェア (ロボットプログラム) によって取得・整理・保持し，利用者から Web ブラウザを介して検索式を受け取り，検索を実行し，結果を利用者に送信するデータベースサービスである．具体的には，利用者はサーチエンジンのホームページにアクセスし，キーワードで組み立てた式を検索窓に入力し送信する．サーチエンジンはそれを手がかりに検索を行い，該当する URL を，可能性の高い順に並べて利用者のブラウザに表示する．現在主要なもので約 20 のサーチエンジンが稼働している．それぞれ保有する情報の量と質，検索の方法と検索順位の決定法 (Page Rank 技術) に特徴があるので，1つのサーチエンジンで検索しても好ましい結果が得られない場合には，異なるサーチエンジンにあたってみるのがよいであろう．

代表的なサーチエンジンとしては，"to google" という動詞まで生まれているサーチエンジン Google (http://www.google.com/)，高速検索でイメージ検索にも強い AltaVista (http://www.altavista.com/)，検索の設定画面 (Preferences) で検索条件を詳細に調整できる HotBot (http://www.hotbot.com) などがある．また，複数のサーチエンジンを並べて使い分けるようにしたサイト All-in-One Search (http://www.allonesearch.com/all1srch.html)，「検索デスク」(http://www.searchdesk.com/) や，同時に一括して複数のサーチエンジンを用いて検索を行う MetaCrawler (http://www.metacrawler.com) など，特色あるサイトもある．サーチエンジンは，目指す特定の情報源に直接たどり着ける点と，最新の情報源が発見できる可能性

が利点であるが,一方で調査内容によっては,ヒット件数が膨大になる可能性もある.そのような時には,さらに検索式を組み直して,複合検索などによって結果を絞り込む必要がある.サーチエンジンの検索効率は,経験と熟練によって向上する.

13.3.2. 電子テキストの入手

電子テキストのリソースリストとしては,すでに紹介した ICAME や Barlow 氏のページの他に,The On-line Books Page (http://onlinebooks.library.upenn.edu) や,SunSITE の Digital Text Collections (http://sunsite.berkeley.edu/Collections/) がすぐれている.これらのサイトには,CD-ROM などで入手できる既成の研究用コーパス情報も多く掲載されている.

特定の電子テキストを入手したい場合には,まず Web のサーチエンジンで検索し,当該テキストが電子化されているか否かを調べる.電子化されていて,Project Gutenberg (http://www.gutenberg.org/) のように,電子テキストを組織的に作成して公開しているサイトから提供され,Web ブラウザで内容を閲覧できるものは,文字データのみをテキストファイルとしてダウンロードする.上述の ETC や OTA のアーカイヴのように,テキストの入手と利用に制限を設けている場合には,ホームページ上の指示に従って利用申請することが必要となる.なお,インターネットから入手できる電子テキストは,必ずしも「定本」テキストではなく,書式も統一されていない場合が多いので,本格的な研究利用に供するには,採用する版の吟味,入力ミスの入念な修正,タグ付けなどの作業が必要となる.研究に利用できる信頼できるテキストの所在情報は,学会や研究会での情報交換,ニューズレター,メーリングリストなどを通じて得ることも多い.

新聞雑誌記事を入手する場合には,記事本文を提供している新聞雑誌社のサイト (TIME 社 (http://www.time.com/time/) や U.S. News and World Report 社 (http://www.usnews.com/) など) から,また,放送スクリプトならば CNN 社 (http://transcripts.cnn.com/TRANSCRIPTS/) や ABC News 社 (http://abcnews.go.com/) などのサイトから部分的に入手することができる.他の多くの新聞社もホームページから,限定的にではあるが,記事本文を配信している.リソースリストとしては,Newspapers on the Internet (http://www.ims.uni-stuttgart.de/info/Newspapers.html),

第 13 章　英語コーパス研究とインターネット

eNewswires.com（http://www.enewswires.com/），News Directory（http://www.newsdirectory.com/）がすぐれている．しかし，無料の公開データではごく限られた範囲の記事しか入手できないので，さらに大量に多くの種類の記事を手に入れたい場合には，個々の新聞雑誌社のサイトを購読契約するか，現在日本でも多くの大学図書館で購入されている LEXIS-NEXIS（http://www.lexis.com）などの，有料の新聞雑誌フルテキストデータベースを利用することになる．[3] なお，主要な英語コーパスの解説と入手方法については，本書巻末の「主要英語コーパス一覧」を参照されたい．

13.3.3.　文献目録検索

オンライン文献目録は，手軽に閲覧でき，最新の情報が反映され，ダウンロードして編集できるなど，利用者側で情報を加工することが自在に行えることもあって，利用価値が高い．文献目録には，1）研究所などが組織的に編纂したものや，個人の研究者が編纂したものがインターネット上に公開されている場合（公開文献目録），2）大学図書館などの検索システムにより提供される文献目録（OPAC），3）各種有料文献目録（専門書誌データベース）があるので，順に3つに分けて解説する．

13.3.3.1.　公開文献目録

特定分野の文献目録は，その分野で活躍している研究者や研究機関のホームページに整備されていることが多い．特に長年にわたって地道に整備されてきた文献目録は信頼できる．井上永幸氏の「主要参考文献一覧表」（http://lexis.ias.tokushima-u.ac.jp/open/bunken/bunken202.pdf）は，英語学に関するきわめてすぐれた書誌である．また，既出の ICAME や UCREL などの組織，Michael Barlow 氏や Przemek Kaszubski 氏（http://ifa.amu.edu.pl/~kprzemek/biblios/CORPLING.htm）などの個人によって，それぞれに整備された書誌情報が公開されている．内容が吟味され，頻繁に更新されて公開される文献目録はインターネットの貴重な学術資産であり，作成者の献身的な努力に感謝しつつ利用したいものである．

13.3.3.2.　OPAC

より一般的な文献情報を参照したり，文献の所在を調査したりする際に利用できるのは，大学図書館などによって提供される書籍や学術雑誌の公開文

献目録（OPAC, Online Public Access Catalog）である．現在多くの大学が，保有する図書目録データを公開している．規模の大きな OPAC はデータの更新も頻繁で，関連分野の文献データを網羅的に入手することができる．日本での OPAC の整備と公開は，国立情報学研究所（NII）を中心に進み，後述するように，そのサービス内容は大変充実してきている（http://ge.nii.ac.jp/genii/jsp/index.jsp）．個々の大学の図書館システムも，NII と連動しながら機能を向上させている．たとえば，同志社大学図書館の検索システム DOORS（http://doors.doshisha.ac.jp/）からは，同志社大学，京都大学，NACSIS Webcat や国会図書館など多数の図書館データベースを横断検索できるサービスが提供されている．

全世界の OPAC 総覧リソースリストとしては，Libweb（http://sunsite.berkeley.edu/Libweb/）がある，ここを出発点として，世界 146 か国の 6,000 以上の図書館に接続することができる．Yahoo! の "libraries" ディレクトリ（http://dir.yahoo.com/Reference/Libraries/）も世界の図書館へのアクセスの窓口となる．COPAC（http://www.copac.ac.uk/copac/）は英国とアイルランドの大学研究機関の図書の横断検索サービスを提供する．

OPAC の 1 例として，California 大学の総合図書館データベース MELVYL（http://melvyl.cdlib.org/）を紹介する（図 13-2）．このデータベースは目録件数が多く（約 2,800 万件），情報の付加，更新も毎日行われているので，関心分野の新刊を検索するのに都合がよい．Web の機能を十分に活かした検索が工夫されている．また Melvyl の検索結果は EndNote などの個人利用の書誌データベースに取り込むことができる．

日本国内の OPAC 総覧リソースリストとしては，農林水産研究情報センターが提供する Jump to Library!（http://ss.cc.affrc.go.jp/ric/opac/opac.html）がある．ここには，現在インターネットから接続できる OPAC が，大学や研究機関をはじめとして約 650 件記載されている．また，先に紹介した国立情報学研究所の「NII 学術コンテンツポータル」（http://ge.nii.ac.jp/genii/jsp/index.jsp）には，国内の大学等がインターネット上に公開している研究紀要論文が検索でき，論文本文へのアクセスも可能な「NII 論文情報ナビゲータ（CiNii）」，連想検索で本や雑誌を探す「Webcat Plus」，研究課題成果を探す「KAKEN」，分野別専門情報を探す「NII-DBR」などのサービスが提供されている．また国立国会図書館（http://www.ndl.go.jp）は，登録すれば，蔵書検索，雑誌記事検索，文献申し込みなどが自宅からオンラ

第 13 章　英語コーパス研究とインターネット

図 13–2　California 大学の総合図書館データベース MELVYL

インで行える．

13.3.3.3.　専門書誌データベース

　専門書誌データベースは，有料で供給されている場合が多い．高額な場合には，大学図書館や研究室でオンラインサービスを，あるいは CD-ROM 媒体のものを購入するのが現実的であろう．コーパス研究に資するものとしては，OCLC (Online Computer Library Center) の First Search ゲートウェイ (http://www.oclc.org/firstsearch/) から提供されている WorldCat, Union Lists of Periodicals と MLA International Bibliography がある．WorldCat は全世界の約 100,000 の図書館が協力して作成する図書データベースで，目録数で 1 億件以上の書籍・雑誌等の検索が可能である．Union Lists of Periodicals は 850 万件を超える雑誌の書誌情報と全世界での所蔵

館情報を提供している．MLA International Bibliography は，文学・言語学・英語学の分野の専門書誌として，並ぶもののない網羅的な情報を提供する．1926年以来のデータを集積し，毎年 66,000 件以上が追加される．書籍，雑誌論文，学会予稿集，学位論文などのデータが豊富に蓄積され，一部の文献は検索結果から全文テキストを閲覧することも可能である．MLA は Gale など他のデータベースサービスからも提供され，また CD-ROM 媒体での購入もできる．MLA International Bibliography のホームページ（http://www.mla.org/bib_dist_comparison）を参照されたい．

13.3.3.4. 学術雑誌論文データベースと論文の入手

　学術雑誌論文のオンライン化については，現在多くの学会が，それぞれの規定のもとに紀要の公開を実施しつつある．また出版社も，冊子体に加えて，オンラインで論文を提供する体制を整えつつある．上述した日本の NII の「NII 論文情報ナビゲータ (CiNii)」は，日本国内の大学・研究機関や学術団体が発行する学術雑誌の論文の検索と本文の閲覧をインターネット上で可能にしており，現在約 4,400 誌から 250 万件の論文が登録されている．商業ベースのサービスとしては，アメリカの IngentaConnect (http://www.ingentaconnect.com) が，約 31,200 の出版物からの論文を，ダウンロード，FAX, 郵送サービスしている．論文本体は有料であるが，要約（Summary）までは無料で閲覧することができる．同様のサービスで草分け的であった CARL Uncover のサービスは，IngentaConnect に統合された．Project Muse (http://muse.jhu.edu) も約 60 の出版社からの 350 タイトルの学術雑誌の論文を提供している．こちらは図書館や研究機関単位での契約となる．

　また，上記のようなサービスによらなくとも，国内国外を問わず現在は図書館の相互利用（ILL, Inter-Library Loan）が充実してきているので，最寄りの所蔵図書館に論文の複写を請求すれば，ILL によって迅速に複写物が届くようになっている．図書館によっては，"My Library" などの名称で，個々の利用者に専用ページ（個人ポータル）を設けて，オンラインでの文献複写・貸出・購入依頼を受け付けるサービスを開始している場合もある．一度日頃利用している図書館のサービス内容を確認してみるとよい．

13.3.4. 新刊書籍情報，書籍の発注

　1995 年に Amazon.com (http://www.amazon.com) の創業で本格的に

第13章　英語コーパス研究とインターネット

始まったインターネット書店は，物理的な店舗を構えたり在庫を抱えたりする必要がないので，その規模は大きく，幅広い分野の書籍の発注を受け付けて，書籍流通に大変革を引き起こした．一方，出版社や既存の書店も，自社の新刊や既刊書籍の目録，電子出版物の情報などを，電子メールや Web を介して提供している．自社で直接発注を受け付けない場合は，提携しているオンライン書店から発注を受け付ける場合が多い．いずれもクレジットカードなどを利用して，Web 上から簡単に発注ができる．

　Amazon.com は，現在日本をはじめ英独仏とカナダ向けのサイトを構えている．海外で出版された書籍を求める場合，日頃利用しているサイトで扱いがない場合には，その書籍の出版国に向けたサイトを当たるのが良策である．Amazon.com で取り扱わない学術書は，Blackwell's（http://bookshop.blackwell.co.uk）などの学術書を多く扱う書店から入手できる場合もある．また出版社のホームページを直接当たることも有効な方法である．

　古書の発注と入手は，インターネットの発達で劇的に簡便になった．代表的なオンライン古書店 Abebooks（http://www.abebooks.com）は，米国のほか，英独仏向けのサイトを設けている．BookFinder.com（http://www.bookfinder.com）も類似のサービスを行っている．先の Amazon.com でも検索結果に古書が含まれることが常であり，インターネット上の書店は，国境を越え，新刊・古書の区分を越えてサービスを提供するようになった．

　オンラインで購入する際に必要なクレジットカード番号など機密情報の送受信については，現在はデータの高度な暗号化によってセキュリティが確保できるようになっている．ただし，念のために，機密情報を入力する画面がセキュリティを確保したページであることを確認することを習慣づけたい．また，ブラウザとオペレーティングシステムのセキュリティホールを埋めるためのアップデートは日頃から小まめに行う必要がある．

13.3.5.　オンライン辞書，コーパス検索サービス

　インターネット上では多くの辞書が公開されている．リソースリストとしては，人文系研究情報の集積所であるアリアドネ（http://ariadne.jp/glossary.html）や，翻訳のためのインターネットリソース（http://www.kotoba.ne.jp/）が，数多くのすぐれたオンライン辞書へのリンクを提供してくれる．学習英語辞典には，Web 経由で無料のサービスを提供するものが多い．Longman（http://www.ldoceonline.com/），Cambridge（http://dictionary.

cambridge.org/), Oxford (http://www.oup.com/elt/oald/), Webster (http://www.m-w.com/) などが代表的である．OneLook (http://www.onelook.com/) は約20種のオンライン辞書に対して複数辞書の横断検索ができるすぐれたサービスである．

オンラインの辞書サービスのうち，13.2. に紹介した *MED* をはじめ，*Britannica* (http://www.britannica.com/) や *OED Online* (http://dictionary.oed.com/) などのように特に質の高いものは，有料で提供されている．利用するためには，それぞれに個人あるいは研究機関単位でサービスを購入することが必要である．

特定のコーパスに対して検索を行い，結果を出力するサービスとしては，Brown Corpus などを検索する Web Concordancer (http://www.edict.com.hk/concordance/)，中期英語テキストのサーチを行う Corpus of Middle English Verse and Prose (http://www.hti.umich.edu/c/cme/)，Search The Middle English Collection (http://etext.lib.virginia.edu/mideng.browse.html)，Early Modern English を検索する MEMEM (Michigan Early Modern English Materials) Search (http://www.hti.umich.edu/m/memem/) などがある．また，Bartleby.com (http://www.bartleby.com) からは，King James Bible や Oxford Shakespeare など約60冊の辞書や文学作品の用語検索のサービスが提供されている．国内には，染谷泰正氏の Business Letter Corpus Online KWIC Concordancer (http://ysomeya.hp.infoseek.co.jp/)，杉浦正利氏の WebGrep (http://cow.lang.nagoya-u.ac.jp/program/webgrep/) などがある．有料サービスとしては，小学館コーパスネットワーク (http://www.corpora.jp) から，British National Corpus と Wordbanks*Online* の検索サービスが開始されている．

また，Google などサーチエンジンのアドバンストサーチ機能を用いれば，Web ページに表記されている英語をコーパスとみなして，簡易用例検索を行うことが可能である．[4] なお検索結果を KWIC 表示してくれるサービスとしては，The Web Corp Project (http://www.webcorp.org.uk) がある．

13.3.6. ソフトウェアの入手

コーパス分析のためのソフトウェア情報とプログラム本体は，インターネットから多数入手できる．まず，当該ソフトウェアの名称や機能などについ

第13章 英語コーパス研究とインターネット

いての基本的な情報を入手し，それらを手がかりとして Web のサーチエンジンで検索すれば，機能の大まかな解説と，プログラムの入手法が判明する．多くのソフトウェアは，インターネット上からダウンロードして，インストール後そのまま無料で利用できるフリーウェアであるか，あるいは試用した後に，気に入れば料金を支払うシェアウェアである．ソフトウェアのリソースリストとしては，13.2. で紹介した Michael Barlow 氏の "Corpus Software" リストや，David Lee 氏の Bookmarks for Corpus-based Linguists (http://devoted.to/corpora/) などがすぐれている．[5] コンコーダンスソフトウェアの包括的な解説は，Peter Ruthven-Stuart 氏の Concordancing (http://www.nsknet.or.jp/~peterr-s/concordancing/) ページに詳しい．より一般的なソフトウェアは，窓の杜 (http://www.forest.impress.co.jp/lib/) や，Vector (http://www.vector.co.jp) のソフトライブラリで求めることができる．コーパスを分析するためのソフトウェアの詳細については，本書巻末の「コーパス利用のためのソフトウェア一覧」を参照されたい．

13.3.7. URL 情報の管理

　一度利用したサイトで有益なものは後日の参照のためにその URL 情報を保存しておくのが望ましい．Web ブラウザでは URL 情報は「お気に入り」や「ブックマーク」に簡単に保存でき，しかも階層構造をつけて整理し直すことができる．さらにこれらは HTML で記述された Web ページとして出力することができるので，ポータブル記憶媒体に保存して持ち運べば，他のコンピュータやシステムでブラウザを利用する際に読み込んで，常用している URL リストを参照することができる．また，このファイルをホームページとして編集し，個人のサイトを設けてアップロードすれば，世界のどこからでもアクセスできるプライベートな研究用ポータルサイトを作ることもできる．

　重要なページに行き着いて，画像やリンクを含めたページそのものを保存したい場合には，印刷して紙媒体で保存するのも方法であるが，ブラウザの「ファイル」メニューから「名前を付けて保存」を選択して保存することもできる．より完全な保存を望む場合には，「紙」(http://www.kamilabo.jp/) のような，ページ全体をそのままの体裁で保存でき，かつ元のページに遡及できるように URL 情報を確実に記録することのできるソフトウェアを用いるのがよいであろう．

13.4. 電子メールと電子会議室

これまでは主として受動的に情報を閲覧するWebの利用を解説したが，ここで，ユーザー側の能動的な働きかけで有効利用できる電子メールと電子会議室について解説する．電子会議室で時々刻々に交換される議論と情報は，Web上の「静的」な資産に対する「動的」な資産とみなすことができ，インターネットのもっとも基本的かつ魅力的な機能である．電子メールによって世界各地の研究者がネットワーク上で集い，ダイナミックに意見交換を行う共通の場は，インターネットの黎明期から今日に至るまでインターネットの存在の根幹をなすものである．上述したさまざまな「静的」な研究情報についても，電子メールを通じた「動的」な情報交換を通じてもっとも新しいものが得られよう．

13.4.1. 個人利用の電子メール

電子メールに関しては，すでに多くの研究者が日常的な連絡や打ち合わせ，研究情報の交換，論文の投稿などに用いているであろうから，詳しい解説は省略する．近年普及してきているADSLや光ケーブルなどの高速回線では，ワープロソフトで作成した文書ファイルや，プログラム，コーパスデータ，画像ファイルなどの大きなファイルもストレスなしに送受信できるようになってきた．しかしその一方で，高速回線はウイルスやワームの感染源ともなりやすい．セキュリティの確保にいっそうの配慮が必要となってきている．

13.4.2. 電子会議室

電子会議室は，電子メールの同報通信機能を利用して，文書を登録者全員（リストメンバー）に配信するシステム（メーリングリスト）からはじまったが，現在はWebページ上に，話題の展開に沿って「スレッド形式」で発言が記録されてゆく掲示板システム（BBS, Bulletin Board System）によって成り立つ会議室も多い．メーリングリストの場合は，申し込みをしてメンバーになると，会議室への発言（投稿）は，メンバー全員に電子メールとして配信されてくる．仕組みが簡単であり，かつ利用者側からのアクセスの手間がかからないので，インターネットが今日のように普及する以前から，研究者間の情報交換の主要な手段として用いられ，現在も盛んに用いられている．発言の受け取りに関しては，すべての発言を受信することもできるが，定期的に要約のみを受信するよう選択できる場合もある．

第 13 章　英語コーパス研究とインターネット

コーパス研究の代表的な電子会議室には，CORPORA と LINGUIST がある．それぞれの申し込み方法などは，Linguist List — Mailing Lists Index Page（http://linguistlist.org/lists/index.html）を参照されたい．英語コーパス学会でもメーリングリストを運営して情報交換を行っている（http://muse.doshisha.ac.jp/JAECS/ML/MLindex.html）．

電子会議室での発言は，配信される一方で，サーバ内にアーカイヴ（発言録ファイル）として保存される．これを Web から検索し閲覧できるようにしているサイトもある．電子会議室のデータベース化である．実際に CORPORA と LINGUIST の発言録も，それぞれのサイト（http://listserv.linguistlist.org/archives/corpora.html，http://listserv.linguistlist.org/archives/linguist.html）から閲覧できる．特に The LINGUIST List は言語研究に関する多数のメーリングリストの発言をアーカイヴ化して提供し

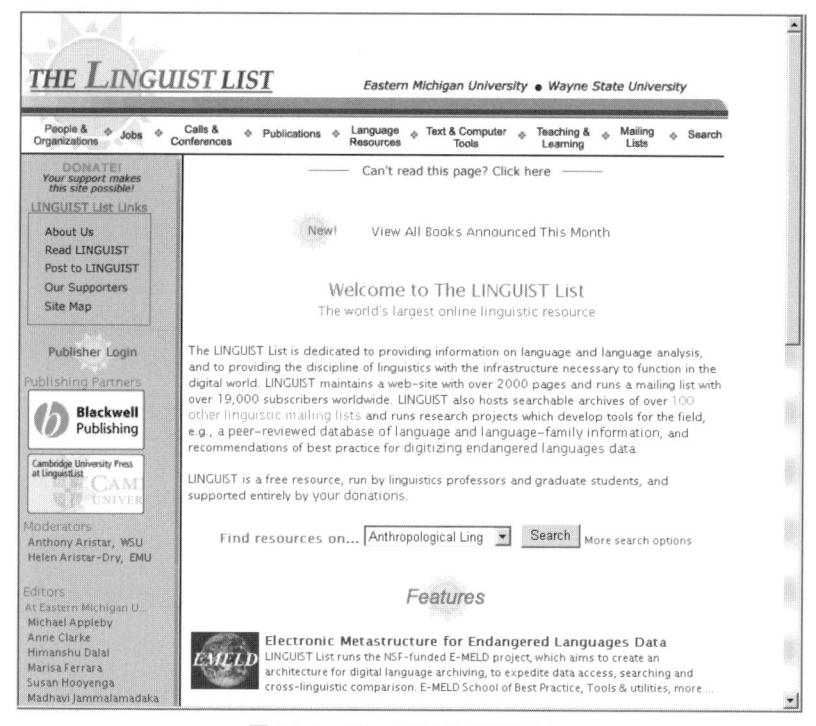

図 13–3　The LINGUIST List

ている(図 13-3). 活発な会議室に参加した場合には，配信が多くなって受信メールの処理が煩雑になるので，参加の必要度が高くない場合には，要約の受信にとどめるか，定期的なアーカイヴの閲覧で内容を追うのが賢明な利用法といえる．

13.5. むすび

　以上，コーパス研究におけるインターネットの有用性を論じてきた．現在インターネットは，コーパス研究のみならず，学術研究の情報交換と情報取得に必要不可欠なツールとなった．そして今後も新しい機能とサービスを付加しつつ発展していくであろうことは疑いない．インターネットの研究利用の本質は，豊かな情報の共有と自由な意見の交換にある．研究者が世界中から，これまで考えられなかった規模と速度で共に集える場が生まれている．学術研究をより豊かな実りあるものにするためには，ネットワークの彼方の分野を同じくする研究者と連携し，ネットワーク上に生成する学術コミュニティへ積極的に参加することが必要である．[6] インターネットを研究のためのツールとして使いこなし，その学術資産を存分に活用して，研究活動が国際的な広がりと高みを持つに至ることを願ってこの章を閉じたい．

注

1. ネットワーク上の情報資産を表記する方法に関しては，APA (2001)，Gibaldi (2003)，University of Chicago Press Staff (2003) を参照．電子情報引用のための書式の統一は徐々に進められているが，現在では上記のハンドブックなどを参照して，論集や論文内での統一を図るのが望ましい．
2. これはタグ付けのトライアルサービスであり，本格的な利用を希望する際には，利用契約を結ぶ必要がある．tagger ソフトウェアについての一覧は，Barlow 氏のページ (http://www.athel.com/corpus_software.html) を参照のこと．
3. LEXIS-NEXIS は，世界の新聞雑誌など 32,000 を超える情報源からデータを集積した世界最大のフルテキストデータベースである．大学図書館では，大学向けの LEXIS-NEXIS Academic の利用契約ができる．また個人でも，件数単位，時間単位でサービスを購入することができる．なお，LEXIS-NEXIS や Ingenta-Connect に限らず，オンラインサービスの利用や書籍発注の際の支払いは，クレジットカードでの決済が一般的である．
4. Google を使った用例検索の方法と具体例については，安藤 (2003)，西納 (2004a) を参照．
5. コーパス分析を含めて，主として英語教育に利用できる最新のソフトウェアリストと関連 URL 情報は西納 (2004b, 2004c) を参照．
6. インターネットを基盤に据えた新しい社会のあり方については，古瀬・広瀬 (1996) がよい示唆を与えてくれる．

主要英語コーパス一覧

下のコーパス一覧で入手先が ICAME, LDC, OTA とあるものは，次のところから入手できることを示す．

International Computer Archive of Modern and Medieval English (ICAME) (icame@aksis.uib.no; http://icame.uib.no/)

Linguistic Data Consortium (LDC) (ldc@ldc.upenn.edu; http://www.ldc.upenn.edu/) 本リストの( )に示した LDC 参照番号を Catalog の search 欄に入力する．

Oxford Text Archive (OTA) (info@ota.ahds.ac.uk; http://ota.ahds.ac.uk/)

(1) 共時コーパス

1) 書き言葉コーパス

Australian Corpus of English (ACE)　1986 年のオーストラリアの刊行物 100 万語からなる，LOB の構成を踏襲したコーパス．
　入手先：ICAME

Business Letter Corpus (BLC)　英米のビジネスレター約 100 万語 (2004 年 7 月時点) を集めたオンラインコーパス．
　オンライン検索 (無料)：http://ysomeya.hp.infoseek.co.jp/

Corpus Collections A and B　従来の MicroConcord 付属コーパスを独立させたもので，A は英国の新聞 *The Independent* と *The Independent on Sunday*，B は OUP 発行の学術論文，各 100 万語ずつのコーパス．
　入手先：http://www.athel.com/order/engsoft.html#cca

Freiburg-LOB Corpus of British English (FLOB)　1991 年の英国の刊行物 100 万語からなる，LOB の構成を踏襲したコーパス．
　入手先：ICAME

Freiburg-Brown Corpus of American English (Frown)　1992 年の合衆国の刊行物 100 万語からなる，Brown の構成を踏襲したコーパス．
　入手先：ICAME

Kolhapur Corpus of Indian English　1978 年のインドの刊行物 100 万語からなる，LOB の構成を踏襲したコーパス．
　入手先：ICAME

Lancaster-Oslo/Bergen Corpus of British English (LOB)　1961 年の英国の刊行物 100 万語からなる，Brown の構成を踏襲したコーパス．
　入手先：ICAME

Lancaster Parsed Corpus　LOB の各カテゴリーから計 134,000 語余りについて品詞タグを付け，構文解析したコーパス．
　　入手先：ICAME

Longman-Lancaster Corpus　辞書編纂のための Longman Corpus Network の一部をなす 3,000 万語の英米他の各種書き言葉を集めたコーパス．公開を検討中．
　　照会先：http://www.pearsonlongman.com/dictionaries/corpus/lancaster.html

LUCY Corpus　英国の書き言葉（BNC の written component からの抜粋，高校大学生の作文，9–12 歳の子供の作文）計約 165,000 語を構文解析したコーパス．
　　入手先（無料）：http://www.grsampson.net/Resources.html

Standard Corpus of Present-day Edited American English（Brown Corpus）
世界最初の英語電子コーパス．1961 年の合衆国の出版物から各 2,000 語のテキスト 500，計約 100 万語を収集したコーパス．
　　入手先：ICAME

SUSANNE Corpus　Brown Corpus の 13 万語を構文解析したコーパス．
　　入手先（無料）：OTA; http://www.grsampson.net/Resources.html

TIPSTER Corpus　1987–1992 の *Wall Street Journal* や *Associated Press* を含む書き言葉のデータベース．
　　オンライン検索（無料）：http://www.ldc.upenn.edu/Catalog/online/text/
　　入手先：LDC（LDC93T3A）

Wellington Corpus of Written New Zealand English（WWC）　1986–90 年のニュージーランドの刊行物 100 万語からなる LOB の構成を踏襲したコーパス．
　　入手先：ICAME

2）　話し言葉コーパス

Air Traffic Control Corpus（ATC0）　合衆国の 3 空港における航空管制官とパイロットの交信約 70 時間分の音声版付きコーパス．
　　入手先：LDC（LDC94S14A）

Bergen Corpus of London Teenage Language（COLT）　London の 13–17 歳の少年少女の自然な会話を 1993 年に録音した 50 万語のコーパス．現在 BNC の一部．
　　入手先：ICAME，（音声リンク版）http://torvald.aksis.uib.no/colt/

CHILDES（Child Language Data Exchange System）　子供から大人までの話し言葉を集めた言語獲得研究のためのデータベース．（英語以外の言語でも編纂）
　　照会先：http://childes.psy.cmu.edu/

CHRISTINE Corpus（Stage 1）　G. Sampson による構文解析プロジェクトの一部で，BNC の Demographic part から約 80,500 語を構文解析したコーパス．
　　入手先：SUSANNE Corpus に同じ．

Corpus of Spoken Professional American-English（CSPAE）　ホワイトハウスの記者会見と大学の教授会や委員会での話し言葉各 100 万語ずつのコーパス．
　　入手先：http://www.athel.com/cpsa.html

HCRC Map Task Corpus　Glasgow 大学の学生延べ 128 ペアによる，地図上のルートを伝達する課題達成のための会話計 18 時間分の音声版付きコーパス．
　　入手先：LDC（LDC93S12）
　　照会先：http://www.hcrc.ed.ac.uk/maptask/

Lancaster/IBM Spoken English Corpus（SEC）　放送中心のフォーマルな英国の話し言葉約 53,000 語のコーパス．品詞タグ付版，韻律特性表示版，音声版あり．
　　入手先：ICAME
　　音声版（MARSEC）入手先：http://www.rdg.ac.uk/AcaDepts/ll/speechlab/marsec/

London-Lund Corpus of Spoken English（LLC）　1953–88 年に録音されたイギリス英語の話し言葉 50 万語のコーパス．
　　入手先：ICAME, OTA

Michigan Corpus of Academic Spoken English（MICASE）　ミシガン大学での授業や面接など 180 万余語の話し言葉コーパス．
　　オンライン検索（無料）：http://quod.lib.umich.edu/m/micase/
　　入手・照会先：http://legacyweb.lsa.umich.edu/eli/micase/index.htm

Northern Ireland Transcribed Corpus of Speech　北アイルランド英語の話し言葉約 400,000 万語を集めたコーパス．
　　入手先：OTA
　　照会先：http://www.qub.ac.uk/schools/SchoolofEnglish/johnmkirk/resources.htm

Polytechnic of Wales Corpus（PoW）　6–12 歳の子供の話し言葉約 61,000 語を集めて，体系機能文法の枠組みにより構文解析されたコーパス．
　　入手先：ICAME

Santa Barbara Corpus of Spoken American English（CSAE）　アメリカ英語の話し言葉コーパス．Part I, II, III がすでに完成し，音声録音版とテキストが公開．Part II, III は ICE に組み込まれる予定．
　　入手先：LDC（LDC2000S85, LDC2003S06, LDC2004S10）

Survey of English Dialects（SED）　イングランド 289 地域における 314 の計 65 時間分の録音を文字化した約 80 万語のコーパス．
　　照会先：http://www.helsinki.fi/hum/eng/leeds_corpus.htm

Switchboard Corpus　男女 543 名が行った約 2,400 回の電話による米語会話コーパス．ANC First Release の一部をなす．
　　オンライン検索：http://www.ldc.upenn.edu/Catalog/online/text/
　　入手先：LDC（LDC97S62 他）

TIMIT Acoustic-Phonetic Continuous Speech Corpus　アメリカ英語の8方言から計630名に10個の文を読んでもらった音声版と発音表記版を含むコーパス．
　　入手先：LDC（LDC93S1）

Wellington Corpus of Spoken New Zealand English（WSC）　1988–94年のニュージーランド英語の話し言葉100万語のコーパス．
　　入手先：ICAME

3）　話し言葉と書き言葉の両方を含むコーパス

American National Corpus（ANC）
合衆国の話し言葉と書き言葉1億語からなるBNCをモデルにしたコーパス．進行中（2003年末に1,150万語を公開，2005年末に2,000万語を公開）．
　　入手先：LDC（LDC2005T35）　照会先：http://americannationalcorpus.org/

Bank of English（BoE）　*COBUILD* 辞書編纂用に現在5億語を超え，資料を追加してゆくモニターコーパス．5,700万語をWordbanks*Online*（旧名称COBUILD *direct*）でオンライン利用可能．試用検索（http://www.collins.co.uk/Corpus/CorpusSearch.aspx）は用例40まで出力．SCN（http://www.corpora.jp/）でも5,700万語分の利用が可能．
　　入手・照会先：http://www.cobuild.collins.co.uk/

British National Corpus（BNC）　1億語のイギリス英語のコーパス．大半は1990年代初期のテキスト．2007年からDVD版でBNC XML Edition（1億語，World Edition の改訂版）が通用し，simple search（無料）（http://sara.natcorp.ox.ac.uk/lookup.html）では結果を50例まで表示可能．SCN（BoE欄参照）での検索も可能．
　　入手・照会先：http://www.natcorp.ox.ac.uk/

BNC Baby（第2版）　BNCの一部（400万語），BNC Sampler（200万語），Brown Corpus（100万語）をXML形式で収蔵した，英語英文学教育へのコーパス言語学の応用を目指すコーパス．
　　入手先：http://www.natcorp.ox.ac.uk/babyinfo.html

International Corpus of English（ICE）　15の国と地域の英語を各100万語ずつ集めるコーパス編纂計画．ICE-GBをはじめ，6地域の変種コーパスが完成．
　　入手・照会先：http://www.ucl.ac.uk/english-usage/ice/index.htm
　　東アフリカ版：ICAME

Penn Treebank（Treebank 3）　Brown（100万語），*Wall Street Journal*（約100万語），Switchboard Corpus 他にPenn Treebankプロジェクトによる品詞タグ付け，構文解析をしたコーパス．
　　入手先：LDC（LDC99T42）

4）　多言語パラレルコーパス

Canadian Hansard　1970年代半ばから1988年までの英語・仏語約280万文を対比できる資料．以下のURLでは2003年10月までの検索が可能（有料）．

入手先:LDC (LDC95T20)　http://rali.iro.umontreal.ca/

Crater Corpus　電気通信分野の英・仏・スペイン語の翻訳テキスト100万語の品詞タグ付け,見出し語化されたコーパス.
　オンライン利用:http://www.comp.lancs.ac.uk/linguistics/crater/corpus.html
　照会先:http://www.comp.lancs.ac.uk/ucrel/projects.html

European Corpus Initiative Multilingual Corpus I (ECI/MCI)　英・仏・スペイン語のILO報告書などのパラレルテキスト,および日本語を含むアジア・欧州の20を超える言語の計約9,800万語からなるテキストデータベース.
　入手先:ELSNET (http://www.elsnet.org/eci.html)

European Parliament Proceedings Parallel Corpus 1996–2003 (Europarl)
欧州会議の議事録11か国語(各約2,800万語)の翻訳を対比できるコーパス.
　入手先:http://www.statmt.org/europarl/

UN Parallel Text　国連提供の1988–93年の英・仏・スペイン語4,800–5,900万語ずつの翻訳資料で60%以上を対比できるデータベース.
　入手先:LDC (LDC94T4A)

5) 学習者コーパス

International Corpus of Learner English (ICLE)　外国語として英語を学ぶ19か国の大学生の作文を20万語ずつ集めるコーパス編纂計画(進行中).
　入手・照会先:http://www.fltr.ucl.ac.be/FLTR/GERM/ETAN/CECL/Cecl-Projects/Icle/icle.htm

JEFLL Corpus　中学,高校の日本人英語学習者約1万件の英作文コーパス.
　オンライン検索:SCN (http://www.corpora.jp)
　照会先:http://jefll.corpuscobo.net/

Longman Learners' Corpus　英語の第2言語または外国語学習者の英作文を世界中から集めた1,000万語のコーパス.
　照会先:http://www.pearsonlongman.com/dictionaries/corpus/learners.html

NICT JLE Corpus　SSTという英語インタビューテストの受験者約1,200人の日本人英語学習者の会話データをコーパス化したもの.和泉他(編)(2004)の付属CD-ROMに収蔵.
　入手先:http://www.alc.co.jp/edusys/t-sst/corpus.html

(2)　通時コーパス

1) 英語史コーパス

Helsinki Corpus of English Texts (Diachronic Part)　世界最初の英語史コーパス.古英語から初期近代英語までの約160万語のコーパス.
　入手先:ICAME, OTA

2) 古英語コーパス

Dictionary of Old English Corpus in Electronic Form　古英語辞書編纂のための OE 文献約 350 万語のデータベース.
　入手先：http://www.doe.utoronto.ca/

York-Helsinki Parsed Corpus of Old English Poetry　Helsinki Corpus の OE の韻文部分を構文解析したコーパス.
　入手先：OTA

York-Toronto-Helsinki Parsed Corpus of Old English Prose（YCOE）
PPCME と同じ方式で構文解析された OE 散文 150 万語のコーパス.
　入手先：OTA
　照会先：http://www-users.york.ac.uk/~lang22/YCOE/YcoeHome.htm

3) 中英語コーパス

Innsbruck Computer Archive of Machine-Readable English Texts（ICAMET）　ME 散文フルテキストと 1386–1688 年間の書簡のデータベース（サンプル公開）.
　入手先：ICAME
　照会先：http://anglistik1.uibk.ac.at/ahp/projects/icamet/icamet1.html

Penn-Helsinki Parsed Corpus of Middle English, 2nd edn.（PPCME2）
Helsinki Corpus の ME 部分の構文解析コーパス. PPCME1 の拡張版(130 万語).
　入手先：http://www.ling.upenn.edu/hist-corpora/

4) 中英語から近代英語にわたるコーパス

Corpus of Early English Correspondence（CEEC）　約 6,000 の私信（1417–1681）約 270 万語のコーパス. 版権問題で CEEC Sampler（45 万語）のみ一般公開.
　入手先：ICAME, OTA
　照会先：http://khnt.hit.uib.no/icame/manuals/ceecs/INDEX.HTM

5) 近代英語コーパス

A Corpus of English Dialogues（1560–1760）　初期近代英語期の対話資料約 100 万語のコーパス（進行中）.
　照会先：http://www.comp.lancs.ac.uk/computing/research/ucrel/projects.html#ced

A Corpus of Late Eighteenth-Century Prose　北西部英国人の私信（1761–9030）30 万語のコーパス.
　入手先：OTA　照会先：http://www.llc.manchester.ac.uk/subjects/lel/staff/david-denison/corpus-late-18th-century-prose/

A Corpus of Late Modern English Prose　英国人の私信（1860–1920）10万語のコーパス．
入手先：OTA　照会先：http://www.llc.manchester.ac.uk/subjects/lel/staff/david-denison/lmode-prose/

A Representative Corpus of Historical English Registers（ARCHER）　1650–1990年間の英米の書き言葉と話し言葉の170万語のコーパス（部外非公開）．
照会先：Douglas.Biber@nau.edu

Corpus of Nineteenth-Century English（CONCE）　19世紀英語100万語のマルチジャンルコーパス（進行中）．
照会先：Merjo Kytö（merja.kyto@engelska.uu.se）; Juhani Rudanko（juhani.rudanko@uta.fi）

Diachronic Corpus of Present-day Spoken English（DCPSE）　LLCとICE-GBから40万語ずつ集めた現代英語の話し言葉の通時コーパス．
入手先：http://www.ucl.ac.uk/english-usage/projects/dcpse/

Lampeter Corpus of Early Modern English Tracts　パンフレット類（1640–1740）の110万語コーパス．
入手先：ICAME, OTA

Penn-Helsinki Parsed Corpus of Early Modern English（PPCEME）
Helsinki CorpusのEModEの部分を拡張した構文解析コーパス（180万語）．2004年末に完成．
入手・照会先：http://www.ling.upenn.edu/hist-corpora/

Zurich English Newspaper Corpus（ZEN）　英語新聞資料（1661–1791）160万語のコーパス．最近完成公開．
照会先：http://es-zen.unizh.ch/

6)　英語変種通時コーパス

A Corpus of Irish English　最古の資料（14世紀）から現代までのアイルランド英語コーパス．R. Hickey, *Corpus Presenter*（2003）に添付．
入手先：John Benjamins（http://www.benjamins.com/）

Corpus of Early American English　1620–1720年間のアメリカ英語コーパス（進行中）．
照会先：Merja Kytö, Uppsala University（merja.kyto@engelska.uu.se）

Helsinki Corpus of Older Scots　Middle Scots（1450–1700）の約83万語のコーパス．
入手先：ICAME, OTA

コーパス利用のためのソフトウェア一覧

　以下は主に本書の本文中で紹介された，コーパスを利用した研究・教育に役立つソフトウェア一覧である．最新バージョンなどの詳細は，ここに記した入手先・あるいは入手先の情報が得られる URL を参照されたい．なお一般によく知られている市販ソフトウェアは割愛した．

◆コンコーダンサー・コーパス分析ツール関連

AntConc（Windows, Linux）　コンコーダンス作成の他，単語リストや n-gram 分析なども備えた高機能検索ツール．フリーウェア．
　http://www.antlab.sci.waseda.ac.jp/

BNCweb（UNIX, Linux, Mac OS X）　Web ブラウザを使って BNC を検索するためのツール．
　http://www.bncweb.info/

Conc: A concordance generator for the Macintosh（Mac OS Classic）　フリーのコンコーダンサー．Mac OS X の場合は以下の入手先から併せて Type 12 Eliminator をダウンロードし，機能拡張フォルダに入れておく必要がある．
　http://www.sil.org/computing/conc/

Corpus Presenter（Windows）　コーパス検索のための統合型プログラム．マニュアル本に Irish English のコーパスと共に同梱されている．
　http://www.benjamins.nl/cgi-bin/t_bookview.cgi?bookid=Z%20122

Corpus Wizard（Windows）　浜口崇氏によるシェアウェアのコンコーダンサー．同作者により，他にもコーパス利用に役立つツールが提供されている．
　http://www2d.biglobe.ne.jp/~htakashi/soft_j.htm#find

KWIC Concordance for Windows（Windows）　塚本聡氏によるフリーウェアのコンコーダンサー．コーパスの各種フォーマットに対応しており，参照部の取り出しに有効．
　http://www.chs.nihon-u.ac.jp/eng_dpt/tukamoto/kwic.html

MonoConc（Windows）　操作が簡単なコンコーダンサー．MonoConcPro という高機能版もある．
　http://www.athel.com/mono.html

SARA（Windows, UNIX）　TEI/SGML 形式のテキストに対応した多機能コンコーダンサー．BNC World Edition の CD-ROM にも入っている．
　http://www.natcorp.ox.ac.uk/tools/sara/index.xml

TXTANA Standard Edition Ver. 2.53（Windows） 正規表現もサポートした国産コンコーダンサー．開発者のウェブページにはシェアウェアのコンコーダンサー（TXTANA Learning Edition）など他にもコーパス利用に役立つツールがある．
　http://www.biwa.ne.jp/~aka-san/

WordSmith Tools（Windows） 高機能コーパス検索ツール．Oxford University Press もしくは開発者の Mike Scott のウェブサイトより入手可能．ICAME Corpus Collection にも同梱されている．
　http://www.lexically.net/wordsmith/
　http://www.oup.co.uk/episbn/0-19-459400-9
　http://icame.uib.no/newcd.htm

◆自動タグ付け関連

Brill's Tagger（UNIX, Windows） 自動品詞タグ付けプログラム．タグを横に出力する．
　http://research.microsoft.com/~brill/

CLAWS（UNIX） オンラインでトライアルが可能な品詞タグ付けプログラム．最新版の CLAWS4 は BNC のタグ付けを行ったもの．
　http://ucrel.lancs.ac.uk/claws/

TreeTagger（Solaris, Linux, Mac OS X） 英・独・伊・仏語などの品詞タグ付けが可能．
　http://www.ims.uni-stuttgart.de/projekte/corplex/TreeTagger/DecisionTreeTagger.html

◆統計処理関連

FreeJSTAT for Windows（Windows） 基本統計量に加え，各種検定や相関係数の計算などを行うフリーの統計ソフト．
　http://rd.vector.co.jp/soft/dl/win95/business/se235119.html

JMP 5.1.1J（Mac OS X, Mac OS Classic, Linux, Windows） 総合的な統計パッケージ．アカデミック版もある．
　JMP ジャパン事業部 http://www.jmp.com/japan/corp/index.shtml

R（Windows, Linux, Mac OS X） 無料公開されている統計処理言語（環境）．商用の統計処理言語 S や S-Plus とコマンドの互換性が高い．R-commander という GUI 環境を提供するパッケージもある．
　http://www.r-project.org/

R Package（Mac OS Classic） 上記の R とは別のプロジェクトで開発されている多変量解析用の統計パッケージ．Mac OS X 版および Windows 版が開発中．フリーウェア．
　http://www.fas.umontreal.ca/BIOL/Casgrain/en/labo/R/v4/index.html

SAS（Windows, UNIX） 統計解析用の汎用ソフトウェア．
　SAS Institute Japan : http://www.sas.com/offices/asiapacific/japan/index.html

SPSS 13.0（Windows, UNIX） SAS 同様，汎用統計解析パッケージ．
　エス・ピー・エス・エス株式会社 http://www.spss.co.jp/index.html

◆エディタ

BBEdit 8.0（Mac OS X） 正規表現をサポートしたシェアウェアの高機能テキストエディタ．TEI 形式のタグなどの色分け表示もできる．フリーウェアの BBEdit Lite もある．
　http://www.barebones.com/products/bbedit/index.shtml

EmEditor（Windows） Unicode 対応のテキストエディタ．Perl に基づいた正規表現が利用可能．
　http://jp.emeditor.com/

秀丸エディタ（Windows） シェアウェアの使いやすいエディタ．マクロ機能が充実している．
　http://hide.maruo.co.jp/

サクラエディタ（Windows） Perl に準拠した正規表現が利用可能なフリーウェアのテキストエディタ．
　http://sakura-editor.sourceforge.net/
　http://members.at.infoseek.co.jp/sakura_editor/

◆文字列処理関連

ActivePerl（Windows, Linux, Solaris） Active State 社が提供しているテキスト処理のためのプログラミング言語 Perl．
　http://www.activestate.com/Products/ActivePerl/

Cygwin（Windows） Windows で GNU プロジェクトの UNIX コマンドを使えるようにするツール．
　http://www.cygwin.com/

MacPerl（Mac OS Classic） Mac OS 7.0 以降で動作する Perl．
　http://www.ptf.com/macperl/

TextShop 32（Windows） 行の桁折り，1 行化，指定文字での改行・行のインデント処理・空白行の削除，複数空白行の 1 行化・行の前/後の空白の除去，文字コード変換などを簡単に行える文字処理ツール．シェアウェア．
　http://www.vector.co.jp/soft/win95/util/se026413.html

◆その他のソフトウェア

airWeb（Windows） 予め指定したサイトを自動的に回り，更新したサイトだけを

ダウンロードする.フリーウェア.
　http://www.airclub.org/

DDwin32(Window)　電子ブック,EPWING 規約の電子辞書データの検索ソフト.
　http://www.vector.co.jp/soft/win95/writing/se025915.html
　http://homepage2.nifty.com/ddwin/

e.Typist Ver. 10.0(Windows)　13 か国語(日本語・英語・ドイツ語・フランス語・スペイン語・イタリア語・オランダ語・スウェーデン語・ノルウェー語・フィンランド語・デンマーク語・ポルトガル語・ロシア語)に対応した OCR ソフト.Mac 版は日・英語のみ.
　(株)メディアドライブ http://mediadrive.jp/

Jamming(Windows, Mac OS X, Mac OS Classic)　シェアウェアの電子辞書検索ソフト.*LDOCE4, COBUILD*,『英辞郎』等の横断検索が可能.
　http://dicwizard.jp/jamming.html

読ん de!! ココ Ver. 10(Windows)　日・英語に対応した OCR ソフトウェア.Mac 版は Ver. 7.0.
　http://ai2you.com/ocr/

コーパス研究に有用な Web サイト一覧

　以下の一覧表は，主として第13章で紹介した Web サイトを中心に，本書中に言及されたサイトや URL の一部を含めて作成した．網羅的で詳細な解説を付すことは，紙幅の関係でできないため，サイトの表題と URL を記述するにとどめた．リストのうちの包括的なサイトからは，さらに多くのリソースへのアクセスが可能である．各サイトの重要性は，個々人の研究上の必要に応じて異なるため，各自でそれぞれのサイトにアクセスし，内容を吟味しながら，研究対象と関心に応じて，研究に役立つ Web サイトの一覧を作成していただきたい．

◆日本における英語コーパス関連 Web サイト
英語コーパス学会ホームページ (http://muse.doshisha.ac.jp/JAECS/)
言語処理学会 (http://www.nak.ics.keio.ac.jp/NLP/)
情報処理学会 (http://www.ipsj.or.jp/)
井上永幸氏(徳島大学) (http://lexis.ias.tokushima-u.ac.jp/)
大名力氏(名古屋大学) (http://infosys.gsid.nagoya-u.ac.jp/~ohna/index.html)
滝沢直宏氏(名古屋大学) (http://infosys.gsid.nagoya-u.ac.jp/~takizawa/)
朝尾幸次郎氏(立命館大学) (http://www.eng.ritsumei.ac.jp/asao/)
塚本聰氏(日本大学) (http://www.chs.nihon-u.ac.jp/eng_dpt/tukamoto/)
投野由紀夫氏(明海大学) (http://leo.meikai.ac.jp/~tono/)

◆ディレクトリサービス
AltaVista Directory (http://www.altavista.com/dir/default)
Google Directory (http://directory.google.com)
Open Directory Project (http://www.dmoz.org/)
Yahoo! (http://www.yahoo.com/)

◆サーチエンジン
All-in-One Search (http://www.allonesearch.com/all1srch.html)
AltaVista (http://www.altavista.com/)
Google (http://www.google.com/; http://www.google.co.jp/)
HotBot (http://www.hotbot.com/)
MetaCrawler (http://www.metacrawler.com/)
検索デスク (http://www.searchdesk.com/)

◆人文系総合サイト(ポータル)
Eserver (http://eserver.org/)
Literary Resources on the Net (http://andromeda.rutgers.edu/~jlynch/Lit/)
WWW Services (名古屋大学) (http://www.lang.nagoya-u.ac.jp/services.html)

アリアドネ (http://ariadne.jp/)

◆言語学関連総合サイト
Linguistic Resources on the Internet (http://www.sil.org/linguistics/topical.html)
Yamada Language Guides (http://babel.uoregon.edu/yamada/guides.html)
言語学関係リンク集 (http://lapin.ic.h.kyoto-u.ac.jp/linguistics.html)
国内言語学関連研究機関 WWW ページリスト (http://www.sal.tohoku.ac.jp/~gothit/kanren.html)

◆コーパス研究関連
Bookmarks for Corpus-based Linguists (http://devoted.to/corpora)
Center for Corpus Research at University of Birmingham (http://www.corpus.bham.ac.uk/)
Collins COBUILD (http://www.cobuild.collins.co.uk/)
Humanities Text Initiative (http://www.hti.umich.edu/)
ICAME (http://helmer.aksis.uib.no/icame.html)
Linguistic Data Consortium (http://www.ldc.upenn.edu/)
Links to corpus linguistics & related sites (http://www.staff.amu.edu.pl/~przemka/corplink.html)
Text Corpora and Corpus Linguistics (http://www.athel.com/corpus.html)
The Survey of English Usage (http://www.ucl.ac.uk/english-usage/)
UCREL at University of Lancaster (http://www.comp.lancs.ac.uk/computing/research/ucrel/)
University of Birmingham Centre for Corpus Research (http://www.corpus.bham.ac.uk/)

◆学習者コーパス
Cambridge Learner Corpus (CLC) (http://www.cambridge.org/elt/corpus/learner_corpus.htm)
International Corpus of Learner English — ICLE (http://www.fltr.ucl.ac.be/fltr/germ/etan/cecl/Cecl-Projects/Icle/icle.htm)
Learner Corpus Resources (http://leo.meikai.ac.jp/~tono/lcresource.html)
Longman Corpus Network (http://www.pearsonlongman.com/dictionaries/corpus/lancaster.html)
PELCRA Project (http://pelcra.ia.uni.lodz.pl/intro_en.php)
SST コーパス (http://leo.meikai.ac.jp/~tono/sst/index.html)

◆電子テキスト(文学作品等)
ARTFUL Project (http://humanities.uchicago.edu/orgs/ARTFL/)
Center for Electronic Texts in the Humanities (http://www.ceth.rutgers.edu/)
Etext Archive, The (http://www.etext.org/index.shtml)
Humanities Text Initiative, The (http://www.hti.umich.edu/)

Online Books Page, The (http://digital.library.upenn.edu/books/)
Oxford Text Archive (http://ota.ahds.ac.uk/)（一部制限あり）
Project Gutenberg (http://www.gutenberg.org/)
SunSITE Digital Collections (http://sunsite.berkeley.edu/Collections/)
University of Virginia Digital Text Collections (http://www.lib.virginia.edu/digital/collections/text/)（一部制限あり）

◆電子テキスト（新聞雑誌ニュース等）
ABCNews (http://abcnews.go.com/)
CNN (http://transcripts.cnn.com/TRANSCRIPTS/)
eNewswires.com (http://www.enewswires.com/)
LEXIS-NEXIS (http://www.lexis.com/)（有料）
News & Periodical Resources on the Web (http://www.loc.gov/rr/news/lists.html)
NewsDirectory (http://www.newsdirectory.com/)
Newspapers of the World on the Internet (http://www.actualidad.com/)
Pathfinder (http://www.pathfinder.com/pathfinder/index.html)
The Internet Public Library: Newspapers (http://www.ipl.org/div/news/)
U.S. News and World Report (http://www.usnews.com/)

◆電子テキスト（映画スクリプト，スピーチ等）
Drew's Script-O-Rama (http://www.script-o-rama.com/)
Find a Script (http://www.angelfire.com/film/thegreenlightzone/findscript.html)
Great American Speeches (http://www.federalobserver.com/words.php)
Movie Scripts and Screenplays Web Ring Home Site (http://www.moviescriptsandscreenplays.com/)
Movie-Page.com (http://www.movie-page.com/movie_scripts.htm)
Simply Scripts (http://www.simplyscripts.com/)

◆オンライン図書館リスト
BUBL (http://bubl.ac.uk/)
Jump to Library! (In Japan) (http://ss.cc.affrc.go.jp/ric/opac/opac.html)
Libweb (http://sunsite.berkeley.edu/Libweb/)
Yahoo! Directory: Libraries (http://dir.yahoo.com/Reference/Libraries/)

◆書誌目録（文献・学術情報）検索
COPAC (http://copac.ac.uk/)
BIBLIOGRAPHY of (English) corpus linguistics (http://ifa.amu.edu.pl/~kprzemek/biblios/CORPLING.htm)
DOORS（同志社大学）(http://doors.doshisha.ac.jp/)
MELVYL (http://melvyl.cdlib.org/)
MLA International Bibliography (http://www.mla.org/bib_dist_comparison)
NII 学術コンテンツポータル (http://ge.nii.ac.jp/genii/jsp/index.jsp)（登録制）

コーパス研究に有用な Web サイト一覧　　　　　297

NII 学術情報サービス（http://www.nii.ac.jp/service-j.html）（一部登録制）
OCLC First Search（http://www.oclc.org/firstsearch/）（有料）
国立国会図書館（http://www.ndl.go.jp/）
主要参考文献一覧表（http://lexis.ias.tokushima-u.ac.jp/open/bunken/bunken202.pdf）
文献データベース一覧（関西大学図書館）（http://www.kansai-u.ac.jp/library/netresource/search.html）

◆文献入手
IngentaConnect（http://www.ingentaconnect.com/）（有料）
NII 論文情報ナビゲータ（http://ci.nii.ac.jp/cinii/servlet/CiNiiTop）
NII 電子図書館サービス（http://www.nii.ac.jp/els/els-j.html）（一部登録制）
Project Muse at Johns Hopkins University（http://muse.jhu.edu/）（機関対象、有料）

◆新刊書籍情報・発注
Abebooks（http://www.abebooks.com/）
Amazon.com（http://www.amazon.com/）
Blackwell's（http://www.blackwells.co.uk/）
Amazon.co.uk（http://www.amazon.co.uk/）

◆オンライン辞書
Britannica Online（http://www.britannica.com/）（有料）
Cambridge Advanced Learner's Dictionary（http://dictionary.cambridge.org/）
Longman Dictionary of Contemporary English Online（http://www.ldoceonline.com/）
Merriam-Webster Online（http://www.m-w.com/）
Middle English Dictionary（http://ets.umdl.umich.edu/m/med/）
OneLook Dictionary Search（http://www.onelook.com/）
Oxford Advanced Learner's Dictionary（http://www.oup.com/elt/global/products/oald/）
Oxford English Dictionary Online（http://www.oed.com/）（有料）
WORD-ONLINE（http://www.uwasa.fi/termino/collect/index.html）
アリアドネ Glossaries（http://ariadne.jp/glossary.html）
翻訳のためのインターネットリソース（http://www.kotoba.ne.jp/）

◆オンラインコーパス検索
BNC Online service（http://sara.natcorp.ox.ac.uk/）（有料）
BNC Simple Search（http://sara.natcorp.ox.ac.uk/lookup.html）
Business Letter Corpus Online KWIC Concordancer（http://ysomeya.hp.infoseek.co.jp/）
Corpus of Middle English Verse and Prose（http://www.hti.umich.edu/c/cme/）

Great Books Online (http://www.bartleby.com/)
MEMEM Search (http://www.hti.umich.edu/m/memem/)
Michigan Corpus of Academic Spoken English (http://www.hti.umich.edu/m/micase/)
Penn Treebank Search (http://www.ldc.upenn.edu/ldc/online/treebank/)
Search The Middle English Collection (http://etext.virginia.edu/mideng.browse.html)
Shogakukan Corpus Network (http://www.corpora.jp/)（有料）
The Web Concordances (http://www.dundee.ac.uk/english/wics/wics.htm)
Web Concordancer (http://www.edict.com.hk/concordance/)
Web KWIC (http://prairie.lang.nagoya-u.ac.jp/program/webkwic-e.html)
WebCorp (http://www.webcorp.org.uk/)
WebGrep (http://cow.gsid.nagoya-u.ac.jp/program/webgrep/)
Wordbanks*Online* (http://cobuild.collins.co.uk/Pages/wordbanks.aspx)（有料）

◆ソフトウェア
Bookmarks for Corpus-based Linguists (http://devoted.to/corpora)
Concordancing (http://www.nsknet.or.jp/~peterr-s/concordancing/)
Corpus Software (http://www.athel.com/corpus_software.html)
Programs at ICAME (http://helmer.aksis.uib.no/text.htm)
Vector (http://www.vector.co.jp/)
紙 (http://www.kamilabo.jp/)
窓の杜 (http://www.forest.impress.co.jp/lib/)

◆電子会議室
CORPORA Archive (http://helmer.aksis.uib.no/corpora/)
Humanist Discussion Group (http://www.princeton.edu/humanist/
    http://www.kcl.ac.uk/humanities/cch/humanist/)
LINGUIST Archive (http://listserv.linguistlist.org/archives/linguist.html)

参考文献

Aarts, J. & W. Meijs (eds.) (1984) *Corpus Linguistics*. Amsterdam: Rodopi.
Aijmer, K. (2002) *English Discourse Particles*. Amsterdam: John Benjamins.
Aijmer, K. & B. Altenberg (eds.) (1991) *English Corpus Linguistics: Studies in Honour of Jan Svartvik*. London: Longman.
Anderwald, L. (2002) *Negation in Non-Standard British English: Gaps, Regularizations and Asymmetries*. London: Routledge.
APA (American Psychological Association) (1994[5]) *Publication Manual of the American Psychological Association*. 5th edn. Washington, D.C.: American Psychological Association.
Arai, Y. (1997) "A Corpus-Based Analysis of the Development of '*In* Dropping' in the *Spend TIME in V-ing* Construction," in Ukaji *et al.* (eds.), *Studies in English Linguistics*, 181–96. Tokyo: Taishukan.
Aston, G & L. Burnard (1998) *The BNC Handbook — Exploring the British National Corpus with SARA*. Edinburgh: Edinburgh University Press. (北村裕監訳 (2004)『The BNC Handbook — コーパス言語学への誘い』松柏社)
Atkins, B.T.S. & A. Zampolli (eds.) (1994) *Computational Approaches to the Lexicon*. Oxford: Oxford University Press.
Baayen, R. H. (2001) *Word Frequency Distributions*. Berlin: Kluwer Academic Publishers.
Baayen, R. H. & A. Renouf (1996) "Chronicling *The Times*: Productive Lexical Innovations in an English Newspaper," *Language* 72: 69–96.
Baker, M., G. Francis & E. Tognini-Bonelli (eds.) (1993) *Text and Technology: In Honour of John Sinclair*. Amsterdam: John Benjamins.
Barnbrook, G. (1996) *Language and Computers: A Practical Introduction to the Computer Analysis of Language*. Edinburgh: Edinburgh University Press.
Baugh, S., A. Harley & S. Jellis (1996) "The Role of Corpora in Compiling the Cambridge International Dictionary of English," *International Journal of Corpus Linguistics* 1, 1: 39–59.
Béjoint, H. (1994) *Tradition and Innovation in Modern English Lexicography*. Oxford: Clarendon Press.
Benson, M., E. Benson & R. Ilson (1986) *Lexicographic Description of English*. Studies in Language Companion Series (SLCS) 14. Amsterdam: John Benjamins.
Berg, D. L. (1993) *A Guide to the Oxford English Dictionary*. Oxford: Oxford University Press.
Biber, D. (1985) "Investigating Macroscopic Textual Variations through Multi-Feature/Multi-Dimensional Analysis," *Linguistics* 23: 337–60.

—— (1986a) "Spoken and Written Textual Dimensions in English: Resolving the Contradictory Findings," *Language* 62: 384–414.
—— (1986b) "On the Investigation of Spoken/Written Difference," *Studia Linguistica* 40: 1–21.
—— (1987) "A Textual Comparison of British and American Writing," *American Speech* 62: 99–119.
—— (1988) *Variation across Speech and Writing*. Cambridge: Cambridge University Press.
—— (1989) "A Typology of English Texts," *Linguistics* 27: 3–43.
—— (1992) "Representativeness in Corpus Design" in Sampson & McCarthy (eds.) (2004), 174–97.
—— (1995) *Dimensions of Register Variation: A Cross-Linguistic Comparison*. Cambridge: Cambridge University Press.
Biber, D., S. Conrad & R. Reppen (1998) *Corpus Linguistics: Investigating Language Structure and Use*. Cambridge: Cambridge University Press. (齊藤俊雄・朝尾幸次郎・山崎俊次・新井洋一・梅咲敦子・塚本聡共訳 (2003)『コーパス言語学　言語構造と用法の研究』南雲堂)
Biber, D. & E. Finegan (1986) "An Initial Typology of English Text Types," in J. Aarts & W. Meijs (eds.), *Corpus Linguistics II*, 19–46. Amsterdam: Rodopi.
—— (1989) "Drift and the Evolution of English Style: A History of Three Genres," *Language* 65, 3: 487–517.
—— (1992) "The Linguistic Evolution of Five Written and Speech-Based English Genres from the 17th to the 20th Centuries," in M. Rissanen, O. Ihalainen & T. Nevalainen (eds.) *History of Englishes: New Methods and Interpretation in Historical Linguistics*, 668–704. Berlin: Mouton de Gruyter.
—— (eds.) (1994) *Sociolinguistic Perspectives on Register*. Oxford: Oxford University Press.
Biber, D., S. Johansson, G. Leech, S. Conrad & E. Finegan (1999) *Longman Grammar of Spoken and Written English*. Harlow: Pearson Education.
Bruno, A. M. (1974) *Toward a Quantitative Methodology for Stylistic Analyses*. Berkeley: University of California Press.
Burrows, J. F. (1987a) *Computation into Criticism: A Study of Jane Austen's Novels and an Experiment in Method*. Oxford: Clarendon Press.
—— (1987b) "Word-Patterns and Story-Shapes: The Statistical Analysis of Narrative Style," *Literary and Linguistic Computing* 2: 61–70.
—— (1989) "'A Vision' as a Revision?" *Eighteenth-Century Studies* 22: 551–65.
—— (1992) "Computers and the Study of Literature," in Butler (ed.), 167–204.
—— (1996) "Tiptoeing into the Infinite: Testing for Evidence of National Differences in the Language of English Narrative," in S. Hockey & N. Ide (eds.) *Research in Humanities Computing* 4: 1–33. Oxford: Oxford University

Press.
Burrows, J. F. & A. Antonia (eds.) (1992) *The Complete Works of Jane Austen: Electronic Edition.* Oxford: Oxford University Press.
Burrows, J. F. & A. J. Hassal, (1988). "*Anna Boleyn* and the Authenticity of Fielding's Feminine Narrative," *Eighteenth-Century Studies* 21: 427–453.
Butler, C. S. (1985) *Statistics in Linguistics.* Oxford: Blackwell.
―――― (ed.) (1992) *Computers and Written Texts.* Oxford: Blackwell.
Bybee, J. (2001) *Phonology and Language Use.* Cambridge: Cambridge University Press.
Bybee, J. & P. Hopper (eds.) (2001) *Frequency and the Emergence of Linguistic Structure.* Amsterdam: John Benjamins.
Carroll, J. B. (1967) "On Sampling from a Lognormal Model of Word-Frequency Distribution," in Kučera & Francis, 406–24.
―――― (1971) "Statistical Analysis of the Corpus," in J. B. Carroll, P. Davis & B. Richman (eds.), *Word Frequency Book*, xxi–xl. Boston: Houghton Mifflin.
Chafe, W. L. (1985) "Linguistic Differences Produced by Differences between Speaking and Writing," in D. R. Olson, N. Torance & A. Hildyard (eds.) *Literature, Language, and Learning*, 105–23. Cambridge: Cambridge University Press.
Channell, J. (2000) "Corpus-Based Analysis of Evaluative Lexis," in Thompson & Hunston (eds.), 38–55.
Cheng, W. & M. Warren (2001) "The Functions of *Actually* in a Corpus of Intercultural Conversations," *International Journal of Corpus Linguistics* 6, 2: 257–80.
Chomsky, N. (1957) *Syntactic Structures.* The Hague: Mouton.
Church, K. W., W. Gale, P. Hanks, D. Hindle, Bell Laboratories & Oxford University Press (1991) "Using Statistics in Lexical Analysis," in Zernik (ed.), 115–64.
Church, K. W., W. Gale, P. Hanks, D. Hindle & R. Moon (1994) "Lexical Substitutability," in Atkins & Zampolli (eds.), 153–77.
Church, K. W. & P. Hanks (1990) "Word Association Norms, Mutual Information and Lexicography," *Computational Linguistics* 16, 1: 22–9.
Clear, J. (1993) "From Firth Principles: Computational Tools for the Study of Collocation," in Baker *et al.* (eds.), 271–92.
Coates, J. (ed.) (1997) *Language and Gender: A Reader.* Oxford: Blackwell.
Conrad, S. & D. Biber (eds.) (2001) *Variation in English: Multi-Dimensional Studies.* Harlow: Pearson Education.
Cowie, A. P. (ed.) (1998) *Phraseology: Theory, Analysis and Applications.* Oxford: Clarendon Press.
Craig, D. H. (1999a) "Johnsonian Chronology and the Styles of *A Tale of a Tub*," in M. Butler (ed.) *Re-Presenting Ben Jonson: Text, History, Performance*, 210–32. London: Macmillan.

—— (1999b) "Authorial Attribution and Computational Stylistics: If You Can Tell Authors Apart, Have You Learned Anything About Them?" *Literary and Linguistic Computing* 14: 103–13.

—— (1999c) "Contrast and Change in the Idiolects of Ben Jonson Characters," *Computers and the Humanities* 33. 3: 221–40.

—— (2001) "'An Image of the Times': Ben Jonson's Revision of *Every Man in his Humour*," *English Studies* 82: 14–33.

Crystal, D. (1995) *The Cambridge Encyclopedia of the English Language*. Cambridge: Cambridge University Press.

Culicover, P. W. (1999) *Syntactic Nuts*. Oxford: Oxford University Press.

Du Bois, J. W. (2003a) "Argument Structure," in Du Bois, Kumpf & Ashby (eds.), 11–60.

—— (2003b) "Discourse and Grammar," in M. Tomasello (ed.), *The New Psychology of Language* 2: 47–87. Mahwah, NJ: Lawrence Erlbaum Associates.

Du Bois, J. W., L. E. Kumpf & W. J. Ashby (eds.) (2003) *Preferred Argument Structure*. Amsterdam: John Benjamins.

Dunning, T. (1993) "Accurate Methods for the Statistics of Surprise and Coincidence," *Computational Linguistics* 19, 1: 38–46.

Eckert, P. & S. McConnell-Ginet (2003) *Language and Gender*. Cambridge: Cambridge University Press.

Ellis, R. (1994) *The Study of Second Language Acquisition*. Oxford: Oxford University Press.

Færch, C., K. Haastrup & R. Phillipson (1984) *Learner Language and Language Learning*. Clevedon: Multilingual Matters.

Fano, R. (1961) *Transmission of Information*. Cambridge, Mass.: MIT Press.

Fillmore, C. J. & B.T.S. Atkins (1994) "Starting where the Dictionaries Stop: The Challenge of Corpus Lexicography," in Atkins & Zampolli, 349–93.

Firth, J. R. (1951) "Modes of Meaning," in Firth (1957), 190–215.

—— (1957) *Papers in Linguistics: 1934–1951*. London: Oxford University Press.

Fischer, A. (1997) "The *Oxford English Dictionary* on CD-ROM as a Historical Corpus: *To wed* and *to marry* Revisited," in U. Fries, V. Müller & P. Schneider (eds.), From *Ælfric to the New York Times*, 135–46. Amsterdam: Rodopi.

Flowerdew, J. (1996) "Concordancing in Language Learning," in M. C. Pennington (ed.), *The Power of CALL*, 97–113. Houston, TX: Athelstan.

Fotos, S. & R. Ellis (1999) "Communicating About Grammar," in R. Ellis & S. Fotos (eds.), *Learning a Second Language through Interaction*, 189–208. Amsterdam: John Benjamins.

Francis, W. N. (1982) "Problems of Assembling and Computerizing Large Corpora," in Johansson (ed.), 7–24.

—— (1992) "Language Corpora B.C.," in Svartvik (ed.), 17–32.

Francis, W. N. & H. Kučera (1982) *Frequency Analysis of English Usage: Lexicon and Grammar*. Boston, MA: Houghton Mifflin.
Freeborn, D. (1996) *Style: Text Analysis and Linguistic Criticism*. London: Macmillan.
Friedl, J.E.F. (2002^2, 2006^3) *Mastering Regular Expressions*. 2nd edn. Sebastopol, CA: O'Reilly & Associates. (田和勝訳 (2003)『詳説　正規表現』第2版, オライリー・ジャパン)
Fries, C. C. (1925) "The Periphrastic Future with *Shall* and *Will* in Modern English," *PMLA* 40: 963–1024.
―――― (1940) *American English Grammar*. New York: Appleton.
Garside, R. (1996) "The Robust Tagging of Unrestricted Text: the BNC Experience," in Thomas & Short (eds.), 167–80.
Garside, R., G. Leech & A. McEnery (eds.) (1997) *Corpus Annotation: Linguistic Information from Computer Text Corpora*. London: Longman.
Garside, R., G. Leech & G. Sampson (eds.) (1987) *The Computational Analysis of English: A Corpus-Based Approach*. Harlow: Longman.
Gibaldi, Joseph (2003) *MLA Handbook for Writers of Research Papers*. 6th edn. New York: Modern Language Association of America.
Gotti, M. (2003) "*Shall* and *Will* as First Person Future Auxiliaries in a Corpus of Early Modern English Texts," in Granger & Petch-Tyson (eds.), 91–109.
Gotti, M., M. Dossena, R. Dury, R. Facchinetti & M. Lima (2002) *Variation in Central Modals: A Repertoire of Forms and Types of Usage in Middle English and Early Modern English*. Bern: Peter Lang.
Granger, S. (ed.) (1998) *Learner English on Computer*. Harlow: Addison-Wesley Longman.
Granger, S., E. Dagneaux & F. Meunier (2002) *The International Corpus of Learner English. Handbook and CD-ROM*. Louvain-la-Neuve: Presses Universitaires de Louvain.
Granger, S., J. Hung & S. Petch-Tyson (eds.) (2002) *Computer Learner Corpora, Second Language Acquisition and Foreign Language Teaching*. Amsterdam: John Benjamins.
Granger, S. & S. Petch-Tyson (eds.) (2003) *Extending the Scope of Corpus-Based Research: New Applications, New Challenges*. Amsterdam: Rodopi.
Halliday, M.A.K. & R. Hasan (1976) *Cohesion in English*. Harlow: Longman.
―――― (1985) *Language, Context, and Text: Aspects of Language in a Social-Semiotic Perspective*. Oxford: Oxford University Press.
Halliday, M.A.K., W. Teubert, C. Yallop & A. Cermakova (2004) *Lexicology and Corpus Linguistics*. London: Continuum.
Hartmann, R.R.K. (ed.) (1983) *Lexicography: Principles and Practice*. London: Academic Press.
Hausmann, F. J., O. Reichmann, H. E. Wiegand & L. Zgusta (eds.) (1991) *Dictionaries: An International Encyclopedia of Lexicography* 3. Berlin: Walter

de Gruyter.

Herbst, T. (1996) "On the Way to the Perfect Learners' Dictionary: a First Comparison of OALD5, LDOCE3, COBUILD2 and CIDE," in *International Journal of Lexicography* 9, 4: 321–57.

Herriman, J. (2000) "The Functions of Extra-Position in English Texts," *Functions of Language* 7, 2: 203–30.

Hoffmann, S. (2003a) *English Complex Prepositions: Theory and Use. A Corpus-based Study*. Ph.D. Dissertation. University of Zürich.

——— (2003b) "Using the *OED* Quotations Database as a Corpus — A Linguistic Appraisal," *ICAME Journal* 28: 17–30. (http://helmer.hit.uib.no/icame/ij28/)

Hofland, K. & S. Johansson (1982) *Word Frequencies in British and American English*. Bergen: The Norwegian Computing Centre for the Humanities.

Holmes, J. & M. Meyerhoff (eds.) (2003) *The Handbook of Language and Gender*. Oxford: Blackwell.

Hori, M. (1999) "Collocational Patterns of Intensive Adverbs in Dickens: A Tentative Approach," *English Corpus Studies* 6: 51–65.

——— (2002) "Collocational Patterns of *-ly* Manner Adverbs in Dickens," in Saito, Nakamura & Yamazaki (eds.), 149–63.

——— (2004) *Investigating Dickens' Style: A Collocational Analysis*. Houndmills, Hampshire: Palgrave Macmillan.

Hundt, M. (1997) "Has BrE Been Catching Up with AmE Over the Past Thirty Years?" in Ljung (ed.), 135–51.

Hunston, S. (2001) "Colligation, Lexis, Pattern and Text," in Thompson & Scott (eds.), 13–33.

——— (2002) *Corpora in Applied Linguistics*. Cambridge: Cambridge University Press

Hunston, S. & G. Francis (2000) *Pattern Grammar: A Corpus-driven Approach to the Lexical Grammar of English*. Amsterdam: John Benjamins.

Hunston, S. & J. Sinclair (2000) "A Local Grammar of Evaluation," in Hunston & Thompson, 74–101.

Hunston, S. & G. Thompson (eds.) (2000) *Evaluation in Text*. Oxford: Oxford University Press.

Ishikawa, S. (2004) "A Corpus-Based Approach to Basic Colour Terms in the Novels of D. H. Lawrence," in Nakamura, Inoue & Tabata (eds.), 187–212.

Iyeiri, Y. (2002) "Development of *Any* from Middle English to Early Modern English: A Study Using the Helsinki Corpus of English Texts," in Saito, Nakamura & Yamazaki (eds.), 211–23.

——— (2003) "'God Forbid!': A Historical Study of the Verb *forbid* in Different Versions of the English Bible," *Journal of English Linguistics* 31: 149–62.

Jespersen, O. (1909–49) *A Modern English Grammar on Historical Principles*. London: Allen & Unwin.

Johansson, S. (ed.) (1982) *Computer Corpora in English Language Research*.

Bergen: Norwegian Computing Centre for the Humanities.
────── (1991) "Times Change, and So do Corpora," in Aijmer & Altenberg (eds.), 305–14.
────── (1996) "Introducing the Machine-Readable *Oxford English Dictionary*," *Image* 3, 1: 19–38.
Johansson, S. & K. Hofland (1989) *Frequency Analysis of English Vocabulary and Grammar Based on the LOB Corpus*. 2 vols. Oxford: Clarendon Press.
Johansson, S., G. N. Leech & H. Goodluck (1978) *Manual of Information to Accompany The Lancaster-Oslo/Bergen Corpus of British English, for Use with Digital Computers*. Oslo: Department of English, University of Oslo.
Jucker, A. H. (1992) *Social Stylistics: Syntactic Variation in British Newspapers*. Berlin: Mouton de Gruyter.
────── (1994) "New Dimensions in Vocabulary Studies: Review Article of the *Oxford English Dictionary* (2nd edn.) on CD-ROM," *Literary and Linguistic Computing* 9, 2: 149–54.
────── (2000) *History of English and English Historical Linguistics*. Stuttgart: Ernst Klett Verlag.
Kennedy, G. (1998) *An Introduction to Corpus Linguistics*. Harlow: Longman.
Kenny, A. (1982) *The Computation of Style: An Introduction to Statistics for Students of Literature and Humanities*. New York: Pergamon. (吉岡健一訳 (1996)『文章の計量 ── 文学研究のための計量文体学入門』南雲堂)
Kettemann, B., M. König & G. Marko (2003) "The BNC and the OED. Examining the Usefulness of Two Different Types of Data in an Analysis of the Morpheme *eco*," in Granger & Petch-Tyson (eds.), 135–48.
Kruisinga, E. (1925–36) *A Handbook of Present-day English*. Groningen: Noordhoff.
Kučera, H. & W. N. Francis (1967) *Computational Analysis of Present-day American English*. Providence, RI: Brown University Press.
Kytö, M. (1990) "*Shall* or *Will*? Choice of the Variant Form in Early Modern English, British and American," in H. Andersen & K. Koerner (eds.), *Historical Linguistics 1987: Papers from the 8th International Conference on Historical Linguistics*, 275–88. Amsterdam: John Benjamins.
────── (1991, 1993^2, 1996^3) *Manual to the Diachronic Part of the Helsinki Corpus of English Texts*. Helsinki: Department of English, University of Helsinki.
────── (1992) "*Shall* (*Should*) vs. *Will* (*Would*) in Early British and American English: A Variational Study of Change," *NOWELE* 19: 3–73.
Kytö, M. & M. Rissanen (1993) "General Introduction," in Rissanen, Kytö & Palander-Collin (eds.), 1–17.
Kytö, M., M. Rissanen & S. Wright (eds.) (1994) *Corpora across the Centuries: Proceedings of the First International Colloquium on English Diachronic Corpora*. Amsterdam: Rodopi.

Kytö, M., J. Rudanko & E. Smitterberg (2000) "Building a Bridge between the Present and the Past: A Corpus of 19th-Century English," *ICAME Journal* 24: 85–98.

Leech, G. (1991) "The State of the Art in Corpus Linguistics," in Aijmer & Altenberg (eds.), 8–29.

―――― (1992) "Corpora and Theories of Linguistic Performance," in J. Svartvik (ed.), 105–22.

Leech, G. & R. Fallon (1992) "Computer Corpora ― What do they Tell us about Culture?" *ICAME Journal* 16: 29–50.

Leech, G. & R. Garside (1991) "Running a Grammar Factory: The Production of Syntactically Analysed Corpora or 'Treebanks'," in S. Johansson & A. Stenström (eds.) *English Computer Corpora*, 15–32. Berlin: Mouton de Gruyter.

Leech, G., R. Garside & M. Bryant (1994) "The Large-Scale Grammatical Tagging of Text: Experience with the British National Corpus," in N. Oostdijk & P. de Haan (eds.) *Corpus-Based Research into Language*, 47–63. Amsterdam: Rodopi.

Leech, G., T. McEnery & M. Wynne (1997) "Further Levels of Annotation," in Garside, Leech & McEnery (eds.), 85–101.

Leech, G., P. Rayson & A. Wilson (2001) *Word Frequencies in Written and Spoken English based on the British National Corpus*. Harlow: Pearson Education.

Leech, G. & M. H. Short (1981) *Style in Fiction: A Linguistic Introduction to English Fictional Prose*. London: Longman. (筧壽雄監修, 石川慎一郎・瀬良晴子・廣野由美子共訳 (2002)『小説の文体：英米小説への言語学的アプローチ』研究社)

Ljung, M. (ed.) (1997) *Corpus-based Studies in English*. Amsterdam: Rodopi.

Mair, C. (1997) "Parallel Corpora: A Real-Time Approach to the Study of Language Change in Progress," in Ljung (ed.), 195–209.

―――― (2001) "Early or Late Origin for *Begin* + V-*ing*? Using the *OED* on CD-ROM to Settle a Dispute between Visser and Jespersen," *Anglia* 119: 606–10.

Markus, M. (1998) "*A*-adjectives (*asleep* etc.) in Postnominal Position: Etymology as a Cause of Word Order (Corpus-based)," in A. Renouf (ed.) *Explorations in Corpus Linguistics*, 135–46. Amsterdam: Rodopi.

Mason, O. & R. Uzar (2000) "NLP meets TEFL: Tracing the Zero Article," in Lewandowska-Tomaszczyk, B. & J. P. Melia (eds.) (2000) *PALC '99: Practical Applications in Language Corpora*, 105–116. Frankfurt: Peter Lang.

McEnery, T. & A. Wilson (1996, 2001²) *Corpus Linguistics*. Edinburgh: Edinburgh University Press.

McIntosh, A., M. L. Samuels, M. Benskin, M. Laing & K. Williamson (1986) *A Linguistic Atlas of Late Mediaeval English*. Aberdeen: Aberdeen University Press.

Meisel, J. M., H. Clahsen & M. Pienemann (1981) "On Determining Developmental Stages in Natural Second Language Acquisition," *Studies in*

参 考 文 献

Second Language Acquisition 3, 2: 109–35.
Meyer, C. F. (2002) *English Corpus Linguistics: An Introduction*. Cambridge: Cambridge University Press.
Mosteller, F. & R.E.K. Rourke (1973) *Sturdy Statistics: Nonparametrics and Order Statistics*. Reading, MA: Addison-Wesley.
Mugglestone, L. (ed.) (2000) *Lexicography and the OED*. Oxford: Oxford University Press.
Murray, E. (1977) *Caught in the Web of Words*. New Haven: Yale University Press.
Nakamura, J. (1993a) "Quantitative Comparison of Modals in the Brown and the LOB Corpora," *ICAME Journal* 17: 29–48.
──── (1993b) "Statistical Method and Large Corpora: A New Tool for Describing Text Types" in Baker, Francis & Tognini-Bonelli (eds.), 293–312.
──── (1994) "Extended Hayashi's Quantification Method Type III and its Application in Corpus Linguistics," *Journal of Language and Literature, Faculty of Integrated Arts and Sciences, University of Tokushima* 1: 141–92.
──── (1995) "Text Typology and Corpora: A Critical Review of Biber's Methodology," *English Corpus Studies* 2: 75–90.
──── (2002) "A Galaxy of Words: Structures Based upon Distributions of Verbs, Nouns and Adjectives in the LOB Corpus," in Saito, Nakamura & Yamazaki (eds.), 19–42.
Nakamura, J., N. Inoue & T. Tabata (2004) *English Corpora under Japanese Eyes: JAECS Anthology Commemorating its 10th Anniversary*. Amsterdam: Rodopi.
Nakamura, J. & J. M. Sinclair (1995) "The World of Woman in the Bank of English: Internal Criteria for the Classification of Corpora," *Literary and Linguistic Computing* 10: 99–110.
Nattinger, J. & J. DeCarrico (1992) *Lexical Phrase and Language Teaching*. Oxford: Oxford University Press.
Nevalainen, T. & H. Raumolin-Brunberg (1989)"A Corpus of Early Modern Standard English in a Socio-Historical Perspective," *Neuphilologische Mitteilungen* 90: 67–110.
──── (eds.) (1996) *Sociolinguistics and Language History: Studies Based on the Corpus of Early English Correspondence*. Amsterdam: Rodopi.
──── (2003) *Historical Sociolinguistics: Language Change in Tudor and Stuart England*. Harlow: Pearson Education.
Nurmi, A. (1999) *A Social History of Periphrastic DO*. Helsinki: Société Néophilologique.
Oakes, M. P. (1998) *Statistics for Corpus Linguistics*. Edinburgh: Edinburgh University Press.
Oh, S-Y. (2000) "*Actually* and *in fact* in American English," *English Language*

and Linguistics 4, 2: 243–68.
Ohna, T. (1997) "On the Development of Conjunctive Use of *-ly* Adverbs," in Ukaji *et al.* (eds.) *Studies in English Linguistics*, 528–39. Tokyo: Taishukan.
Osselton, N. E. (1983) "On the History of Dictionaries," in Hartmann (ed.), 13–21.
Otsu, N. (2002) "On the Absence of the Conjunction *That* in Late Middle English," in Saito, Nakamura & Yamazaki (eds.), 225–34.
Pallander-Collin, M. (1999) *Grammaticalization and Social Embedding: I THINK and METHINKS in Middle and Early Modern English*. Helsinki: Société Néophilologique.
Pawley, A. & F. H. Syder (1983) "Two Puzzles for Linguistic Theory: Nativelike Selection and Nativelike Fluency," in J. Richards & R. Schmidt (eds.), *Language and Communication*, 191–226. Harlow: Longman.
Phillips, B. S. (1983) "Lexical Diffusion and Function words," *Linguistics* 21: 487–99.
――― (1984) "Word Frequency and the Actuation of Sound Change," *Language* 60: 320–42.
――― (1998) "Word Frequency and Lexical Diffusion in English Stress Shifts," in R. Hogg & L. van Bergen (eds.), *Historical Linguistics 1995*. 2: Germanic Linguistics, 223–32. Amsterdam: Benjamins.
Poos, D. & R. Simpson (2002) "Cross-disciplinary Comparisons of Hedging: Some Findings from the Michigan Corpus of Academic Spoken English," in Reppen, Fitzmaurice & Biber (eds.), 3–23.
Poutsma, H. (1904–26) *A Grammar of Late Modern English*. Groningen: Noordhoff.
Pravec, N. A. (2002) "Survey of Learner Corpora," *ICAME Journal* 26: 81–114.
Quirk, R., S. Greenbaum, G. Leech & J. Svartvik (1972) *A Grammar of Contemporary English*. London: Longman.
――― (1985) *A Comprehensive Grammar of the English Language*. London: Longman.
R Development Core Team, The (2004) *R: A Language Environment for Statistical Computing, Reference Index*. Version 2.0.0 (2004/10/04). (http://cran.r-project.org/)
Renouf, A. (1987) "Corpus Development," in Sinclair (ed.), 1–40.
Reppen, R., S. M. Fitzmaurice & D. Biber (2002) *Using Corpora to Explore Linguistic Variation*. Amsterdam: John Benjamins.
Rissanen, M. (2000a) "The World of English Historical Corpora: From Cædmon to the Computer Age," *Journal of English Linguistics* 28, 1: 7–20.
――― (2000b) "Standardisation and the Language of Early Statutes," in L. Wright (ed.), *The Development of Standard English 1300–1800: Theories, Descriptions, Conflicts,* 117–30. Cambridge: Cambridge University Press.

Rissanen, M., M. Kytö & K. Heikkonen (eds.) (1997a) *English in Transition: Corpus-based Studies in Linguistic Variation and Genre Styles*. Berlin: Mouton de Gruyter.

—— (1997b) *Grammaticalization at Work: Studies of Long-term Developments in English*. Berlin: Mouton de Gruyter.

Rissanen, M., M. Kytö & M. Palander-Collin (eds.) (1993) *Early English in the Computer Age: Explorations through the Helsinki Corpus*. Berlin: Mouton de Gruyter.

Saito, T., J. Nakamura & S. Yamazaki (eds.) (2002) *English Corpus Linguistics in Japan*. Amsterdam: Rodopi.

Sampson, G. & D. McCarthy (2004) *Corpus Linguistics: Readings in a Widening Discipline*. London: Continuum.

Semino, E. & M. Short (2004) *Corpus Stylistics: Speech, Writing and Thought Presentation in a Corpus of English Writing*. London: Routledge.

Semino, E., M. Short & J. Culpeper (1997) "Using a Corpus to Test a Model of Speech and Thought Presentation," *Poetics* 25: 17–43.

Shäfer, J. (1980) *Documentation in the O. E. D.: Shakespeare and Nashe as Test Cases*. Oxford: Clarendon Press.

—— (1989) *Early Modern English Lexicography*. II. *Additions and Corrections to the OED*. Oxford: Clarendon Press.

Short, M., E. Semino & J. Culpeper (1996) "Using a Corpus for Stylistic Research: Speech and Thought Presentation," in Thomas & Short (eds.), 110–31.

Sinclair, J. (ed.) (1987) *Looking Up: An Account of the Cobuild Project in Lexical Computing and the Development of the Collins Cobuild English Language Dictionary*. London: Collins ELT.

—— (1991) *Corpus, Concordance, Collocation*. Oxford: Oxford University Press.

—— (2001) "Review of *The Longman Grammar of Spoken and Written English*," *International Journal of Corpus Linguistics* 6, 2: 339–59.

—— (ed.) (2003) *Collins COBUILD Advanced Learner's English Dictionary*. 4th edn. Glasgow: HarperCollins.

Sørensen, K. (1985) *Charles Dickens: Linguistic Innovator*. Oakville, CT: David Brown.

Sperberg-McQueen, M. & L. Burnard (eds.) (1994) *Guidelines for Electronic Text Encoding and Interchange*. Chicago: University of Chicago.

Stevens, V. (1991) "Classroom Concordancing: Vocabulary Materials Derived from Relevant, Authentic Text," *English for Specific Purposes* 10, 1: 35–47.

Stubbs, M. (2001) *Words and Phrases*. Oxford: Blackwell.

Summers, D. (1996) "Computer Lexicography: the Importance of Representativeness in Relation to Frequency," in Thomas & Short (eds.), 260–66.

Svartvik, J. (ed.) (1992) *Directions in Corpus Linguistics: Proceedings of Nobel*

Symposium 82, Stockholm, 4–8 August 1991. Berlin: Mouton de Gruyter.

Tabata, T. (1995) "Narrative Styles and the Frequencies of Very Common Words: A Corpus-Based Approach to Dickens's First Person and the Third Person Narratives," *English Corpus Studies* 2: 91–109.

―――― (2004) "Differentiation of Idiolects in Fictional Discourse: A Stylo-Statistical Approach to Dickens's Artistry," in R. Hiltunen & S. Watanabe (eds.), *Approaches to Style and Discourse in English*, 79–106. Osaka: Osaka University Press.

Takami, S. (2004) "A Corpus-Driven Identification of Distinctive Words: 'Tabloid Adjectives' and 'Broadsheet Adjectives' in the Bank of English," in Nakamura, Inoue & Tabata (eds.), 115–35.

Tao, H. (2003) "A Usage-Based Approach to Argument Structure," *International Journal of Corpus Linguistics* 8, 1: 75–95.

Taylor, D. (1993) *Hardy's Literary Language and Victorian Philology*. Oxford: Clarendon Press.

Thomas, J. & M. Short (eds.) (1996) *Using Corpora for Language Research: Studies in Honour of Geoffrey Leech*. London: Longman.

Thompson, S. A. & P. J. Hopper (2001) "Transitivity, Clause Structures and Argument Structure: Evidence from Conversation," in Bybee & Hopper (eds.), 27–60.

Thompson, G. & S. Hunston (2000) *Evaluation in Text*. Oxford: Oxford University Press.

Thompson, G & M. Scott (eds.) (2001) *Patterns of Text: in Honour of Michael Hoey*. Amsterdam: John Benjamins.

Tognini-Bonelli, E. (2001) *Corpus Linguistics at Work*. Amsterdam: John Benjamins.

Tono, Y. (2000) "A Computer Learner Corpus-based Analysis of the Acquisition Order of the English Grammatical Morphemes," in L. Burnard & T. McEnery (eds.) (2000), *Rethinking Language Pedagogy from a Corpus Perspective*, 123–32. Frankfurt am Main: Peter Lang.

―――― (ed.) (2004) *Handbook of International Symposium on Learner Corpora in Asia.* Conference Proceedings. 13–14, March, 2004. Showa Women's University.

Tribble, C. & G. Jones (1997) *Concordances in the Classroom*. Houston, TX: Athelstan.

Tsukamoto, S. (2002) "Syntactic Annotation and Text Classification: A Study Using the Penn-Helsinki Parsed Corpus of Middle English," in Saito, Nakamura & Yamazaki (eds.), 249–71.

University of Chicago Press Staff (2003) *The Chicago Manual of Style*. 15th edn. Chicago: University of Chicago Press.

Van Valin, R. D. (ed.) (1993) *Advances in Role and Reference Grammar*. Amsterdam: John Benjamins.

Van Valin R. D. & D. P. Wilkins (1993) "Predicting Syntactic Structure Representation: *Remember* in English and its Equivalence in Mparntwe Arrernte," in Van Valin (ed.), 499–534.
Watanabe, H. (2002) "Problems with the Electronic *OED2* as a Database of Linguistic Terms," in Saito, Nakamura & Yamazaki (eds.), 273–87.
West, M. (1953) *A General Service List of English Words: With Semantic Frequencies and a Supplementary Word-List for the Writing of Popular Science and Technology.* London: Longman.
Wichmann, A., S. Fligelstone, T. McEnery & G. Knowles (eds.) (1997) *Teaching and Language Corpora.* London: Longman.
Willinsky, J. (1994) *Empire of Words: The Reign of the OED.* Princeton, NJ: Princeton University Press.
Winchester, S. (1998) *The Professor and the Madman: A Tale of Murder, Insanity, and the Making of the Oxford English Dictionary.* New York: HarperCollins. (also published (1998) *The Surgeon of Crowthorne.* London: Viking.)
────── (2003) *The Meaning of Everything: The Story of the Oxford English Dictionary.* Oxford: Oxford University Press.
Woods, A., P. Fletcher & A. Hughes (1986) *Statistics in Language Studies.* Cambridge: Cambridge University Press.
Yaguchi, M., Y. Iyeiri & H. Okabe (2002) "Do Men Talk More than Women in Academic Situations?: An Analysis of the Corpus of Spoken Professional American-English," *The Setsudai Review of Humanities and Social Science* 10: 95–108.
────── (2004) "Style and Gender Differences in Formal Contexts: An Analysis of *Sort of* and *Kind of* Appearing in the Corpus of Spoken Professional American-English," *English Corpus Studies* 11: 63–79.
Zernik, U. (ed.) (1991) *Lexical Acquisition: Using On-line Resources to Build a Lexicon.* Englewood Cliff, NJ: Lawrence Erlbaum.
Zöfgen, E. (1991) "Bilingual Learner's Dictionaries," in Hausmann *et al.* (eds.), 2888–2903.
赤野一郎・吉村由佳・藤本和子（1991）「Corpus linguistics の現在の動向と問題点 (1)—コーパスとその構築」*Studies in English Linguistics & Literature*（京都外国語大学英米語学研究会）7: 1–45.
安藤　進（2003）『翻訳に役立つ Google 活用テクニック』丸善.
新井洋一（1995）「*OED* 第 2 版 CD-ROM 版の言語コーパス的利用の諸問題」『英語英米文学』（中央大学英米文学会）35: 317–38.
────（1996）「近代英語における『従事』の意味を表す構造文の諸相」『英語コーパス研究』3: 1–26.
────（2003）「CD-ROM 版と Online 版 *OED* 用例の活用と課題」『英語青年』149, 1: 6–9.
朝野熙彦（2000）『入門　多変量解析の実際』第 2 版. 講談社.

参考文献

Brown, V. & C. Nandor（(株)コスモプラネット訳）(1998)『Mac Perl 入門』アスキー出版局.
深谷輝彦 (2001)「構文理論とコーパス」『英語青年』147, 9: 20–22, 25.
——— (2004)「英語学におけるコーパスの役割」『英語青年』149: 11, 6–8.
深沢千裕 (1999)『すぐわかる Perl』技術評論社.
福田陸太郎(監修)・東京成徳英語研究会(編) (2004)『OED の日本語 378』論創社.
古瀬幸広・広瀬克哉 (1996)『インターネットが変える世界』岩波書店.
早瀬尚子 (2002)『英語構文のカテゴリー形成』勁草書房.
保坂道雄 (1996)「英語史研究における Helsinki Corpus の役割―古英語の "DO" をめぐって―」『英語コーパス研究』3: 27–44.
細江逸記 (1932)『動詞時制の研究』泰文堂.
家入葉子 (2002)「Prohibit に関わる構文の歴史的変遷について」『英語史研究会会報』8: 1–4.
——— (2004)「英語史研究とコーパス」『英語青年』149, 11: 663–65.
井上永幸 (1994)「Cobuild Corpus: The Bank of English とは何か」『英語教育と英語研究』(島根大学教育学部英語科教育研究室) 11: 31–51.
——— (2001)「コーパスに基づく英語シノニム研究―happen と take place の場合」『英語語法文法研究』8: 37–53.
井村 誠 (2001)「洋画セリフコーパスの作成と口語英語研究」『英語コーパス研究』8: 77–89.
和泉絵美・内元清貴・井佐原均(編) (2004)『日本人 1200 人の英語スピーキングコーパス』アルク.
苅部恒徳・笹川壽昭・小山良一・田中芳晴 (2002)『欽定英訳聖書初版　マタイ福音書』研究社.
木村まきみ (1996)「OED の中の日本語からの借用語の特徴」『英語コーパス研究』3: 105–18.
——— (2003)「既存語と借用語の使い分け―magnate と tycoon の場合―」『英語コーパス研究』10: 25–40.
三島俊司 (1998)『CGI のための実践入門 Perl』技術評論社.
永嶋大典 (1974)『英米の辞書』研究社.
中沢 港 (2003)『R による統計解析の基礎』ピアソン・エデュケーション.
西村秀夫 (1994)「Helsinki Corpus に見る強意副詞」『英語コーパス研究』1: 7–18.
——— (2001)「通時的英語コーパスの最近の動向」『言語』30, 2: 86–91.
——— (2003)「コーパスと英語史」『英語コーパス研究』10: 205–21.
西納春雄 (2004a)「コーパスとコンコーダンスの利用」，北尾・西納・山本・永野(編)『インターネットとパソコンを利用した英語教育』(同志社大学情報に関する共同研究報告書) 23–32.
——— (2004b)「英語学習のためのツール(その 1)：ソフトウェア，ハードウェア」，北尾・西納・山本・永野(編)『インターネットとパソコンを利用した英語教育』(同志社大学情報に関する共同研究報告書) 41–56.
——— (2004c)「英語学習のためのツール(その 2)：インターネットリソース」，北尾・西納・山本・永野(編)『インターネットとパソコンを利用した英語教育』(同志

参考文献

社大学情報に関する共同研究報告書) 57–71.
西山　保 (2004)『*OED3* の栄光と影』英宝社.
大津由紀雄・池内正幸・今西典子・水光雅則(編) (2002)『言語研究入門―生成文法を学ぶ人のために』研究社.
岡田昌史(編) (2004)『The R Book―データ解析環境 R の活用事例集―』九天社.
齊藤俊雄 (1993)「初期近代英語における動名詞の発達―The Helsinki Corpus of English Texts を検索して」『近代英語の諸相』353–75. 英潮社.
――― (2003)「初期近代英語における関係詞 The Which の衰退について」『大東文化大学外国語学研究』4: 104–15.
Schwartz, R. L. (近藤嘉雪訳) (1995)『初めての Perl』ソフトバンク.
杉田米行(編) (2004)『インターネットの効率的学術利用：情報収集・整理・活用』成文社.
田畑智司 (1998)「コーパスに基づく文体論研究」齊藤俊雄・中村純作・赤野一郎(編)『英語コーパス言語学―基礎と実践』167–87. 研究社出版.
鷹家秀史・須賀廣 (1988)『実践コーパス言語学―英語教師のインターネット活用』桐原ユニ.
高見敏子 (2003)「『高級紙語』と『大衆紙語』の corpus-driven な特定法」『北海道大学大学院国際広報メディア研究科・言語文化部紀要』44: 73–105.
滝沢直宏 (2001)「コーパスを使った英語学習」名古屋大学言語文化部・国際言語文化研究科公開講座委員会(編)『インターネットと英語学習』161–91. 開文社.
――― (2004)「コーパス概論」名古屋大学国際開発研究科(編)『大規模コーパスと英語研究―事実から理論へ，理論から事実へ―』(平成 16 年度名古屋大学・大学院国際研究開発研究科・公開講座テキスト) 1–20.
投野由紀夫 (2003)「コーパスを英語教育に生かす」『英語コーパス研究』10: 249–64.
渡辺秀樹 (1995a)「*OED* 第 2 版に見られる英語学者・言語学者からの引用例」『英語コーパス研究』2: 111–26.
――― (1995b)「*OED* 第 2 版．CD-ROM．引用文」『英語青年』95, 6: 142.
――― (2004)「人名のメタファー研究序説―シェイクスピア劇の登場人物名の比喩用法について」渡辺秀樹(編)『メタファー研究の方法と射程』(大阪大学言語文化共同プロジェクト 2003) 27–37.
吉村由佳 (2004)「学習英和辞典における *-ly* 副詞の記述についての考察」『英語コーパス研究』11: 49–62.

索　引

本書で扱われたコーパス言語学関連の重要事項を，日本語見出し，英語見出し，コーパス名の順に掲載．ただし，複合語の中には最も重要と思われる語句の項で扱ったものもある．たとえば「品詞タグ付けプログラム」は「タグ」の項を参照．

ア　行

意識化　254–255
一括検索　82
異綴り　125, 126
イディオム　127
意味的プロソディ　154–155
イメージスキャナー　55
因子分析　108, 114, 117
インターネット　80, 266
インデックス　73, 74
引用例　222, 226
『ウィズダム(英和辞典)』　224, 226
英語教育　250
英語辞書の欠陥　233
英語の変種　11
エスケープ　87
エディタ　56, 58–60, 68, 82–83
大文字と小文字　125
オンライン検索　80
オンライン辞書　277

カ　行

改行コード　69
解像度　55
外置構文　148
カイ2乗検定　94–106, 109, 114
カイ2乗値　95–96, 101, 102, 106–107, 115
書き言葉　144–147
垣根表現　190
学習用語彙表　121
カテゴリー　208–209
簡略解析　42
緩和表現　190
キーワード　210
基準値　133
期待値　95, 97, 101–106, 116
気づき　254–255
基底形　125
　〜化　128
機能語　136
帰無仮説　95–96, 104
共起
　〜関係　130, 132
　〜語　131
　　〜語の頻度表　134–137
　〜度数　132, 133, 140
　〜頻度　213, 215, 227
近接検索　240
屈折形　125, 126
句表現　224
経験主義　4
計量的指標　134
結合度　214–216, 227
言語使用域　145, 162
　〜情報　235
言語情報　34, 36, 38
　〜(の)付与　38, 49, 54
言語変異　168, 178
検索
　〜距離　240

索 引 315

～結果の表示数 238
～結果の保存 239
～対象範囲 239
～プログラム 18
一括～ 82
文献目録～ 273
見出し語～ 237
語彙選択 227
語彙統計論 121
高級紙語 189
項構造 149
合成語 127
構造言語学 5
『講談社英和中辞典』 226
高頻度語 137, 195
構文解析 41, 168
　　～プログラム 10, 40
合理主義 4
コード化 34
コーパス
　　～基盤的 19
　　～駆動的 19, 226
　　～言語学 3, 5
　　　　～言語学の誕生 6
　　　　～言語学の発展・成熟 7
　　～検索サービス 277
　　～構築 49, 209
　　～情報付与 9
　　～デザイン 6, 25–26, 29
　　～に縛られる 226
　　～に基づく 226
　　～の規模 208
　　～の構成 208
　　～のサイズ 50
　　～の領域 49–50
　　～編纂の手順 49
　　1 変種～ 11
　　英語～学会 9, 266
　　『英語～研究』 9
　　英語～言語学 3
　　英語史～ 13–14
　　英語変種～ 11

音声言語～ 24
オンライン～ 25
書き言葉～ 24
学習者～ 12, 24, 223, 255
共時～ 24
近代英語～ 15
　　初期近代英語～ 15
　　後期近代英語～ 15
言語獲得・言語発達研究用～ 12, 23–24
言語情報付き～ 25, 38
口語～ 24
構文解析～ 16, 168–169
古英語・中英語～ 14
コンピュータ～ 3, 207
サンプル～ 23
小学館～ネットワーク 263
大規模～ 10
タグ付き～ 9, 38
多変種～ 11
通史～ 163
通時(的)～ 13, 24, 162, 167, 178, 179, 244
　　地域変種の通時～ 16
　　通時～言語学 13
　　通時的英語～言語学 162
電子～ 3, 6
特殊目的～ 12, 23, 24
パーソナル～ 49, 50
話し言葉(の)～ 12, 24–25, 81–82, 151–153
パラレル～ 13, 24, 225
汎用～ 23
平テキスト～ 38
文語～ 24
文字言語～ 24
モニター～ 23, 31
レファレンス～ 23
語義
　　～記述 214
　　～区分 207
　　～順 228

～説明　224
　　～の精密化　218
　　～分析　221
国立情報学研究所（NII）　274
個人語　194, 200
個人利用契約　249
固定長形式　35
誤答分析　223
個別的エラー　258
語法注記　223
固有名詞　127
語連結　130
コロケーション　76, 130, 131, 191, 210, 218, 220, 221, 223, 227
コンコーダンサー　74–81, 90
コンコーダンス　74–78, 79, 130, 134–135, 171, 250–253
　　～プログラム　210
　　～ライン　75–76, 78–80, 210–211
コンマ区切り　79

サ　行

サーチエンジン　271–272
差異係数　94, 97, 99
サクラエディタ　56, 59, 82–83, 90
残差　103–105
　　～分析　103, 105, 109
参照部　35–38, 53, 73, 79, 80
色彩語　188
辞書編集　207–211, 217
実測値　95, 97–99, 101–105, 107
史的語用論　168
史的社会言語学　13, 15, 169
シナリオ　68, 69
ジャンル　50, 166, 178
自由度　96, 101, 106, 115
主成分
　　～得点　198
　　～負荷量　198
　　～分析　195–199
出典情報　235
詳細解析　42

情報付与　34, 53, 183
新聞英語　51
『新編英和活用大辞典』　231, 235
スキャナー　55
スクリプト　60, 63, 69
　　～の解説　64
　　～の作成　64
正規表現　56, 57, 82–89
性差　190, 202
セクシズム　223
接頭辞　249
接尾辞　249
選択制限　214
専門書誌データベース　275
相関係数　107, 117
相互情報量（スコア）　132, 189
創作用例　222

タ　行

大衆紙語　189
対数尤度　189
　　～統計量　189
第二言語習得　259
代表性　22, 209
タイプ　72, 123
対立仮説　95, 104
タガー　38–40
タグ（標識）　34, 36, 38, 39, 43, 77
　　～セット　38
　　～付けプログラム　10
　　意味～付け　10
　　韻律～付け　10
　　エラー～付与　257
　　言語的～付け　9
　　構文解析～　40
　　自動品詞～付けプログラム　9, 38
　　前方照応～付け　10
　　談話情報～　185
　　談話分析～付け　10
　　品詞～　38, 168
　　　品詞～付け［付与］　9, 128
　　　品詞～付けプログラム　38, 54

索　引

品詞〜連鎖　260
文法〜　38
タグジャンプ　83, 84, 87
多項目・多次元法　186, 191–192
タブ　58, 59
　〜区切り　79
多変量解析　107–108, 113, 114
　〜法　195
単語と品詞との共起パターン　259
単語の共起パターン　259
単語リスト　70–73, 90
単純検索　238
談話辞　224
談話情報の付与　184
地域変異　170
置換　58–60
通時言語学　13
通時的な言語変化　244
低頻度語　132, 137
ディレクトリサービス　270
データ駆動型学習　254
データベースへのインポート　172
テキスト
　〜エディタ　82
　〜カテゴリー　25, 50, 208–209
　〜形式　82
　〜情報　34, 35
　　〜情報の付与　49, 53
　〜整形　58–60, 61
　〜タイプ　162, 165–167, 176, 181
　〜の選定　51
　〜ファイル　34
　　〜ファイル化　180
電子
　〜会議室　280–281
　〜辞書　231–237
　〜テキスト　272
　〜メール　280
統計解析言語(環境) R　197
同綴り異義語　126
トークン　72, 122
特殊文字　68

ナ　行

内包的意味　214
内容語　136–137
並べ替え　75–76
　年代順に〜　238
年代別分布　237

ハ　行

配列変数　64, 65
派生語　221
パターン　155–156
　〜文法　155
発展検索　241–242
発話・思考の表出　193
発話・書記・思考の表出　187
話し言葉　144–148
パラメータ　164, 167, 171, 173–174, 177
否定極性表現　243
非文情報　220, 223
評価　154–156
表記語　124
　〜と基底形の対応表　129
標準英語　165
標準化　168
標本　94
平テキスト　9
頻度　211, 227
　〜順　70–71, 217
　〜情報　217, 228
　意味別語彙〜表　128
　基底形の〜表　127, 128
　共起語の〜表　134–137
　語彙項目の〜表　128
　語彙〜表　121–129, 130
　表記語の〜表　127, 128
　レンマの〜表　126, 128
　局所〜　134, 136, 137, 214, 227
普遍的エラー　258
プロトタイプ　166, 176, 180, 181
　〜別　176

318　　　　　　　　　索　引

分割表の数量化　108–110, 112–114
文献目録　273
文体　70–73, 183
文法化　168
文法構文解析　10
ヘッジ　190
変異　162
編集記号の表示　62, 69
変数　64, 195
方言　165
母集団　94

マ　行

見出し語　40, 125, 207
　〜化　40, 72, 126
　〜検索　237
メタキャラクタ　56–57, 87

ヤ　行

有意水準　94, 96, 143
優先項構造仮説　152–153
用法基盤モデル　149
用法ラベル　233
用例　207, 214, 218–219, 221–223, 226, 228
　〜採取　207
　〜収集協力者　234
　初出年訂正〜　247
　創作〜　222
　追加年補充〜　247
　年代間補充〜　247
読み取りモード　55

ラ　行

類義語　130, 223
歴史的原理　234
連鎖　259
連想関係　213, 215
レ(ン)マ　125, 227
『ロイヤル英和辞典』　226
ロジスティック曲線　245

ワ　行

ワイルドカード　77, 83, 233, 240

A

Active language　236
ActivePerl　60
Advanced Search　237, 238, 241
Amazon.com　276
American Association of Applied Corpus Linguistics (AAACL)　263
annotation　34, 183
antedating　247
Appeals list　247
argument structure　149
Association for Computational Linguistics (ACL)　17
Association for Computers and the Humanities (ACH)　8, 17
Association for Literary and Linguistic Computing (ALLC)　8, 17

B

base form　125
bigram　261

C

Cambridge Advanced Learner's Dictionary (*CALD*)　208, 228, 263
Cambridge Advanced Learner's Dictionary with CD-ROM　236
Cambridge International Dictionary of English (*CIDE*)　226
Cambridge Learner's Dictionary　263
CDIF (Corpus Document Interchange Format) 方式　37
Center for Electronic Texts in the Humanities (CETH)　8
CES　38
chi-square test　94
CLAWS　9, 10, 39–40, 47, 269

COBUILD 11, 211, 222, 227–228
  COBUILD1 217, 221, 222, 224–226, 228
  COBUILD2 222, 223, 228
  COBUILD3 222, 228
  COBUILD4 158, 208, 222, 228, 235
  Collins COBUILD Advanced Learner's English Dictionary 208
  Collins COBUILD Advanced Learner's English Dictionary with CD-ROM 235
  Collins COBUILD English Language Dictionary 11, 207
COCOA 形式 35, 73, 79, 164
colligation 259
collocate 131
collocation 130, 227, 228, 259
Computers and the Humanities 8
Conc 18
concordance line 210
concordancer 74
consciousness raising 254
CORPORA (List) 8, 281
corpus
  corpus annotation 9
  corpus-based 19, 226
  corpus-bound 226
  corpus-driven 19, 226
  corpus linguistics 3
  diachronic/historical corpus 13, 24
  general-purpose/general corpus 23
  learner [learner's/lerners'] corpus 24, 255
  linguistically annotated corpus 25, 38
  monitor corpus 11, 23
  parallel corpus 13, 24
  plain text corpus 38
  reference corpus 23
  sample corpus 23
  special-purpose/special corpus 23
  spoken corpus 24
  synchronic corpus 24
  tagged corpus 9, 38
  unannotated corpus 38
  written corpus 24
Corpus Presenter 16, 18
Corpus Wizard 18
CorpusSearch 17, 18
counter-hypothesis 95

D

Data-driven Learning (DDL) 254
Date Chart 237
DDwin 248
degrees of freedom 96
Dictionary of the English Language (Johnson) 207, 232
Dictionary of the English Language on CD-ROM 232
difference coefficient 94

E

EAGLES (Expert Advisory Group on Language Engineering Standards) 37, 46
Electronic Text Center (at the University of Virginia Library) (ETC) 8, 269, 272
EPHEM 51
EPWING 化 248
ESL/EFL 用英英辞典の電子辞書 235
evaluation 154
Example bank 236
expected frequency 95

F

factor analysis 108, 195
Find Word 237
full parsing 42

G

General Service List 142
grammatical collocation 227

grammatical/syntactic parsing 10
graphic word 124
grep 82, 83, 122

H
hedge 190
historical sociolinguistics 13, 169
homonym 126
Humanist (List) 8
Humanities Text Initiative (HTI) 8, 269

I
ICAME (International Computer Archive of Modern and Medieval English) 8, 20, 267, 269–270, 272–273
ICAME Corpus Collection on CD-ROM 8, 45, 48, 180
ICAME Journal 8
ICECUP 10, 18, 41
idiom 228
inflected variant 125
interdating 247
International Journal of Corpus Linguistics 19

J
Johnson's Dictionary Project 232

K
KWIC 134, 209, 251–255, 265
　〜コンコーダンサー 81
　〜コンコーダンス 32, 74, 75, 77, 81, 121, 122, 135–136, 142, 200
　〜形式 80, 87, 134, 164, 238, 252, 269
　〜表示 81, 209–211, 220–221, 227, 236, 252, 265, 278
KWIC Concordance for Windows 18, 73, 74, 79, 90, 171, 174, 180

L
Labyrinth Library: Middle English Bookcase 14
lemma 72, 90, 125, 227
lemmatization 40, 72, 126
Leverhulme Corpus Project 16
Lexa 18, 180
lexical collocation 227
lexical phrase 228
lexical statistics 121
LEXIS-NEXIS 273, 282
LILAC 184–186
LINGUIST (List) 281
linguistic annotation 38, 259
Linguistic Data Consortium (LDC) 8
linguistic tag 38
linguistic tagging 9, 38
Literary and Linguistic Computing 8
local error 258
local frequency 214
Log-likelihood 189
Longman Advanced American Dictionary (*LAAD*) 208
Longman Dictionary of Contemporary English (*LDOCE*) 11, 208, 226, 263
LDOCE1 218, 219, 220
LDOCE3 217, 218, 226
LDOCE4 158, 208, 217–219, 228
Longman Dictionary of Contemporary English with CD-ROM 236

M
Macmillan English Dictionary (*MED*) 208, 221–222, 224
Macmillan English Dictionary with CD-ROM 236
MI-score 132, 133, 137–142, 211, 213, 216, 218, 227
Micro-OCP 8, 18

索　引　321

Middle English Collection　14
Middle English Compendium（MEC）
　14
Middle English Dictionary（*MED*）
　269, 278
MLA International Bibliography　276
Modern English Collection　16
MonoConc　18, 264
monogram　260
Multimedia search　236
multivariate analysis　108
mutual information score　132

N

n-gram　259
noticing　254
null hypothesis　95

O

observed frequency　95
OCLC（Online Computer Library Center）　275
OCR　52–53, 55, 210
OPAC　273
Oxford Advanced Learner's Dictionary of Current English（*OALD*）　208, 221
　OALD3　224
　OALD4　223
　OALD6　208, 224, 225, 228
Oxford Advanced Learner's Dictionary with CD-ROM　237
Oxford Concordance Program（OCP）
　8, 35, 180
Oxford English Dictionary（*OED*）　3, 6, 21, 207, 234, 244–249
　〜の総用例数　245
　〜の問題点　247
　〜第 2 版（*OED2*）　14, 233–234
　　OED2 CD$_1$　234, 237, 244–245
　　OED2 CD$_3$　234, 237, 245, 247–249

　〜第 3 版（*OED3*）　235, 247, 248
　〜計画　247
　OED News　247
　OED Online　235, 247
Oxford Text Archive（OTA）　8, 16, 90, 269, 272
Oxford University Computing Services（OUCS）　8

P

ParaConc　18
parsing　41
part-of-speech（POS）tag　38
　part-of-speech（POS）tagger　54
　part-of-speech（POS）tagging　9
Perl　56–58, 60, 64, 66, 69, 82, 87, 185
Phrase bank　236
phraseology　224
picture 画面　211–215, 218, 220
population　94
postdating　247
Principal Component Analysis（PCA）
　195, 197–198, 202, 206
Proximity Search　240

Q

quantification of contingency table
　108

R

real English　222, 228
representative(ness)　22, 209

S

S 字曲線　246, 249
S-Shaped Curve　249
sample　94
SARA　18, 78
semantic prosody　154
SGML（Standard Generalized Markup Language）　17, 36–38, 53, 73,

79
significance level 96
Simple Search 237-238
skeleton parsing 42
softener 190
Speech, writing & thought presentation 187
spelling variant 125
SPSS (Statistical Package for Social Science) 114
stylistic annotation 187
Subject search 236
Survey of English Usage (SEU) 5, 257

T

t-score 132, 133, 137-143, 211, 213, 215, 216, 218, 227
tagger 10
   automatic tagger 38
   Brill's Tagger 10, 40, 47
   part-of-speech (POS) tagger 54
   probabilistic tagger 38
   rule-based tagger 38
   TOSCA/LOB Tagger 10, 40
TAGGIT 9, 39
tagset 38
TALC (Teaching and Language Corpora) 260, 263
TEI (Text Encoding Initiative) 17, 36-38, 185, 186
   TEI P4 17
   〜ヘッダー 184
token 72, 245
TOSCA parser 10, 40
TXTANA 18
type 72
type/token ratio (TTR) 191

U

UCREL (University Centre for Computer Corpus Research on Language) 269
universal error 258
URL 267, 270-271, 279
usage-based model 149

V

volunteer reader 234

W

Web Concordancer 81, 278
Webster's Third New International Dictionary of the English Language 226
Webster's Third New International Dictionary, Unabridged on CD-ROM 233
Word origin search 236
word-class tag 38
WordCruncher 18, 180
WordList 70, 138
WordSmith 18, 70, 74-78, 90
   WordSmith3 90
   WordSmith4 70, 134

X

XCES (Corpus Encoding Standard for XML) 37, 46
XML (eXtensible Markup Language) 18, 36-37, 53

Y

Yate's Correction 106

Corpora

A

American National Corpus (ANC) 11, 31, 37, 38, 40
ARCHER (A Representative Corpus of Historical English Registers) 14, 24, 170
ARCHER-2 20

索　引

Australian Corpus of English (ACE) 11, 26

B

Bank of English (BoE) 10, 23, 31, 51, 155, 208, 209, 227, 235
Bergen Corpus of London Teenage Language (COLT) 12, 31
BNC World Edition 10, 130
British National Corpus (BNC) 9, 10, 23, 24, 29, 36–38, 51, 71, 73, 75, 78, 80, 90, 208, 209, 226, 268
Brooklyn-Geneva-Amsterdam-Helsinki Parsed Corpus of Old English 169
Brown Corpus (Standard Corpus of Present-Day Edited American English) 6, 9, 23–26, 31, 35, 39, 50, 51, 75, 81, 93, 94, 97, 99–101, 103, 105, 108–113, 115, 116, 127, 128, 164, 170, 179
Business Letter Corpus (BLC) 24, 25

C

Cambridge International Corpus 208
Cambridge Language Survey Corpus 226
Cambridge Learner Corpus (CLC) 208, 256
Century of Prose Corpus (COPC) 13, 15
CHILDES (Child Language Data Exchange System) 12, 260
COBUILD Corpus 209
Corpus of Early American English 16
Corpus of Early English Correspondence (CEEC) 15, 169, 179
Corpus of English Dialogues 15
Corpus of Irish English 16
Corpus of Late Eighteenth-Century Prose 15, 170
Corpus of Late Modern English Prose 15, 170
Corpus of Nineteenth-Century English (CONCE) 15, 170
Corpus of Spoken Professional American-English (CSPAE) 12, 190
CRATER Corpus 24, 40

D

Diachronic Corpus of Present-day Spoken English (DCPSE) 16
Dictionary of Old English Corpus (DOE Corpus/Toronto Corpus) 13, 179
Dictionary of Old English Corpus in Electronic Form (DOE) 13, 14

E

European Parliament Proceedings Parallel Corpus 1996–2003 (Europarl) 13

F

FLOB Corpus (Freiburg-LOB Corpus of British English) 11, 26, 35, 99, 105, 106, 170, 179
Frown Corpus (Freiburg-Brown Corpus of American English) 11, 24, 26, 35, 99, 105, 106, 170, 179

H

Helsinki Corpus of English Texts 13, 14, 24, 34, 35, 73, 79, 162–171, 173, 178, 179, 244
Helsinki Corpus of Older Scots 16
HKUST Learner Corpus 256

I

ICE East Africa (ICE-EA) 38
ICE-GB 10–12, 42
Innsbruck Computer Archive of Machine-Readable English Texts (ICAMET) 14
International Corpus of English (ICE)

11, 23, 32, 37, 51, 73
International Corpus of Learner English (ICLE) 12, 24, 256

J
JEFLL (Japanese EFL Learner) Corpus 256

K
関西外大コーパス B ― 日英パラレルコーパス 13
Kolhapur Corpus of Indian English 26, 35

L
Lampeter Corpus of Early Modern English Tracts 15
Lancaster/IBM Spoken English Corpus 25, 43
Lancaster Parsed Corpus 10
LOB Corpus (Lancaster-Oslo/Bergen Corpus of British English) 7, 9, 25, 26, 35, 38, 39, 77, 81, 93, 94, 97, 99–101, 103, 105, 115–117, 128, 170
London-Lund Corpus of Spoken English (LLC) 6, 10, 12, 23, 25, 26, 28, 35, 43
Longman Corpus Network 208, 228
Longman Lancaster (English Language) Corpus 209, 226
Longman Learners' Corpus (LLC) 12, 226, 256
Longman Spoken American Corpus 226
LSWE Corpus 145

M
Michigan Corpus of Academic Spoken English (MICASE) 12, 25, 81
MicroConcord Corpus Collection A 51

N
NICT JLE Corpus 256

O
Oxford American English Corpus 208

P
Parsed Corpus of Early English Correspondence (PCEEC) 17
Penn Treebank 40, 169
Penn-Helsinki Parsed Corpus of Early Modern English (PPCEME) 17, 169
Penn-Helsinki Parsed Corpus of Middle English (PPCME1) 169, 179
Penn-Helsinki Parsed Corpus of Middle English, 2nd edn. (PPCME2) 17, 169
PIF (Project In Foreign Language Pedagogy) Corpus 255
Polish Learner English Corpus 256
Polytechnic of Wales Corpus (PoW) 23–25, 41
'Pre-LOB' 16, 170

S
Santa Barbara Corpus of Spoken American English (CSAE) 12, 25, 35, 152
SEU Corpus 19
Survey Corpus 6, 28
Survey of English Dialects 24
Switchboard Corpus 46, 147

U
UN Parallel Text 24

W
Wellington Corpus of Written New Zealand English (WWC) 11, 26, 35

Word Bank　235
Wordbanks*Online*　31, 90, 211, 227, 228, 235
World English Corpus　208

Y

York-Helsinki Parsed Corpus of Old English Poetry (York Poetry Corpus)　16, 168
York-Toronto-Helsinki Parsed Corpus of Old English Prose (YCOE)　16, 169, 179

Z

Zurich English Newspaper Corpus (ZEN)　15

〈編者略歴〉

齊藤俊雄(さいとう・としお) / 1933 年生まれ．大阪大学文学部卒業．同大学大学院博士課程単位取得退学．ロンドン大学大学院留学．ニューハンプシャー大学客員準教授．現在，大阪大学名誉教授．博士(言語文化学)．専門分野：英語史．編著書：『英語英文学研究とコンピュータ』(英潮社)，『英語史研究の軌跡』(英宝社)，*A Concordance to Middle English Metrical Romances* (共編，Peter Lang)，*English Corpus Linguistics in Japan* (共編，Rodopi)など．

中村純作(なかむら・じゅんさく) / 1944 年生まれ．国際基督教大学教養学部卒業．コロラド大学大学院修士課程終了．徳島大学名誉教授．現在，立命館大学大学院言語教育情報研究科教授．専門分野：コーパス言語学．編著書：*English Corpus Linguistics in Japan* (共編，Rodopi)，*English Corpora under Japanese Eyes* (共編，Rodopi) など．論文："The World of Woman in the Bank of English" (共著，*LLC* 10.2) など．

赤野一郎(あかの・いちろう) / 1949 年生まれ．神戸市外国語大学外国語学部英米学科卒業．同大学大学院修士課程修了．バーミンガム大学客員研究員．現在，京都外国語大学教授．専門分野：英語語法研究・英語辞書学．編著書：『ウィズダム英和辞典』(共編，三省堂)，『大学生活のためのコンピュータリテラシー・ブック』(共編，オーム社) など．論文：「語彙研究とコーパス」(『英語青年』149.11) など．

KENKYUSHA

〈検印省略〉

英語コーパス言語学
——基礎と実践——
改訂新版

1998 年 3 月 20 日　初版発行
2005 年 2 月 10 日　改訂新版発行　　2014 年 4 月 11 日　改訂新版 3 刷発行

編　　者　齊藤俊雄・中村純作・赤野一郎
発 行 者　関　戸　雅　男
印 刷 所　研究社印刷株式会社

発 行 所　株式会社　研　究　社
© 2005 KENKYUSHA Co., LTD.

〒 102-8152
東京都千代田区富士見 2-11-3
電話 (編集) 03 (3288) 7711 (代)
　　 (営業) 03 (3288) 7777 (代)
振替　00150-9-26710

PRINTED IN JAPAN / ISBN 978-4-327-40139-9 C 3082